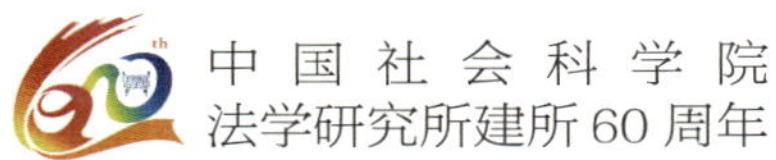


法学所60年学术精品选萃

丛书主编 / 李　林　陈　甦

# 守正创新的知识产权研究之路

管育鹰 / 主编

Integrity and Innovation:
Our Research of Intellectual Property Law

# 总　序

“辉煌一甲子，迈进双百年。”这是我在法学所成立60周年所庆纪念徽标上写的一句话，意在表达我对法学所60年历程的敬意与感激，以及对法学所未来的期待与信心。“辉煌一甲子”，是指法学所建所60年来，法学所人孜孜以求法学繁荣，倾力奉献法治事业，作出了学界称道、社会认可的突出贡献，履行了求真务实、守正出新的学术责任，其专业成就以“辉煌”形容恰如其分。“迈进双百年”，是指在新时代实现“两个一百年”奋斗目标的历史征程中，法学所人再整行装，重新出发，尊重法治规律，恪守学术正道，为人民追求法治的美好生活向往而尽学者职责，为社会实现公平正义的法治机制需求而致专业能力，以期再创佳绩、再铸辉煌，其奋发态势以“迈进”摹状差强人意。

60年，是一个回思过往、细数家珍的好时刻。法学所60年来，几代学人在法治理念更新、法学理论创新、法治实践对策、法学教育树人等方面，创举纷呈，佳作迭出，建树卓著，学界共瞩。但每当回顾成就之时，只能有所例举而难以齐全。说到理论创新，常以为例的是，法学所及其专家学者在改革开放初期法治建设重启之时，率先组织人治与法治大讨论，确立法治的正当性与目标性；在社会主义市场经济体制甫一确立，即提出构建社会主义市场经济法律体系的规划性建议；随着我国法治事业的蓬勃发展，又适时率先提出依法治国、建设社会主义法治国家的方略性倡议。说到社会影响，常以为例的是，改革开放以来，法学所学者有5人次担任中南海法制讲座主讲人，4人次担任中央政治局集体学习主讲人；法学所连年获得中国社会科学院优秀对策信息组织奖；法治蓝皮书连年获得皮书系列排名第一。说到人才培养，常以为例的是，改革开放以来，法学所有

7 人当选中国社会科学院学部委员、7 人当选荣誉学部委员，有 74 人享受国务院政府特殊津贴，有 3 人入选国家百千万人才工程，有 6 人被评为十大青年法学家。当然，这远不是编制只有 120 人的法学所的全部，而只是法学所 60 年来各项成就中代表的代表。编辑“法学所 60 年学术精品选萃”系列，目的在于更全面更系统更有时空感地反映法学所学者的学术贡献。

“法学所 60 年学术精品选萃”系列持以下编辑原则：以法学所各研究室为编辑主体，个别的以学科为编辑主体，各编一本文集，以集约反映法学所各研究室各学科的重要学术贡献，并呈现法学所科研团队的布局结构及其系统效能。将各室或各学科学者在不同时期不同领域最有创新性或代表性的论文予以精选汇集，以反映每一学者在其专业领域的主要学术贡献；原则上一个学者选一篇论文，如果该学者在不同学科不同时期学术建树较多，亦可多选；各室或各学科学者有人事关系变动的，亦将其在法学所工作期间发表的论文选萃收录。各室或各学科文集中均有“导论”一篇，阐释相关学科沿革及团队变动，特别是不同时期不同领域不同事件中学术创作的社会背景、科研因应、选题意义、论文价值及学术影响，由此，“法学所 60 年学术精品选萃”系列并不仅具有纪念文集属性，而且具有当代法学研究学术史叙述的意涵，从而增进读者的阅读体验并更多地引发其掩卷沉思。

以今天的法学知识体系和科研学术训练形塑的法律人看来，“法学所 60 年学术精品选萃”系列所选的论文中有一些已经“过时”。诸如，论文选题因时过境迁而发生意义变化，随着社会变迁、体制转型与法治发展，甚至个别选题已无专业价值；有些论文中的观点已经化为常识，甚至还有些许错误或者已被弃用；知识来源不那么丰富，甚至没有引用外文资料；研究方法也过于简陋，甚至看来不那么科学或者讲究；学术上也不那么规范，甚至一篇论文连个脚注都没有。如果脱离选文形成的时空背景，形成这些评议实属自然。但是，如果读者迁移一下阅读参照系，将阅读语境由主体思考所在时空迁移到客体形成所在时空，就会发现平静书桌之上雷鸣电闪。如今看似平常的一段论述、一个建议、一句话语甚或一个概念，在当时或使阅读者眼前一亮，或使聆听者振聋发聩，或使思考者茅塞顿开。那种创新的理论阐释与首倡的对策建议不仅功在当时，其因何得以创新与首倡的缘由、机制、经验与精神亦利在当今。更何况在制度形成范畴，创新与首倡不易，正当其时而又恰如其分的创新与首倡尤为不易。60 年来尤其是改革开放以来，法学所的学术前辈如何做到正当其时而又恰如其分的创新与首倡，是我们更为珍贵的历史经验和学术财富。尽管时光不会倒流（其实未必），主体不能穿越（其实也未必），“法学所60年学术精品选萃”系列传达的一些经验提炼与价值判断于今依然有益。那就是：见识比知识更重要，智慧比聪明更重要，胆略比勇气更重要，坚持比技能更重要，还有，信念比权衡更重要，境界比本事更重要，等等。如果读者在阅读时能够体会到这些，编辑“法学所60年学术精品选萃”系列也就很值了。

经过60年的变迁，中国的法治环境发生了巨大变化，与此相应，中国的法学境遇也发生了巨大变化，居于其中的法学所亦因之变化。法学所因时在变，那是要顺应历史、伴行时代、因应挑战；法学所有所不变，这是要坚持信念、恪守本分、维护特质。法学所当然是一个机构的存在，作为中国社会科学院下设的一个法学科研机构，要实现“三个定位”目标，即建成马克思主义法学和中国特色社会主义法治理论的坚强阵地、法学基础理论与法治重大现实问题研究的最高学术殿堂、党和国家在民主法治人权领域的高端思想库和智囊团。“法学所60年学术精品选萃”系列在相当程度上，可以佐证法学所人为此所作的努力及成效。法学所还是一个学术类群的存在，“法学所60年学术精品选萃”系列入选论文的作者们，有的一进法学所就沉浸其中直至退休，有的则入所后工作一段时间又华丽转身投向更为精彩的人生舞台。无论作者们人生规划的演绎场合选在哪里，法学所都深深珍惜那些正在或曾在的人生交集，“法学所60年学术精品选萃”系列的编辑正欲为此引发回忆与敬意。法学所还是一个气质润染而致精神聚合的存在，尽管法学所人为法治进步法学繁荣选择的专业领域、努力方式、科研理念以及学术风格各有不同，但其深层气质均内化有“正直精邃”即“心正、行直、学精、思邃”的因子，“法学所60年学术精品选萃”系列一定是彰显法学所人精神气质的优模良范。

致：所有与法学所有关的人，所有关心支持法学所的人，所有与法学所一起为法治进步法学繁荣努力的人。

陈甦<br>2018年10月18日<br>于北京市东城区沙滩北街15号

## 版权制度研究



## 商标与反不正当竞争制度研究



## 传统知识相关问题研究

# 导　论

改革开放以来，为适应社会主义市场经济发展的需要，促进中国与全球知识经济的接轨，我国迅速建立并不断完善知识产权法律制度，明确了知识产权是基本民事权利体系的一部分，基于发明创造、产品外观设计、科学和文艺作品、商业标识、商业或技术秘密等无形智力创造和经营成果之合法权益依法受到保护。相应地，中国的知识产权研究始终围绕知识产权制度的基本理论和促进科技文化创新的运用对策，知识产权法学作为一门学科，自改革开放以来从无到有、发展迅速。党的十八大以来，创新驱动发展战略全面展开，创新型国家建设提速，知识产权保护的重要性和相关制度的完善也得到高度重视。2017 年 10 月，党的十九大报告作出了“加快创新型国家建设”这一基于我国发展新的历史方位作出的重大战略部署，并指出应当“倡导创新文化，强化知识产权创造、保护、运用”。这一决策不仅为新时代党和国家制定一系列知识产权领域的重大政策和法律提供了基本依据，也为我国的知识产权研究指明了方向。像所有的哲学社会科学一样，新时代知识产权学科的发展既面临着千载难逢的机遇，也肩负着历史赋予的责任。

2018 年是贯彻党的十九大精神、全面进入新时代的开局之年，也是改革开放的第 40 年，又逢中国社会科学院法学研究所（以下简称中国社科院法学所）成立 60 周年。借此机会，本文集摘选中国社科院法学所知识产权学科创建以来老中青几代学者在不同阶段发表的学术论文和研究报告[①]作为纪念，意在彰显本学科对中国知识产权制度建立和完善作出的理

① 本导论提及的论著篇名及出处详见文集主文相应部分。——编者注

论贡献、展现本学科学者的学术传统和精神风貌。梳理本学科的历史脉络，须将本学科的发展进程融入中国的知识产权事业、置于40年来中国大地上发生的翻天覆地的巨变中。中国社科院法学所的知识产权学科发展可划分为奠基、创建、壮大和平稳发展几个阶段。

## 一 学科奠基阶段（1979—1990）

在改革开放之初，为了适应社会主义市场经济发展的需要，促进中国与全球知识经济的接轨，我国迅速建立了知识产权法律制度，并借鉴国外公私法划分的理论，明确了知识产权是民事权利，权利人对发明创造、产品外观设计、科学和文艺作品、商业标识、商业或技术秘密等体现为无形信息的智力创造和经营成果之合法权益依法受到保护。鉴于知识产权作为基本民事权利的定位，知识产权制度首先引起了中国社科院法学所民法学者的关注。他们在20世纪80年代发表了一些关于知识产权的基础性研究成果，比如王家福先生、夏淑华教授出版的关于专利法的著作，以及作为我国版权法起草小组顾问的谢怀栻先生关于著作权和知识产权的论述。与此同时，基于知识产权法作为国际经济贸易体系配套法律机制的特殊性和重要性，法学所的国际法学者也开展了知识产权研究。比如，早在1979年，郑成思先生即通过翻译《各国商标法概要》把国际上的知识产权制度首次引入中国，此书成为1982年制定我国第一部商标法的第一块“基石”。

本文集挑选的郑成思先生于1980年发表的《试论我国建立专利制度的必要性》一文即已指出：“我国已开始成为国际经济生活中的重要一员，我们的正确途径应当是使我们保护发明与实用技术的法律制度适应已经变化了的现实，让国际上通行的专利制度为我所用，而不是躲开它。”面对我国目前在全球创新指数排名上稳步攀升的成就，回顾我国专利制度的建立和完善及其在激励科技创新方面所起到的作用，我们不难感受到以上论断所体现出的远见卓识。1981—1983年，郑成思先生走出国门专门研习知识产权法，并基于孜孜不倦的耕耘，对国外知识产权制度和相关国际公约进行了研究、对如何建立中国的知识产权制度进行了思考，陆续发表了大量关于知识产权制度的宏观认识和具体规则阐释的开拓性论著。也是在这一阶段，郑成思先生通过日益深入的研究发现知识产权法作为创新成果保护制度不同于民法的特殊性，其于1984年出版的国内第一部知识产权专著《知识产权的若干问题》，成为我国知识产权领域的“奠基之作”。这些首创性研究成果不仅对我国知识产权制度的建立作出了杰出贡献，也使得知识产权法研究逐渐显示出独立于民法、国际法研究视野的专业性，使得郑成思先生不仅成为中国社科院法学所知识产权学科的奠基人，也当之无愧地成为整个中国知识产权研究的引路人。

如果说郑成思先生关于专利、商标、版权等具体知识产权制度的研究成果为我国的相关制度建设和完善提供了丰富的参考资料的话，在我国开始迈入“信息社会”的20世纪80年代中期，郑成思先生率先提出的“信息产权”理论更是对整个知识产权学科的发展作出了无可取代的理论贡献。1985年郑成思先生通过《信息、新技术与知识产权》一书系统阐述了知识产权客体的“信息”本质，《欧洲知识产权评论》等国际学术刊物纷纷专文推介这一重大理论创新成果。本书摘选的郑成思先生于1988年发表的《知识产权与信息产权》一文即指出：“在20世纪80年代后，许多发达国家的法学者发现：对于保护个人数据，一些大公司远比被收集人更加关心。主要原因在于许多关于顾客的个人数据为大公司的生产及销售方向提供了可靠的依据，有些个人数据甚至构成大公司‘商誉’的重要因素。显然掌握可靠的顾客数据有助于增加公司的利润，因此也被看作某种无形产权。不过，把‘个人数据’直接看作知识产权的人并不多，但笔者认为至少可以把它看作一种特殊的‘工商经营信息源’……这样，我们可以认为传统知识产权本身，就是信息产权的一项内容；当然，我们也可以认为信息产权是传统知识产权扩大后的内容。”在21世纪信息网络技术已经全方位融入人们的生活、大数据和人工智能的迅猛发展开始改变产业发展格局的今天，我们是惊叹和鼓吹新技术发展将颠覆知识产权，乃至整个民事权利制度的基本规则，还是冷静分析和思考新技术条件下各方利益关系如何调整和平衡，以及如何适用人类社会长期以来形成的基本民法原则和知识产权法规则解决新问题？当新浪微博与脉脉关于大数据利用的不正当竞争纠纷①摆到我们面前时，我们沿着时光轨迹回溯到30年前郑成思先生关于信息与知识产权制度的相关论述，仍会发现作为法律人对新事物应持有

① 参见北京知识产权法院判决书〔2016〕京73民终588号。

的理性思维和判断，旧文重读也许会给我们新时代的知识产权研究者带来有益的启迪。

## 二 学科创建阶段（1990—2000）

到了20世纪90年代，特别是1992年以后在中国加入WTO的进程中，伴随着一波又一波因知识产权保护引起的中外国际贸易争端的产生和解决，“知识产权”从一个仅为研究人员、专业事务从事者了解的术语变成社会关注的热点。中国的知识产权法研究也进入了深化发展时期。围绕中国加入WTO这一社会经济生活中的主要事件，尤其是1996年中美关于知识产权问题的贸易战结束后，中国的知识产权法研究总体上开始超越介绍性阐述，进入一个较为深层次的对知识产权制度及其规则探讨的阶段。比如学术界对知识产权的基本观念问题、知识产权与物权的关系问题、平行进口与权利用尽问题、商标法与反不正当竞争法的交叉问题、反向假冒问题等，都展开过比较充分的讨论。

在这一阶段，中国社科院法学所的郑成思先生，以其密切结合我国国情开展学术研究取得的成果，对我国知识产权法律体系的完善起到了重要的作用。他的提议不但在很大程度上引导了我国知识产权立法的完善，还影响了我国的知识产权司法保护制度，比如关于适用知识产权法律的司法解释、知识产权专门审判庭的设立，以及知识产权案件管辖与程序专门化的司法改革尝试等，都采纳吸收了郑成思先生的建议或理论，他的《版权法》、《知识产权论》等经典论著是知识产权法官的案头必备参考书，他的讲座也是知识产权专业高级法官培训班中最受欢迎的课程。

1994年4月，由郑成思先生牵头，法学所成立了单独的知识产权研究室，意味着知识产权学科的正式创建；1994年9月，经中国社会科学院院长办公会议同意，“中国社会科学院知识产权中心”成立。作为非实体、非营利性研究咨询机构，中国社科院知识产权中心依托法学所知识产权研究室的学科建设，先后引进了一些国内知识产权领域的知名学者，包括张玉瑞、周林、李顺德、唐广良、李明德，郑成思先生及其“五虎上将”一时成为国内知识产权学界无可匹敌的学术研究团队。郑成思先生带领法学所知识产权学科的研究人员积极投身中国的知识产权事业，不仅从理论上进行了卓有成效的探讨和研究，还具体参加了各项知识产权制度的制定、修改等工作，并就知识产权保护实践中遇到的大量新问题，为国家相关立法、司法、行政部门及社会各界提供了实事求是、科学严谨的法律意见。

1995 年，郑成思先生还作为中方专家亲自参加中美知识产权谈判，凭借其对关贸总协定与世界贸易组织（WTO）之知识产权协议（TRIPs）的精深研究，指出美方某些要求不符合 TRIPs 的规定，很好地维护了中方利益。郑成思先生以其从不停歇的辛勤工作，致力于知识产权理论研究，发表了大量的知识产权专著、论文、译著，并承担了各级各界数不清的知识产权法方面的课题研究和知识传授任务，为树立中国社科院法学所知识产权学科的学术地位，也为中国知识产权学科的发展作出了不可替代的杰出贡献。

## 三 学科壮大阶段（2000—2006）

进入 21 世纪以来，伴随着中国加入 WTO 和网络信息技术的飞速发展，如何将国际通行的知识产权法律规则适用于中国的对策性研究更加重要。这一阶段中国知识产权研究的特点，是着重于对 WTO 规则及其与中国法律关系的阐述、对新修订的知识产权法律规则的评析、对相关配套法规的研究以及对司法实践中新问题的探讨等方面，比如集成电路布图设计的保护问题、诉前临时禁令的概念及其适用问题、网络环境下的知识产权保护问题等，都曾经是被广泛探讨的热点。

2001 年 10 月底，经中国法学会批准，中国法学会知识产权法研究会于北京正式成立，这是一个由专门从事知识产权法学研究、法学教育及知识产权立法、司法和行政管理事务的骨干人员以及与知识产权密切相关业务的其他专业人员组成的知识产权专业学术团体，其核心成员几乎囊括了中国知识产权学界和实务界的精英。中国法学会知识产权法研究会 2001—2006 年前两届会长是郑成思先生，2007—2011 年的会长是中南财经政法大学的吴汉东教授；自 2001 年 10 月成立至 2011 年 10 月根据中国法学会《关于印发〈全国性法学社会团体规则〉的通知》转型，均由法学所的知识产权室以中国社会科学院知识产权中心的名义作为研究会秘书处负责日常工作。在该研究会运行的十年间，秘书处结合理论研究和社会实践的需要，组织了不同专题的研讨和学术交流，针对热点和难点问题展开学术讨论，卓有成效地推动了中国知识产权法学的发展。应该说，在法学所知识产权学科的倡导下，研究会所关注的都是当时理论和实务界的知识产权法律热点问题，这些学术活动吸引了国内知识产权学界和实务界的广泛参与，在业内和社会上产生了积极而广泛的影响。本文集所选择的李顺德的《知识产权贸易与知识产权产业》、张玉瑞的《计算机字体的版权保护》、唐广良的《版权保护领域存在的几个深层次问题》和周林的《信息自由与版权保护》等论文，都是本学科学者当年围绕这些年会相关主题撰写的研究成果。

21 世纪以来，以郑成思先生为代表的中国社科院法学所知识产权研究者，一直追踪国际上最新研究和实务成果、结合我国国情提出知识产权领域各个方面政策和法律完善的建议。2001 年 7 月 11 日，郑成思先生在中南海为中共中央政治局作了题为《运用法律手段保障和促进信息网络的健康发展》的讲座，主要讲解信息网络的发展与加强法律规范的必要性和重要性、国外的做法及立法现状、中国在信息网络法制建设方面的基本情况，并就信息网络立法、积极参与保障网络安全的国际合作等问题提出了建议。2006 年 5 月 26 日，郑成思先生与中南财经政法大学的吴汉东教授一起在中共中央政治局作了题为《国际知识产权保护和我国知识产权保护的法律和制度建设》的报告；也正是这次讲座，明确了知识产权制度与创新型国家建设的关系，即要增强国家经济科技实力和国际竞争力、维护国家利益和经济安全、推动我国进入创新型国家行列，必须充分发挥知识产权制度的重要作用。应该说，在知识产权理论发挥重要法律和决策咨询作用方面，法学所知识产权学科除了诸多研究成果被直接采纳进知识产权法律法规、司法解释中之外，最有影响的事件就是这两次郑成思先生领衔的知识产权学者在国家领导层的授课。郑成思先生在中央决策层的法制讲座，直接反映了知识产权研究对国家决策的重要影响，大力提升了法学所知识产权学科的学术地位。为纪念本学科发展史，乃至整个中国知识产权学科的发展史上这两次重要的事件，本文集摘选了郑成思先生与讲座内容相关的三篇论文，即《运用法律手段保障和促进信息网络健康发展》、《信息、知识产权与中国知识产权战略若干问题》和《国际知识产权保护和我国面临的挑战》，以便读者重温本学科兴盛时期在知识产权事业历史发展关键节点上产生的重大研究成果。

除此之外，法学所知识产权研究团队还多次承担我国知识产权领域重要决策和立法工作的研究任务。比如，2002 年由郑成思先生接受全国人大法律委员会委托承担的民法典草案“知识产权编”的起草论证工作，法学所知识产权学科全体成员参加了研讨工作，相关研究成果在十八大以来启动的民法典编纂的进程中也仍然是国内知识产权学界的重要参考。

特别值得一提的是，经过多年的研究和实践，国内学界和决策者已经看到，知识产权成为世界主要国家在经济全球化和知识经济迅速发展时代参与国际竞争的战略性资源、知识产权战略成为许多国家提升核心竞争力的重要发展战略是不争的事实。我国经过二十多年的改革开放虽然在各方面都取得了巨大进步，但经济发展方式仍然比较粗放、资源环境代价过大、自主创新能力不强、缺乏核心技术和知名品牌、文化产品创作还不能充分满足人民对丰富精神文化生活的需求，知识产权制度激励科技创新、推动知识传播、促进经济文化繁荣、规范竞争秩序的根本性作用尚未充分发挥。2005 年初，为了积极应对国际挑战，适应中国经济社会发展需要，国务院成立了“国家知识产权战略制定工作领导小组”，启动了国家知识产权战略制定工作，知识产权局、工商总局、版权局、发展改革委、科技部、商务部、中国社科院等三十三家中央部委办局共同推进国家知识产权战略制定工作。国家知识产权战略的制定工作包括《国家知识产权战略纲要》（以下简称《纲要》）的起草和二十个专题的研究。在此后的三年里，整个中国知识产权学界的精英都参与到各个部门牵头的不同专题研究中，为战略的制定建言献策。其中，中国社科院法学所知识产权学科集体完成了由中国社科院牵头、由朱锦昌秘书长担任组长和陈甦教授担任副组长并由郑成思先生领衔首席研究员的“改善中国知识产权执法体制”专题研究课题。为体现本学科的整体研究水平，本文集选择了此专题的研究报告《改善中国知识产权执法体制研究》作为本学科最具有代表性的集体研究成果，以重现本学科及其所汇集的国内知识产权学界的集体智慧，以及国内知识产权研究主流观点对国家知识产权政策和立法工作所发挥的历史作用。需要指出的是，从某种意义上说，本学科学者所提出的关于中国知识产权执法体制的改革措施，是 2005 年左右学界对中国知识产权执法理想状态的一种描绘；虽然相关研究成果中提出的某些建议被采纳到 2008 年的纲要中，但仍有许多建议可能因涉及的改革或制度调整会影响国家的整体改革规划，这些建议难以完全转化或在落实方面不可避免地产生一些具体措施的变化。例如，技术类知识产权案件的集中管辖、知识产权案件审理的三审合一、探索设立知识产权上诉法院、探索专利复审委员会和商标评审委员会转变为准司法机构、知识产权管理机构的整合，以及知识产权管理与行政执法分离、行政执法职能整合等建议，虽然有些建议在目前的机构改革中得以运用，但毕竟在多年之后才逐步开展，具体执行方案肯定与当时课题组的设想不尽相同，这并非研究报告提出的具体方案无法执行，而是十年来我国社会经济各方面已经发生很大变化的实际使然。我们欣喜地看到，2018 年 3 月的第十三届全国人大审议并通过的《国务院机构改革和职能转变方案》中，关于知识产权管理和执法的相关职责职能有了相当大的调整，知识产权管理和执法的职能调整与《纲要》提出的精简、整合、高效、便利等改革目标是一致的。此时再研读本学科完成的这份研究报告，会更加真切地体会到对策研究对国家治理能力和体系现代化推进的重要意义。另外，除了本学科集体参与执法体制改善专题研究外，有的学者还因为个人研究专长参加了《纲要》制定的其他相关专题的研究，比如张玉瑞参加了当时的"商业秘密相关问题"专题研究，管育鹰参加了当时的"版权战略"专题研究，本文集选择了两位学者的相关研究成果《商业秘密保护中的竞业限制问题》和《民间文学艺术作品的保护机制探讨》；两篇论文虽然是《纲要》实施后撰写的，但也能反映作者对该专题的长期关注和结合相关领域新问题进行思考的研究心得。

在学科建设方面，这一时期法学所知识产权学科培养了一批专业高级人才，其中，师从郑成思先生的管育鹰博士毕业后留任法学所成为专职研究人员，学科队伍进一步壮大。

## 四 学科平稳发展阶段（2007—2018）

2006 年 9 月郑成思先生去世后，中国社科院法学所的知识产权学科从一枝独秀的领先地位渐变为与国内其他知名法学类院校的知识产权学科并行发展的状态，进入了相对平稳的发展阶段。这一阶段，也正逢《国家知识产权战略纲要》实施后中国知识产权人才队伍建设的高速发展期，知识产权研究和教学中心如雨后春笋层出不穷，以满足全国各地各行各业不断增长的知识产权人才需求。在李明德教授的主持下，本学科学者凭借长期以来积累的治学经验和个人专长，继续全面参与国家知识产权相关立法、司法和政策制定的研究和论证工作，在重大的理论研究探讨中发表基于严谨思考作出的理性和客观中立的意见，保持了本学科在国内领先的学术影响力。这一阶段本学科也进入新老交替的转折期，李顺德、张玉瑞、李明德先后退休，陆续引入了杨延超、李菊丹、张鹏三位年轻学者，并由管育鹰主持本学科的日常工作。当然，学术生命是永续的，本学科的老一辈学者，目前仍然孜孜不倦地参与学科建设，致力于将郑成思先生创建的中国社科院知识产权学科的研究事业传续下去，为国家的知识产权事业和创新发展战略贡献智慧。

知识产权法律制度尽管天生与科技文化创新结合在一起，但其本质是一项保障创新者和经营者合法利益的财产权制度。知识产权法所特有的，是作为保护无形智力成果的财产权制度，始终处于如何在新技术环境下更准确地适用各项法律基本规则以尽可能调节和平衡相关各方利益的状态。因此，在知识产权研究中，基础理论研究是必不可少的，比如与信息产权、无形财产权的区别与联系，以及知识产权特有的通用规则等；但另一方面，对基础理论进行研究的目的仍是如何设立和适用知识产权法律规则来解决新问题，比如如何简化优化确权和诉讼程序、如何应对知识产权国际保护趋势、如何建立和完善国内优势信息资源的保护、知识产权战略实施中如何制定和适用法律规则以促进产业升级等宏观性对策性研究。在这个意义上，知识产权研究的主要任务是对策研究，知识产权法学主要是一门应用法学。

近年来，围绕《民法典》的编纂，我国知识产权学界出现了积极寻求“入典”的呼声，即呼吁制定《民法典》各分编时将知识产权法作为一编纳入整个《民法典》。事实上，这个近年来中国知识产权学界最关注的议题，早在21世纪之初那次《民法典》起草的过程中即已讨论过。时间过去近20年，知识产权法与民法的关系并没有发生质的改变。尽管我国法学界基本认同知识产权是民事权利，但对于传统的民法学者来说，知识产权法律某些规则和特质始终定位模糊而变化多端、难以与具有普适性和稳定性的基本民事法律规则相洽。另外，21世纪以来，信息技术、生物技术等高新技术的飞速发展，使得新的知识产权研究课题毫不迟疑地摆在我们面前，而这其中又夹杂着经济全球化的趋势以及知识产权在国际贸易中越来越重要的地位的现实，迫使我们不得不随时追踪新技术新问题、放眼世界并考虑我国自身知识产权领域的对策制定或调整。毋庸讳言，我国知识产权研究这种追踪和不停应对新技术带来新问题进行研究的特点，使得绝大多数研究者无暇顾及对整个学科体系化的思考。21 世纪以来产生的大量的知识产权研究成果是十分细化的具体问题研究，而基础性的理论研究进展相比之下十分缓慢，难以支撑此次民法典中纳入体系化的知识产权法编的论断。

事实上，中国社科院知识产权学科自郑成思先生在世时开始，一直强调知识产权作为信息社会最基本最重要的财产制度应当提到与物权法同等的重要地位，也关注知识产权法与民法的关系。2001 年的《民法典》起草中，本学科也承担了《民法典》知识产权篇的起草和论证工作；但是，本学科对是否“入典”的基本观点是相当理性的，即知识产权的重要性并不一定要体现为成为单独一编融入《民法典》，制定单独的知识产权基础性法律更能彰显其特殊性和重要性。当然，制定单独的知识产权基础性法律需要整个知识产权界的努力，至少需要大家对知识产权法基本理论、基本规则抽象化和体系化取得共识。鉴于此议题的重要性，本文集甄选了管育鹰的《试论知识产权与民法典的关系》一文，从知识产权审判机制特殊性的角度说明《知识产权法》整体融入《民法典》的困难，以期给中国知识产权学界对知识产权法典化问题进行更深入研究带来一点启示。同时，本文集也收录了唐广良的《知识产权制度对民事立法的几点启示》一文，反映作者对知识产权法与民法关系的一些思考。

十八大以来，除了知识产权法与民法典的关系，学界讨论最多的当属知识产权侵权损害赔偿及举证责任问题。这一议题的集中探讨也是在党和国家一再强调加强产权、特别是知识产权保护的政策背景下，学界针对知识产权领域长期以来存在的“举证难、赔偿低”顽疾作出的诊疗分析并尝试提出的药方。事实上，知识产权侵权案件中的“举证难、赔偿低”是世界性难题，这首先是知识产权本身的特性使然。知识产权的客体均是无形信息，其受专有权保护的内容及与其他信息的边界范围本来就不容易划定，尤其是著作权网络侵权和商业秘密侵权案件，权利人很难举证说明侵权的严重程度和自己的损失。正因为知识产权案件中能证明侵权行为、侵权人和相关责任人、赔偿额的证据之获得、保存和披露，对法律的最终实施效果具有重要影响，各国家或地区在实践中都会有相应的措施来减轻传统民事诉讼中由原告承担主要举证责任的做法。比如欧盟在《知识产权民事执法指令》中要求成员国为权利人提供某种便利措施，包括申请法院命令被告披露相关证据材料（如侵权样品、财务记录文件等）、申请临时证据保全措施、从侵权人或牵涉制造和销售的第三人处获取某一信息，等等。又如，日本民法第709条对一般侵权责任的规定是原告要证明被告故意或过失侵害自己的权利，但其《特许法》第103条则明确了“推定过错”原则，即侵害他人专利权或专有实施权的，推定该侵权行为有过失；这样权利人就不必证明被告是否故意或过失而侵权，而只需证明自己有合法权利、权利的范围、被告的侵权行为及责任、自己受到的损失等，反之被告需要证明自己没有故意或过失，或有其他不构成侵权或承担责任的理由（《特许法》第104条之二）；此外，日本《特许法》第105条及其之二、之三，还对原告为证明侵权或损失的相关证据在他方时可申请法院颁发文书提交令或作出相应说明，相关当事人无正当理由不得拒绝，若无法查清事实，法院可依据现有证据材料酌情判定。我国台湾地区则在“智慧财产案件审理法”和“智慧财产案件审理细则”对知识产权案件审理中的证据保全及其强制措施举证责任等作了规定。作为判例法国家，美国十分重视程序的正当性和程序性操作规则等具体问题，各州法院都有自己的证据法；而专利等知识产权侵权案件通常由联邦法院管辖，因此适用美国联邦证据法。在专利侵权案件审判中，美国法院通过长期的司法实践确立了“优势证据原则”，比如赔偿额判定时专利权人应当证明专利实施的市场规模、合理的使用费以及基于“若无则”标准（but for test）的所受的损失，即证明损害时，权利人的举证责任负担并非确定的损害，而是合理的可能性（reasonable probability）。我国一般民事诉讼中采用“高度盖然性”证明标准，这一来源于德国等大陆法系国家的举证规则之运用强调法官的心证，而这一要求在知识产权这一无形财产的相关证明义务中对原告显得过于严苛、对法官的心证也造成困难。目前我国《商标法》和前述专利法司法解释（二）均设置了类似欧洲各国和日本先后在知识产权诉讼中采取的举证妨碍制度，但相关细则还需要进一步完善，以有效化解知识产权保护“举证难”带来的不利于我国知识产权保护形象的弊端。为推动国内知识产权理论界和实务界对此问题进行深入研究，本文集收录了李明德教授的《关于知识产权损害赔偿的几点思考》一文。

我国知识产权学科的研究内容包括知识产权法的基本理论和专利法、商标法、著作权（版权）法三大主要分支，以及反不正当竞争法对非注册商标之各类商业性标识和商业秘密的保护、对以不正当手段获取和利用他人享有合法权益的无形信息行为的禁止等。当然，中国社科院法学所的知识产权学者也关注传统知识利用相关利益等较为特殊的研究对象，为此，本文集收录了李顺德教授的《“非物质文化遗产”的界定及保护》一文。在知识产权的主要分支方面，学界研究的问题日益具体化。比如，在专利法领域，专利权利要求解释理论、高新技术领域创新成果的可专利性问题、外观设计保护制度及其完善、专利侵权及其救济相关理论、专利确权制度的完善等一直是很多学者探讨的主题。本文集挑选了管育鹰的《专利法第四次修订中的两个重要问题》、李菊丹的《论欧盟基因专利的保护范围及启示》和《论我国植物发明专利保护制度的完善》，以及杨延超的《APP 专利保护研究》，以反映本学科学者对专利领域问题的关注和研究。在商标法领域，商标的注册与使用、未注册商标的保护、电子商务相关的商标侵权责任、驰名商标保护及角色商品化等问题长期为我国学界所关注。尽管我国 2013 年的《商标法》修改明确了申请注册和使用商标应当遵循诚信原则，但由于长期以来整个市场经济中的诚信机制尚未健全，商标注册和使用中的不正当抢注和侵犯他人合法权益的现象仍未得到有效遏制，国内注册商标的巨大存量和不当注册引起的诸多纠纷已经占用了过多的公共信息资源，也耗费了大量的司法行政公共资源。本学科学者对商标权的取得向来强调使用原则，反对不以使用为目的的注册，本文集收入李明德的《注册商标不使用问题研究》和张鹏的《我国未注册商标效力的体系化解读》、《日本商品化权的历史演变与理论探析》，反映了本学科对我国商标与反不正当竞争法领域重要问题之思考和建议。在版权法领域，新的信息传播技术给现有制度带来的冲击最为明显。2011 年，本学科全体科研人员承担了由李明德主持的国家版权局委托的“著作权法修订专家建议稿”研究课题，对《著作权法》第三次修改提出了建议，李明德、管育鹰、唐广良还合作撰写了相关著作。目前来看，依托网络技术滋生的互联网产业已经在国民经济中占有明显优势，而以生产内容为主的传统版权产业因体制和机制的限制在商业模式创新方面尚无法与互联网产业竞争，这使得包括原创性版权客体在内的所有具有商业价值的信息内容之生产者和提供者无法控制其信息产品的网络传播，也无法就此获得相应的利益回报，再加上产业链的延伸和分工的细化，越来越多的第三方中介服务也参与到利益分配中，而《著作权法》在技术不断翻新的网络环境下的适用规则不明，甚至某些规则的缺失、歧义等，都会导致相关产业的利益冲突。简言之，就某一原创性作品或有商业价值的信息流在网络环境下传播而产生的利益如何分配，或相关利益方的权利义务如何明确尚未达成共识，是《著作权法》第三次修改进程缓慢的原因之一。本学科自郑成思先生创建以来，坚持知识产权法律制度是调整人与人之间法律关系的规则，技术的发展迫使版权制度的某些具体规则在适用解释新问题时进行与时俱进的调整，但不应改变甚至颠覆版权制度的根基，否则难以实现版权法为鼓励作品的创作和传播而保护作者、传播者的合法利益之宗旨。深受技术影响的版权制度在我国也与维系健康有序的网络环境相关，因此研究作品网络传播中各方的权利义务并尽量以立法或司法解释、典型案例等方式公示和引导十分必要。本文集收录了唐广良的《版权保护领域存在的几个深层次问题》、周林的《论信息时代的版权立法》和杨延超的《与微信平台有关的著作权问题研究》，以反映几位作者对版权领域相关问题和法律和制度完善的思考。

回顾我国40年来的知识产权事业发展历程，我们看到，尽管目前公众虽然已逐渐接受知识产权应受到尊重和保护的观点，但知识产权领域仍然存在一些问题；知识产权法律规范完善本身当然是首要的，但更重要的是积极营造良好的知识产权法治环境、市场环境、文化环境。只有创新文化成为中国人民的自觉意识，才能将知识产权法律规则转化为知识经济时代人们自觉遵从的交易习惯和日常生活行为准则，为创新型国家的建设铺垫坚实的基础。要完成这一历史使命，中国的知识产权事业可谓任重而道远；如何为知识产权制度完善和创新文化培育提供理论依据和应用对策，中国的知识产权研究者也大有可为。不忘初心，抱朴守正。秉承郑成思先生勤奋严谨的治学方法，目前中国社科院法学所的知识产权学科团队仍然坚持马克思主义理论联系实际的学风，密切关注服务于新时代国家深化改革和创新型国家建设的知识产权事业的发展方向，聚焦知识产权保护相关立法和司法实践中的问题。牢记使命，变革图新。在今后的知识产权研究中，本学科将继续努力，既力争建构有利于我国科技文化创新和诚信有序的商业竞争环境之知识产权基础理论，又立足国情、放眼世界，不但要为我国知识产权法律制度各个具体层面的完善建言献策，还要保持开放合作态度、讲好中国故事，为推动完善知识产权国际保护制度贡献中国的智慧和经验。

需要说明的是，中国社科院法学所知识产权学科自创建以来产生了大量影响国家知识产权事业和推动国内知识产权发展的研究，尤其是郑成思先生，一贯潜心思考、勤奋耕耘、卓有建树、著述等身。本文集收集的各位学者的论文，仅仅是本学科丰硕研究成果的一小部分，无法收录各位学者立足于知识产权学界领先地位的专著。另外，由于篇幅所限，本文集没有收录谢怀栻、王家福、夏淑华等教授以及其他新生代的法学所其他学科学者撰写的知识产权方面的论文，也未能收录金渝林教授在法学所知识产权研究室短暂工作期间发表的论文，在此表示深为遗憾。

最后，本文集力图多维度记录和展现学科成立以来法学所知识产权研究室学者的研究成果，使读者更深入地了解本学科40多年的发展历程，但因所选论文均为旧文重发，其中一些具体措辞、表述和注解等内容均没有改动，这些论述均基于当时的研究资料，也仅代表论文发表当时作者个人的观点，其中可能存在的某些不当、缺漏之处，希望各位同仁予以理解。

管育鹰

# 知识产权基本理论与制度研究

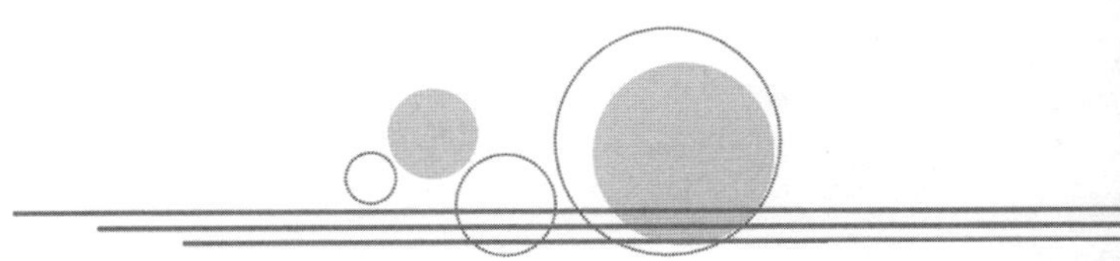

# 知识产权与信息产权

郑成思*

## 一　知识产权

“知识产权”包括哪些内容？一般的回答是：包括“工业产权”与“版权”两大项。工业产权包括专利权、商标权、制止不正当竞争权等；版权包括作者权与传播者权（也称邻接权）。

早在近二百年前，当工业产权与版权还只是分别独立存在时，许多国家的法院就发现有一种横跨在这两种产权之间的客体——它既属于在工商领域中可以应用的，又像文艺领域中的作品一样易于复制；同时它又游离于工业产权与版权之外——它不需要专利发明那样严格的新颖性，只需要类似于版权作品的独创性，但它又不需要版权作品那样长的保护期，而只需要类似发明专利（甚至短于发明专利）的保护期。这种客体就是工业品外观设计。多年以来，许多国家都在探讨对这种客体应当如何保护的问题。1968 年英国在立法中为工业品外观设计享有产权提供了一个新名称：“特别工业版权”。二十多年后的今天，“工业版权”已显得不再“特别”了，因为在这个项目下所增添的分项已经不少于工业产权或版权所包含的内容。

1973 年，部分国家在维也纳缔结了一个《保护印刷字形及其国际注册协定》。作为受保护客体的“字形”，必须具有“独创性”（这是受版权保

---

* 郑成思（1944—2006），时任中国社会科学院法学研究所研究员。

护的条件）或具有“新颖性”（这是受专利保护的条件）。受保护的字形必须提交注册，在国际保护中，这又是商标权受保护的条件（因为版权的国际保护是自动保护，至多以“加注版权标志”为条件）。字形专有权人的权利主要是禁止他人复制（即享有“复制权”，这是典型的版权内容），同时专有权人也有权禁止他人在制版中“应用”其字形，这又体现出专利权的内容。这一国际协定虽然尚未生效，但已有一部分国家采用了上述工业产权与版权并行的“工业版权法”来保护字形了。

1984 年美国颁布了《半导体芯片保护法》。随后日本、法国、联邦德国、瑞典、英国等，都相继颁布了与之类似的法律，保护半导体芯片的掩膜电路设计，或称“掩膜制品”。这种制品受保护的条件一是有独创性（不要求新颖性），二是技术水平应当“高于一般”，即要有一定的先进性。这是专利或类似专利要求。该制品专有权人的主要权利是禁止他人复制，但这种“复制”又不指简单地复印其原电路设计（设计图本身已经是传统版权法的保护对象），而是用化学方法腐蚀芯片以后再加以复制。这很类似专利法禁止的“仿制”。因此，这些国家的芯片保护法都被视为“工业版权法”。目前国际上正酝酿缔结一个“芯片保护公约”，以期既区别于只保护“工业产权”的巴黎公约，又区别于只保护“版权”的伯尔尼公约与世界版权公约。

计算机软件的法律保护已被二十多个国家列为成文法。虽然绝大部分国家是用版权法实现这一保护的，但实质上是在改变了传统版权法要款之后，才使这种保护适用于计算机软件的。如日本、法国版权法中给软件专有权人的“应用权”，日本、韩国、巴西对软件保护的注册要求等。

可见，随着技术的发展及知识产权法的完善，传统知识产权的两大项（工业产权与版权）内容产生了交叉，出现了“工业版权”。不过，传统知识产权的特点并没有因此改变。无论是工业产权、版权还是工业版权，至少具有六个特点。首先，这些财产权都是无形的。从“无形”出发，产生了它们的专有性、地域性、公开性、法定时间性及可复制性五个特点。其中有些特点，对世界知识产权组织所认定的某些“知识产权”很难适用。

## 二 信息产权

《建立世界知识产权组织公约》在第2条中指出，“知识产权”包括与下述内容有关的权利：(1) 文学、艺术和科学作品；(2) 艺术表演、摄影和广播；(3) 人类在各种领域作出的发明；(4) 科学发现；(5) 工业品外观设计；(6) 商标、服务标记、商业名称与字号；(7) 制止不正当竞争及其他由工业、科学、文学艺术领域的精神创作产生的权利。

这里的“科学发现”不属于上面所讲的工业产权、版权或工业版权。对科学发现的“专有”，仅仅表现为承认第一个发现者的身份，而不表现为该发现者有权禁止他人应用有关被发现的科学原理。而且，按照《科学发现国际登记日内瓦条约》，这种承认应当是世界范围的，不具有“地域性”。最重要的是科学发现不像实用技术发明，不可能直接应用及体现在产品上，因而不具有专利发明那样的“可复制性”。又由于同一种科学发现可以通过许多不同的表现形式表达出来，故其本身也不像版权作品那样具有“可复制性”。如果确认爱因斯坦为“相对论”科学理论的发现者，绝不能规定“时效”，即不能规定他只享有这个称号若干年，若干年之后，他就不再是发现者了。可见，科学发现也不具有“法定时间性”。

那么，科学发现是一种什么样的“知识产权”呢？可以认为，它是传统知识产权的拓展，也可以认为它只是一种“理论信息源”，已不是原有意义上的知识产权了。

在过去很长一段时间里，人们认为 Know-How（技术诀窍）不是知识产权的一部分，甚至不是财产权的一部分。许多专著甚至用“排除法”来为 Know-How 下定义。例如有人认为：“Know-How 系指不受工业产权法保护的技术解决方案。”但 20 世纪 80 年代后，越来越多的国家在“知识产权法”教学中开始把 Know-How 作为内容之一。世界知识产权组织在制订各种知识产权示范法时，也把 Know-How 法作为其中的一项。当然，我们也可以把 Know-How 看作一种技术上的“秘密信息源”，即使划入知识产权，也绝不是原来意义上的知识产权。Know-How 的“专有性”远远不及专利，可能有两个以上的、分别独立的所有人。Know-How 没有“地域性”，在美国的 Know-How 到中国来可能仍旧是 Know-How。Know-How 之所以被称为 Know-How，正由于它不是公开的。Know-How 也不具有法定时间性，它的专有效力以实际保密时间为准。可见，传统知识产权的大多数特点，它都不具备。

当非洲知识产权组织在 1976 年把“民间文学保护法”列为与其跨国版权法并列的知识产权法时，许多发达国家的法学者表示了异议。他们认为：无法认定作者或根本未形成作品的民俗、民间典礼、民间游戏、民间曲调等，仅仅是一种“文艺创作的信息源”，而不应把它们当作知识产权加以保护。20 世纪 80 年代后，随着越来越多的发展中国家开始在版权法（或单行法）中保护（范围很广的）民间文学，国际上对它的认识也开始有了变化。英国在起草新版权法时，也把民间文学列为保护客体之一。世界知识产权组织则正与联合国教科文组织一道，着手起草“民间文学国际保护条约”。看来，在扩大了的“知识产权”中，迟早要增添这项内容。

当发达国家纷纷着手制定“个人数据保护法”时，从理论上讲，它们是从“保护人权”出发的，即任何人被档案机关或大公司收集了有关其个人的档案数据后，有权了解这些数据是否真实，有权禁止数据所有人不合理地扩散数据，以防对被收集人造成危害。但在 20 世纪 80 年代后，许多发达国家的法学者发现：对于保护个人数据，一些大公司远比被收集人更加关心。主要原因在于许多关于顾客的个人数据为大公司的生产及销售方向提供了可靠的依据，有些个人数据甚至构成大公司“商誉”的重要因素。显然掌握可靠的顾客数据有助于增加公司的利润，因此也被看作某种无形产权。不过，把“个人数据”直接看作知识产权的人并不多，但笔者认为至少可以把它看作一种特殊的“工商经营信息源”。有时某些个人数据还是政治、军事、外交等方面的信息源，不过这里讨论的重点不在这些方面。

早在 1984 年，香港大学高级讲师、澳大利亚律师彭道敦（M. Pendleton）先生就已经把传统的知识产权看作某种信息产权。他认为，专利是反映发明创造的信息，商标是在贸易活动中使人认明商品的信息，版权则反映信息的固定存在形式。这样，我们可以认为传统知识产权本身，就是信息产权的一项内容；当然，我们也可以认为信息产权是传统知识产权扩大后的内容。可以用图来说明上述知识产权与信息产权的关系。

由于传统的知识产权都可以被认为是某种信息产权，而信息权中却有个别尚不能称为知识产权的，这些“个别部分”还可能随着技术的发展与法律的完善而增加。所以，一些知识产权组织或管理机构更名为信息产权组织或管理机构会更加名副其实些。例如，世界知识产权组织，虽然完全不必更改其字头缩写——WIPO，但其中的 IP 可能给予新的解释，即不再是 Intellectual Property，而是 Information Property。

## 三　我国保护信息产权的现状

我国实行开放、搞活的政策之后，在保护知识产权乃至其扩大后的信息产权方面的立法正在逐步订立和完善。

1979 年颁布（1984 年修订）的《中华人民共和国自然科学奖励条例》规定：凡“阐明自然的现象、特征或规律的科学研究成果，在科学技术的发展中有重大意义的，可授予自然科学奖”。获奖者可得到荣誉证书、奖章及奖金。这实际上是对“科学发现”专有权的一种间接承认。

1982 年我国颁布了《中华人民共和国商标法》，1984 年又颁布了《中华人民共和国专利法》，在专利法中对具有新颖性的工业品外观设计也给予了保护。

1985 年我国颁布的《中华人民共和国技术引进合同管理条例》在第七条中规定，技术的受方应当按照双方商定的范围和期限，对供方提供的技术中尚未公开的秘密部分，承担保密义务。1987 年我国颁布的《中华人民共和国技术合同法》第 39—41 条规定，非专利技术转让合同双方均承担合同约定的保密义务；如违反该义务，应当支付违约金或赔偿损失。这些规定，实质上是对 Know-How 专有权的承认与保护。

1987 年我国颁布的《广告管理条例》中规定，禁止利用广告从事不公平竞争活动。

此外，我国的民法通则在原则上承认了版权是一种应受到保护的知识产权。我国的广播电影电视部、文化部和国家版权局也通过一些行政法规，有限地承认和保护部分作者权（如出版权、翻译权、上演权等）及部分传播者权（如录音录像制品制作者权）。

目前在我国对电子计算机软件、半导部芯片掩膜制品、印刷字型、个人数据及民间文学等专有权的承认与保护尚处于空白。

不过，在已确立保护的几个领域，需要进一步完善的工作还有很多。

例如，我国商标法仅仅对商品上使用的注册商标予以保护。而“服务”（或称“劳务”）在许多国家已被视为一种特殊“商品”，服务商标被作为人们了解服务来源的必不可少的信息，而受到法律保护。我国则缺乏这方面的有效保护。

制止不正当竞争行为，应该是广泛的，不限于在广告上禁止。因此，仅有《广告管理条例》的有关规定就显得很不够。而如果没有一部全面的“制止不正当竞争法”作为补充，商标法实施起来就难免产生一些“合法不合理”的消极后果。例如对恶意的抢先注册商标的行为无法制裁，对不使用他人商标，也不使用他人商标标识作装潢，但确实损害或利用了他人商业信誉的活动，也无法制裁。

由于版权法保护的对象是“一切信息的固定形式”，所以版权保护几乎在绝大多数信息产权的交流活动中都会出现。在以商标转让为主的信息产权交流中，一般不会涉及专利问题，但“商标特许合同”中，肯定要有版权许可或转让条款。在不附带 Know-How 的技术转让合同及一部分附带 Know-How 的技术转让合同中，一般不涉及商标问题，但在绝大多数技术转让合同中，都会有“版权保留条款”。这些，说明了如果缺乏版权保护，许多信息产权的交流就会发生困难。而我国至今尚缺少一部全面保护作者权与传播者权（亦即版权）的法律。这恐怕是我国信息产权保护中存在的最大问题了。①

（本文原载于《工业产权》1988 年第 3 期）

① 至于进入 21 世纪后，有人说“信息是不能传播的、是不能创的”等，认为“信息化”、“信息高速路”等说法均不通，只能讲“知识化”、“知识高速路”等，则属于“文字游戏”式的议论，可置之不理了。

# 信息、知识产权与中国知识产权战略若干问题

郑成思*

今年，是制定中国知识产权战略关键的一年。这个战略的制定，必须研究中国的实际，或者说，中国的特点；而同时在经济全球化的今天，我们也不能忽略带有共同性的基本理论问题。

例如，中国人的作品（包括文章、音乐、美术等作品），版权主要在创作者个人手中。即使是“职务作品”，按中国《著作权法》第 16 条规定，版权也主要在创作者手中。中国发明专利中的很大一部分专利也在发明人个人手中。这是与发达国家，特别是美国的作品版权及发明专利主要在大公司手中完全不同的。所谓“制止知识产权的权利滥用”主要是针对大公司的；反垄断法角度上的“禁止权利滥用”也仅仅是针对“经营者”(即市场主体，且主要是大公司)，而非针对非经营者的作者与发明人的。学界在讨论问题时，经常分不清中外这一重大差别。对作为弱势群体的中国发明人及作者来说，现在面临的主要问题是“维权难”的问题。对此，如果我们的立法及司法、行政执法机关不予注意，“激励创新”这一很有意义的原则或总政策就会在很大程度上落空。因为广大作者与发明人正是“自主创新”的重要力量，甚至是主力。这正是中国知识产权的特点之一。

在中国改革开放之初，制定《商标法》并未引起太大争议，[①]制定《专利法》则引起了相当大的争议，当时甚至有议论认为“专利法对发展中国

---

* 郑成思（1944—2006），时任中国社会科学院法学研究所研究员，中国社会科学院学术咨询委员。

① 参见赵元果《中国专利法的孕育与诞生》，知识产权出版社，2003，第 56、164、191 页。

家的好处等于零”。[①]今天，在关于中国知识产权制度之利弊的争论中，人们再次听到了几乎同样的声音。但实际上，改革开放20多年以来，虽然人们对知识产权制度促进经济发展作用的认识还存在差异，但在现实生活中我们已经清楚地看到，袁隆平的高技术育种方案，改变了中国千百年来几亿人靠繁重劳动“搞饭吃”的状况；[②] 王选的“高分辨率汉字发生器”方案，使无数印刷工人告别了自毕昇、王祯以来在字盘上检字的劳动方式[③]……这类越来越多的实例明白无误地向人们显示了，创造性劳动成果与模仿性（或复制性）劳动成果的巨大差别。

知识产权制度的本质是鼓励创新，不鼓励模仿与复制，反对仿、靠、冒、盗。[④]这种制度利弊几何，也许理论上还会长期争论下去。但在现实生活中，“温州制造”不断在国际市场上被“温州创造”所取代，后者成本远低于前者，获得却远高于前者；海尔集团的洗衣机“防电墙”专利已经被公认为国际标准，[⑤] 美国通用电气公司专程拜会中国个体发明人，请求获得该发明人的专利许可[⑥]……中国专利制度实施以来的这无数事实，应当使人们对专利制度的利弊十分清楚了。

中国古语“有一利必有一弊”，知识产权制度绝非没有弊端，但只要其利大于弊，或通过“趋利避害”可使最终结果利大于弊，就不应否定它。现在如果再让科技、文化领域的创作者们回到过去的科技、文化成果“大锅饭”时代，恐怕终究只有议论者，而无响应者。至于创作者与使用者权利义务的平衡，可以通过不断完善“权利限制”去逐步解决。既有知识产权制度中对我们自己的长项（如传统知识与生物多样化）保护不够，

① 参见赵元果《中国专利法的孕育与诞生》，知识产权出版社，2003，第170页。

② 早在我国还没有建立起专利制度的1980年，袁隆平就以“杂交水稻育种方法”在美国及澳大利亚申请并获得了专利，他可能是我国改革开放后第一个向国外申请专利的发明人。

③ 王选的这一发明专利于1990年获得世界知识产权组织在我国颁发的第一批“专利金奖”。

④ 其中的“靠”，如“傍名牌”。“傍名牌”本不是中国企业文化传统的一部分，甚至可以说根本不在中国的文化传统之内。齐白石的名言“学我者生，似我者死”，是否定“仿”与“靠”的，这才是中国真正的文化传统。事实上，外国企业抢注我们的“同仁堂”、“狗不理”等，是早在国内“傍名牌”已成今日之公害前许多年就发生的，只不过外国企业抢注我们的“海信”倒是发生在最近。可见，无论过去或现在，外国企业始终没有停止过“傍”我们的名牌，因此，这倒更像是它们的传统，只是被我们的一批不争气的非诚信企业“舶来”了。

⑤ 参见《海尔防电墙备受瞩目》，《中国知识产权报》2005年9月2日头版头条。

⑥ 参见《与世界电气巨头握手的老人》，《中国知识产权报》2005年8月31日第11版。

也可以通过逐步增加相关的受保护客体去解决。此外，有一些制止知识产权权利滥用的规范并没有规定在单行知识产权法中，而是在诸如《合同法》“技术合同编”、《最高人民法院关于技术合同纠纷适用法律的司法解释》等法律文件中，我们没有直接看到这些就批评知识产权保护的“缺失”或“弊病”，则属于学习、研究甚至普法的问题。的确，对知识产权及知识产权制度，只有在弄清楚“是什么”、“为什么”的前提下，才可能开始真正的批判研究或对策研究。

我国经常提起“自主知识产权”，又经常提起“以信息化促工业化”，却往往把这二者看作毫无联系的两码事。其实，这二者是密切联系着的。讲“信息化”如果仅仅着眼于信息处理与传输，等于仅仅注意了“枝”或“流”；只有同时也注意到“信息”本身的创新，才算注意到了“根”或“源”。从理论上搞清楚信息、信息产权与知识产权是什么以及它们之间的关系，是制订知识产权战略的前提。对此，至少日本在其 2002 年的《知识产权战略大纲》中，已经意识到了。①

## 一　信息、信息产权与知识产权

从 20 世纪 80 年代起，人们开始普遍使用“信息社会”这一概念，90 年代后，“信息高速公路”、“信息公开”、“信息化”等成为使用率越来越高的日常用语。“以信息化促工业化”以及“获得享有自主知识产权的成果”，更在近年来政府文件及新闻媒体中被经常提到。但是，信息与知识产权这二者之间是什么关系，则较少被人提起。

信息处理技术与信息传输技术的快速发展，把人们带入了信息时代。人们现在讲起“信息化”，也主要指信息处理技术与信息传输技术（主要是计算机与网络）的积极利用，至于信息本身或者信息的内容，似乎反倒被忽视了。

在 2002 年，日本出台了《知识产权基本法》及《知识产权战略大纲》，其中提出了“信息创新时代，知识产权立国”，应当说是较清晰、完整地

① 参见日本《知识产权战略大纲》第一章之二。该大纲的中文翻译本载张平主编《网络法律评论》第 4 卷，法律出版社，2004。

道出了信息、信息化与知识产权的关系，在理论上值得我们研究。当然，该法及该大纲的内容还有很多，其中不乏值得我们借鉴的，也有我们必须考虑对策的。

日本在《知识产权战略大纲》中提到信息财产与知识财产是 21 世纪最重要的财产。所谓“信息财产”及“知识财产”，与“信息产权”及“知识产权”的含义相同，只是在中文里的表述不同。“信息产权”是“知识产权”的扩展，突出了此种知识产权客体的“信息”本质。①

“信息产权”的理论于 1984 年由澳大利亚学者彭德尔顿教授（Michael Pendleton）在其《香港工业和知识产权法》（*The Law of Industrial and Intellectual Property in Hong Kong*）一书中作了初步阐述；1987 年，笔者在《计算机、软件与数据库的法律保护》一书中对此作了全面的论述，又在当时中国专利局的《工业产权》杂志 1988 年第 3 期上撰文作了进一步展开；1989 年，《欧洲知识产权评论》第 7 期将该文译成英文推荐给西方读者。从 20 世纪 90 年代上半叶起，西方学者开始大量讨论“信息产权”问题，其代表性成果包括：美国加州大学伯克利分校萨缪尔森教授（Pamela Samuelson）于 1991 年在 *Communications of the ACM* 发表的“信息是财产吗”（“Is Information Property ?”）一文，荷兰 1998 年出版的《知识产权和信息产权》（*Intellectual Property and Information Property*）一书和美国缅因州大学李特曼教授（Jessica Litman）于 1999 年在《耶鲁法学评论》发表的“信息隐私和信息产权”（“Information Privacy/Information Property”）一文等。此外，美国 1999 年 7 月推出的主要覆盖知识产权网上贸易的《统一计算机信息交易法》，在实际上交替使用了“信息产权”与“知识产权”。俄罗斯于 1999 年发表的《信息安全学说》则提出必须积极开发信息财产及利用这种财产。②

20 世纪 80 年代，有人把世界上正进行着的新技术革命称为“第三次

---

① 许多从事司法工作的实践者反倒比一些教授对知识产权客体的信息本质更清楚。北京知识产权法官们涉及这一问题的论述尤其不少见。例如，北京一中院法官、北大法学博士张广良说：“知识产权客体为智力成果，若对这些智力成果进行研究，不难发现其本质是信息。”见张广良《知识产权客体的本质和要件》，《电子知识产权》2000 年第 9 期。

② 高富平教授于 2005 年第 16 卷《知识产权研究》上发表的《信息财产论》一文较全面地转述了包括上述专著及专论在内的西方学者的论述及出处，但该文没有注意到中国学者的论述远在西方学者之前这一事实。

浪潮”。“在第一次浪潮的社会中，土地是最重要的财产；在第二次浪潮的社会中，机器取代了土地，成为最重要的财产；在第三次浪潮的社会中，我们仍然需要土地、机器这些有形财产，但主要财产已经变成了信息。这是一次革命的转折。这种前所未有的财产是无形的。”“如果说股票是象征的符号，那么信息财产则是象征的象征。这样一来，财产的概念面目全非了……”① 可见早在20多年前，人们就把新技术革命称为信息革命，而至于信息包括什么内容，人们给予较多注意的则往往是通过报纸、广播、电视等媒介了解到的日常经济、政治、文化、社会有关情况，这种信息中的很大一部分是处于公有领域之中的，而且不是进入信息社会后才产生的新东西。信息社会中信息的特点，是传递更迅速，对经济、技术及社会的发展起着更重要的作用。使一个国家进入信息社会的关键技术之一，就是数字化技术与网络环境。实际上，构成新技术信息大部分内容的，自20世纪以来，就是各国专利申请案中的专利说明书。没有申请专利的新技术信息则一般被作为商业秘密保留着。但根据世界贸易组织的《与贸易有关的知识产权协议》第2部分第7节，“商业秘密”这个概念并不存在，而是被表述为“未曾披露过的信息”，以区别于专利技术方案、作品、商标标识等已经公开的信息。商标是附在商品或服务上，用以说明商品或服务来源的信息。报刊、书籍、电视、电影、广播等，是主要的、最广泛的信息源，人人都可以通过这些媒介获得自己所需要的信息，但是在颁布了版权法的国家，未经作者、出版社、电台、制片厂或其他有关权利人的许可，人们在许多场合都无权复制、翻译或传播自己所得到的这类信息。

信息社会既然已经把信息财产作为高于土地、机器等有形财产的主要财产类型，这种社会的法律就不能不相应地对它加以保护，就是说，不能不产生出一门“信息产权法”。事实上，这门法律中的主要部分，也是早已有之的，至少是信息社会之前就已存在的，这就是传统的知识产权法。但在许多发达国家，早在20世纪70—80年代，随着电子计算机的广泛使用出现了各种旨在保护电子计算机所存储的信息的法律，这些已不是原来意义上的知识产权法了，因为尽管此时受法律保护的客体（数据）仍可能是版权保护的对象；但受保护的主体却不再是数据所有人，而是数据的来

① 这是美国社会学家托夫勒（Alvin Toffler）在《预测与前提》一书中的论述。

源——信息被收集人了。这样，一部分原属于公有的或靠保密来保持价值的信息，就处于新的专门法保护之下了，而这种保护的目的，却不在于维护信息所有人的专有权，倒在于限制该所有人扩散某些信息。这种限制，是取得可靠信息的保证。进入20世纪90年代后，西欧率先提出了保护无创作性的数据库的设想，并在1996年3月以欧洲委员会“指令”的形式形成了相关的地区性公约。这样一来，可作为财产权标的的“信息”又大大地增加了一部分内容。

总的来说，为促使产业界更好地理解与实施“以信息化促工业化”、推动立法部门更加重视信息立法以使上层建筑符合经济基础发展的要求，正确认识信息、信息产权及其与知识产权的关系，在今天实在是非常必要的。要言之，信息覆盖了知识产权保护的客体，信息产权的核心仍旧是知识产权。而“信息创新”要求所创成果必须与原有成果存在实质上的不同。在专利领域，没有实质不同的发明不能被授予专利；在版权领域，没有实质不同的所谓作品，不属抄袭即属雷同。把它们当成主要的知识产权保护客体（或者“对象”）是不对的。有资格成为知识产权保护客体的信息创新成果，既应有形式上的创新也应有实质上的创新，否则就成了复制或者改头换面的复制，在大多数情况下不能受到知识产权的保护，并可能构成侵权。

## 二　知识产权及其与工业化的关系

知识产权指的是专利权、商标权、版权（也称著作权）、商业秘密专有权等人们对自己的创造性智力劳动成果所享有的民事权利。知识产权法，就是保护这类民事权利的法律。这些权利主要是财产权利。其中，专利权与商标权又被统称为“工业产权”，是需要通过申请、经行政主管部门审查批准才产生的民事权利。版权与商业秘密专有权，则从有关创作活动完成时起就依法自动产生。

与大多数民事权利一样，知识产权也有与之相应的受保护主体与客体。发明人、专利权人、注册商标所有人、作家、艺术家、表演者等是相应的主体；新的技术方案、商标标识、文字著作、音乐、美术作品、计算机软件等，是相应的客体。在这里，专利权与商业秘密专有权的主体与客体有相当大一部分是重叠的。发明人开发出新的技术方案后，既可以通过向行政主管部门申请专利，公开发明，从而获得专利权，也可以自己通过保密而享有实际上的专有权。也就是说：技术方案的所有人可以选择专利的保护途径，也可以选择商业秘密的保护途径。

与大多数民事权利不同的是，知识产权的出现，大大晚于其他民事权利。恩格斯认为，大多数民事权利，早在奴隶制的罗马帝国时代就已经基本成型。而工业产权，则只是在商品经济、市场经济发展起来的近代才产生的；版权，则是随着印刷技术的发展才产生，其后又随着不断开发的录音、录像、广播等新技术的发展逐步发展的；商业秘密在国际上被列为财产权（亦即知识产权）中的一项只是在世界贸易组织成立之后。同时，随着经济、技术的发展，知识产权的内容、受保护客体的范围等仍在以较快的速度变化着，至今也很难说它们已经“成型”。

与有形财产权相同，知识产权也是一种财产专有权。就是说，不经财产权的权利人许可，其他人不能使用或者利用它。

与有形财产权不同的是，第一，知识产权的客体具有“难开发、易复制”的特点。如果一个小偷从车场偷了一部汽车（有形财产），他最多只能卖掉这一部车获取赃款，他不大可能也没有必要再复制几部车去卖。而如果小偷从一个软件开发公司偷出一个软件，他完全能够很快复制出成千上万盘同样的软件去卖，足以使那个软件开发公司破产。第二，知识产权与有形财产权虽然都是专有权，但有形财产的专有权一般都可以通过占有相关的客体得到保护；知识产权的客体却表现为一定的信息，对信息是很难通过“占有”加以保护的。而且，有形财产的客体与专有权一般是不可分离的，对它们施加保护相对也就比较简单。知识产权的客体与专有权却往往是分离的，对它们的保护就要困难得多。例如，画家卖给笔者一幅画，这幅画无疑是受版权保护的客体，这一客体已在笔者手中，但笔者若想把它印在挂历上或印在书上，却仍须经该画家许可，并向他付酬，原因是“复制权”（即版权中的专有权之一）仍旧在画家手里，并没有随着画一并转移给笔者。

知识产权与有形财产权的这些不同之处，使得可以适用于有形财产权的“取得时效”制度，适用于侵害有形财产权的“返还原物”责任等，很难适用于知识产权。因此我们又说知识产权是一种特殊的民事权利。

创作成果享有版权保护的首要条件是“原创性”，也就是说，它不能是抄来的、复制来的或以其他方式侵犯其他人版权而产生的，它必须是作者创作的。“原创性”的要求与“首创性”不同。“原创性”并不排除创作上的“巧合”。例如，甲乙二人分别在同一角度拍摄下八达岭长城的镜头，虽然甲拍摄在先，乙在后，两张摄影作品十分近似，但二人都分别享有自己的版权。但如果乙并没有自己到长城去拍照，而是翻拍了甲的摄影作品，则属于“抄袭”，就不享有自己的版权了。正是由于版权保护不排斥各自独立创作的相同作品，司法机关与行政执法机关在解决版权纠纷时要认定是否构成侵权，就比在专利及商标领域都困难得多。

对于发明要想享有专利，则恰恰要求具有“首创性”。专利制度是排除开发中的巧合的。如果甲申请专利在先，而搞出了同样发明的乙申请在后，则即使乙从来没有接触过甲的开发过程，发明完全是自己独立搞出来的，他也绝不可能再取得专利了。这就是我国《专利法》中的“新颖性”要求与“申请在先”原则。这样规定是因为在同一个技术领域搞发明的人很多，当不同的人以同样的发明申请专利时，专利审批机关不太可能断定是谁在实际上首先做出这个发明的，因此就依法推定首先申请的那一个应当被受理，其他的就都被排除了。所以，企业或研究单位一旦有了新发明，首先应考虑其他人不依赖于自己是否也可能在较短时间内开发出同样的技术方案，如果认为有这种可能，则应尽早去申请专利，以免别人占了先，自己反倒被排除在市场之外。因此，当我们的研究成果属于新的科学发现时，为获取同业乃至全世界对“首先发现权”的确认，有必要尽早公诸媒体，进行宣传；但当我们的开发或研究成果属于实用发明（亦即新的技术方案）时，我们首先应当考虑的是申请专利，占住市场，这时如果急于公诸媒体，既可能在专利申请上被别人占先，也可能自己毁坏了自己的新颖性，是不可取的。在实践中，由于分不清科学发现与实用发明的不同法律地位，对它们不加区分地一概进行抢先宣传，曾经使我们失去了相当一部分本来应属于我们的专利成果。当然，如果企业或研究单位确信别人不依赖自己就不可能独立搞出同样的发明，那就可以选择以商业秘密的途径保护自己的成果，而无须申请专利。

对于可以获得注册、从而享有商标权的标识，法律要求其具有的是“识别性”。如果用“牛奶”作为袋装奶商品的商标，消费者就无法把这种袋装奶与其他厂家生产的其他袋装奶区分开，这就没有识别性。而只有用“伊利”、“蒙牛”、“光明”等这些具有识别性的标识，才能把来自不同厂家的相同商品区分开，这正是商标的主要功能。

日本在过去几十年里提出过“教育立国”、“科技立国”等口号，而在进入 21 世纪后的《知识产权战略大纲》中开始反思过去这些提法的不足，提出了“知识产权战略”，包括创新战略、应用战略、保护战略、人才战略四个方面。认为过去讲的“教育立国”仅仅涉及人才战略一方面，“科技立国”则只涉及创新战略中有关科技的一部分，都没有讲全，也没有抓住要点。日本的这种反思，实际上也很值得我们反思，直到现在可能我们的很多人仍旧不懂得，知识创新或者信息创新绝不仅仅是技术创新的问题。

在我国几部知识产权法颁布后的相当长的时间里，许多人对商标的重视程度，远远低于其他知识产权。在理论上，有的人认为商标只有标示性作用，似乎不是什么知识产权。在实践中，有的人认为创名牌，只是高新技术产业的事，初级产品（诸如矿砂、粮食等）的经营根本用不着商标。实际上，一个商标，从权利人选择此标识起，就不断有创作性的智力劳动投入，其后商标信誉的不断提高，也主要靠经营者的营销方法、为提高质量及更新产品而投入的技术含量等，这些都是创作性劳动成果。发达国家的初级产品，几乎无例外地都带有商标在市场上出现，因为他们都明白：在经营着有形货物的同时，自己的无形财产也会不断增值。可口可乐公司的老板曾说，一旦本公司在全球的厂房、货物全部失于火灾，自己第二天就能用可口可乐这一商标作质押，贷出资金来恢复生产。每年《金融世界》都把“可口可乐”的价值评估到数百亿美元。我们曾有理论家说：如果一个企业倒闭了，它的商标就会一文不值。但实际上，企业倒闭后，商标还相当值钱的例子却很多。例如 1998 年 3 月广州照相机厂倒闭，评估公司给该厂的“珠江”商标估了 4 千元人民币，许多人还认为估高了，而在当月的拍卖会上，这一商标卖出了 39.5 万元！2001 年，破产的原上海针织厂的“飞马”商标，在拍卖中拍出了 200 万元。很明显，企业在正常的日常经营中，商标一般也会不断增值，一旦遇到海损、天灾等不可抗力或者金融危机等商业风险，自己的有形货物全部丧失，至少自己的商标仍有价值。企业多年以来靠智力劳动投入商标中的信誉，绝不会因一时经营失误或其他未可预料的事故致企业倒闭而立即完全丧失。可见，提高我国经营者，尤其是大量初级产品的经营者的商标意识，对发展我国经济是非常重要的。而不创立自己的牌子，只图省事去仿冒别人的牌子，除了会遭到侵权诉讼外，永远只能给别人做宣传，是在给别人打工。商标绝不像有人认为的那样，与马路上的单行线标志一样，仅仅是一种指示性标识。它是企业经营管理创新、资金投向创新、质量控制创新、广告宣传创新、经销策略创新等的综合反映与体现。[①] 即使作为某种标志，商标也至少是指示消费者去购买，乃至反复购买某个或某些企业产品的标志。[②] 世界知识产权组织认为：正如专利保护与版权保护的作用是促进与激励发明及创作一样，商标保护的作用是促进与激励企业保持和提高企业的信誉。企业的“信誉”就是通过商标来反映的，而信誉是企业的生命。[③] 所以商标，作为整合而成的企业的综合品质而非这些标识符号本身，是一种不同于发明创造、作品等单元性智力成果的结构性智力成果。企业员工的非智力活动在工业化社会中都是相同的，无法使其所属企业在市场上被识别，[④] 而商标权的客体则是由各种标识符号承载的特定企业的骨干乃至全体员工甚至几代员工各种零散智力活动而综合形成的。

智力成果的共享性，也称可复制性、无损耗性，指同一智力成果可以在同一时间被不同主体掌握和使用，而智力成果提供者并不因此失去其所提供的智力成果。因此，除商业秘密权和未发表作品的著作权外，各种知识产权均可以被共享。这就决定了知识产权不是排他控制特定智力成果本身的权利，而是确保排他实现该智力成果所生利益的权利。知识产权客体的共享性还导致了知识产权与其客体发生分离，知识产权客体之所在并不能成为判断知识产权之所在的依据，这是将知识产权称为无形财产权的主要原因之一。这些都与通过保障排他控制特定物进而实现该物上利益的物权判然有别。知识产权客体的共享性在学理上内在地要求我们区分“权利

---

① 参见黄晖《驰名商标与著名商标的法律保护》，法律出版社，2001，第118页。

② 参见黄晖《商标法》，法律出版社，2004，“前言”第1页。

③ 参见世界知识产权组织在2004年4月26日，即“世界知识产权日”发表的《商标——企业的生命》，http://www.wipo.int.；纸质印刷品见世界知识产权组织于2003年底出版的 *Making a Mark—an Introduction to Trade Marks for Smaland Medium-Sized En-terprises*，第4页。

④ 参见朱谢群《知识产权客体》，转引自郑成思主编《知识产权——应用法学与基本理论》，人民出版社，2005，第158页。

的客体”与“权利的标的”，权利的客体是指产生利益的客观事物，处于权利之外；权利的标的则是指客体所产生的利益，是权利的本体，处于权利内部。[①]

作为信息，智力成果对物质具有依附性，但信息是独立于物质、能量的三大基础客观元素之一，所以任何特定智力成果与其载体物其实是截然不同的两种客观事物；以特定智力成果为客体的知识产权与以特定物为客体的物权是内容迥异的两种专有权。除极个别例外，特定智力成果上的知识产权的变动与该智力成果载体物上的物权的变动遵循各自不同的法律规则。智力成果对物质具有依附性，使得特定智力成果的载体物承载着一个并不以该物自身为客体，而是以其上特定智力成果为客体的专有权，该载体物之所在一般亦不能决定知识产权之所在，这是将知识产权称为无形财产权的另一个主要原因，也是知识产权不能适用占有、准占有、取得时效等适用于物权的制度的主要原因。

基于社会公共利益和各国立法政策等因素，并非所有智力成果均可成为知识产权的客体。有些智力成果是其他权利的客体，例如“两弹一星”中的许多发明创造；另一些智力成果则只存在于公有领域，不受任何法律保护，例如《著作权法》第5条规定的法律、法规、政府文件等。特定智力成果能否成为知识产权客体，最终取决于一个国家知识产权立法的具体规定。

正是由于知识产权与一般民事权利、有形财产权利相比，具有上述的许多不同点，知识产权法律的完善和不断修订，就显得比民事领域的其他法律更有必要。

发达国家在20世纪末之前的一两百年中，以传统民事法律中的物权法（即有形财产法）与货物买卖合同法为重点，原因是在工业经济中，机器、土地、房产等有形资产的投入起着关键作用。20世纪八九十年代以来，与知识经济的发展相适应，发达国家及一批发展中国家如新加坡、韩国、菲律宾、印度民事立法领域的重点逐步转变为知识产权法、电子商务法。这并不是说人们不再靠有形财产为生，也不是说传统的物权法、合同法不再需要了，而是说重点转移了。原因是，在知识经济中，专利发明、商业秘密、不断更新的计算机程序、驰名商标等无形资产在起关键作用。随着生

① 参见朱谢群《创新性智力成果与知识产权》，法律出版社，2004，第27页。

产方式的变动，上层建筑中的立法重点也必然变更。一批尚未走完工业经济进程的发展中国家已经意识到，在当代，仍旧靠“出大力、流大汗”，仍旧把注意力盯在有形资产的积累上，其经济实力将永远赶不上发达国家，而必须以无形资产的积累（其中主要指“自主知识产权”的开发）促进有形资产的积累，才有可能赶上发达国家。

牵动知识产权这个牛鼻子，使中国经济这头牛跑起来，袁隆平、王选等人已经做了，我国一批真正能打入国际市场站住脚的企业，重工业中的宝钢、家电产业中的海尔、信息产业中的联想，也正是这样做的，用他们的话来说，就是“以信息化促工业化”。早在2000年初，联想公司推出的一项并不算太前沿的新产品——上网计算机中就包含了自己的40多个专利，相信更多的创新者也将这样做下去。在信息创新时代，也只有越来越多的人这样做下去，中国才有可能在更高的层次上再现“四大发明”国度的异彩，这就是我们常说的“民族复兴”。

## 三 中国知识产权法律体系的主要欠缺

自1979年《刑法》开始保护商标专用权、《中外合资企业法》开始承认知识产权是财产权以来，20多年来不断的立法与修法，尤其是加入WTO前为符合国际条约要求而作的“大修补”，使中国的知识产权法律体系“基本”完备了。这已经是国内外多数人的评价。

不过，远看10年前已经订立知识产权法典的发达国家法国、两年前已缔结法典式知识产权地区条约的安第斯国家，近看目前已开始实施“知识产权战略”的日本、软件出口总把我们远远甩在后面的印度，我们就有必要在欣然面对“基本”完备的这一体系的同时，默然反思一下中国的知识产权法律体系还缺些什么？

从大的方面讲，我国几年来的《政府工作报告》及其他许多政府文件中多次提到知识产权，把它们归纳起来，包括三层意思：第一，加强知识产权保护；第二，取得一批拥有知识产权的成果；第三，将这样的成果“产业化”（即进入市场）。这三层是缺一不可的，把它们结合起来，即可以看作我们的知识产权战略。法律保护规定的“基本”完备，其实仅仅迈出了第一步；而如果缺少直接鼓励人们用智慧去创造成果（而绝不能停留在仅用双手去创造成果）的法律措施，如果缺少在“智力成果”与“产业化”之间搭起桥梁的法律措施，那就很难推动一个国家从“肢体经济”向“头脑经济”发展，要在国际竞争中击败对手（至少不被对手击败），就不容易做到了。所以上述第一层的法律体系是必要的，但如果第二与第三层的法律不健全，在当代仍会使我们处在劣势的竞争地位，“以信息化促工业化”的进程也可能受到阻碍。所以，当前最为迫切的是要认真研究这两层还需要哪些立法。

而待到这后面两层的立法也“基本”完备之后，我们再来考虑我国知识产权法中已有的“保护”法或加上将来补充的“鼓励创新”法与“搭桥”法是散见于单行法好，还是纳入《民法典》好？抑或是自行法典化好？对此，不妨用较长时间去讨论。

当然，现有“保护”法（并不是说它们只有“保护”规定，其中显然有“取得”、“转让”等规范，只是说与“鼓励创新”和“搭桥”相比，现有法主要是落脚在“保护”上）也有自身应予弥补的欠缺。其中多数问题，也可能要用较长时间去讨论。例如，对于我国现有的长项——传统知识及生物多样化尚无明文保护；[①] 对反不正当竞争的附加保护规定得残缺不全；几个主要法（专利法、商标法、版权法）中本可以一致的某些细节还很不一致。例如，专利法中明确了仅仅自然人能够搞发明，而著作权法中却让人看到“法人”居然也动起脑子“创作”出作品来了（而不是说法人单位的自然人职工搞创作，然后由法人享有相应成果）！再如，在专利和商标侵权中，被侵权人均是或可得到自己的实际损失作为赔偿，或可得到侵权人的侵权获得作为赔偿。著作权侵权中则又是另一样：只有在被侵权人的损失难以计算时，才可能进而寻求侵权人的获得作为赔偿，那么，如果被侵权人的损失很好计算——只有 2 元钱，那就不能再有别的选择了，即使侵权人因侵权获利 200 万元。但这些理论上及实际上的欠缺，均属于补缺之列。实践在发展，人们的认识也在发展，所以这种补缺，可能是永远没有穷尽的。我们切不可把立法的重点与补缺相混淆，尤其不能颠倒主次。在整个民商法领域是如此，在知识产权法领域也是如此。“重

① 不过，许多人已经注意到，2002 年底提交到全国人大常委会的民法草案中确实提到了传统知识与生物多样化。当然，人们对此的争论至今还在继续。

点”是要立即去做的，是不宜花很长时间去讨论的。况且，中国要把自己的创新成果产业化，对此人们的认识是比较一致的，不像“法人有没有大脑、能否搞创作”这类问题在认识上差异很大。如果把真正的立法重点扔在一边，却集中力量去补那些永远补不完的缺，历史会告诉我们，这是重大失误。

## 四 思考中国知识产权战略的几个前提问题

我国宪法2004年修正案明确了对私有财产的保护。作为私权的知识产权，是私有财产权的一部分，有人还认为，在当代，它是私有财产权中最重要的一部分。[①] 在我们考虑中国的知识产权战略应当如何制定时，宪法2004年修正案中关于私有财产的保护和权利限制的内容的增加，更有其指导意义。至少，《著作权法》第1条与《专利法》第14条，都实实在在地有了宪法依据。

进入21世纪前后，一些发达国家及印度和拉美的一些发展中国家，立足于知识经济、信息社会、可持续发展等，提出了本国的知识产权战略，尤其是日本2002年出台的《知识产权战略大纲》及2003年成立的国家知识产权本部，在很大程度上都是针对我国的。[②] 但几乎在同时，知识产权制度建立最早的英国发表了知识产权报告、知识产权拥有量最大的美国则在立法建议及司法方面显示了专利授予的刹车及商标保护的弱化趋势。[③] 面对这种复杂的国际知识产权发展趋势，我国应当作何选择呢？

改革开放20多年来，中国知识产权制度的发展走了一些外国国家一二百年才走完的路，这个速度，使相当多的人感到“太快了”。加入世界贸易组织两三年后，外国知识产权人在中国的诉讼以及“以侵权诉讼相威胁”开始大大增加，许多学者和企业开始感到了压力，抱怨依照世界贸易组织要求修改的知识产权法“超过了中国经济发展水平”，要求往回收。

---

① 参见哈里斯《论西方的财产观念》，彭诚信、黄文艺译，《法制与社会发展》2003年第6期。

② 参见《日本知识产权战略大纲》第二章，二；第三章，二。

③ 参见美国联邦贸易委员会2003年10月28日报告《促进创新——竞争与专利法政策的适当平衡》，以及美国最高法院于2003年对商标案Victoria's Secret的判决，http://www.ftc.gov/opa/2003/10/cpreport.htm. AReportbytheFederalTradeCommission。

相当一部分人认为当前我国知识产权保护已经过度，产生了失衡，提出重点应当是打击知识霸权与制止知识产权滥用，而不是保护知识产权。而另一方面，像王选一类发明家、谷建芬一类音乐家，以及名牌企业（它们始终只占中国企业的少数），则一直认为中国的知识产权保护（主要不是指立法，而是指法的实施）距离有效保护他们的权利还存在较大差距。①

对这种认识上的巨大反差，如果不进行认真分析得出正确的结论，中国知识产权战略的制定者就可能在矛盾中把“往前走”和“往回收”两种思想写入同一篇文章。这篇文章就不太可能写好。2003 年以来，思科对华为的诉讼、6C 集团向中国企业索取使用费等事实，似乎支持着前一种认识；而与地方保护主义结合的商标假冒，“傍名牌”的盛行使国内诚信的名牌企业多数做不大、无法与国际竞争对手抗衡的事实，盗版使大批国内软件企业不得不放弃国内市场的自主研发、转而为外国公司的外国市场做加工以避开国内盗版市场、从国外收回一点劳务费的事实，又似乎支持着后一种认识。

事实上，任何私权与公共利益之间，都不仅有“平衡”问题，而且有前者服从后者的问题，不唯知识产权如此。而任何私权的所有人与使用人、所有权人与用益权人之间、不同权利之间，却未必存在“平衡”问题，或主要不是所谓“平衡”问题。这两组问题是不应被混淆的。由于作为物权客体的有形物（特定物）不太可能被多人分别独立使用，因此在物权领域不太可能发生把使用人的利益与公共利益混淆的事。而作为知识产权客体的信息（无论是技术方案、作品，还是商标标识），由于可以被多人分别独立使用，在知识产权领域把使用人的利益与公共利益混淆的事就经常发生。现在的多数“知识产权平衡论”均存在这种混淆。而这又是进行知识产权战略研究之前必须搞清楚的基本理论问题。另外，权利滥用现象的存在与否，与权利保护法律制度水平的高与低，本不是一回事，也无必然联系。这二者也是目前被众多学者混淆起来并大发议论的题目之一。例如，在我国物权法尚未独立成法、物权保护水平尚不可谓高之时，滥用物权（如加高建筑遮人阳光、路上设卡阻人通行等）现象并不少见。所

① 对此，我国各大报刊经常有报道，较有代表性的如《王选的迫切希望》，《光明日报》2003 年 3 月 15 日第 2 版；《冒牌货重重包围“北极星”》，《中国知识产权报》2004 年 2 月 19 日第 2 版。

以，我们是否有必要在立法中禁止知识产权的滥用，与我们是否有必要宣布我国依 TRIPs 提高了的知识产权保护“超高”了、应当退回来，是完全不同的两个问题，只能分别研究 、分别作结论。[①]

把仅仅适合多数发达国家乃至个别发达国家的知识产权保护水平强加给全世界，是发达国家的一贯做法，而发展中国家对此的抗争从总体制度的层面上从未奏效过，1967 年《伯尔尼公约》修订的失败，1985 年大多数国家反对以版权保护计算机软件的失败，TRIPs 谈判时秘鲁与巴西等国建议的失败，都是实例。我们在经济实力尚无法与发达国家抗衡的今天，是接受对我们确有弊端的制度，然后研究如何趋利避害，还是像 20 世纪五六十年代那样，站出来作为发展中国家的领头羊再度发起一次类似 1967 年[②]或 1985 年[③]那样的战役，或干脆力促国际知识产权制度从 TRIPs 退回来、退到对发展中国家较为公平的水平？许多学者呼吁的上述后一种选择是否真的对我国有利？这些也都是确定我们的知识产权战略时必须考虑的重大问题。

要使知识产权制度有利的一面不断得到发挥，不利的一面不断受到遏制，除了靠立法之外，就主要靠执法了。此时，法院的作用永远是在首位的，因为对知识产权这种私权，行政执法的作用在国外、在中国，均是逐步让位于司法的。那么，由于中国知识产权法的行文总的来说尚未摆脱传统立法“宜粗不宜细”之弊，故法官对法的解释、法官的酌处权，进而中国法官的素质、中国的知识产权司法结构，就显得十分重要了。不区分偶

---

① 在中国，知识产权中版权的权利人大都是创作者本人，而不像一些发达国家那样，权利人往往是大公司。而作为个人的创作者，多数的维权都举步维艰，很难如大公司那样“滥用权利”的。同时，作为非创作者的大公司与公众之间的利益平衡问题，和作为创作者个人与公众之间的利益平衡问题，是完全不同的两个问题。而现在许多人把这二者混淆起来，其中有些人属于确实没有把问题搞清楚，另一些人则本来属于侵权使用者，故意把水搅浑以便浑水摸鱼。

② 1967 年，发展中国家在修正《保护文学艺术作品伯尔尼公约》的国际大会上，尽全力通过了“斯德哥尔摩议定书”，规定了有利于发展中国家的“版权强制许可制度”。但由于发达国家的集体抵制，该议定书未能实施。伯尔尼公约成员国又不得不在 1970 年再次于巴黎开会，以有利于发达国家的“巴黎议定书”取代了“斯德哥尔摩议定书”，避免了伯尔尼公约的名存实亡。

③ 1985 年，发展中国家发起修正《保护工业产权巴黎公约》，呼吁放宽对专利的强制许可制度，结果反而使得发达国家推动了把知识产权加进关贸总协定的乌拉圭回合谈判，产生了比专利的强制许可限制更严、更有利于发达国家的《与贸易有关的知识产权协议》。

然的、仅仅因过失的侵权与反复的、故意的侵权而作出同样处理，既是许多人认为中国知识产权保护过度的主要原因，也是许多人认为保护不力的主要原因。解决这个问题既要有更加细化的法律，也要有更合理的司法解释和更高的法官素质。事实上，面对中国目前这种侵权与权利滥用同样严重的复杂状况，在如何评价我们的知识产权制度这个问题上，中国法院的观点似乎比我们许多学者的观点更为可取。①

2004 年的宪法修正案之前，我国宪法中仅仅明文规定了公有财产的不可侵犯性；2004 年的宪法修正案之后，各种合法财产的不可侵犯性及公、私财产权的保护，都得到了明文规定。不过，多数人比较容易注意到的仍旧是有形财产，对于在当代更加被许多国家重视的知识产权，却往往将其忽略，但如果我们确实在实际中忽略了知识产权，我们在国际竞争中就永远不可能处于主动地位。

## 五 “利益平衡”论与我国知识产权制度的正确走向

近年来，还有一种所谓“利益平衡”论逐渐盛行，但在本质上，这是恶意侵权人的一种强词夺理。例如，今天数字与网络盗版已经从文字作品发展到软件、音乐、影视等多种作品，对此若不加注意，有形市场打击盗版的努力会在一定程度上落空，因为稍聪明点的侵权人都会转移到侵权成本更低的网上。放纵网上盗版，将使我们“繁荣文化创作”的号召落空，搞垮我们的软件产业以及音像、影视等产业，最终不利于国家经济的发展、不利于公众获得优秀文化产品的需求。在我国，从《著作权法》修正前夕王蒙等作家的诉案，《著作权法》修正后法学家陈兴良的诉案，到 2005 年终审判决的中国社会科学院知识产权中心七位专家诉书生公司侵权案，②侵权行为不断发展，侵权人甚至已经在不经许可使用他人作品为自己营利时声称“已完全解决了版权问题”，并把这种欺世行为标榜为“最新的获得授权方式”，这种发展趋势应当引起我们的注意。盗版者在其违法活动被

① 参见《知识产权：权利滥用与法律应对》，《人民法院报》2004 年 2 月 18 日。

② 参见《网上打盗，在线维权》，《中国新闻出版报》2005 年 7 月 14 日第 5 版；《法院判决书生公司侵权》，《中国消费者报》2005 年 6 月 22 日副刊第 1 版。

揭露后，都会以各种理由为自己辩解，在今天，最新的辩解途径竟是混淆侵权手段与授权方式而公然声称“侵权即获得授权”，对此，我们有必要重新提起利益平衡与制止侵权这些基本问题。有人不经作者许可而复制作者的成果为自己牟利，作者一旦敢于站出来维权，就立即被侵权人指责为“妨害公众获得作品”、“个人利益极度膨胀”，反倒把自己不经作者许可而复制牟利描述为“最先进的获得授权方式”。不过，只要人们稍微了解了《著作权法》的常识，即会辨明是非黑白，更多的受到侵害的作者也会纷纷起来维权，那时，侵权者就很难再把其混淆黑白的手法当成最后的救命稻草了。

网上盗版者与传统市场盗版者一样，总是以“消费者欢迎盗版”为自己辩护。其实，消费者欢迎的是能够便捷、低价得到的优秀作品，而不是侵权人居中非法营利（从而必将同时使作者及消费者都做出不合理的额外付出）的盗版产品。为使公众能够通过网络便捷地得到优秀作品，我国已经有不止一个诚信经营的网站严格按照《著作权法》，艰苦地采用盗版者嗤之以鼻的“一对一”方式向成千上万作者取得许可，而且做得很成功。广大作者、公众以及主管部门，理所当然地会支持这种至少是尊重著作权、遵行著作权法的做法。

有的网络侵权人在侵权行为被抗争后，恬不知耻地提出要作者普遍放弃权利的“号召”。这不仅荒唐，而且有害。因为，“入世”后的国民待遇原则，将使财力更强的外国网站同样可以利用弃权的中国作品，从而长驱直入中国网络市场。当然，我们应当积极筹建更多的集体管理组织，鼓励作者通过它们更便捷地传播自己的优秀作品以使公众受益。但任何人都不可能鼓励作者依靠侵权人以其从中非法取利的方式去“传播”别人的作品。作者及公众可以信赖的，只能是音著协那样的维权组织及那些诚信经营的网站。

为促进作者与公众利益的平衡，国外目前确实存在作者为网站更便捷地传播作品而放弃权利的合同，但这些网站均是公益性、非营利的，它们的工作使作者的成果直接与公众见面。无论是在中国还是在外国，无论是作者还是消费者，都绝不需要在中间夹一个不经许可、不向作者付费、却向消费者收费（而且是使侵权人非法得利极高的收费）的侵权网络公司或数字公司。而在我国，偏偏是这种网站在要求作者为其进一步非法营利而放弃权利。作者们即使再糊涂，至少不会连公益与私利两种不同目的都区分不开，不会连为公之“是”与侵权牟利之“非”都区分不开的。有的侵权人声称90%的作者均会支持他们这种侵权活动，不过是在把自己的幻想当成事实。同时，我国真正的研究人员在介绍与研究国外便利公众的各种授权方案及案例时，也都注意首先将公益与私利的不同主体及其发出的不同声音区分开，而不像假冒学者的侵权者那样竭力给读者造成一个“无是无非，混战一场”的印象。国内外普遍关注的2004年6月到2005年6月中国社会科学院知识产权中心七位学者诉北京书生数字技术公司侵权一案法院的公正判决，正是能够使人们看清与知识产权相关的利益平衡的典型案例。[①] 在科技领域退回去吃大锅饭，只会使我们永远缺少能与外国企业竞争的核心技术；在文化领域退回去吃大锅饭，只会使我们自己创作的优秀作品越来越少。这种结果并不符合公众的利益。而靠吃作者及吃消费者自肥的侵权者，虽然号召人们回到过去的大锅饭时代，并拟出种种名为“最新”的引导别人去吃大锅饭的方案，但他们自己肯定不会加入吃大锅饭的行列，而是扛着“代表公众”的旗，走着侵权致富的路。事实上，无论他们冠冕堂皇地说些什么，却始终不敢谈及非法获利与公共利益之间的区别，他们最终也不可能把黑说成白、把盗版者的“利益”说成是公众利益。

2004年底，在近两年的“中国知识产权保护已经过度”、“权利人与公众利益已经失去平衡”的声音中，“两高”关于加大打击知识产权侵权力度的司法解释出台了。[②] 那么究竟是“两高”的走向正确，还是一部分学者及媒体近两年批判“过度保护”的走向正确呢？

在一个国家里应当继续完善知识产权制度还是防止过度保护，应依照受保护的商业标识，发明创造，各种作品遭仿、靠、冒、盗的实际状况而定，还要看知识产权的侵权人是不是总体上“理直气壮”，维权者是否总体举步维艰，要看国内外的关键技术领域、文化市场、名牌之林中是否已

---

① 参见《数字图书馆：不少盗版者的挡箭牌》，《人民日报》2005年7月27日第13版，以及《中国新闻出版报》2005年7月28日第7版、《人民法院报》2005年7月19日C2版、《中国工商报》2005年6月29日B3版、《中国消费者报》2005年6月22日B1版等报道。

② 参见《最高人民法院、最高人民检察院关于便利侵犯知识产权刑事案件具体应用法律若干问题的解释》，《中华人民共和国最高人民法院公报》2005年第1期。

经有了与我们这样一个大国相应的“一席之地”，而绝不是看外国人怎么论、怎么说，不管是外国学者还是外国政府。2004年底“两高”司法解释的出台，表明我国司法机关对这个问题的结论是清楚的、明确的，这的确让中国的广大作者、发明人、决心创名牌的诚信企业等知识产权权利人感到欣慰。

中国现在正处于完善知识产权制度的十字路口。不完全到位的保护（主要指法律的真正实施）与尚有缺失的权利限制（广义的，即授权前与后的限制）问题都有待解决。知识产权制度并非仅有利而无弊，笔者从来就反对不加分析的“接轨”，[①] 笔者从来主张知识产权的批判研究与对策研究都是不可少的，但有一个重点放在何处的问题，也就是如何定位的问题。“定位”是决定“加强知识产权保护”还是退出“已经超高保护”的误区之前必须做的事。否则，“不审势即宽严皆误”，这是古人早就告诫过我们的。

“定位”就是要认清我国知识产权保护现状所处的位置。就此，我们可以与发达国家比，也可以与不发达国家，乃至最不发达国家比，看看是高了还是低了，但比较有可比性的，还是与经济发展相当的发展中国家比，如印度、韩国、新加坡等，看我们的保护水平是否过高了。

进行“定位”时首先还要考虑到知识产权知识的普及状况。在大多数人对某个法律还基本不了解时，该法本身或者该法实施的“过头”（至少是人们普遍认为的“过头”），往往是与该法本身或者该法实施的远不到位并存的。江苏省2004年4月征求意见的“知识产权战略”草案中，把“5年内让50%的居民懂得什么是知识产权”作为一项任务，实在是符合中国实际的。到有一天中国的多数企业都能够像海尔、华为、联想那样借助知识产权制度开拓国内外市场，而不是总被别人以知识产权大棒追打，给中国的知识产权保护定位就不会像现在这么困难了。

许多人在抱怨我国知识产权保护水平“太高”时，经常提到美国20世纪40年代、日本20世纪六七十年代与我国目前经济发展水平相似。而当时它们的知识产权保护水平则比我们现在低得多。这种对比，如果用以反诘日、美对我国知识产权保护的不合理的指责，是可以的；但如果用来

① 参见郑成思《知识产权论》，《人民日报》1997年，“与国际接轨”一章内容。

支持降低我国目前知识产权保护立法的水平或批评我国不应依照世界贸易组织的要求提高知识产权保护水平，则属于没有历史地看问题。20 世纪 70 年代之前，国际上“经济全球化”的进程基本还没有开始，而在今天，如果我们仍旧坚持按照自认为合理的水平保护知识产权，而不考虑经济全球化的要求以及相应国际条约的要求的话，那么在一国的小范围内看，这种坚持可能是合理的；但在国际竞争的大环境中看，其唯一的结果只可能是我们在竞争中“自我淘汰”出局。我国知识产权法律保护能够达到现在这种备受许多国内学者指责的水平，的确是只有“不畏浮云遮望眼”的身居最高层者才能作出的决断。正如邓小平所说，中国在世界科技的最高端，必须有自己的一席之地。

在对策方面，国际组织，包括欧盟之类地区性国际组织的立法及研究结果对我们的影响，例如美国、日本、印度、俄罗斯等外国的立法及学说对我们的影响，我们均应研究。几个外国如果联手，将对我们产生何种影响，我们更应当研究。例如，对于我们发明专利的短项“商业方法专利”,[①] 国家专利局固然可以通过把紧专利审批关，为国内企业赢得时间，但这终究不是长远之计。美日欧国家在传统技术专利方面的“标准化”发展，曾给并正给我们的产品出口带来极大的不利，那么现在如果美日或再加上其他几个发达国家在商业方法专利上也向“标准化”发展，实施“金融方法专利化、专利标准化、标准许可化”，又将会给我国银行进入国际金融市场带来何种影响，甚至会不会把我们挤出国际金融市场？这就不是专利局仅仅把紧专利审批关能够解决的问题了。在这些方面作出较深入的研究，有助于我们拿出实实在在的对策去“趋利避害”，而不是仅仅停留在对知识产权制度弊端（甚至非弊端）的批判上。

## 六 知识产权保护的源与流以及我们的战略中应争取的一个重要目标

在我们以现有的由发达国家早已决定好框架的“知识产权”为基础制

① 有关这类特别的专利及其对中国的巨大影响，参见黄毅、尹龙《商业方法专利》，中国金融出版社，2004。

定知识产权战略时，切切不可忽视了一大部分尚未被列入国际知识产权保护框架内的信息财产。因为这一部分恰恰是我国的长项。

近年来，发达国家一再把知识产权保护水平拔高，而发展中国家则提出了保护现代文化及高技术之源的问题，这两部分利益不同的国家实际上在不同的“两端”上不断争论着，即在“源”上的智力成果与在“流”上的智力成果。

美国从1996年至今，版权产业中的核心产业（即软件业、影视业等）的产品出口额，几乎每年都超过了农业、机器制造业（即飞机制造、汽车制造等）的产品出口额。美国知识产权协会把这当作美国已进入“知识经济”发展时期的重要标志。我国从2000年起，信息产业开始成为第一支柱产业。这一方面说明我国确实在向知识经济迈进，另一方面也说明我们的差距还相当大。

在中国“入世”前后，关于如何转变政府职能、如何修改与世贸组织的要求有差距的国内法、如何使行政裁决均能受到司法审查，等等，人们关心得较多，报刊上讲得较多，立法与行政机关围绕这些问题采取的相应措施也较多。应当说，这都是对的。但我们需要思考更深一步的问题。仅以有形商品贸易为支柱的原“关贸总协定”演化成“世界贸易组织”，最明显的变化就是增加了服务贸易与知识产权保护这两根支柱。这种变化的实质究竟是什么？如何在立法方面跟上这种变化？这些更重要的问题，却没有得到应有的思考。与中国争取“入世”的进程几乎同步的，是“经济全球化”、“知识经济”、“信息网络化”等越来越被人们提起和关注的问题。这些，与上述国际贸易活动及规范的发展趋势又有什么内在联系，也不是所有应当思考它们的人们都在思考。

我们如果认真分析一下，就不难看到：第一，世贸组织时代与“关贸总协定”时代相比，无形财产的重要性大大提高了，从而规范服务、规范知识产权的国际规则显得十分重要了；第二，如本文前面所述，知识经济与工业经济（以及农业经济）时代相比，知识成果的投入开始取代土地、厂房、机器等有形财产的投入，起到关键作用，从而规范知识成果的知识产权法，开始取代有形财产法，在市场规范中起关键作用；第三，信息网络化的时代与公路、铁路乃至航空网络时代相比，无形市场（网络市场）已经开始在促进有形市场的发展上起关键作用，从而电子商务法将取代货物买卖（保管、租赁等）合同法起关键作用。这些，并不是说有形财产法、传统合同法等不再需要了，只是说重点转移了；也不是说人类可以不再依赖有形财产去生存，只是说有形财产的积累和有形市场的发展，在当代要靠无形财产的积累和无形市场的发展去推动。21 世纪将是中国逐步完成工业化，进而从工业经济向知识经济转变的时期，党和国家提出的“以信息化促工业化”，是促进这一转变尽早完成的正确途径。

目前，中国在知识产权，特别是“自主知识产权”的拥有及利用上，从总体来看不占优势，这主要是因为发明专利、驰名商标、软件与视听作品等的版权主要掌握在少数发达国家手中。那么，要提高我们的地位，至少使我们避免处于过于劣势的地位，现在有两条路可走，一是力争在国际上降低现有专利、商标、版权的知识产权保护水平，二是力争把中国占优势而国际上还不保护（或者多数国家尚不保护）的有关客体纳入国际知识产权保护的范围，以及提高中国占优势的某些客体的保护水平。走第一条路十分困难，从上述 1967 年到 1970 年《伯尔尼公约》的修订过程看，从世界贸易组织《与贸易有关的知识产权协议》形成的历史看，走第一条路几乎是不可能的。那么就第二条路来说，至少在三个方面我们可以做必要的争取的工作。（1）强化地理标志的保护。对此，多哈会议、坎顿会议等外交谈判中已经将其列为世界贸易组织多边谈判的议题。我国 2001 年修正《商标法》已经增加了相关的内容，但离能够充分发挥我国的长项还有较大差距。（2）把“生物多样化”纳入知识产权保护。（3）把“传统知识”纳入知识产权保护。对后面两点，多哈会议后，世界贸易组织的多次多边谈判以及现有的生物多样化国际公约均已在加以考虑，虽然 2003 年的世界贸易组织坎顿多边谈判在其上并未达成任何协议，但发展中国家仍旧会继续争取下去。这两点也是笔者要谈的主要问题。

现有知识产权制度对生物技术等高新技术成果的专利、商业秘密的保护，促进了发明创造；现有知识产权制度对计算机软件、文学作品（包含文字作品及视听作品等）的版权保护，促进了工业与文化领域的智力创作。这些对现有知识产权制度无疑在总体上是应予肯定的，但在保护今天的各种智力创作与创造之“流”时，人们在相当长的时间里却忽视了对它们的“源”的知识产权保护，则不能不说是一个缺陷。而传统知识尤其是民间文学的表达成果，正是这个“源”的重要组成部分。

“传统知识”，是在世贸组织成立时印度等国就提出应在世贸框架中保护的内容。近年世界知识产权组织已召开多次国际会议讨论这一问题，并于 2000 年成立了专门委员会来进行研究。世贸组织 2001 年 11 月的多哈会议“部长声明”第 18—19 条已将其列为多边谈判应考虑的议题。发展中国家安第斯组织在其 2000 年的《知识产权共同规范》中，已要求该组织成员在国内法中予以保护。

按世贸组织、世界知识产权组织及国外已有立法中的解释，“传统知识”主要包含“民间文学艺术”与“地方传统医药”两大部分。其中“民间文学艺术”部分，已经得到暗示或明文保护的国际条约与外国法很多，如英国 1988 年《版权法》第 169 条是“暗示”性规定的典型，而世界知识产权组织在给《伯尔尼公约》第 15 条确定标题时，则明文加上了“民间文学艺术”字样。①

对于“地方传统医药”的保护，虽然亚、非一些发展中国家早就提出，却是在 1998 年印度学者发现了某些发达国家的医药、化工公司把印度的传统药品拿去几乎未加改进就申请了专利这一事实后，才在发展中国家引起更大关注的。发展中国家认为，像无报酬地拿走民间文学艺术去营利一样，无报酬地拿走地方传统医药去营利，对这种知识来源地的群体也是极不公平的。发展中国家的安第斯组织已在其《知识产权共同规范》总则第 3 条中，把包含上述两部分的“传统知识”明文列为知识产权保护的客体。印度德里大学知识产权教授、国际知识产权教学与研究促进协会原主席维尔玛在给笔者的关于中国起草民法典知识产权篇的复信中，特别指出了希望中国能将传统知识及生物多样化纳入知识产权保护范围。

这两部分，在中国都是长项，如果我们只是在发达国家推动下对他们的长项（专利、驰名商标等）加强保护，对自己的长项则根本不保护，那

---

① 仅 20 世纪 90 年代，在版权法体系中明文规定保护民间文学艺术的至少有：《突尼斯文学艺术产权法》（1994 年）第 1、7 条；《安哥拉作者权法》（1990 年）第 4、8、15 条；《多哥版权、民间文艺与邻接权法》（1991 年）第 6、66—72 条；《巴拿马版权法》（1994 年）第 2、8 条。此外，在 20 世纪 90 年代之前，斯里兰卡及法语非洲的一批发展中国家，就已经在知识产权法中开始了对民间艺术的保护，目前，世界上明文以知识产权法保护民间文学艺术的国家已有 50 个左右，还有一些国家，如澳大利亚等，已经在判例法中确认了对民间文学艺术的知识产权保护。

么在国策上将是一个重大失误。首先，对传统知识来说，即使它们不能像专利、商标一样受到完全的保护，也应受“一定的”保护。笔者认为中国在这个问题上，与印度等发展中国家的利益是一致的，应在立法中表现出对传统知识保护的支持，更何况国际（乃至国内）市场上，外国公司对中医药提出的挑战，已使我们不可能对此再不闻不问而一拖再拖了；而对“民间文学艺术”即使只限于“作品”的保护，在我国也应当有法可依，但这个法，我国于1990年颁布《著作权法》时就曾宣布过要“另定”，至今却一直还没有“定”出来。“生物多样化”，是1999年世贸组织西雅图会议本来要讨论而未成行的，2001年“多哈会议部长声明”第18—19条再次将其列为以后的多边谈判议题。安第斯组织的《知识产权共同规范》总则第3条中则已明文将其规定为成员国知识产权保护的一项内容。对“生物多样化”给予知识产权保护，主要是保护基因资源。许多发展中国家，以及基因资源较丰富的发达国家（如澳大利亚），已经开始重视这方面的保护，我国则仅仅是在《种子法》等法律中开始了有限的行政管理。把基因资源作为一种民事权利，特别是作为知识产权来保护，我国与一些外国相比，还非常不够。

传统知识与生物多样化这两种保护客体与世界贸易组织中已经予以保护的地理标志有许多相似之处，它们的权利主体均不是特定的自然人，而与人们熟悉的专利、商标、版权等的受保护客体有很大不同。所以，有人主张把它们作为知识产权的新客体，而不是与其他客体一样并列在一起。对此，我们完全可以讨论，但在必须对它们作出一定的保护这一点上，却是必须力争的。“力争”的第一步，就是我国的立法与执法应首先把它们保护起来。

这种保护，首先是要求使用者尊重权利人的精神权利。例如，要求使用者指出有关传统知识或者生物品种的来源。如果自己创作的新作品或者开发的新技术方案是以有关传统知识或者生物品种作为基础的，必须说明；如果自己推向市场的商品或服务本身就是他人已有的传统医药、民间文学艺术等，就更须说明。近年来拿了中国人开发并使用了千百年的中药乃至中成药推入国际市场、却引世人误以为其出自日本、韩国等国者，并不在少数，这对中国的传统知识是极大的不尊重。2002年北京二中院受理、2003年底由北京高级人民法院终审的“乌苏里船歌”版权纠纷，实质上也是原告希望有关民间文学的来源这项精神权利首先受到尊重。[①]其次，这种保护必然涉及经济利益，即使用人支付使用费的问题。至于法律应当把付费使用的面覆盖多广，以便既保护了“源”，又不妨碍“流”（即文化、科技的发展），则是个可以进一步研究的问题。例如，几年前文化部与国家版权局起草的《民间文学保护条例》，仅仅把付费使用延及复制与翻译，就是一种可行的考虑。

中国人在知识创新方面，并不比任何人差，我们大可不必去要求降低国际上现有的知识产权高端保护制度（因为实际上也不可能降下来），而应当做的是一方面利用知识产权制度业已形成的高保护推动国民在高新技术与文化产品领域搞创造与创作这个“流”，另一方面积极促成新的知识产权制度来保护我们目前可能处于优势的传统知识及生物多样化这个“源”。这样，才更有利于加快我们向“知识经济”与和谐社会发展的进程。

（本文原载于《环球法律评论》2006 年第 3 期）

① 参见《中华人民共和国最高人民法院公告》2004 年合订本，第 390—397 页。

# 运用法律手段保障和促进信息网络健康发展

郑成思*

在当今世界，信息网络技术对人类文明的影响，超过了其他任何高新技术。信息网络化的发展水平，已经成为衡量一个国家现代化水平与综合国力的重要标志。推动国民经济和社会信息化，是党中央高瞻远瞩，总揽全局，面向21世纪作出的重要战略决策。对于信息网络化问题，江泽民提出了“积极发展、加强管理、趋利避害、为我所用，努力在全球信息网络化的发展中占据主动地位”的要求，这不仅是我国信息网络发展的指导方针，也是我们运用法律手段保障和促进信息网络健康发展的重要指导思想。

## 一　信息网络的发展与加强法律规范的必要性和重要性

### （一）依法加强管理已经成为许多国家的共识

信息传播技术的发展，在历史上一直推动着人类社会、经济与文化的发展，同时也不断产生出新问题，需要人们不断去解决。在古代，印刷出版技术的发明与发展，为大量复制与传播文化产品创造了条件，同时也为盗用他人智力成果非法牟利提供了便利，于是产生了版权保护的法律制度。近现代无线电通信技术的出现，录音、录像技术的出现以及卫星传播

---

* 郑成思（1944—2006），时任中国社会科学院法学研究所研究员，中国社会科学院知识产权中心主任，全国人大法律委员会委员、世界知识产权组织仲裁员。

技术的出现等，也都曾给人们带来便利，推动了经济发展，繁荣了文化生活，同时也带来了需要用法律解决的问题。中国古老的辩证法告诉我们：利弊相生、有无相成。法律规范得当，就能够兴利除弊，促进技术的发展，进而促进社会的发展。

20 世纪 90 年代至今，信息网络的迅速发展，对政治、经济、社会等各个领域都产生了广泛、巨大而又深远的影响。截止到 2000 年底，全球互联网上网人数共 4.71 亿，美国上网人数超过 1.5 亿，欧盟国家上网人数超过 4600 万，日本超过 4700 万。截止到 2000 年 7 月，我国上网人数也已经达到 2600 万。1997 年 10 月，我国上网计算机共 29.9 万台，而到 2001 年 7 月，已经发展到 1000 万台，这种发展速度，令人瞩目。

根据美国知识产权协会的统计，自 1996 年之后，美国每年信息产业中版权产业的核心部分，即软件业、电影业、图书出版业等产品的出口额，都超过农业与机器制造业。该协会把这当作美国已经进入"知识经济"的标志。根据我国今年年初"国家经济信息系统工作会议"公布的数据，2000 年我国电子信息产品制造业增长速度已经大大高于传统产业，总产值已经突破 1 万亿元，成为我国工业的第一支柱。

网络（主要指互联网络，特别是国际互联网络）给人们带来的利（或便利）在于其开放性、兼容性、快捷性与跨国传播；而网络的"弊"，也恰恰出自它的这些特点。正是由于这些特点，产生出应用网络来传播信息的重要问题——安全问题，以及其他一些需要用法律去规范的问题。

国内外都曾有一种观点认为：计算机互联网络的发展环境是"无法律"的。在互联网发展初期，由于缺乏专门以互联网为调整对象的法律，而大都以原有的相关法律来规范互联网上的行为，许多国家认为可以不立新法，于是，这被一些人误解为"无法律"。所谓"无法律"，一开始就仅仅是一部分网络业内人士对法律的误解。计算机网络上日益增多的违法犯罪活动，促使人们认识到：必须运用法律对计算机信息网络进行管理，而网络技术本身的发展也为这种管理提供了客观的基础。计算机互联网络是 20 世纪 90 年代才全面推广开的新技术，而且发展迅速，对它的法律调整滞后、不健全，是不足为奇的。但若由此断言互联网络处于法律调整的"真空"之中，是现实社会的法律所不能触及的"虚拟世界"，那就错了。国际互联网的跨国界传播，无疑增加了各国在其主权范围内独立调整和管理网上行为的困难，但这并不意味着无法管理。而且，由于出现了强烈的网络管理的社会要求，各种行之有效的网络管理技术也应运而生。面对安全问题，起初很多国家考虑的是通过技术手段去解决。而今天，越来越多的国家已经认识到：仅仅靠技术手段是不够的，还必须有法律手段。网络作为一种传播媒介，不仅不可能自动消除不良信息的危害，而且因其使用便利、传播快捷的特点，反而可能在缺乏管理的状态下大大增强其危害性。

事实上，通过法律手段加强管理，解决信息网络化进程中产生的安全问题，已经成为相当多国家的一致呼声。几乎所有应用和推广网络传播技术的国家，无论是发达国家还是发展中国家，都颁布了或正在起草相应的法律法规，都不同程度地采用法律手段开始或加强了对计算机信息网络的管理。

### （二）信息网络安全问题的几个主要方面与法律规范的必要性

涉及信息网络安全的问题，主要有四个方面。

第一，国家安全。网络的应用，给国家的管理，例如统计、档案管理、收集与分析数据、发布政令或公告等带来了便利。“电子政务”的开展，有利于密切政府与人民群众的联系，有利于提高国家机关的工作效率，有利于加强人民对国家事务的参与。近年来，我国海关在查处走私活动，公安部门在“严打”的过程中，很多显著成效也得益于计算机网络的应用。网络的应用还为国防建设提供了新的技术手段，为尖端科学技术的研究与开发提供了条件。但同时，一旦有人利用网络，侵入国防计算机信息系统或侵入处于极度保密状态的高科技研究的计算机信息系统，乃至窃取国家、国防、科研等机密，其危害就远不是非网络状态下的危害可比的了。国内外敌对势力煽动反对政府、颠覆国家政权、破坏国家统一等有害信息，也可以通过网络得到迅速传播。而保障国家安全，是稳定与发展的前提。迄今为止，所有应用及推广信息网络技术的国家，无论是发达国家还是发展中国家，都极度重视伴随着这种应用与推广而产生的国家安全问题。

第二，社会安全。网络以迅捷、便利、廉价的优点，丰富了社会文化生活与人们的精神生活。但同时，发送计算机病毒，传播黄色、暴力、教唆犯罪等精神毒品，网上盗版，网上煽动民族仇恨、破坏民族团结，网上传播伪科学、反人类的邪教宣传，如法轮功等，也利用了这种迅捷、便利、廉价的传播工具。对网上的这些非法活动必须加以禁止和打击，以保障社会的安全。例如，如果不在网上“扫黄打非”，那么，有形的传统市场上打击黄色的、盗版的音像及图书的执法活动，就在很大程度上会落空，因为制黄与制非活动会大量转移到网上。

第三，经济安全或市场安全。在经济领域，首先应用网络技术的是金融市场。“金融电子化与信息化”方便了储户，使“储蓄实名制”成为可能，同时还加速了证券交易在网上运行的进程。企业开展“电子商务”，有助于提高管理效率，降低经营成本，增强竞争能力。国外英特尔公司的总裁与国内北大方正的王选都说过一句相同的话：“企业若不上网经营，就只有死路一条。”2001 年年初以来，“纳斯达克”指数的暴跌以及大量中介性网络公司倒闭的事实，绝不说明电子商务应当被否定。它与电子商务的兴起这一事实，反映的是同一事物的两个方面。它说明了网络经济本身不能靠“炒作”，网络经济只有同物质经济、传统产业相结合，才有生命力。从 1998 年至今，北京郊区一些收益较好的菜农，已经得益于“网上经营”（或“电子商务”）。1999 年，上海市政府开通“农业网”，鼓励农民上网经营。上海奉贤县仅去年一年，就在网上获得 1 亿元订单。但同时，在网上把他人的商标抢注为自己的域名，网上的金融诈骗、合同欺诈，利用网络宣传、销售假冒伪劣产品，搞不正当竞争等种种违法犯罪活动，也不断增加。若不及时禁止这些活动，人们会对网络上的虚拟市场缺乏安全感，从而将妨碍我国企业的电子商务活动。

第四，个人安全。随网络发展起来的电子邮件、网络电话、电子银行、信用卡等，给大多数“网民”提供了便捷与低价的服务，大大提高了网民们的工作效率和生活质量。但同时也出现了破译他人电子邮箱密码，阅读、篡改或删除他人电子邮件，破解他人网上信用卡密码，利用网络窃取他人钱财乃至敲诈勒索，利用网络散布谣言、诽谤他人、侵犯他人隐私权等侵权或犯罪活动。今年 4 月，鞍山市中级人民法院审结的通过“网络交友”引诱与绑架人质勒索钱财的案件，表明了以法律手段规范网络运营，保障个人安全的必要性。

上述几个方面的安全问题是相互联系的。国家安全与社会安全非常重要；市场安全与个人安全的问题，则是大量的。今年 4 月至 5 月，在黑客大量攻击我国网站的事件中，被攻击的商业网站占 54%。市场与个人安全问题，又都直接或间接影响国家安全与社会安全。例如，若不能依法制止利用互联网络编造并传播影响证券、期货交易或其他扰乱金融市场的虚假信息，社会稳定就必然出现隐患，进而会影响到国家安全。

## 二 国外的做法及立法现状

由于信息网络技术在世界范围内广泛应用的时间还不太长，加上信息网络技术的发展更新很快，目前，世界各国还没有建立健全完善的法律体系。总的来讲，各国在这方面的立法与依法管理的实践都处于初期。不过，有些起步相对早一些的国家及国际组织，已经有了一些经验可供我们研究与参考。

### （一）打击网络犯罪的国际合作与立法情况

20 世纪 90 年代以来，针对计算机网络的犯罪和利用计算机网络犯罪的数量，在许多国家包括我国，都有较大幅度的增长。针对这种情况，许多国家明显加大了运用法律手段防范和打击网络犯罪的力度。同时，在这方面的国际合作也迅速发展起来。

欧盟委员会于 2000 年初及 12 月底先后两次颁布了《网络刑事公约》（草案）。这个公约目前虽然只是面对欧盟成员国地区性立法的一部分，但它开宗明义表示要吸纳非欧盟成员国参加，试图逐步变成一个世界性的公约。现在，已有 43 个国家（包括美国、日本等）表示了对这一公约草案的兴趣。这个草案很有可能成为打击网络犯罪国际合作的第一个公约。这个公约草案对非法进入计算机系统，非法窃取计算机中未公开的数据等针对计算机网络的犯罪活动，以及利用网络造假、侵害他人财产、传播有害信息等使用计算机网络从事犯罪的活动，均详细规定了罪名和相应的刑罚。草案还明确了法人（即单位）网上犯罪的责任，阐述了打击网络犯罪国际合作的意义，并具体规定了国际合作的方式及细节，如引渡、根据双边条约实行刑事司法协助、在没有双边条约的国家之间怎样专为打击网络犯罪实行司法协助，等等。

在各国的刑事立法中，印度的有关做法具有一定代表性。印度于 2000 年 6 月颁布了《信息技术法》。印度并没有“物权法”之类规范有形财产的基本法，却优先制定出一部规范网络世界的基本法。这部《信息技术法》主要包括刑法、行政管理法、电子商务法三个大的方面。同时，还包括对已有刑法典、证据法和金融法进行全面修订的一系列附件。刑法部分的主要内容与欧盟的“刑事公约”大致相同。有两点内容是欧盟公约中没有的：一是规定向任何计算机或计算机系统释放病毒或导致释放病毒的行为，均为犯罪；二是对于商业活动中的犯罪行为列举得比较具体。例如，为获取电子签名认证而向有关主管部门或电子认证机构谎报、瞒报任何文件或任何事实的，均认定为犯罪。该法对犯罪的惩罚也作了详细的规定。例如，第 70 条规定：未经许可进入他人受保护的计算机系统，可判处十年以下徒刑；第 71 条规定：在电子商务活动中向主管部门谎报与瞒报，将处两年以下徒刑，还可以并处罚金。

还有一些国家修订了原有刑法，以适应保障计算机网络安全的需要。例如，美国 2000 年修订了 1986 年的《计算机反欺诈与滥用法》，增加了法人犯罪的责任，增加了与上述印度法律第 70 条相同的规定，等等。

### （二）禁止破解数字化技术保护措施的法律手段

1996 年 12 月，世界知识产权组织在两个版权条约中，作出了禁止擅自破解他人数字化技术保护措施的规定。至今，欧盟、日本、美国等多数国家，都把它作为一种网络安全保护的内容，规定在本国的法律中。尤其是美国，虽然总的来说，它认为网络时代无须立任何新法，全部靠司法解释就能解决网络安全问题，却例外地为“禁止破解他人技术保护措施”制定了专门法，而且从网络安全目的出发，把条文规定得极其详细——不仅破坏他人技术保护措施违法，连提供可用以搞这种破坏的软硬件设备也违法，同时还详细规定了图书馆、教育单位及执法单位在法定条件下，可以破解有关技术措施，以便不妨碍文化、科研及国家执法。值得注意的是，有关网络安全的许多问题，均是首先在版权领域产生的，其解决方案，又首先是在版权保护中提出，再扩展到整个网络安全领域的。例如破解技术保护措施的违法性，就是因为 1992 年英国发生的一起违法收看加密电视节目的版权纠纷，而引起国际关注的。

### （三）与“入世”有关的网络法律问题

在 1996 年 12 月联合国第 51 次大会上，通过了联合国贸易法委员会的

《电子商务示范法》。这部示范法对于网络市场中的数据电文，网上合同成立及生效条件，运输等专项领域的电子商务等，都作了十分具体的规范。这部示范法的缺点是：当时还没有意识到“数字签名认证机构”的关键作用，所以针对这方面作的规定较少，也较原则。1998 年 7 月，新加坡的《电子交易法》出台后，被认为是解决这一类关键问题较成功的法律。我国的香港特别行政区，于 2000 年 1 月颁布了《电子交易条例》。它把联合国贸易法委员会示范法与新加坡的电子交易法较好地融合在一起，又结合了香港本地实际，被国际上认为是较成功的一部保障网络市场安全的法规。

早在 1999 年 12 月，世贸组织西雅图外交会议上，制定对“电子商务”的规范就是一个主要议题。这是因为 1994 年 4 月世贸组织在马拉加什成立时，网络市场作为世界贸易的一部分还没有被充分认识，而 1996 年之后，这一虚拟市场已经以相当快的速度发展起来了。联合国已有了示范法，世贸组织也不甘落后。西雅图会议虽然流产，但下一次世贸组织的多边外交会议，仍将以规范电子商务为主要议题。届时我国可能已经“入世”。所以从现在起，我国有关主管部门就应对这一议题作深入研究，以便在必要时提出我们的方案，或决定支持那些于我国网络市场安全及健康发展有利的方案。

### （四）其他有关立法

有一些发展中国家，在单独制定从不同角度保障网络健康发展的部门法之外，还专门制定了综合性的、原则性的网络基本法。例如韩国 1992 年 2 月制定、2000 年 1 月又修订的《信息通信网络利用促进法》，就属于这样一部法。它与我国的《科技进步法》的形式类似，但内容更广泛些。它虽不及印度的基本法那样详细，但有些内容却是印度所没有的。例如其中对“信息网络标准化”的规定，对成立“韩国信息通信振兴协会”等民间自律组织的规定，等等。

在印度，则依法成立了“网络事件裁判所”，以解决包括影响网络安全的诸多民事纠纷。这种机构不是法院中的一部分，也不是民间仲裁机构，而是地道的政府机构。它的主管人员及职员均由中央政府任命，但主管人员资格是法定的。西欧国家及日本，近年来在各个领域都制定了大批专门为使信息网络在本国能够顺利发展的法律、法规，同时大量修订了现有法律，使之能适应网络安全的需要。例如德国 1997 年的《网络服务提供者责任法》与《数字签名法》，它们出现在欧盟共同指令发布之前，足以说明其规范网络活动的迫切性。日本 1999 年的《信息公开法》与同时颁布的《协调法》，对作者行使精神权利（即我国版权法中的“人身权”），规定了过去从来没有过的限制，以保证政府有权不再经过作者许可，即可发布某些必须发布的信息。英国 2000 年的《通信监控权法》第三部分专门规定了对网上信息的监控。这部法的主要篇幅是对行使监控权的机关必须符合怎样的程序作出规定。在符合法定程序的前提下，“为国家安全或为保护英国的经济利益”，该法授权国务大臣颁发许可证，以截收某些信息，或强制性公开某些信息。

### （五）民间管理、行业自律及道德规范手段

无论是发达国家还是发展中国家，在规范与管理网络行为方面，都很注重发挥民间组织的作用，尤其是行业的作用。德国、英国、澳大利亚等国学校中网络使用的“行业规范”均十分严格，在澳大利亚，大学各系的秘书每周都要求教师填写一份保证书，申明不从网上下载违法内容；在德国，凡计算机终端使用人，一旦在联网计算机上有校方规定禁止的行为，学校的服务器立即会传来警告。慕尼黑大学、明斯特大学等学校，都订有《关于数据处理与信息技术设备使用管理办法》，要求师生严格遵守。

1996 年，英国的网络服务提供者们在政府引导和影响下，组成了一个行业自律组织，即英国信息网络监察基金会。它的工作是搜寻网络上的非法信息（主要是色情资料），并把发布这些非法信息的网站通知网络服务提供者，以便他们采取措施，阻止网民访问这些网站，也使网络服务提供者避免被指控故意传播非法信息而招致法律制裁。韩国在保障网络安全方面，尤其是防止不良信息及有害信息方面，也很注意发挥民间组织的作用。韩国在民间建立起“信息通信伦理委员会”，其主要作用是监督网络上的有害信息，保护青少年的身心健康。新加坡也很注重民间力量在网络安全方面的作用，在其 1996 年 7 月颁布的《新加坡广播管理法》中规定：“凡是向儿童提供互联网络服务的学校、图书馆和其他互联网络服务商，都应制定严格的控制标准。”该法还规定：“鼓励各定点网络服务商和广大家长使用，诸如‘网络监督员’软件、‘网络巡警’软件等等，阻止（青

少年）对有害信息的访问。”

### （六）国外立法保障信息网络健康发展的两个重点问题

网络上信息传播有公开与兼容的特点，各国网络的发展目标又都是使越来越多的人能够利用它。这与印刷出版等传统的信息传播方式完全不同。许多国家的立法界、司法界及学术界普遍认为：在网上，每一个人都可能是出版者。用法律规范网络上每个人的行为，从理论上说是必要的，从执法实践上看则是相当困难的。从上述各国的情况看，他们主要是抓住两个关键点，采取相应的管理措施。

*1. 加强对网络服务提供者经营活动的规范与管理*

网络服务提供者又称“在线服务提供者”，他们是网络空间重要的信息传播媒介，支撑着网络上的信息通信。网络服务提供者有许多类别，主要包括以下5种：（1）网络基础设施经营者；（2）接入服务提供者；（3）主机服务提供者；（4）电子公告板系统经营者；（5）信息搜索工具提供者。上述各类网络服务提供者对用户利用网络浏览、下载或上载信息都起着关键作用。网络服务提供者的基本特征是按照用户的选择传输或接收信息。但是作为信息在网络上传输的媒介，网络服务提供者的计算机系统或其他设施，却不可避免地要存储和发送信息。从信息安全的角度看，网络服务提供者是否应当为其计算机系统存储和发送的有害信息承担责任，按照什么标准承担责任，是网络时代的法律必须回答的关键问题。网络服务提供者法律责任的标准和范围，不仅直接影响信息网络安全的水平和质量，而且关系到互联网能否健康发展；既关系到国家利益，也关系到无数网络用户的利益。因此，法律在界定网络服务提供者责任的同时，必须考虑对其责任加以必要的限制。

总的来讲，法律如果使网络服务提供者在合法的空间里和正确的轨道上放手开展活动，那么网络的安全、信息网络的健康发展，就基本有保障了。网络安全的法律规范主要针对网络服务提供者，同时许多国家还在法律中采用了“避风港”制度。

就是说，一旦网络服务提供者的行为符合法律规范，他们就不再与网上的违法分子一道负违法的连带责任，不会与犯罪分子一道作为共犯处理。这样，他们的经营环境就宽松了。这将有利于网络的发展。正像传统生活中我们对旅店的管理，许多犯罪分子在流窜、隐藏时都会利用旅店，如果对犯罪分子逗留过的旅店一概追究法律责任，那么正当经营者就都不敢开店了。如果旅店经营者做到：(1) 客人住店时认真查验了身份证；(2) 发现房客有犯罪行为或嫌疑，及时报告执法部门；(3) 执法部门查询犯罪嫌疑人时积极配合，那么，就可以免除旅店经营者的法律责任，也就是说，他不再有被追究法律责任的风险。这样，在打击犯罪的同时，又不妨碍旅店业的健康发展。法律在规范网络服务提供者的责任时采用的“避风港”制度，正是这样一种制度。网络服务提供者从技术上讲，掌握着确认其“网民”或接入的网站身份的记录，他们只要做到：(1) 自己不制造违法信息；(2) 确认了违法信息后立即删除或作其他处理，如中止链接等；(3) 在执法机关找寻网上违法者时予以协助，那么，他们也就可以进入“避风港”，放心经营自己的业务了。如果绝大多数网络服务提供者真正做到了这几点，则网络安全也就基本有保障了。所以，大多数以法律规范网络行为的国家，都是首先明确网络服务提供者的责任，又大都采用了“避风港”制度。从美国1995年的《国家信息基础设施白皮书》，新加坡1996年的《新加坡广播管理法》，直到法国2001年的《信息社会法》(草案)，都是如此。

2. 加强对认证机构的规范与管理

“数字签名的认证机构”，是法律必须规范的又一个关键点。数字签名认证机构的重要作用，远远不限于电子商务。在电子证据的采用方面，在电子政务、电子邮件及其他网上传输活动中，它都起着重要作用。就是说，凡是需要参与方提供法定身份证明的情况，都需要“数字签名认证机构”。因为数字签名是最有效的身份证明，是保障信息安全的基本技术手段之一。

## 三　我国在信息网络法制建设方面的基本情况

### (一) 已有的法律法规及管理措施

从20世纪90年代中期至今，我国已出台了一批专门针对信息网络安全的法律、法规及行政规章。属于国家法律一级的，有全国人大常委会于2000年12月通过的《关于维护互联网安全的决定》；属于行政法规的，有从 1994 年的《计算机信息系统安全保护条例》到 2000 年的《电信条例》等五个法规；属于部门规章与地方性法规的，则有上百件。我国各级人民法院，也已经受理及审结了一批涉及信息网络安全的民事与刑事案件。

此外，在我国的《合同法》中，增加了有关网络上电子合同的规范内容。《预防未成年人犯罪法》规定“任何单位和个人不得利用通讯、计算机网络等方式”，提供危害未成年人身心健康的内容与信息。

2000 年是我国网络立法较多的一年。据不完全统计，专门针对网络的立法，包括最高人民法院的司法解释，达到几十件，超过以往全部网络立法文件的总和，调整范围涉及网络版权纠纷、互联网中文域名管理、电子广告管理、网上新闻发布、网上信息服务、网站名称注册、网上证券委托、国际联网保密管理等许多方面。过去进行网络立法的部门主要是公安部、信息产业部等少数几个部门，2000 年则明显增加，文化部、教育部、国家工商局、中国证券监督委员会以及一些省、市地方政府均在各自职权范围内，颁布了有关网络的法律文件。这些立法及管理活动对推进我国网络健康发展起到了积极作用。

在行业自律方面，2001 年 5 月，在信息产业部的指导下，我国成立了“互联网协会”。它将借鉴国外已有经验，结合中国的实际，发挥自己的作用。

### （二）存在的问题和不足

1. 缺少必要的基本法，已产生多头管理、相互冲突的情况

我国规范网络的部门规章及地方性法规很多，这反映了各方面力图促使网络健康发展的积极性，是应该予以肯定的，但暴露出来的问题也不容忽视。第一，立法层次低。现有的网络立法绝大多数属于管理性的行政规章，而属于国家法律层次上的网络立法只有一件，并且不具备基本法性质。第二，立法内容“管”的色彩太浓，通过管理促进“积极发展”的一面则显得不够。第三，行政部门多头立法、多头管理，甚至连必须统一的一些标准，都出现过部门冲突的情况。例如，北京市通信管理局 2000 年 11 月的“通知”中，认定企业仅为自我宣传而设的网站，属于非经营性的“网络内容提供者”，而北京工商行政管理局在同年颁布的“经营性网站管理办法”中，则又认定凡是企业办的网站，均属经营性的网络内容提供者。这样一来，像“同仁堂药业集团”为同仁堂医药作广告的专设网站，

与“搜狐”、“首都在线”等专门从事在线服务的网站，就没有区别了。依前一行政规章，“同仁堂”属于非经营性的；依后一规章，它又属于经营性的了。诸如此类的不一致乃至冲突的规章及管理方式，有时让企业无所适从，妨碍了企业正常使用网络；有时则产生漏洞，使真正想保障的信息网络安全又得不到保障。

由于网络服务器的经营者必须租用线路才能开通其运作，例如北京的网络服务器，均须向北京电信行业管理办公室（信息产业部委托的部门）申请，并写明身份、地址，才可能获得线路的租用，因此，对一切网络服务设备，电信部门统统可以确认其所在地及所有人，正如这个部门完全能掌握和管理向它申请了电话号码并安装了电话的用户一样。由信息产业主管部门统管，便于技术上的防范措施与法律手段相结合。印度《信息技术法》在行政管理方面的主要内容之一，就是明确规定由中央政府建立“信息技术局”，统一行使网络管理的行政权，避免“政出多头”，以免既妨碍了网络的发展，又不能真正制止住影响网络安全的各种活动。

2. 侵权责任法有缺欠

我国目前尚没有任何法律、法规对网络服务提供者的责任与限制条件同时作出明确规定，以致这方面的法律规范还是空白。有的发达国家在法律中也没有对此作专门规定，那是因为这些国家的“侵权责任法”本身已经十分完善了。而我国，几乎只有《民法通则》第106条这一条有这方面的规定。而“严格责任”、“协助侵权”、“代位侵权”等传统“侵权责任法”中应当有，同时在信息网络安全方面又很重要的法律概念，在我国侵权法体系中，一直就不存在。在这种情况下，我们要以法律手段保障网络健康发展，就很难抓住问题的关键，造成事倍功半的结果。

3. 缺少大多数发达国家及一些发展中国家已经制定的有关电子商务的法律

时任国家主席江泽民在1998年的亚太经合组织大会上就曾指出：电子商务代表着未来的贸易方式发展的方向，其应用推广将给成员国带来更多的贸易机会。

对于上面提到的世贸组织将增加的调整国际电子商务的法律手段，欧盟已有了《电子商务指令》作为应对，日本则有了《电子签名法》及《数字化日本行动纲领》（政策性政府基本文件），澳大利亚也颁布了《电子交易法》。美国虽然在民商事领域总的讲不针对网络单独立法，但也推出了无强制作用的联邦示范法《统一计算机信息交易法》。许多发展中国家也都在这方面作了积极的准备。相比之下，我国在这方面的准备工作，尤其在研究与出台相应的法律法规方面，还显得不足，步子还可以再大一点，使之与我国的国际贸易大国地位更协调一些。

我国《合同法》虽然确认了网上合同作为“书面合同”的有效性，却没有对数字签名作出规范，更没有对数字签名的认证这一关键问题作出规范，无法保障电子商务的安全，因此，不足以促进电子商务的开展。我国网络基础设施已列世界第二，但网上经营的数额在世界上还排不上名次，原因之一是缺乏法律规范，使大量正当的经营者仍感觉网上经营风险太大，不愿进入网络市场，仍固守在传统市场中。如果我们能够积极改变这种状况，那么在进入世贸组织之后，在高管理效率与低经营成本方面，我们就可能有更多的企业可以与发达国家的企业竞争，与一批在信息技术上新兴的发展中国家的企业竞争，我们在国际市场上的地位就会更加乐观。

4. 已有的立法中存在缺陷

我国现有刑法中对计算机犯罪的主体仅限定为自然人，但从实践来看，还存在各种各样的由法人实施的计算机犯罪。又如，计算机网络犯罪往往造成巨大的经济损失，其中许多犯罪分子本身就是为了牟利，因而对其科以罚金等财产刑是合理的。同时，由于犯罪分子大多对其犯罪方法具有迷恋性，因而对其判处一定的资格刑，如剥夺其长期或短期从事某种与计算机相关的职业、某类与计算机相关的活动的资格，也是合理的，但我国刑法对计算机犯罪的处罚，却既没有规定罚金刑，也没有规定资格刑。

另外，现有诉讼法中，缺少对“电子证据”的规定。无论是上面讲过的欧盟《网络刑事公约》，还是印度的《信息技术法》都是把“电子证据”作为一种特殊证据单列，而我国现有的民事、刑事、行政等三部诉讼法，只能从“视听资料”中解释出“电子证据”的存在，这样有时显得很牵强，有时甚至无法解释。这都不利于保障网络安全。

5. 以法律手段鼓励网上传播中国的声音方面还显得不够

一方面，网络的跨国界信息传播，增加了西方宣扬其价值观的范围与强度；另一方面，过去在传统的有形文化产品的印刷、出版、发行方面，由于经济实力所限，我们难与发达国家竞争。现在，网络传输大大降低了文化产品传播的成本，这对我国是一个机遇。从技术上讲，网上的参与成本低，对穷国、富国基本上是平等的。一个国家尤其是发展中国家，如果能以法律手段鼓励传播本国的声音，则对于防范文化与道德的入侵与保障信息安全，将起到积极的作用。印度鼓励使用英语，其结果是宣传了本国的文化，而法国一度强调上网内容只用法语，结果造成点击法国网站用户日减。这正反两方面的情况，都值得我们研究。

我国有不少涉外法律、法规、规章、司法判决、行政裁决、仲裁裁决等，在对外宣传我国法制建设与改革开放方面很有作用，却往往在长时间里见不到英文本，在网络上则中、英文本都见不到。在国际上很有影响力的我国《合同法》，其英文本首先是由美国一家公司从加利福尼亚的网站上传的。集我国古典文学之大成的《四库全书》，也不是由内地，而是由香港特区的网络服务提供者上传的。

## 四 几点建议

### （一）将信息网络立法问题作通盘研究，尽早列入国家立法规划

首先，在信息网络立法规划上，应考虑尽早制定一部基本法。它既有原则性规定，又有必要的实体条文，如同我国的《民法通则》那样。立法既要吸收世界各国好的经验，又要结合中国的实际。从内容上讲，它必须以积极发展信息网络化为目的，体现加强管理，以达到趋利避害，为我所用的目的。如果有了网络基本法，无论是部门还是地方立法，均不能违反它，行政机关管理时也便于“依法行政”。这将有利于最大限度地减少部门规章间及不同部门管理之间的冲突。信息网络的管理，与土地、房屋、动产等的管理不同。网络的管理是实实在在的“全国一盘棋”，不宜有过多的部门规章及地方性法规，应以国家法律、国务院行政法规为主，主管部门可颁布必要的行政规章。

其次，在正起草的有关法律中，应注意研究与增加涉及信息网络安全保障的相关内容。例如正在起草的《证据法》中，即应考虑“电子证据”的问题。

再次，在修订现有的有关法律时，也应注意增加涉及信息网络的内容。

例如，在修订刑法时，应考虑针对计算机网络犯罪活动，增加法人（单位）犯罪、罚金刑、资格刑等内容。

最后，在网络基本法出台之前，可以先着手制定某些急需的单行法，成熟一个，制定一个。例如，可在《电信条例》的基础上，尽快制定“电信法”。再如，“数字签名法”、“网络服务提供者责任法”等，也应尽早制定，或者包含在“电信法”中，以减少信息网络健康发展的障碍。

### （二）加强信息网络业“行业自律”的立法，鼓励行业自律

“行业自律”的重点之一，应是各种学校及文化市场相关的行业。“学校”是教书育人的地方，网络上的有害信息，很大一部分是针对正在成长的青少年学生传播的。对这种有害信息的传播如果打击、禁止不力，会危害家庭、个人，进而影响社会安全、国家前途。在积极发展网上教学、利用网络传播有益知识的同时，学校对学生及教员访问不良网站或接触有害信息的约束，也非常必要。而且很多学校尤其是大专院校本身就有服务器，本身就是“网络服务提供者”。

法律还可针对有关行业可以尽到的一些义务作出规定。诸如英国及新加坡那样，指导网络服务提供者采取措施阻止网民访问不良网站，等等。

### （三）鼓励通过网络弘扬中华文化，进行传统教育，开展精神文明建设

“鼓励”弘扬本国文化，一方面是可以通过立法，对创作出受人们欢迎的优秀文化成果以及积极传播这些成果的单位和个人给予奖励，对成果的知识产权给予保护；另一方面，在信息通过网络的跨国传播面前，在信息网络的公开性、兼容性面前，法律手段也不可能是万能的。因为国内法很难规范一大部分从境外上载并传播有害信息的行为。技术措施也不能解决其中的全部问题。而要减少这类信息对网络安全带来的负面影响，就需要靠我们有更多正面的、又为人们所喜闻乐见的传播社会主义价值观的内容上传到网上，需要靠我们从社会主义道德方面进行教育。

### （四）认真研究国际动向，积极参与保障网络安全的国际合作

研究信息网络立法与管理的国际动向有两个目的：一是使我们在制定

相关国内法及实施管理时，可以借鉴国外成功的经验；二是由于网络主要是国际互联网络传播信息的特殊性，使得我们在打击跨国计算机网络犯罪，在解决因网络侵权、网络商务中违约等跨国民商事纠纷时，都需要开展不同程度的国际合作。

### （五）应当对各级领导干部进行网络知识的培训

因为只有在了解网络的基础上，才可能进一步加强各级领导干部信息网络安全意识，才能自觉认识运用法律手段保障和促进信息网络健康发展，才能实现依法决策、依法行政、依法管理。

总之，保障与促进信息网络的健康发展，需要将技术措施、法律手段与道德教育结合起来。

（本文原载于《河南省政法管理干部学院学报》2002 年第 1 期）

# 国际知识产权保护和我国面临的挑战

郑成思[*]

## 一　背景

中国知识产权的立法已经基本完备。与尚未在理论上讨论清楚、又未产生基本部门法的那些国内法领域相比，知识产权领域更先进一些。与国际上大多数发展中国家相比，它也更先进一些。联合国世界知识产权组织历任总干事都称“中国知识产权立法是发展中国家的典范”。中国的知识产权立法在2001年底“入世”时，就已经完全达到了WTO中的TRIPs所要求达到的保护标准。这是毋庸置疑的，否则中国也不可能被WTO所接纳。有些立法，还不止于WTO的要求。例如2001年10月修订的《著作权法》与2006年5月颁布的《信息网络传播权保护条例》，已经不断与国际上发展了的数字技术对知识产权保护的新要求同步。在司法方面，中国知识产权法庭的法官素质，高于中国法官的总体平均水平。中国法院在知识产权领域的一些判决，水平也不低于发达国家甚至美国法院。例如，北京法院较近的2004—2005年对中国社会科学院七学者诉北京书生数字有限公司侵权一案的判决，① 较远的1999年王蒙等六作家诉世纪互联网有限公司

---

* 郑成思（1944—2006），时任中国社会科学院学部委员、中国社会科学院知识产权中心主任、法学研究所研究员。

① 参见北京海淀法院（2004）海民初字第12509号判决书；北京一中院（2005）一中民终字第3463号判决书。另见《数字图书馆不少盗版者的挡箭牌》，《人民日报》2005年7月27日第13版，以及《中国新闻出版报》2005年7月28日第7版、《人民法院报》2005年7月19日C2版等报道。

一案的判决。[①] 都是实例。中国建立了知识产权制度后，企业自主知识产权（包括自主品牌）的拥有量和竞争力，已经超过了多数发展中国家和极少数发达国家（如澳大利亚、西班牙）的企业。这些正面的成绩，是必须首先看到的。知识产权制度激励人们搞发明、搞创作；激励企业重视、维护和不断提高企业信誉。总的来讲，我国20多年的实践已表明，这是一个可取的法律制度。

不过，对知识产权制度的利弊、对于在今天我国知识产权制度的走向应当如何选择，确实存在不同的意见。

近年因国际上南北发展越来越失衡，国内外批判TRIPs的有很多。例如，澳大利亚学者Drahos的著作、2002年的英国《知识产权报告》建议发展中国家把力量放在批判乃至退出WTO的TRIPs上；[②] 在国内，许多人主张弱化我国因WTO压力而实行的“已经超高”的知识产权保护；等等。这些表面上看是顾及了中国利益，那么，我们应当作何选择呢?

在经济全球化中，已经“入世”的中国不应也不能以“退出”的方式自我淘汰。在WTO框架内“趋利避害”，争取WTO向更有利于我国的方向变化是我们正走的路。在这种变化发生之前，可以争取现有框架中更有利于我们的结果。例如，在近年人们经常提起的DVD涉外专利纠纷中，我们本来可以依据TRIPs不按照6C集团的要求支付超高额的“专利使用费”。与DVD一案相对的，是2004年中国碱性电池协会应对美国“专利权人”在美国依照337条款的诉讼一案，中国企业取得了胜利。这一胜一败很能说明问题。前者是我们的企业在知识产权战中“不战而降”的一例，后者则是我们的企业真正明白了什么是知识产权。

中央正确地提出了建设创新型国家的目标，而要落实它，我们就不能不重视与加强对创新者、创新企业所作出的创新成果的知识产权保护。在

① 参见《中华人民共和国最高人民法院公报》2000年第1期。

② 作为非官方组织的英国知识产权委员会的2002年报告《知识产权与发展政策的整合》(Integrating Intellectual Property Rights and Development Policy)，作为官方文件的2003年美国联邦贸易委员会的报告《鼓励创新——竞争与专利法律及政策的适当平衡》(To Promote Innovation—The Proper Balance of Competition and Patent Law and Policy)，作为法哲学学者澳大利亚Peter Dahos的专著《信息封建主义》(*Information Feudalism*)，日本知识产权学者中山信弘2003年的专论《知识产权法律制度的展望》。这些都是对知识产权制度（除美国联邦贸易委员会文件外，主要是WTO）中TRIPs展现的知识产权制度的猛烈批评。

这方面，了解国际上的发展趋势并作出正确的选择，是非常重要的。

## 二 主要国家、地区知识产权制度与相关国际条约对我国的影响

### （一）几个有代表性的国家和地区知识产权制度的状况

1. 美国

虽然美国建国只有200多年的历史，却是世界上最早建立知识产权法律和制度的国家之一。美国独立后即在其《宪法》中明文规定发明人、作者的创作成果应当享有知识产权，并于1790年颁布了《专利法》和《版权法》，时间早于绝大多数其他国家，这表明，美国建国之初就把保护知识产权作为其基本国策之一。

值得指出的是，美国在其科技和文化创新能力低于欧洲发达国家的历史阶段，曾在知识产权制度上采取明显的本国保护主义。例如，美国早期的专利制度拒绝为外国申请人提供与本国申请人同等的待遇，尤其歧视当时是世界首强的英国的申请人；长期拒不参加当时由欧洲国家发起制定的知识产权国际条约，例如直至1988年才参加了《保护文学艺术作品伯尔尼公约》。20世纪中期之后，随着美国逐渐成为世界第一强国，其国内知识产权制度也不断完善。美国一方面注重为权利人提供有效的知识产权保护，例如大力促进其版权产业的形成和壮大，将能够获得专利保护的范围扩大到微生物、与计算机程序有关的商业方法等，规定大学和科研机构对利用国家投资完成的发明能够享有并自主处置专利权等；另一方面也注重知识产权权利人利益与公众利益之间的合理平衡，美国是世界上最早建立反垄断体系并将其用于规制知识产权权利滥用行为的国家，它还通过其最高法院近10年来的一系列判决，制止对专利权的保护范围作出过宽的解释，以免其他人使用先进技术有随时“触雷”的危险。

自20世纪80年代以来，美国在其对外知识产权政策方面一直从维护本国利益出发，进攻性地参与和推动知识产权国际规则的制定和调整。美国在双边交往中也不断强制推行自己的“知识产权价值观”，与相关国家签订双边协议，使对方在知识产权保护上比世界贸易组织的《与贸易有关

的知识产权协议》（TRIPs）更严格、要求更高。例如，2005年开始的澳大利亚新一轮知识产权法修订，就是按照2005年1月的《澳美自由贸易协议》的要求进行的。[①] 此外，早在20世纪八九十年代，美国就曾推动许多国家以版权法保护计算机软件，要求许多发展中国家为药品发明提供专利保护，并将这些主张体现在世界贸易组织的规则中；美国频频运用其《综合贸易法》的“特别301条款”和《关税法》的“337条款”，对其认为侵犯美国知识产权的国家和企业进行威胁和制裁。美国是对知识产权国际规则的形成和发展影响最大的国家。

2. 欧盟国家

欧盟各国的知识产权制度可以放在一起了解和把握，因为这一地区知识产权法律“一体化”的进程已经基本完成。早期的欧共体于1973年制定了《欧洲专利公约》，于1978年成立欧洲专利局，在很大程度上统一了欧共体各国专利权的授予；1991年至1996年统一了欧共体国家的大部分版权法规；1993年制定了《共同体商标条例》，后又制定了一系列的条例、指令等法律文件，进一步缩小欧盟国家在知识产权制度各个方面的差异。

作为知识产权制度的诞生地，[②] 又是当今世界上最大的发达国家群体，欧盟国家对知识产权保护十分重视，其知识产权法律和制度以及相配套法律和制度都较为完善。在知识产权保护的某些方面，欧盟的立场甚至比美国更为严格。例如，对仅有资金投入而无创造性劳动成果的数据库，欧盟自1996年起即予以知识产权保护；而美国至今未予保护。再如，欧盟将大小型卡拉OK厅使用音乐作品一律纳入版权法的规范范围；而美国在21世纪初欧盟把其告到世界贸易组织的争端解决委员会之前，一直认为小型卡拉OK厅使用音乐作品不应受版权法限制。在知识产权国际规则的形成和发展方面，欧盟国家与美国具有较多的共同利益，因而总体而言持基本一致的立场。但是，欧美之间也存在分歧。例如，美国从维持其计算机软件方面的巨大优势出发，极力主张其他国家也将与计算机程序有关的商业方法纳入可以受专利保护的范围；而欧盟则以授予专利权的方案必须具有技

---

① 实际上，到目前为止，美国已经与日本、新加坡、马来西亚、印度尼西亚、澳大利亚等十多个国家签订了这种“自由贸易协定”。而且还在继续推进这种协定。

② 世界上第一部版权法与专利法均出自英国，第一部注册商标法则出自法国。

术属性为由予以抵制。再如，以法国为代表的欧盟国家极力主张扩大地理标志的范围，以保护其拥有的传统优势产品（如葡萄酒、奶酪、香水等）；而美国、澳大利亚等在这方面处于劣势地位的移民型国家则坚决予以反对。这些分歧的产生主要并不是由于在法学理论方面的不同观点，而是出于维护各自经济利益的考虑。①

3. 日本

日本于1885年制定《专利法》，时间与德国大致相同，在亚洲国家中是最早的。20世纪70年代以来，日本每年受理的专利申请数量长期高居世界各国之首。

"二战"之后，日本通过引进美国和欧洲的先进技术并对其进行消化和再创新，建立了世界上最好的有形产品制造体制，被称为"日本模式"。然而，20世纪90年代却被称为日本"失落的十年"。日本总结教训，认为一个重要的原因在于日本囿于曾经十分成功的传统工业经济发展方式，没有及时对"日本模式"进行改造，而这一期间的国际环境已经发生了巨大变化，一些国家低价生产大批量产品的能力迅速接近甚至超过日本，结果是日本传统的以高质量生产产品的经济策略已经不再有效。

所以，日本提出了"信息创新时代，知识产权立国"的方针，于2002年制定了《知识产权战略大纲》和《知识产权基本法》，提出从创新、应用、保护以及人才等方面抢占市场竞争制高点。同年，日本内阁成立了"知识产权战略本部"，由首相任部长，并设立了"知识产权推进事务局"，每年发布一次"知识产权推进计划"，对国家主管部门、教学科研单位、各类企业的相关任务与目标都作了规定。2005年，日本成立了"知识产权上诉法院"，统一审理知识产权民事和行政上诉案件，以简化程序，优化司法审判资源配置，从而更有效地保护知识产权。② 这种做法在国际上已经是一个明显的发展趋向，韩国、新加坡、我国台湾地区近年来也先后采取了与日本相似的知识产权司法架构。

---

① 对地理标志是否保护、采取什么途径保护，曾经是世界贸易组织成立前的谈判中，美欧争议的焦点；是否扩大与加强对地理标志的保护，又成为多哈会议后多次世界贸易组织谈判中美欧争议的焦点。

② 从2005年底到2006年初，日本知识产权上诉法院判决的"佳能墨盒"等三个有名的案例，已经对国际知识产权界产生了重大影响，也对我国企业产生了重大影响。

日本是最早在我国设立知识产权特派员的国家，目前和美国、欧盟一样采取各种方式在知识产权领域对我国施加压力。

4. 韩国

韩国是一个依托知识产权由贫穷落后的发展中国家迅速崛起的典型。2005 年，韩国的发明专利和实用新型的申请量达到近 20 万件，专利权的授予量从 1981 年的 1808 件上升到 2005 年的 73509 件，增长了 41 倍。从统计图表看，韩国发明专利和实用新型申请量的增长与其人均 GDP 的增长几乎完全吻合。这表明，知识产权与经济实力的增长之间存在紧密关联。

从 20 世纪后期开始，韩国的产业结构不断发生变化。从 20 世纪 60 年代到 80 年代初期，韩国工业主要集中在纺织品、胶合板、鞋子等轻工业家用产品方面；从 80 年代初期到 1996 年，韩国实现了向钢铁、造船、汽车、化学等领域的拓展；从 1996 年到现在，韩国又在移动电话、半导体器件、存储器、液晶显示器、计算机软件等高技术领域取得长足进步；据介绍，韩国近年来在生命科学和生物技术的研究与应用方面作了巨大投入，很可能在不久的将来形成新的产业亮点。韩国十分重视学习、收集和研究中国传统知识（特别是中医药）方面的优秀成果，并将其产业化、迅速投入国际市场。值得注意的是：韩国使用中药方制成的药品，从来不标注“汉药”或“中药”，而是标注“韩药”。

韩国像许多发达国家那样，开始制定自己的知识产权战略。它重视自己的知识产权在国外获得保护，它在发达国家申请专利的数量远远高于我国。韩国也十分注重在我国申请获得专利，从 1999 年起进入在我国申请专利最多的 10 个国家之列，到 2005 年已经位居第三。目前，随着我国成为韩国最大的贸易伙伴，韩国企业投诉我国企业侵犯其知识产权的案件正在增加。① 可以预计，涉外知识产权纠纷的压力不仅来自发达国家，也将会来自发展较快的发展中国家。对此，我们现在就必须开始重视。

5. 印度

与大多数“英联邦”国家一样，其知识产权制度的框架基本上源于英国。在 20 世纪 40 年代独立后的很长时间里，印度对知识产权制度否定多

---

① 比较有影响的，例如 2004 年韩国三星集团在北京一中院诉我国盛大集团的网络游戏软件版权纠纷。

于肯定。[①] 但自从世贸组织成立，特别是在印度的涉外知识产权纠纷被诉诸世界贸易组织的“争端解决委员会”后，上述状况发生了重大变化。一方面，印度政府采取多方面措施完善其知识产权制度，遵从世界贸易组织规则，逐步减少在医药专利、作品版权方面与外国的纠纷，并不断加强知识产权保护，尤其是不断完善版权立法，加强版权执法，以保障自己信息产业的发展。印度的软件产业因此从20世纪90年代中期之后得到迅速发展，其软件产品及软件服务业进入国际市场，成为印度主要外汇来源之一。另一方面，印度十分注意在加强知识产权保护的同时维护其本国的利益，积极立法保护自己的遗传资源、传统知识与民间文艺（主要是印度医药、瑜伽及印度民间文学艺术），并在国外监视侵害印度传统知识的任何活动。例如，到2005年末，印度在海外监测到：美国已批准150项与印度瑜伽功有关的专利；英国批准了至少10项与印度瑜伽功有关的商标；德国及日本也有类似情况。印度还组织了专门工作组开展对这些外国专利、商标的撤销或无效投诉，并建立起“印度传统知识图书馆”，将馆藏内容译成5种文字，与世界各国专利审批部门联网，以求外国在行政审批中驳回涉及印度传统知识的申请。同时，印度在许多国际谈判场合积极推动制定传统知识、基因资源保护的国际规范，以最终使国际条约这一层面承认传统知识的特殊知识产权地位作为自己的目标。

### （二）相关国际条约

#### 1. 主要的知识产权国际条约

在1883年之前，知识产权的国际保护主要是通过双边国际条约的缔结实现的。今天，这种保护虽然主要是通过多边国际条约来实现，但双边条约并没有完全失去它的作用。自21世纪初以来，美国正通过签订一个个双边知识产权条约，进一步提高世界贸易组织规定的知识产权保护水准。

1883年《保护工业产权巴黎公约》问世后，《保护文学艺术作品伯尔尼公约》、《商标国际注册马德里协定》等相继缔结。在一个世纪左右的时

① 参见赵元果《中国专利法的孕育与诞生》，知识产权出版社，2003，第56、164、191页。20世纪80年代初，当中国向印度专利局长请教专利制度的好处时，他甚至认为“专利法对发展中国家的好处等于零”。印度在《保护工业产权巴黎公约》生效100多年后，才参加了该公约。

间里，世界各国主要靠这些多边国际条约来协调各国之间差距很大的知识产权制度，减少国际交往中的知识产权纠纷。

世界贸易组织的《与贸易有关的知识产权协议》是1994年与世界贸易组织所有其他协议一并缔结的。与过去的知识产权国际条约相比，该协议具有如下突出特点。

第一，是第一个涵盖了绝大多数知识产权类型的多边条约，既包括实体性规定，也包括程序性规定。这些规定构成了世界贸易组织成员必须达到的最低标准，除了在个别问题上允许最不发达国家延缓施行之外，所有成员均不得有任何保留。这样，该协议就全方位地提高了全世界知识产权保护的水准。

第二，是第一个对知识产权执法标准及执法程序作出规范的条约，对侵犯知识产权行为的民事责任、刑事责任以及保护知识产权的边境措施、临时措施等都作了明确规定。

第三，最为重要的是，引入了世界贸易组织的争端解决机制，用于解决各成员之间产生的知识产权纠纷。过去的知识产权国际条约对参加国在立法或执法上违反条约并无相应的制裁条款，《与贸易有关的知识产权协议》则将违反协议规定直接与单边及多边经济制裁挂钩。《与贸易有关的知识产权协议》是迄今为止对各国知识产权法律和制度影响最大的国际条约。

2. 管理知识产权的主要国际机构

世界知识产权组织是联合国所属15个专门机构之一，是主要的知识产权国际机构，负责管理20多个知识产权国际条约。另外，国际劳工组织、联合国教科文组织也参与某些知识产权事务的管理。

世界贸易组织的“与贸易有关的知识产权协议理事会”管理《与贸易有关的知识产权协议》，近年来在知识产权国际事务方面也发挥着重要作用。

3. 国际知识产权法律和制度的发展动向

近年来，知识产权国际规则的制定和发展有如下两方面的趋势。

一方面，美、欧、日等继续大力推动各国知识产权法律和制度的进一步协调、统一，使其向发达国家的标准看齐。

世界知识产权组织于1996年缔结了两个互联网版权条约，以强化数字时代的版权保护；于2000年缔结了《专利法条约》，以统一各国授予专利权的形式和程序性条件；现在正在进行《实体专利法条约》的制定，以统一各国授予专利权的实质性条件。缔结这些条约的总体目的在于进一步强化知识产权保护，压缩《与贸易有关的知识产权协议》留给各国的自由选择空间。

需要特别注意的是，发达国家正在加紧推动“世界专利”的进程。直到现在，即使按照《与贸易有关的知识产权协议》，各国仍有独立地授予专利权的自由，即针对同样的发明，可以自行决定是否授予专利权以及授予具有何种保护范围的专利权。所谓“世界专利”，就是要改变上述现有模式，由一个国际组织或者某几个国家的专利局统一授予专利权，在世界各国均能生效，各国不再进行审批。这种“世界专利”制度显然对发展中国家不利。

另一方面，发展中国家在知识产权保护问题上维护自身利益的呼声在不断增强，主动参与知识产权国际规则制定的意识明显提高。

在 2004 年举行的世界知识产权组织成员国大会上，巴西和阿根廷等 14 个发展中国家提出了“知识产权与发展议程”的提案，指出：现行知识产权制度对保护发展中国家的利益重视不够，导致富国与穷国之间的差距不是缩小而是扩大；知识产权制度的发展不应当无视各国发展水平的不同而设立更高的保护水准，应当保障所有国家建立知识产权制度所获得的利益大于付出的代价。该提案在国际社会上引起了强烈反响。

《与贸易有关的知识产权协议》强制性地规定各成员均必须对药品授予专利权，给广大发展中国家的民众以能够支付得起的价格获得治疗各种流行疾病的药品带来了负面影响。在发展中国家的大力推动下，2001 年在多哈召开的世界贸易组织部长级会议通过了《关于知识产权协议与公共健康的宣言》。该宣言承认许多发展中国家所面临公共健康问题的严重性，强调需要将《与贸易有关的知识产权协议》的相应修改作为国际社会解决公共健康问题举措中的一部分。依照该宣言的要求，世界贸易组织总理事会于 2003 年通过了落实多哈宣言的决议，并在 2005 年于香港召开世界贸易组织部长级会议之前通过了对《与贸易有关的知识产权协议》的相应修改方案。

另外，发展中国家还在积极推动制定保护遗传资源、传统知识和民间文艺的国际规则，以抗衡发达国家在专利、商标、版权等知识产权方面的巨大优势，维护自己的利益。虽然是否将这种保护纳入知识产权法律与制度的框架还有争议，但应当给予保护则是相当多国家（包括一些发达国家）的共识。

上述两个方面的趋势都很引人注目，但是必须承认，在知识产权国际规则的制定和发展方面，发达国家明显占据主导地位。我们必须密切关注并妥善应对国际知识产权保护进一步强化的问题。

## 三 各国及国际的知识产权保护中一些值得借鉴的做法

### （一）把知识产权法与知识产权战略放在重要位置

发达国家在20世纪末之前的一二百年中，以其传统民事法律中有形财产法律制度为民商事法律领域的重点。原因是在工业经济中，机器、土地、房产等有形资产的投入起关键作用。20世纪八九十年代以来，与知识经济的发展相适应，发达国家及一批发展中国家（如新加坡、韩国、菲律宾、印度等），在民商事立法领域，逐步转变为以知识产权法律制度为重点。这并不是说人们不再靠有形财产为生，也不是说传统的有形财产法不再需要了，而是说重点转移了。原因是：在知识经济中，发明专利、商业秘密、不断更新的计算机程序、驰名商标等知识产权在起关键作用。随着生产方式的变动，上层建筑中的法律层面的重点也必然变更。一批尚未走完工业经济进程的发展中国家已经意识到：在当代，仍旧把注意力仅仅盯在有形资产的积累上，反倒使有形资产的积累永远上不去，其经济实力也将永远赶不上发达国家。必须以自主知识产权的积累促进有形资产的积累，才有可能赶上发达国家。①

另外，美、欧从20世纪末，日本及许多国家从21世纪初开始，都纷纷着手制定自己的知识产权战略，以便在国际竞争中保持强势或者赶上原来的强势国家。这也是将知识产权法律与制度放在突出位置的表现。

### （二）知识产权司法与行政管理及行政执法相对集中

建立知识产权法院，将知识产权案件相对集中审理，将知识产权民

① 应当注意，许多并没有“民法典”的发达国家及发展中国家，在21世纪都没有把立法重点放在制定“民法典”上，而是把重点放在多方完善已经有的知识产权法上。也有许多把重点放在知识产权法典化上。2005年出现的《意大利工业产权法典》在这方面特别值得注意，它已经有了“总则”，不再像法国知识产权法典那种编纂式的。

事、刑事、行政案件统由知识产权专门审判庭审理，美、欧多数国家早在日本之前就做了，一批发展中国家和地区在日本实施前后也做了。另外，绝大多数国家的工业产权（专利、商标等）均由一个行政机关统一管理，相当一部分国家和地区（如我国台湾地区）的知识产权（即工业产权加版权）全部由一个行政机关统一管理。这样做的好处是有利于减少乃至防止“冲突判决”的产生，便利权利人维权，节约有限的司法与行政资源，更有效地保护知识产权。①

### （三）在履行国际知识产权保护义务的同时，注意本国的经济利益

在国际知识产权保护体系已经由世界贸易组织的知识产权协议画上句号之后，各国必须履行参加协议时所承诺的国际知识产权保护义务。一是按照协议调整国内法。这点几乎所有国家都已经做了。二是无论作为世界贸易组织知识产权争端解决第一案的美国诉印度的专利争端，还是其后欧盟诉美国的商标与版权争端，败诉一方都无一例外地执行了或正在执行世界贸易组织争端解决委员会的裁决。这是问题的一个方面。另一方面，许多国家在履行国际知识产权保护义务的同时，还十分注意本国的经济利益，甚至把本国的经济利益放在首位。发达国家基本上都是如此，发展中国家，如前所述的印度、韩国也是如此。印度不是简单地在国际压力下加强版权保护，而是借助这种保护积极发展自己的软件产业，使之在国际市场最终占领了相当大的份额。同时它又积极推动把自己传统的长项纳入国际知识产权保护规则中。

## 四　国际知识产权保护的发展与我国面临的挑战及机遇

### （一）要看到全球化中知识产权保护强化对我们不利的一面；更要看到“保护”在建设创新型国家中的重要作用

为什么过去知识产权没有对我国的对外交往产生显著影响，如今却日益成为我国与其他国家产生纠纷的焦点问题呢？其中主要归因于两方面的

---

① 我国法学家早就提出了这类建议，可惜多年未被采纳。参见《我国应设立专利法院》，《法制日报》2002 年 12 月 19 日第 9 版。

因素：第一，自20世纪80年代以来全球化与世界经济格局的深刻变化；第二，我国的迅速崛起。自改革开放以来，我国参与国际市场竞争的能力明显增强使许多国家，特别是发达国家感到多了一个强劲的竞争对手。在我国经济规模与市场占有份额很小时，发达国家可以不大在乎；在我国成为其竞争对手之后他们就不会坐视不管了。面对挑战和压力，有人抱怨我国依照加入世界贸易组织的承诺而修改后的知识产权法律保护水平“太高”，他们经常提到美国20世纪40年代、日本20世纪六七十年代与我国目前经济发展水平相似，而当时他们的知识产权保护水平则比我们现在低得多。这种对比，如果用以反诘国外对我国知识产权保护的不合理的指责，是可以的。但如果用来要求降低我国目前知识产权保护立法的水平或批评我国不应依照世界贸易组织的要求提高知识产权保护水平，则属于没有历史地看问题。20世纪70年代之前，国际上经济全球化的进程基本没有开始。我们如果在今天坚持按照我们认为“合理”的水平保护知识产权，而不愿考虑“经济全球化”的要求、国际知识产权保护发展的趋向以及我国已经参加的相应国际条约的要求，那么在一国的小范围内看，这种坚持可能是合理的，而在国际竞争的大环境中看，其唯一的结果只可能是我们在国际竞争中“自我淘汰”出局。

实际上，发达国家对我国施加的知识产权压力将会使我国人民懂得真正的核心技术是市场换不到、花钱也买不来的；除了自主创新、奋发图强，没有别的出路。从这种意义上说，上述压力也能转化为我国发展的机遇和动力。

我国企业要在尚不熟悉知识产权法律制度的情况下，应对发达国家跨国公司利用知识产权国际规则向我们施加压力，是我们面对的另一方面的挑战。

面对国际上要求我们加强知识产权保护的压力，在修订与完善有关知识产权法及加强执法方面，我们都已经作了大量的工作，但在提高企业的知识产权保护意识方面，仍显得有些欠缺。例如，最近还能听到有人讲：盗版有助于发展我国的经济，打击盗版主要是保护了外国（尤其是发达国家）的作品及产品。这实际上反映了一部分人的看法。笔者认为恰恰相反：盗版直接妨碍了我国经济的发展。第一，盗版者的非法收入，绝没有上缴国家以用来发展经济；而且对这一大笔非法收入是无法去收税的，从这里漏掉的税款，对国家就是个不小的损失。第二，盗版活动的主要受害者是国内企业。仅仅以软件盗版为例，它是我国自己的软件产业发展不起来的直接原因。像微软这样的外国企业，他的视窗软件等行销全球的产品，即使在中国一盘也卖不出去，他仍旧可以靠英文原版产品“韩化”、“日化”的产品在许多国家及美国本国的市场赚到钱。而我们自己企业开发的“中文之星”、“五笔汉字”等软件，如果在中国因为盗版猖獗而没有了市场，他们在国外的市场就非常有限了，这些中国软件企业就非倒闭不可。对音像制品、图书等的盗版，如果不给予有力的打击，结果也是一样。因为这些汉字汉语的文化产品的市场主要在中国。受到假冒商标等侵害知识产权的活动就更是如此了，我国的许多名牌在国外的市场上并不是被外国竞争者打垮的，反倒是被我们自己的冒牌货打倒的。这样的例子有很多。

另一方面，许多企业对产权实际上没有真正的了解，于是在自己本来可以抗争时却放弃的例子也不少。例如，专利不像版权与商标，不存在“部分侵权”。如果你的产品只包含他专利中的部分技术特征而不是全部，那就仍然不能定为侵权。美国柯达公司被诉侵害他人感光技术专利，抗争了九年，才最后被认定侵权。我们有的企业则是外国公司一告侵权，甚至还没有告，就“不战而降”了。有的跨国公司持其专利向我国企业要高价，同时“捆绑许可”其专利，我们的企业应当知道这是违反《与贸易有关的知识产权协定》的，境外已经有反过来告他滥用权利、拒付高额许可费的例子。我们的一些企业却在同样情况下逆来顺受了，这也是没有知识产权意识的表现。

我们的企业还应当知道的是：无论是在国内还是在国外，我国的企业及个人已经享有的知识产权，同样可能遭到外国公司的侵害。像“海信”、“同仁堂”这样著名的商标，都曾被外国公司抢注过。我国企业要注意依法维护自己的知识产权。

当然，最重要的，是要鼓励我国企业积极开发享有我们自主知识产权的成果。袁隆平在我国还没有颁布《专利法》之前，就已经在美国、澳大利亚申请了杂交水稻育种技术的专利；最近几年我国的中石化公司就某些化工技术申请了多国的多项专利，初步建立起自己的“市场保护圈”，使想进入这个圈制售有关化工产品的外国企业，都要向中石化取得许可。还有一些公司通过自己的努力创新，也开始在国际竞争中站住了脚。不过这类企业在中国还太少。为了发展我国的经济，我们不能拒绝引进他人的创新成果。但我们最终能够依靠的，还是我国人民自己的创新精神。给予创新成果知识产权保护，是对发扬创新精神的最有效的鼓励。

### （二）知识产权保护的源与流和我们对自己长项的保护

提升我国传统优势领域的知识产权保护力度，是我们可能有效应对外来挑战的一个方面。其中特别应当重视的是我国中医药的知识产权保护状况面临的挑战，中医药更是我国的瑰宝。对传统知识提供有效的知识产权保护，不仅符合我国的利益，更有利于在世界范围内弘扬中华文化。而我们在国际中面临的状况是：第一，我国作为中医药原创国的主体地位受到了一些外国的威胁。中医药作为我国原创的自主知识产权，目前在国际上正面临被混淆来源的危险。其中一个重要迹象是将中医药名称“去中国化”。除了韩国已立法将“汉医学”更名为“韩医学”，将“汉药”改称“韩药”外，日本也正在酝酿更名问题。第二，真正体现中医药特色的中药复方，难以通过缘起于西方的专利制度得以保护，于是成为世界免费大餐。第三，中草药缺乏知识产权保护，使我国中药出口贸易的高附加值大多流向国外竞争对手。应对这方面的挑战，我们不能再居被动，必须积极主动地对中医药这一我国原创的成果进行专门立法保护。目前可以做到的至少有三点：（1）对于中医医疗中具有核心价值的中药复方进行特殊保护或技术秘密保护；（2）对于中草药采用地理标志保护；（3）对于中草药新品种提供植物新品种保护。这些保护将有利于促进中医药的健康发展。此外，我们还需抓紧研究其他保护方案。由于中医药有廉价便民的优势，积极保护与发扬它，不仅可以应对国际上的挑战，对于构建有中国特色的医疗卫生体系和建设社会主义和谐社会也有重大的社会经济意义。可惜的是，目前国家中医药管理局开始起草的保护法，自己也开始“去中国化”，定名为“传统医药保护法”。国际组织和国际条约称“传统医药”，原因是它不能单指某一个国家；我们自己的部门法也不称“中医药”（按新中国成立后的习惯和已有的法律解释，中医药已经包括了汉医药、蒙医药和藏医药等少数民族医药），是不对的。但这是我们另一个建议中将去详细讨论的了。

“中国民间文学艺术”与“中医药”这两部分，在我国都是长项。如果我们只是在发达国家推动下对他们的长项（专利、驰名商标等）加强保护，对自己的长项则根本不保护，那么将是一个重大失误。即使传统知识的这两部分不能完全像专利、商标一样受到保护，也应受“一定的”保护。

在我们以现有的有发达国家早已决定好框架的“知识产权”为基础制定知识产权战略时，切切不可忽视了一大部分尚未被列入国际知识产权保护框架内的信息财产。因为这一部分恰恰是我国的长项。

近年来，发达国家一再把知识产权保护水平拔高，而发展中国家则提出了保护现代文化及高技术之源的问题，这两部分利益不同的国家实际上在不同的“两端”上，不断争论着。所谓“两端”，实质上一端是智力成果之“源”，一端是智力成果之“流”。①

21 世纪将是中国逐渐完成工业化，进而从工业经济向知识经济转变的时期。党和国家提出的“建设创新型国家”，是促进这一转变尽早完成的正确途径。

美国从 1996 年至今，版权产业中的核心产业（即软件业、影视业等）的产品的出口额，几乎每年都超过了农业、机器制造业（即飞机制造、汽车制造等）的产品出口额。美国知识产权协会把这当作美国已进入“知识经济”时期的重要标志。我国从 2000 年起，信息产业开始成为第一支柱产业。这一方面说明我国确实在向知识经济迈进，另一方面说明我们的差距还相当大。

在中国“入世”前后，关于如何转变政府职能、关于如何修改与世贸组织要求有差距的国内法、关于如何使行政裁决均能受到司法审查等，人们关心得较多，报刊上讲得较多，立法与行政机关围绕这些问题采取的相关措施也较多。应当说，这都是对的。但我们更需要思考深一步的问题。

我们如果认真分析一下，就不难看到：第一，世贸组织时代与“关贸总协定时代”相比，无形财产的重要性大大提高了，从而规范服务、规范知识产权的国际规则显得十分重要了；第二，如本文前面所述，知识经济与工业经济（及至农业经济）时代相比，知识成果的投入开始取代土地、

① 有关详细论证，可参见郑成思《传统知识与生物多样化两类知识产权的保护》，《法制日报》2001 年 7 月 28 日第 3 版。

厂房、机器等有形财产的投入，起到关键作用，从而规范知识产权成果的知识产权法，开始取代有形财产法，在市场规范中起关键作用；第三，信息网络化的时代与公路、铁路乃至航空网络时代相比，无形市场（网络市场）已经开始在促进有形市场的发展上起关键作用从而电子商务法将取代货物买卖（保管、租赁等）合同法，起关键作用。这些并不是说有形财产法、传统合同法等不再需要了，只是说重点转移了；也不是说人类可以不再依赖有形财产去生存，只是说有形财产的积累和有形市场的发展，在当代要靠无形财产的积累和无形市场的发展去推动。

目前，中国在知识产权尤其是“自主知识产权”的拥有及利用上，从总体看不占优势。这主要是因为发明专利、驰名商标、软件业视听作品等的版权主要掌握在少数发达国家的手中。而要提升我们的地位，至少使我们避免处于过于劣势的地位，我们有两条路可走。一是力争在国际上降低现有专利、商标、版权的知识产权保护水平；二是力争把中国占优势而国际上还不保护（或者多数国家尚不保护）的有关课题纳入国际知识产权保护的范围，以及提高中国占优势的某些客体的保护水平。走第一条路十分困难。从 1967 年到 1970 年伯尔尼公约的修订过程看，从世界贸易组织《与贸易有关的知识产权协议》形成的历史看，走第一条路几乎是不可能的。就第二条路来说，我们应力争把“生物多样化”、“传统知识”纳入知识产权保护。

现有知识产权制度对生物技术等高新技术成果以专利、商业秘密等形式保护，促进了发明创造；现有知识产权制度对计算机软件、文学作品（包含文字作品及视听作品等）以版权保护，促进了工业与文化领域的智力创作。对现有知识产权制度在总体上无疑是应予肯定的。但在保护今天的各种智力创作与创造之“流”时，人们在相当长的时间里忽视了对它们的“源”的知识产权保护，则不能不说是一个缺陷。而传统知识，尤其是民间文学的表达成果，正是这个“源”的重要组成部分。

“传统知识”是在世贸组织成立时，印度等国就提出应在世贸框架中保护的内容。近年世界知识产权组织已召开多次国际会议讨论这一问题，并于 2000 年成立了专门委员会来研究这一问题。世贸组织在 2001 年 11 月的多哈会议的“部长声明”的第 18—19 条已将其列为多边谈判应考虑的议题。发展中国家安第斯组织在其 2000 年的《知识产权共同规范》中，已要求该组织成员在国内法中保护“传统知识”。

“传统知识”按世贸组织、世界知识产权组织及国外已有的立法中的解释，主要包含“民间文学艺术”与“地方传统医药”两大部分。其中“民间文学艺术”部分，已经暗示保护或明文保护的国际条约与外国法有很多。如：伯尔尼公约第15条、英国1988年版权法第169条，是“暗示”性规定的典型。实际上，世界知识产权组织在给《伯尔尼公约》第15条加标题时，已明文加上“民间文学艺术”。

“地方传统医药”的保护，虽然亚、非一些发展中国家早就提出，却是在1998年印度学者发现了某些发达国家的医药、化工公司把印度的传统药品拿去，几乎未加更多改进，就申请了专利这一事实后，在发展中国家引起更大关注的。发展中国家认为，像无报酬地拿走民间文学艺术去营利一样，无报酬地拿走地方传统医药去营利，也是对这种知识来源地创作群体极不公平的。

对“生物多样化”给予知识产权保护，主要是保护基因资源。基因资源与传统知识相似，可能是我国的又一个长项。许多发展中国家以及基因资源较丰富的发达国家（如澳大利亚），已经开始重视这方面的保护。我国仅仅在《种子法》等法律中开始了有限的行政管理，把基因资源作为一种民事权利，特别是作为一种知识产权来保护，我国与一些外国相比，还非常不够。

传统知识与生物多样化两种受保护客体与世界贸易组织中已经保护的地理标志有许多相似之处。例如：它们的权利主体均不是特定的自然人。同时，传统智慧与生物多样化两种受保护客体又与人们熟悉的专利、商标、版权等的受保护客体有很大不同。所以，有人主张把它们作为知识产权的新客体，而不是与其他客体一样并列在一起。不过，必须给予一定的保护，在这一点上，则是需要力争的。“力争”的第一步，就是本国的立法与执法首先把它们保护起来。

这种保护，首先是应当要求使用者尊重权利人的精神权利。例如，要求使用者指出有关传统知识或生物品种的来源。如果自己创作的新作品或者开发的新技术方案是以有关传统知识或者生物品种作为基础的，必须说明；如果自己推向市场的商品或服务本身就是他人已有的传统医药、民间文学艺术等，就更须说明。2001年拿了中国人开发并使用了千百年的中药乃至中成药推入国际市场，却引世人误以为该中成药出自日本、韩国等国者，并不在少数。这对中国的传统知识是极大的不尊重。2002 年至 2003 年由北京二中院受理、北京高级人民法院终审的“乌苏里船歌”版权纠纷，实质上也首先是原告希望民间文学的来源这项精神权利受到尊重。其次，这种保护必然涉及经济利益，即使用人支付使用费的问题。至于法律应当把付费使用的面积覆盖多广，以便既保护了“源”，又不妨碍“流”（即文化、科技的发展），则是个可以进一步研究的问题。

中国人在知识创新方面，并不比任何人差。我们其实可以不必去考虑如何去要求降低国际上现有的知识产权高端的保护制度（因为实际上也不可能降下来）。我们应当作的是：一方面利用知识产权制度业已形成的高保护推动国民在高新技术与文化产品领域搞创造与创作这个“流”，另一方面积极促成新的知识产权制度来保护我们目前可能形成优势的传统知识及生物多样化这个“源”。这样，才更有利于加快我们向“知识经济”与和谐社会发展的进程。

（本文原载于《法制与社会发展》2006 年第 6 期）

# 改善中国知识产权执法体制研究

中国社会科学院课题组*

## 引　言

本课题涉及的“执法体制”不是学术概念，而是出于表述的高度概括性与方便性考虑使用的一个变通词语，其核心内涵包括专门的知识产权授权、行政管理与执法体制，以及与知识产权保护直接相关的司法体制两部分。

我国目前正在制定的知识产权战略，涉及知识产权的创造、管理、运用和保护。其中，知识产权保护是关键性的一环。这是因为，知识产权是就无形的智力活动成果享有的权利，是一种无形财产权。如果在发生侵权的时候，知识产权所有人不能得到必要的保护，包括及时制止他人的侵权和获得相应的损害赔偿，相关的权利就会变得毫无意义。所以从这个意义上说，没有知识产权的保护，知识产权的创造、管理和运用也就失去了价值。

中国经济正处在一个由传统的农业经济和工业经济向现代的知识经济转型的时期，国家也据此提出了建设创新型国家的目标。发展知识经济或者建设创新型国家，其主要特征就是以智力创新推动社会经济的发展。与此相应，对于智力创新成果给予保护的知识产权制度，就在发展知识经济和建设创新型国家的过程中，起着至关重要的作用。正如著名知识产权法学家郑成思教授所说，抓住了知识产权的保护，就是牵住了知识经济的牛鼻子。

而在知识产权的保护中，知识产权的执法体制又是关键之所在。一个

---

* 中国社会科学院“改善国家知识产权执法体制问题研究”课题组，组长朱锦昌、副组长陈甦，课题组中法学所知识产权室的成员有郑成思、李明德、李顺德、唐广良、张玉瑞、周林、管育鹰。

良好的执法体制，不仅可以有效地保护知识产权，而且还会积极促进知识产权的创造和运用。一方面，在一个良好的执法体制之下，知识产权所有人可以预期自己的权利将会得到充分保护，从而愿意增加投入，创造、管理和运用相应的知识产权。另一方面，在一个良好的执法体制之下，可能的侵权人也会预见侵权的代价，感觉到与其以更大的成本从事侵权活动，不如以更小的成本寻求权利人的许可，或者从事更进一步的研发。显然，建立一个良好的知识产权执法体制，不仅有利于知识产权的保护和智力创新活动的良性循环，而且有利于市场竞争的有序进行。

我国已经建立了具有中国特色的知识产权执法体制。与世界上绝大多数国家只有司法保护不同，我国在知识产权保护方面采取了专业行政管理机关与司法机关并行的“双轨制”。这种“双轨制”在保护知识产权和促进社会经济发展方面，曾经发挥过巨大的作用。然而，随着我国社会经济和科学技术的迅速发展，双轨制的弊病也逐渐显露无遗，难以适应知识产权创造、管理、运用和保护的需要。为了适应发展知识经济和建设创新型国家的需要，我们必须改革现有的知识产权执法体制，使之适应新形势下的知识产权保护的需要。

在上述背景之下，本课题组经过广泛的调查研究，系统梳理了我国知识产权执法体制存在的问题，并在此基础之上提出完善的建议。课题报告共分三个部分。第一是对于现行知识产权执法体制和存在的问题的描述，即报告的第一、二、三部分。第二是改善国家知识产权执法体制的总体目标和具体建议，即报告的第四、五、六、七、八、九部分。第三是对于相关改革措施的要点列举，即报告的第十部分。

## 一 知识产权行政执法体制及其存在的问题

### （一）知识产权行政执法体制的现状描述

#### 1. 知识产权行政执法体制设置概况

中国的知识产权行政管理与执法体制较复杂。在现有行政体制之下，其职能涉及知识产权事务的行政机关包括以下几个系统：（1）知识产权局系统；（2）商标局系统；（3）版权局系统；（4）技术监督检验检疫系统；（5）农业、林业行政管理系统；（6）海关系统；（7）国家保护知识产权工作领导小组办公室（以下简称“保知办”）下辖的系统。

知识产权局系统以国家知识产权局为最高行政机关，各省、自治区、直辖市以及省、自治区下辖的地级市均设立了省级和市级知识产权局。个别县级行政区划也设立了或正在筹划设立专门的知识产权执法机关。在这个系统中，国家知识产权局为国务院直属局；地方各级知识产权局则分别隶属于各级地方政府。在业务上，国家知识产权局对地方各级知识产权局实施指导。①

商标局系统是设立在工商行政管理机关内部的一个子系统。从中央到地方的各级行政区划几乎都有工商行政管理机关设置。但仅就商标执法而言，并非每一个工商行政管理机关内部都有专门的商标管理职能部门。国家工商行政管理总局为国务院直属局；商标局则为国家工商行政管理总局的下属局。地方各级行政区划设置的工商行政管理机构在组织机构及管理职能等方面均隶属于各级地方政府，但在省、自治区、直辖市范围内实现了财务、人事及业务方面的垂直管理和领导；省级以下工商行政管理部门在业务上受国家工商行政管理总局指导。②

国家版权局是1985年经国务院批准设立的。国家版权局与新闻出版总署在行政级别上属于并列的机构，但实际上是同一个机构，而具体执行版权局职能的则仅为新闻出版总署之下的版权司。地方各级版权局的设置情况则不尽一致。其中大多数也是在新闻出版管理机关加挂一块版权局的牌子，或者仅仅为新闻出版管理机关的一项职能。个别地方的版权管理职能已经并入

---

① 在全国31个省级知识产权局中，机构编制为政府行政部门的为12个，占总数的39%；事业单位的为19个，占总数的61%。在隶属关系上，有15个直属政府，占总数的49%；15个归口科技部门（科技厅、委），占48%；科技部门挂牌知识产权局的1个（内蒙古），占3%。从级别上看，正处级的有6个（其中5个归口科技部门），占19%；副厅级的20个（其中10个归口科技部门），占65%；正厅级的5个，其中科技厅挂牌知识产权局的正厅级1个（内蒙古），直属政府的正厅级独立机构4个（上海市知识产权局、北京市知识产权局、广东省知识产权局、四川省知识产权局），两者合计占16%。各省级知识产权局的人员数量存在较大的差距，最少的仅为4人（西藏），最多的为91人（上海），一般分布在20—40人。大体说来，一般经济水平较为发达、机构设置级别较高的省份，其省局的工作人员也相对较多。

② 国家工商行政管理总局内设17个司局单位，商标局为其中的一个局。除此之外，与商标局平行设立的商标评审委员会、公平交易局、消费者权益保护局、企业注册局、外资企业注册局等，其职能也涉及商标或商号。商标局和商标评审委员会虽为工商总局下设的局级机构，其工作人员却为事业编制，实行公务员管理。其中商标局有工作人员210人（包括审查员144人）；商标评审委员会有工作人员69人。至2005年，全国工商系统在职公务员人数为362265人，其中商标管理12766人。

知识产权局系统。国家版权局对地方各级版权管理机关在业务上实施指导。①

除了以上三个系统，还有技术检验监督局管理地理标志的注册和实施，农业部、林业局管理植物新品种的授权，以及海关部门管理进出口货物中的知识产权保护。2004 年 10 月，国务院决定在全国整顿和规范市场经济秩序领导小组下设保护知识产权工作组，由 12 个部门的负责人组成，其主要任务是负责推动加快知识产权保护方面的法律法规建设，建立跨部门的知识产权执法协作机制，搞好行政执法和刑事司法相衔接，联合督办重大侵犯知识产权案件，指导各地保护知识产权工作。各省、自治区、直辖市也设立了相应的工作机构。在该机构领导之下，至 2006 年 8 月底，全国各地已设立了 50 个知识产权投诉举报服务中心，并开通了全国统一的投诉举报电话 12312，开通了统一的互联网站 www. ipr. gov. cn。②

2. *知识产权行政执法机关的职能及其划分*

作为政府职能的一部分，知识产权行政执法机关的职能主要包括：相关政策制订、基于立法机关授权的法律与法规起草、具体行政事务的处理、对下级机关的业务指导、对外交流与谈判、对社会公众进行宣传教育、对相关行业的管理等。除此之外，知识产权行政机关还承担查处违法案件的职能。这些职能的执行与划分情况大致如下。

（1）涉及知识产权授权或注册登记的，由中央一级机关统一负责。其中专利授权由国家知识产权局下设的专利局负责；商标注册由国家工商行政管理总局下设的商标局负责。由于版权登记属于自愿行为，不具有行政管理的属性，因而由国家版权局下设的一个事业单位——中国版权保护中心负责。

（2）中央一级机关除了负责授权、注册等与知识产权有效性相关的管理事务之外，还承担着政策制订、法律与法规的起草、对地方机关的业务指导、对外谈判与交流、对重大违法案件的查处、政策与制度的宣传与推广等职能。③

---

① 目前，全国 31 个省、自治区、直辖市全部设立了版权局。随着版权行政管理任务的不断加重和执法重心的逐渐下移，一些市（地）的版权行政管理机构逐渐向基层延伸。目前，全国 332 个市（地、州、盟）中有 71 个设立了版权局。其他大多数市（地）的版权行政管理机构与新闻出版行政管理机构或文化、广电等行政管理机构合署办公。

② 参见网址：http：//bzb. mofcom. gov. cn/。

③ 目前，国家版权局还承担着少数涉及重大公共利益的侵权案件的行政查处职能，而国家知识产权局和国家工商行政管理总局则没有相应的职能。

(3) 地方各级机关集地方政策制订、行政事务管理、宣传教育、所辖区域内违法案件的查处等各项职能于一身。①

(4) 在总体行政执法体制改革的进程中，某些地方已将专利与著作权违法案件的查处职能加以整合。而商标执法一直被当作工商行政管理执法的一部分，而由工商行政管理机关的执法部门负责。

## (二) 现行知识产权行政执法体制存在的问题

1. 知识产权授权与注册体制问题

目前，知识产权授权与注册体制，除了专利授权、商标注册与版权登记外，与知识产权相关的注册登记还包括：集成电路布图设计登记、包含商号的企业名称登记、地理标志认证与登记、驰名商标的行政认定、中国名牌的行政认定、植物新品种的登记。涉及的机关包括专利局、商标局、版权保护中心、各级工商局的企业注册职能部门、农业部、国家林业局、国家技术质量监督检验检疫机关等。从体制上说，存在的问题主要包括以下几点。

(1) 与国外多数国家相比，授权与注册机构设置过多，而且机构与职能设置非常复杂，在对外交往与交流时往往造成困扰，最终导致对与国家利益至关重要的国际事务处理效率低下，影响国家的国际形象。

(2) 职能部门多、称谓复杂、职能划分不够清晰，而且不同机构的程序也存在相当大的差异，给接受服务的社会公众造成不必要的困扰。

(3) 由于职能划分不清，各机构之间存在职能交叉与空白两种弊端。一些事务可能遇到多头管理；另一些事务可能无人过问（外观设计、立体商标、实用艺术品）。

(4) 各机构之间难以互通和共享信息，容易在授权与登记程序中造成权利冲突、重复授权、评价与审查标准不一等不良后果。

(5) 受人事编制制度的制约，每一机构的专业管理人员均显不足，造成授权与后续的权利效力确认程序过长，严重影响了相关制度的效率与应有的社会效果（强化服务、提高效率、精简机构）。

2. 行政机关承担执法职能存在的问题

虽然不同行政机关的具体职能不尽相同，但从总体上讲，现行的每一

---

① 目前，某些地方知识产权局还承担着代为受理专利申请案的代办职能。

系统内的行政体制都是将授权或注册、管理及案件查处等各项职能集于一身的体制设计。在这种体制之下，突出的问题包括以下几点。

一是由授权或注册机关保护本机关授权或核准的私权，容易导致不公平的裁决结果。

二是本来应当公平考虑各方利益的行政机关会变成单纯的“知识产权保护机关”，只强调保护权利人的利益，甚至希望代替权利人行使权利，违背知识产权为私权的原则。

三是某些行政机关往往将违法案件查处视为本机关行政权力行使的过程，因而不同行政执法部门按照自身职能开展的行政执法活动有可能会相互冲突，乃至相互掣肘。过去几年经常出现不同行政机关官员在某些场合相互指责的情形，在社会公众中造成了不良影响。

四是在对实质上属于民事争议的案件作出裁判后，行政机关不愿意自己以被告的身份参与后续的司法程序，经常导致司法程序的消极拖延。

五是由于行政机关职责较多，而且每当不同职责的执行在资源利用上发生冲突时，政治、政策及行政管理方面的职责总是被优先考虑，往往对违法案件实施查处的执法随意性大，缺乏透明度、可预知性及公平性；社会公众经常会遇到行政机关不作为、拖延及权力滥用等情形。

六是行政机关负责执法，容易给其他国家传递一个错误的信号，让他们在遇到问题时直接向政府施加压力，从而使得政府承担了过重的负担。

## 二　知识产权司法保护体制及其存在的问题

### （一）知识产权司法保护体制的现状

中国的知识产权审判工作起步于20世纪80年代初期。1993年8月北京市高、中级人民法院在全国率先建立了知识产权审判庭。1996年10月最高人民法院成立了知识产权审判庭。据不完全统计，2000年法院系统机构改革前，全国设立了知识产权审判庭的共有14个高级人民法院,[①] 30个

① 这14个高级人民法院是北京、天津、上海、重庆市，河北、黑龙江、江苏、浙江、安徽、福建、河南、广东、海南、四川省的高级人民法院。

中级人民法院，[①] 以及 4 个基层法院。[②]

2000 年，为了与法院体制改革的总体思路相配套，各级法院停止了以专业领域为审判庭命名的做法。知识产权审判庭被并入民事审判庭，成为各级法院中若干民事审判庭的一个。最高人民法院的知识产权审判庭改称民事审判第三庭；其他各级法院则根据民事审判庭的设置情况，分别将原有的知识产权审判庭编号为民事审判第三庭、第四庭、第五庭等。

除了称谓的变化，2000 年司法改革还明确的一种审判思路就是民事、行政与刑事审判的分离，并自最高人民法院起，统一将涉及行政机关裁决的案件交由行政审判庭管辖。但若知识产权案件既涉及行政裁决，又涉及民事权利争议，则由相关的民事审判庭受理。目前，除了上海、广东、陕西、山东个别地方在基层或中级人民法院试行知识产权案件的刑事、行政及民事审判合一外，绝大多数法院都严格按照刑事、行政及民事审判的区分标准来确定涉知识产权案件的管辖权。

具体地说，凡涉及专利及商标授权程序，而与专利局、商标局、专利复审委员会或商标评审委员会的决定相关联的案件，均由北京市第一中级人民法院为第一审法院，北京市高级人民法院为第二审法院。

凡涉及专利侵权的案件，由各省、直辖市、自治区政府所在地，经济特区及部分沿海开放城市、计划单列市的中级人民法院作为第一审法院，各省、自治区、直辖市的高级人民法院作为第二审法院。至 2006 年 8 月，对涉及专利权的一审案件有管辖权的中级人民法院共有 55 个。[③]

---

① 这 30 个中级人民法院是北京市第一、二中院，天津市第一、二中院，上海市第一、二中院，哈尔滨、石家庄、秦皇岛、保定、邢台、济南、烟台、青岛、成都、南京、盐城、安阳、合肥、滁州、景德镇、太原、武汉、福州、厦门、广州、深圳、佛山、汕头、海口市的中级人民法院。

② 这 4 个基层法院是北京市海淀区人民法院、朝阳区人民法院和上海市浦东新区人民法院、黄浦区人民法院。除上海市浦东新区人民法院外，其他法院的知识产权审判庭仅受理知识产权民事案件。

③ 这 55 个中级人民法院是：34 个省（自治区、直辖市）省会（首府）所在地的中级人民法院，4 个经济特区（深圳市、珠海市、汕头市、厦门市）的中级人民法院，以及 17 个由最高人民法院指定的中级人民法院（大连市、葫芦岛市、青岛市、烟台市、潍坊市、宁波市、温州市、苏州市、景德镇市、佛山市、泉州市、金华市、南通市、株洲市、中山市、东莞市、江门市中级人民法院）。

凡涉及植物新品种的一审民事案件，有管辖权的中级人民法院有37个；[①] 凡涉及集成电路布图设计的一审案件，有管辖权的中级人民法院有43个。[②] 二审案件均由各省、自治区、直辖市的高级人民法院受理。

凡涉及其他知识产权的民事案件，均由各中级人民法院作为一审法院，各省、自治区、直辖市的高级人民法院作为二审法院。但北京、上海、广东、山东等地根据当地案件数量及法院的审判能力，各自指定了几个基层法院作为知识产权民事案件的一审法院。这些基层法院所属的中级人民法院作为二审法院。至2006年8月，经最高人民法院批准，由相关省、自治区、直辖市高级人民法院指定受理一般知识产权民事案件的基层法院共有17个。[③]

凡属刑事案件或行政案件，均按照普通刑事及行政案件的管辖权分配原则确定管辖法院，而且大多由基层法院作为第一审法院；其所属中级人民法院作为第二审法院，不因其涉及知识产权问题而有异。

2006年4月，经中央机构编制委员会办公室批复，最高人民法院民事审判第三庭对外称“知识产权审判庭”。2006年6月，最高人民法院发出通知，要求设置知识产权审判工作机构的地方各级人民法院参照办理。据统计，截至2006年初，有关商标权和著作权的案件可以在全国31个高级人民法院、404个中级人民法院和17个基层法院审理。全国法院设立了单独的知识产权审判庭的有172个，共有知识产权法官1062人；未设知识产权庭，但设立了专门的知识产权合议庭的有140个，共有知识产权法官605人。

### （二）现行知识产权司法保护体制存在的问题

现行知识产权司法体制存在的问题主要有以下几个。

（1）中国现行的审判理念是：凡一案件既涉及刑事犯罪问题，又涉及

---

① 这37个中级人民法院是：34个省（自治区、直辖市）省会（首府）所在地的中级人民法院，以及甘肃酒泉、武威、张掖3个中级人民法院。

② 这43个中级人民法院是，34个省（自治区、直辖市）省会（首府）所在地的中级人民法院，4个经济特区（深圳市、珠海市、汕头市、厦门市）的中级人民法院，以及大连市、青岛市、烟台市、温州市、佛山市中级人民法院。

③ 这17个基层法院是：北京市海淀区、朝阳区人民法院；上海市黄浦区、浦东新区人民法院；广州市天河区、白云区、越秀区人民法院；深圳市南山区、罗湖区、龙岗区人民法院；佛山市南海区、禅城区人民法院；济南市历下区人民法院；青岛市市南区人民法院；长沙市天心区人民法院；南京市鼓楼区人民法院；常熟市人民法院。

民事争议的；或者一案件既涉及行政裁决，又涉及民事争议的，对民事争议的审理总要放在刑事或行政问题解决之后，即所谓“先刑事后民事”和“先行政后民事”。这种审判理念在大多数情况下不会遇到什么问题。但是，近年来的司法审判实践表明，如果一个案件有可能涉及民事权利的有效性，而相关的行政裁决或刑事犯罪都以该权利的有效为前提，那么先审理刑事或行政问题，而且判决结果又是认定被指控者行为违法甚至构成犯罪时，就有可能因其所依据的民事权利无效而最终面临尴尬的局面，甚至将导致国家赔偿。

知识产权本身就是一种可质疑的权利，其有效性往往处于一种不稳定的状态，需要在具体的案件中通过司法程序加以确认。所以，按照目前刑事、行政及民事标准划分知识产权案件管辖权，且刑事和行政审判优先的做法极有可能导致上文所说的尴尬结局。

此外，由于刑事案件的一审管辖权大多在基层法院，造成了基层法院虽然不能审理知识产权民事案件，却能审理涉及知识产权的刑事案件的局面。其结果的不合理性是可想而知的。

（2）知识产权案件具有突出的专业性。这种专业性不仅仅在于许多知识产权案件都有可能涉及技术问题，还在于其具有比一般技术问题更复杂的法律特殊性。而这种与技术相关的法律特殊性是非经专业训练的法官所无法准确理解与把握的。在以往的知识产权审判司法实践中，曾出现过因不同法院及法官对法律术语及规则的理解偏差过大，导致基本相同的案情在不同法院或合议庭作出的判决结果差别也特别大的情形，给社会公众带来了一定程度的困惑和不解，进而影响了社会公众对司法公正性的信赖。①

另外，由于中国司法审判实行两审终审制，绝大多数案件的两审都是在同一个省、自治区或直辖市法院的管辖范围内完成的。这就使得那些案情相同但由不同一审法院作出不同判决的案件到了二审程序中仍然难以获得统一的纠正。

---

① 虽然这种案件相同结果不同的情形在其他国家的司法实践中也能找到，而且导致这种情形的原因有可能是法律规范自身有歧义，或者属于正常的自由裁量差异。但一些资料表明，不同法官知识水平及对专业案件审理能力的不足往往是导致这种情形的主要原因。面对这种情形，为了获得公平的判决结果，一些权利人不得不在权利受到侵害后想方设法找到某种用以确立管辖权的连结点，以达到选择法院的目的。这又在客观上造成了知识产权案件过度向少数几个法院集中的局面。

（3）由于全国各地经济和社会发展水平差异较大，不同地区知识产权案件发生率差别也非常大，结果是发达地区法院的知识产权审判工作压力较大，而欠发达地区则很少有案子可审。进一步的结果是，欠发达地区相应的审判庭更多的时间用来审理非知识产权案件，没有或少有机会积累知识产权案件审理方面的知识和经验，更不容易把握国家在知识产权保护方面的整体政策取向，进而使对为数不多的案件的裁判出现偏差的可能性增大。

## 三 行政程序与司法程序的衔接、协调方面的问题

行政程序与司法程序的衔接与协调，主要涉及专利授权和商标注册的行政程序与后续的司法程序之间的关系。至于行政管理机关查处违法案件的行为，以及由此而产生后续司法程序及两个程序的衔接，涉及知识产权的一般行政程序和行政诉讼程序，不在此讨论。

### （一）关于制度与规则现状的描述

目前，专利授权由中国专利局负责。专利复审委员会承担着对专利局作出的行政决定进行复议，以及通过专利无效程序对专利局已经授权的专利的效力进行审查的职能。商标注册由国家工商行政管理总局商标局负责。商标评审委员会负责对商标局作出的各种决定进行行政复议。

根据专利法及商标法的规定，对于专利局和商标局作出的某些决定，当事人可不经过行政复议而直接向法院提起诉讼；而另外一些决定则必须先经过行政复议，然后才能进入司法审查程序。涉及专利权和商标权的效力时，法律没有规定法院可以直接判决无效。最高人民法院的司法解释也规定，宣告专利权和商标权无效的决定，只能由授权机关及其复议机构作出。

### （二）现行制度存在的问题

（1）根据现行法律及司法解释的规定，因专利授权或商标注册及权利有效性引发的争议通常可能需要经历四个或者三个裁判程序，即一级或两级行政程序，再加上两级司法程序。因为程序过于繁杂，需要耗费的时间也往往过长，使相关当事人付出的成本过高，不利于问题的解决。

（2）在许多情况下，与授权及权利有效性相关的争议实际上是两个民事主体之间的争议，而由行政机关作出的决定又属于行政决定，当事人不服时需要提起行政诉讼程序，要求作出决定的行政机关以被告人的身份出庭应诉。出于对权力尊严方面的考虑，以及应诉能力方面的问题，被诉的行政机关往往不愿意以被告人的身份出现在法庭之上，或者不能对司法程序给予积极有效的配合，从而造成了司法程序的拖延。另外，由于担心成为被告，行政机关往往还会在作出行政决定之前深思熟虑，因而也会拉长行政程序的时间。

（3）由于司法程序不能直接作出专利权或商标权无效的判决，某些当事人还有可能在一项争议已经经历四个程序之后再次就工业产权的有效性问题提起新的行政程序，从而将争议的解决推入新一轮程序循环，使争议解决时间进一步加长。

（4）基层行政执法结果由基层法院管辖行政诉讼问题，因而实际上会将某些涉及知识产权案件通过行政诉讼程序交由没有知识产权案件民事管辖权的基层法院审理。

## 四　改善国家知识产权执法体制的总体方案

课题组认为，在针对相关问题完善知识产权执法体制的时候，应当坚持以下一些基本原则。

（1）完善知识产权执法体制，应当与发展知识经济，建设创新性国家的总体目标相一致。

（2）完善知识产权执法体制，应当与国家总体的政治体制与司法体制改革思路相一致，而不能与之相脱节。

（3）完善知识产权执法体制，应当突出体现我国在知识产权保护方面的立场和政策取向。

（4）完善知识产权执法体制，应当参考世界各国成功的经验和做法。

依据以上原则，以及知识产权执法体中存在的各种问题，课题组认为可以从以下五个方面予以改善。

（1）整合现有知识产权行政管理部门。

（2）实施行政执法与行政管理的分离，设立专业行政执法队伍。

（3）强化知识产权法庭的职能，统一审理知识产权的民事、行政和刑事案件。

（4）集中技术性较强知识产权案件的审理权限，设立专门上诉法院。

（5）将专利复审委员会、商标评审委员会规定为准司法机构，简化确权程序。

以上五个方面，可以归纳为三句话，即明晰两条线，理顺三个关系，把握两个阶段。

明晰两条线，就是在继续发挥行政和司法两套系统各自优势的基础上，根据行政系统与司法系统各自的职能与运行机制，合理配置知识产权执法方面的职权与资源，使行政管理与行政执法分离，加强行政管理，强化服务功能，强化专业行政执法。

理顺三个关系，就是理顺知识产权行政系统内部的关系、司法系统内部的关系以及行政系统与司法系统衔接的关系，做到该合则合、该分则分、该转则转。

把握两个阶段，就是根据中国“十一五”和“十二五”规划，将知识产权执法体制的改善分为两个阶段，有机地纳入其中。“十一五”期间，基本上是在行政系统和司法系统内部分别实施改善措施，兼顾调整行政系统和司法系统之间关系的改善。包括整合知识产权行政管理部门，实施行政执法与行政管理的职能分离，设立专业行政执法队伍；将专利复审委员会、商标评审委员会改制为准司法机构，简化知识产权确权程序；结合全国司法体制的改革，强化知识产权法庭的职能，统一审理知识产权的民事、行政、刑事案件，集中技术性较强知识产权案件的审理权限，设立知识产权专门上诉法院等。“十二五”期间，则主要是进一步深化上述改革，继续实施、完善一些难度较大的改善措施。

现就五个方面的改善措施论述如下。

## 五　整合现有知识产权行政管理部门

课题组建议，将现有的国家知识产权局系统、商标局系统、版权局系统，尽快整合为一个部门；如果由于其他原因暂时无法实现上述三个系统的整合，至少可以将现有的国家知识产权局系统、商标局系统，尽快整合为一个部门。整合以后的知识产权管理机构，实行从中央到地方的垂直领导，统一处理相关的知识产权行政管理事务。

至于现有的农林行政部门管理的植物新品种、技术监督检验检疫系统管理的地理标志、海关系统管理的进出口中的知识产权保护，由于其特有的专业性，即使是在国外，大多也是由相应的专门机构管理，并没有合并在统一的知识产权管理机构之中。此外，这些机构的主要职责并非知识产权行政管理，只是由于专业的原因而兼管了一些特殊的知识产权事务。因此，可以保持这些特殊类型的知识产权管理机构目前的格局，而不必有所更动。

提出以上建议，主要是基于以下考虑。

### （一）世界性的发展趋势

世界上由两个独立的行政机关管理专利、商标事务的国家为数不多。就目前的情形来看，少数国家将工业产权事务交由一个机关管理，版权事务交由另一机关管理。例如，法国工业产权局负责专利商标等工业产权管理事务，而版权政策方面的事务则由文化部代管。

至于大多数国家或者地区，已经将专利、商标、版权等主要知识产权行政管理事务合并为一体。例如，德国专利商标局负责工业产权方面的事务，同时兼管版权政策的制定以及有关版权的争议。又如，新加坡知识产权局负责新加坡所有知识产权行政事务，包括专利、商标、版权等。①

美国的情况较特殊。专利商标局负责专利授权和商标注册，国会图书馆下设的版权局负责作品的版权登记、版本交存和政策法律的制定。但其版权的管理与对外交流工作仍由美国专利商标局内的一个部门具体负责。

除此之外，中国的台湾、香港、澳门地区，也是将有关专利、商标和版权的事务放在一个行政部门之内。例如，台湾地区智慧财产局负责专利、商标、版权等行政管理事务。又如，香港工商及科技局下属的香港知识产权署，统一负责专利、商标、版权等行政管理事务。再如，澳门地区专

---

① 这方面的例子还有英国和泰国。英国专利局虽然负责专利商标等工业产权方面的事务，但专利局下属的“知识产权和创新部”却管理着版权政策的制定和管理。泰国知识产权局下设专利局、商标局、版权局、法律与复审事务部等部门，职责包括专利、商标、版权、商业秘密、地理标志、集成电路布图设计等在内的知识产权行政管理事务。

利、商标、版权等行政管理事务由澳门特区经济局知识产权厅负责。

### （二）对外交流和参与国际谈判的需要

目前，有关知识产权的国际谈判任务十分繁重。例如，有关知识产权国际公约迅速发展，需要中国统一口径和立场，参与规则的制定或者修改。又如，中国与美国，欧盟和日本等的知识产权谈判，每年要进行数次，已经成为例行公事。但由于相关的谈判往往会涉及多个行政部门，增加了协调、统一和一致对外的难度，甚至造成了相关谈判与立法、执法和管理脱节的现象。

除此之外，中国有关知识产权的对外交流也十分频繁。由于机构设置复杂，与国外机构设置不同，也造成了国外来人找哪个机构交流，国内由哪个机构出面的困惑。

由此可见，将专利、商标、版权等主要知识产权行政管理机构整合，有利于参与国际谈判的协调、统一。

### （三）国内的相关试点已经初见成效

目前，地方已经出现了将专利、版权事务合并在一起的试点。例如，深圳市于2004年5月成立知识产权局，率先将专利和版权管理机构整合在一起。相关的情况表明，整合后的知识产权局运转正常，各界反映较好。特别是原来版权局的同志认为，版权的保护和管理不仅没有削弱，反而有所增强。很多人甚至认为，如果当初将商标执法也合并在一起，统一调度相关的执法人员，将会取得更好的效果。

显然，将三者整合为一个部门，统一调度人员、装备进行知识产权执法工作，一方面可以加大执法力度，减少不同部门之间的协调成本，另一方面可以实现对知识产权行政管理部门的统一问责，同时也有利于统一对外宣传。

### （四）精简行政机构的需要

精简、高效是中国行政机关改革的方向，将专利、商标、版权等主要知识产权行政管理机构整合，符合这一基本要求。在目前情况下，可以将三个机构先整合为一个独立的知识产权行政机构。如果将来中国政府机构改革为相对集中的“大部委”制，则可以参照国外的经验，将独立的知识产权行政机构作为某个“大部委”的下属机构。①

## 六　行政执法与管理职能分离，设立专业行政执法队伍

课题组建议，在整合现有知识产权行政机关的基础上，实施行政执法与行政管理的分离，设立专业行政执法队伍。

国家一级的知识产权行政部门作为专门的知识产权审查、注册和登记机构，同时承担行政管理职能，包括对地方知识产权行政机构的垂直领导职能，强化面向社会的服务职能，不再承担行政执法的职能。②

地方的知识产权行政部门主要承担本地区的知识产权行政管理事务，强化面向社会的服务职能。除此之外，有些地方的知识产权行政部门，还要继续承担国家知识产权行政部门委托办理的注册和登记职能。

最好以现有的工商行政管理执法队伍为基础，集中现有的专利、版权执法队伍和知识产权投诉举报中心③，整合已有的技术质量监督检验检疫执法队伍、文化执法大队等所有涉及市场的执法机构与人员，建立类似于国外“经济警察”的、统一的市场（包括经济市场和文化市场）的专业行政执法队伍，全方位地负责经济市场和文化市场行政执法，包括以查处假冒商品和盗版为主要内容的知识产权行政执法。

这一专业行政执法队伍的机构设置，可以有两种选择，按照优先选择的

---

① 目前，国外的知识产权管理机构大多隶属于相关行政机关之下。美国专利商标局隶属于美国商务部，独立核算。英国专利局隶属于英国贸易工业部，划归该工业部的科技创新部门直接领导，独立运营。法国工业产权局隶属于法国经济财政及工业部，独立核算，没有国家拨款。德国专利商标局隶属于联邦司法部，收费上缴国库，开支由行政拨款。意大利专利商标局由经济发展部下属的产业发展与竞争总局管辖。日本特许厅（专利局）隶属于日本通产省，文部省负责管理著作权，农林水产省负责植物新品种。印度专利、外观设计与商标局（CGPDTM）是印度商务部的工业政策与促进局下设的一个部门。泰国知识产权局隶属于泰国商务部的工业促进局。新加坡知识产权局是法务部下属的一个局。巴西国家知识产权局（主要受理工业产权中的专利权和商标权的申请工作），为发展、工业和外贸部的下属机构。

② 目前国家版权局还承担部分行政执法职能，而国家知识产权局和国家工商行政管理总局商标局则没有行政执法职能。

③ 目前全国已经新建50个知识产权投诉举报中心。

次序，一是作为与现有公安系统相平行的专业行政执法机构，独立设置，实行全国垂直管理；二是归并到现有的公安系统中。[①]

如果一步到位整合组建统一的市场专业行政执法队伍有难度，可以先以现有的工商行政管理执法队伍为基础，集中现有的工商、专利、版权执法队伍和知识产权投诉举报中心，组建知识产权专业行政执法队伍。待条件成熟以后，再整合其他相关的市场专业行政执法机构，组建统一的市场专业行政执法队伍。

这一知识产权专业行政执法队伍的机构设置，可以有三种选择，按照优先选择的次序，一是作为与现有公安系统相平行的专业行政执法机构，独立设置，实行全国垂直管理；二是归并到现有的公安系统中；三是暂时划归相应的知识产权行政管理机构领导，在适当时候分离出来成为国家市场专业行政执法队伍的一部分。

提出以上建议，主要是基于以下考虑。

### （一）国外的成例

根据课题组成员到日本、英国、德国、法国、意大利、印度、新加坡、泰国等国家实地考察，以及通过其他途径收集到的美国、加拿大、韩国、中国台湾、中国香港、中国澳门的相关资料，上述国家和地区的知识产权管理机构均没有直接行政执法职能。

当然，这并不表明国外和港澳台地区没有知识产权的行政执法。事实上，有关的行政执法主要依靠警察等专业行政执法队伍。例如，美国知识产权行政执法主要是由警察和海关部门负责的。美国的联邦调查局还设有专门负责知识产权的调查组，涉及商业秘密、版权、电视及计算机游戏、有线电视偷窃行为、假冒商品及商标罪等。又如，在日本，由警察和海关部门负责知识产权行政执法。警察部门中设立有专司此项职能的专门部门，由对知识产权事务较为熟悉的专业人士组成。再如，意大利、法国、印度的警察队伍，都负有打击盗版和假冒的职责。至于新加坡和中国香港，成立了专门的知识产权执法队伍，如新加坡警察署之下有专门的知识产权保护小组；香港海关负有知识产权执法使命。

① 类似于深圳市在公安系统内新近组建的“知识产权保护大队”。

### （二）中国国情的变化

在20世纪80年代，中国知识产权法律制度建立之初，有关知识产权的司法体制尚未建立，面临着较为繁重的知识产权执法和争议纠纷处理任务，仅仅依靠司法机构是难以胜任的。随着知识产权法律制度建立而产生的知识产权行政管理机关，理所当然地分担起行政执法的重任，既是必要的，也是现实的选择。

在中国知识产权法律制度建立和实施的历史过程中，知识产权行政机关的行政执法起到非常重要的积极作用，形成世界上独一无二的行政管理机关直接执法与司法平行的"双轨制"，这是特定历史条件下的产物。

随着中国知识产权法律制度的不断完善，知识产权司法体制逐步建立、健全，行政管理机关直接执法与司法平行的"双轨制"的弊端日益显现出来，对于这一特有体制改革的呼声也日益增强。20世纪90年代末以来，随着国家行政体制改革的不断深入，已经出现了将行政管理与行政执法分开的趋向。2000年修订的专利法和2001年修订的商标法和著作权法，已经反映了这样的趋向，行政机关虽然仍然承担部分直接执法职能，但是仅限于确定侵权与否，不再允许责令赔偿和确定损害赔偿数额，实际上已经弱化了行政机关的直接执法职能。

当初确立行政管理机关直接执法与司法平行的"双轨制"是历史发展的需要，当今将行政执法与行政管理职能分离，设立专业行政执法队伍同样是历史发展的要求。

### （三）现状带来的负担和压力

类似中国这样的知识产权行政机关负责行政直接执法，在世界范围内是独一无二的。这使得中国政府承担了过重的知识产权行政执法负担，需要动用大量的社会公共资源用于为少数知识产权权利人维护权利。这种做法不符合法律保护知识产权等"私权"的基本原则，而且也给其他国家国民传递了一个错误的信号，使他们在遇到知识产权纠纷问题时往往放弃正常的司法救济，一味要求中国行政执法机关负责，甚至直接或通过其政府向中国政府施加压力，要求中国政府直接干预立法、司法等具体法律事务。这些已经成为外国政府指责中国政府保护知识产权不力的重要证据和理由，直接影响了中国政府的国际形象。

这种由于知识产权行政机关负责行政直接执法造成的被动状况，不应该再继续存在下去，应该彻底加以解决。中国政府不应该再承担这种本不该由政府承担的过重的知识产权行政执法负担和压力。

### （四）加强行政执法方面的考虑

实施行政执法与行政管理分离，有利于集中使用行政资源，提高行政效能。一方面，知识产权行政机关可以集中精力行使行政管理的职能，不必为具体行政执法以及由此而引发的成为行政诉讼被告而分散注意力，以便更好地承担起服务社会、服务企业的职能。另一方面，新设立的行政专业执法队伍，也可以集中精力进行行政执法，不断提高专业化行政执法水平和执法效率。例如，可以针对行政专业执法的特点，加强对执法人员的培训和教育，培养既有专业知识又有综合能力的执法人员，从而不仅有利于行政执法队伍自身的建设，也可以从根本上提高行政专业执法水平。

除此之外，设立专门的行政执法队伍，还可以改多头执法为统一执法，增强执法效果。例如，将分散在地方知识产权局、商标局和版权局等系统的行政执法人员整合起来，设立统一的专业行政执法队伍，可以有效降低过去由于执法队伍分属不同系统而带来的相互协调成本，避免冲突；使得行政执法队伍的职责更加明确，不会发生不同执法队伍之间的推诿，有利于对执法队伍的执法效果的监督、检查；便于增加和配备更多、更有效的专业执法工具和执法手段，集中打击那些易于分辨的盗版和假冒等量大面广、社会危害性大、对知识产权保护法律环境影响突出的违法侵权行为。这样的行政执法机制，不但不会削弱行政执法，而且可以大大强化行政专业执法。

## 七　知识产权的民事、行政与刑事案件的统一审理

课题组建议，将现在分别由知识产权庭、行政庭、刑事庭审理的知识产权民事、行政、刑事案件，集中到知识产权庭统一审理。

这个建议涉及“行政案件”和“刑事案件”两个概念。按照本课题组的建议，知识产权行政机关应当实行管理与执法的分离。在分离之后，知

识产权行政机关不再从事行政执法，因而也不存在司法复审的问题。这样，对于全国绝大多数法院的知识产权审判庭来说，“统一审理知识产权的民事、行政、刑事案件”，其实是“统一民事与刑事案件”。再进一步说，则是一般的基层法院不再管辖知识产权刑事案件，而由相关的中级人民法院管辖。从这个意义上说，这个建议的实质是把知识产权刑事案件的管辖权上收到具有知识产权民事案件管辖权的中级人民法院。

至于行政管理与执法分离以后成立的专门执法队伍，其职责主要是查处那些影响社会公众利益和市场正常秩序的、以假冒商品和盗版为主要形式的、具有明显违法侵权特征的行为。对于这一专业队伍的执法行为的司法监督，如同对现有公安机关专业行政执法行为的司法监督一样，应该属于行政审判庭所管辖的行政案件范围，即如果执法相对人对有关的决定不服，可以起诉到相应的行政法庭，而非知识产权法庭。

而对于另一类“行政案件”，即北京市高级、中级人民法院对于知识产权行政机构所作的确权决定的司法审查，则属于“民事与行政案件”的统一审理。当然，这里所说的“行政案件”，本质上是民事案件而并非行政案件，在国外通常都是作为民事案件审理的。这是因为，知识产权属于“私权”。知识产权行政机构对专利、商标等申请的受理、审查、注册、登记等所谓“授权”行为，确切地说，不是“行政授权”行为，而是通过法定程序确认某个知识产权是否存在、是否有效的“确权”行为。而版权和相关权利、商业秘密等则是依法定条件自动生成的，连这种通过法定程序的“确权”都不需要。

提出以上建议，主要是基于以下考虑。

### （一）用民事程序审理涉行政机关案件的先例

涉及知识产权行政管理机构的案件主要有两类。一类是当事人对知识产权行政管理机构在申请确权过程中的决定（驳回申请、异议裁定、复审决定等）不服提起的诉讼；另一类是当事人对知识产权行政管理机构有关权利有效性争议的决定（撤销裁定、无效请求决定等）不服提起的诉讼。

涉及第一类案件时，按照美国的做法，专利申请人对专利复审委员会驳回申请的决定不服的，或者商标注册申请人对商标复审委员会驳回申请不服的，可以向联邦巡回上诉法院提起诉讼。在这类案件中，行政机关

（专利商标局）为被告。但即使是在这种情况下，由于有关的案件涉及的是民事权利是否存在的问题，仍然是作为民事案件而审理的。日本和德国的情形大体类似。

涉及第二类案件时，按照日本的做法，一旦被控侵权人提出了专利权无效的请求，应当由专利复审委员会作出专利权是否有效的决定。如果当事人对专利复审委员会的决定不服，可以起诉到法院。但在这种情况下，是以对方当事人作为被告，而非专利局为被告。与此相应，有关的案件仍然是有关民事权利是否有效的民事案件，而非行政案件。至于在美国，如果在侵权诉讼中被控侵权人提出了专利权无效的请求，则由法院直接作出判决。这样，专利权是否有效也是作为民事案件的一个部分审理的，与行政机关无关。

### （二）知识产权民事与刑事案件统一审理的先例

在英国，伦敦郡专利法院（Patents County Court）负责受理专利、工业设计、商标、版权纠纷，以及该纠纷所涉及的其他权利纠纷。同时，郡专利法院还可以审理有关知识产权犯罪，尤其是商标和版权方面的刑事犯罪案件。不过，对于不服专利局决定的诉讼，郡专利法院不予受理。当事人不服郡专利法院的判决，可以上诉到上诉法院。

泰国中央知识产权与国际贸易法院是专业法院，其管辖的案件包括与知识产权相关的民事、刑事案件和与国际贸易有关的民事案件，民事与刑事案件均由该法院管辖。对该院作出的判决不服的，可上诉至泰国最高法院。

### （三）三类案件统一审理的成功试点

1996 年，上海浦东新区人民法院率先进行“三位一体”的试点，由知识产权审判庭统一审理有关的民事、行政和刑事案件“三位一体”。随后，一些中级和基层法院也采取了类似的审判模式。例如，山东省青岛市的市南区人民法院，广东省广州市的天河区人民法院、深圳市的南山区人民法院、佛山市的南海区人民法院，以及陕西省西安市中级人民法院，都进行了民事、行政和刑事案件“三审合一”的试点。又如，福建省泉州市和福州市中级人民法院则进行了“二审合一”的试点，由知识产权审判庭统一审理有关知识产权的民事和行政案件。实践证明，“三审合一”或“二审合一”有效节约了审判资源，统一了审判标准，并且能够使司法审判与行政执法密切结合，具有明显的效果，也解决了知识产权案件审理之中“先刑后民”与“先民后刑”、“先行后民”与“先民后行”之争。

## 八　集中审理，设立专门上诉法院

课题组建议，集中技术性较强的知识产权案件的审理权限，设立专门上诉法院。这包括两个方面的内容。

一是将技术性较强案件的一审权限加以集中。截至2006年8月底，全国具有专利、植物新品种、集成电路布图设计一审案件管辖权的中级人民法院分别为55个、37个、43个。课题组建议，可以在此基础上进行整合，确定这些中级人民法院继续作为具有较强技术性知识产权案件的一审法院，同时将商业秘密中的技术秘密、著作权中的计算机软件等一审案件也集中到上述法院加以审理。与此相应，二审法院也应当同时受理有关专利、植物新品种、集成电路布图设计、技术秘密和计算机软件的上诉案件。

二是将技术性较强案件的二审权限加以集中。截至2006年8月底，全国负责专利、植物新品种、集成电路布图设计二审案件管辖权的高级人民法院有31个。显然，由31个高级人民法院受理50多个中级人民法院的上诉案件，力量过于分散。应当适当集中技术性较强案件的二审权限，设置一个或者数个受理二审案件的法院。

提出以上建议，主要是基于以下考虑。

### （一）知识产权案件的特殊性

知识产权案件具有较强的专业性，其中专利（包括实用新型）、商业秘密中的技术秘密、计算机软件、集成电路布图设计和植物新品种案件更为特殊。这类案件不仅涉及权利是否有效、侵权是否成立等法律问题，还涉及与法律相关的技术问题，无论是在注册、确权争议的审查中，还是在侵权纠纷的审理中，法庭必须首先理解其中涉及的技术问题，才能作出有关法律问题的判定。这与一般商标、商号、外观设计、地理标志和著作权（除了计算机软件）案件不同，后者主要涉及法律问题，很少或者基本不会涉及技术问题。

### （二）许多国家的通行做法

美国在 1982 年设立了联邦巡回上诉法院（United States Court of Appeals for the Federal Circuit），专门负责审理不服联邦地方法院判决和不服专利复审委员会裁定的专利上诉案件。德国联邦专利法院（BPatG）是在原来设于德国专利局内部的专利申诉委员会（相当于中国的专利复审委员会）的基础上组建的，成为一个正式的司法机关，独立于专利局，专门负责审理发明专利无效和强制许可案件，以及不服德国专利商标局裁定的上诉案件。但是知识产权侵权纠纷案件不归该法院管辖，而由普通民事法院审理。

建立专门的知识产权法院或者法庭，也是欧盟各国知识产权审判的趋势和方向。1994 年的“共同体商标条例”，要求成员国建立专门的“共同体商标法庭”（Community Trademark Courts），处理与共同体商标有关的诉讼。2001 年的“共同体外观设计条例”，也要求成员国设立专门的“共同体外观设计法庭”（Community Design Courts），处理相关的诉讼。欧盟国家纷纷成立或者正在成立专门的知识产权法院或者法庭。例如意大利已经在 12 个大区的普通法院和上诉法院中，设立了专门的知识产权法庭。

日本 2005 年设立知识产权高等法院，专门负责审理对于特许厅复审部关于专利、实用新型、外观设计、商标等权利确认、撤销、复审、无效等判定不服案件，对于东京、大阪地方法院关于技术型侵权案件判决不服的上诉案件，也兼管东京高等法院管辖区内各地方法院关于非技术型侵权案件判决不服的上诉案件。

中国台湾地区也于 2004 年设立了专门的知识产权法院，受理有关专利案件的上诉。

### （三）集中审理的优势

根据德国、日本等国家的经验，在技术性较强知识产权专门上诉法院设置技术法官、技术调查官等专业人员，对于提高审理技术性较强知识产权案件的审理水平和审理效率，具有十分积极的作用。

日本的技术调查官是法院内部的工作人员。其主要职责是对有关发明专利、实用新型等案件的必要技术事项进行调查，负责解释专利保护范围，负责解释被告涉嫌侵权产品或方法的技术内涵，进行对比，并向法官做出口头或书面的说明。在口头辩论等诉讼活动中，为了明确诉讼关系，遵照审判长的命令，法院调查官还可以直接向当事人提问。日本调查官制度并不是知识产权审判所独创，其在日本已有50余年历史。在日本各类案件的审判中如家事法庭和税法法庭等都有此设置。

德国联邦专利法院的法官队伍由技术法官和普通法官共同组成。审理不同类型的案件，对于审判庭法官构成的比例、人数、担任的角色都有明确的规定。例如，审理专利确权上诉案件由4名法官组成审判庭，3名是技术法官（其中1人担任主审法官），1名是普通法官；审理发明专利无效和强制许可案件由5名法官组成审判庭，2名是普通法官（其中1人担任主审法官），3名是技术法官。

### （四）设立专门上诉法院的两个选择

本文所说的知识产权上诉法院，可以有两个方案。

第一个方案是设立一个受理二审案件的法院，统一受理来自50多个一审法院的上诉案件。采取这个方案，有利于统一侵权与否的标准，有利于克服地方保护主义，是一个理想的选择。

但在目前情况下，采取这个方案有一定的难度。例如，按照美国的诉讼程序，一审法院负责查清案件的事实，然后在此基础上适用法律并作出判决。至于二审法院，则只审查法律适用的问题，不审查案件的事实问题。正是基于这样的程序，联邦巡回上诉法院才可以游刃有余地受理来自全国联邦地方法院的专利上诉案件。而按照中国的民事诉讼法，二审法院不仅审理法律适用的问题，而且审理案件的事实问题。这样，由一个二审法院面对50多个一审法院，并且既审理案件的法律适用问题，又审理案件的事实问题，必然会不堪重负。所以，要想让一个二审法院正常工作，首先应当改变中国目前的民事诉讼程序，规定二审法院只审理法律适用，而不审理案件的事实问题。由于这涉及更为广泛的问题，恐怕在短时间内难以解决。

其次，本文所说的技术性较强的案件，不仅包括专利案件，而且包括有关技术秘密、计算机软件、植物新品种和集成电路布图设计的案件。由于中国地域广大，即使是范围狭窄的技术性案件，其上诉的总量也会相对很大，难以由一个二审法院应对。

第二个方案是兼顾地域分布的需要，建立若干个区域性的知识产权专门上诉法院。其具体做法是选择一些审理知识产权案件较多、审判经验较为丰富、办案水平相对较高的高级人民法院，作为技术性较强的知识产权案件的专门上诉法院。待将来条件成熟后，再考虑将相关的上诉案件集中到一个专门的二审法院。

就目前情况看来，北京、上海、广东等地的高级人民法院，知识产权案件审理量比较大、种类较多、相对比较复杂、标的较大，已经初步具备作为技术性较强案件专门上诉法院的条件，可以作为专门上诉法院的首选对象。除此之外，考虑到地域分布的需要，建议从西南地区（例如重庆或者四川）、西北地区（例如陕西）各选一个高级人民法院，作为技术性较强案件专门上诉法院。值得注意的是，选取这几个高级人民法院作为技术性较强案件的二审法院，并非重新建立新的法院或者审判庭，而是由这些法院中现有的知识产权审判庭，承担相应上诉案件的二审工作。

至于那些没有被确定为专门上诉法院的其他高级人民法院，仍然管辖商标、商号、地理标志、商业秘密、反不正当竞争、著作权等非技术性知识产权上诉案件的审理。这些高级人民法院只是不再受理技术性较强的知识产权上诉案件，但是总的工作量不会明显减少。

然而，设立五个区域性的专门上诉法院，也会产生一些弊病。例如，当五个上诉法院在某些法律问题上理解不一致的时候，或者说有关权利有效与否、是否侵权的标准不一的时候，则只能由最高人民法院协调。即使是这样，诉讼当事人也会利用知识产权是无形财产权的特点，通过侵权行为发生地的联结点，寻求将有关案件往对自己有利的地区审理。事实上，当美国的专利侵权案件由各个不同的巡回上诉法院受理的时候，就发生过这样的情形。正是基于这样的情形，美国才于 1982 年改革联邦法院体制，成立联邦巡回上诉法院，统一受理来自全国各地联邦地方法院的专利上诉案件。

从这个意义上说，课题组所建议的设立 5 个区域性专门上诉法院，只是一个过渡的做法。作为长远考虑，最终应当设立一个全国统一的知识产权专门上诉法院。根据课题组的研究，这个统一的知识产权专门上诉法院应该设在北京市高级人民法院，由其知识产权审判庭承担。这样，北京市高级人民法院的知识产权审判庭，就会承担起两个方面的任务。一方面，受理来自全国各地50多个中级人民法院的技术性较强案件的上诉。另一方面，受理不服专利复审委员会、商标评审委员会关于工业产权确权案件的诉讼。通过这样的方式，北京市高级人民法院中的知识产权审判庭，就会在技术较强的知识产权案件方面，承担起更为重要的审判职能。

## 九 设置准司法机构，简化确权程序

课题组建议，针对专利权和商标权确权过程中环节太多的现状，将专利复审委员会和商标评审委员会，规定为准司法机构或者司法机构。与此相应，由二者所作出的确权决定视为一审判决，当事人不服可以起诉到北京市高级人民法院，而不再是起诉到北京市第一中级人民法院。同时，北京市高级人民法院作出的判决为终审判决，从而在专利权和商标权的确权过程中减少一个环节（北京市第一中级人民法院）。

课题组建议，从长远发展考虑，在受理技术性较强上诉案件相对集中的前提下，应该积极创造条件，逐步实现由受理侵权案件的法院直接确定有关的专利权或者商标权是否有效，而不必等待专利复审委员会或者商标评审委员会的确权决定。按照这样的设想，在专利侵权或者商标侵权诉讼中，如果被控侵权人提出了专利权或者商标权无效的请求，则受理案件的法院直接判决有关的权利是否有效，并在此基础上作出是否侵权的判决。但这样做的一个前提是，就相关案件的上诉，必须由相对集中的二审法院受理。显然，这样可以进一步减少知识产权案件的审理环节，大大加快侵权纠纷案件的审理时效，提高司法效率。

提出以上建议，主要是基于以下考虑。

### （一）现有行政复议机构的职能具有“准司法”的性质

所谓“行政准司法机构”（Administrative Quasi-Judicial Agencies），是国外对某些具有特殊性质的行政机构的统称。依据法律规定，这些行政机构担负着类似于司法机关的职能，针对当事人不服行政机关的决定而提出的请求，或者认为行政机关和其他人侵害自己合法权益而提出的请求，按照相关的司法程序而不是行政程序进行审理、裁定。由于这类机构的裁定不同于一般行政机构的裁定，必须对裁定的理由（事实和法律）作出充分说明，通常被认定为一级司法裁定，具有司法意义上的法律效力。与此相应，需要设置相应的司法程序，由法定的司法机关对其决定进行司法审查。这种司法审查，如同上级法院对下级法院判决或裁决的司法审查一样，是以上诉方式而不是以提起诉讼方式要求司法救济，作出裁定的行政机构不作为被告。

在美国行政法中，“准司法机构”是指行政机关内部的行政司法机构，其工作人员称为行政法官。例如，美国国际贸易委员会（ITC）就是一个独立的准司法联邦机构，其职责涉及一系列与贸易相关的事务，包括对某些不公平贸易行为，如专利、商标或版权的侵权行为采取必要的措施。对于国际贸易委员会的裁决不服，可以向联邦巡回上诉法院上诉。又如，日本的海难判定以及反垄断的判决都是准司法判决。再如，德国等国家的反垄断委员会、法国的劳资调解委员会等都是准司法机构。

### （二）国外的成例

美国的专利复审委员会、商标复审委员会设立于专利商标局之内，由专利商标局局长和相关的法律专家、技术专家组成，主要职责是审查专利申请人或商标注册申请人不服专利局决定的案件。对于专利复审委员会、商标复审委员会作出的裁定不服的，申请人可以上诉到联邦巡回上诉法院。在这类案件中，专利复审委员会、商标复审委员会的裁定相当于一审判决。联邦巡回上诉法院在审理相关案件的过程中，主要审查专利商标局、专利复审委员会、商标复审委员会适用法律是否准确。在必要的时候，联邦巡回上诉法院可以通过判决解释相关的法律规定。

英国专利商标局设立复审机构“纠纷解决办公室”（Hearing Officers），根据当事人的请求审查是否应该授予和撤销专利、商标权，以及专利权无效的请求，有关的裁决以专利局局长（Comptroller-General of Patents, Designs and Trademarks）的名义作出。如果当事人对相关决定不服，可以上诉至英国高等法院中的专利法庭。在上诉案件的审理中，专利商标局不作为被告。如果上诉案件的当事人为单方的，英国专利局局长要指定律师出庭，作为案件的当事人陈述作出决定的理由；如果原审案件的当事人为双方的，则以对方当事人为被告。

日本特许厅审判部主要负责专利和商标案件的复审工作，相当于中国的专利复审委员会和商标评审委员会。当事人对其所作出的审决不服，可以向知识产权高等法院提起诉讼。从特许厅审判部的业务实践来看，其具有准司法的性质。特许厅审判部的构成与法院的构成非常相似，特许厅审判部的审决等同于地方法院的判决。

德国的情形比较特殊。德国专利局原来设立有专利申诉委员会（相当于中国的专利复审委员会），但已经改为联邦专利法院，成为一个正式的司法机关。按照相关的职能，专利申请人或者商标申请人对专利商标局驳回申请决定不服的，可以起诉到联邦专利法院，再上诉到联邦最高法院。

### （三）设置准司法机构的直接理由

中国2000年和2001年修订的专利法和商标法分别规定，专利复审委员会、商标评审委员会作出的有关权利获得、维持和权利效力的决定，当事人不服都可以起诉到法院。具体做法是先起诉到北京市第一中级人民法院，然后上诉到北京市高级人民法院。这一规定解决了对行政机关的决定司法复审的问题，但是造成了确权环节过多、时间过长的弊病。例如，在专利申请过程中，如果申请人对专利局不授予专利权的决定不服，可以上诉到专利复审委员会。如果对专利复审委员会的决定不服，又可以起诉到北京市第一中级人民法院、上诉到北京市高级人民法院。在商标注册申请的过程中，也有类似的情形。

在专利侵权诉讼中，这一问题显得更为突出。如果被告提出了专利权无效的请求，原审法院通常要停止审理，等待专利复审委员会作出专利权是否有效的决定。而对于专利复审委员会的决定，当事人不服又可以起诉到北京市第一中级人民法院、上诉到北京市高级人民法院。如果北京市高级人民法院作出了专利权有效的判决，则原审法院恢复审理被告是否侵权，当事人不服还可以上诉到省、自治区、直辖市一级的高级人民法院。一个案件走完这样的程序，少则三五年，多则六七年，不利于权利状态的确定，也不利于对于当事人的保护。

将专利复审委员会和商标评审委员会规定为准司法机构，由它们所作出的决定视为一审判决，当事人不服可以上诉到北京市高级人民法院，这样就减少了一个审理程序。

### （四）提高审判效率方面的考虑

就专利申请和商标申请来说，将专利复审委员会和商标评审委员会规定为准司法机构，可以减少一个环节，从而加快了有关的申请是否可以授权或者注册的程序。例如，不服专利局部授予专利权的决定，可以上诉到专利复审委员会，再起诉到北京市高级人民法院，从而减少了北京市第一中级人民法院的环节。

但是对于专利侵权诉讼中，被控侵权人要求宣告专利权无效来说，减少这样一个环节仍然显得不够。例如，受理案件的法院在被控侵权人提出专利权无效的请求以后，仍然要等待专利复审委员会的决定，以及随后的向北京市高级人民法院的起诉。从这个意义上说，再向前走一步，由受理侵权纠纷案件的法院直接就专利权是否有效作出判决，就是一个明智的做法。如果法院确定有关的专利权有效，则继续确定被控侵权的产品或方法是否侵犯了原告的专利权；如果判定专利权无效，则终止有关的审判。显然，这对于提高司法效率是非常有利的。

事实上，欧美等很多国家的做法就是这样。美国的专利复审委员会不就专利权的有效与否作出裁定。按照美国三权分立的原则，是否授予专利权是行政机关（专利局）的事情，而判定行政机关（专利局）授予的专利权是否有效，则是法院的事情。在美国的专利侵权诉讼中，如果被告就原告专利权的有效性提出质疑，则审理案件的法院应当就专利权是否有效作出裁定。如果法院裁定专利权无效，则相关的诉讼不再进行。

如果做到了这一步，就会形成这样的局面，即有关专利权的申请、商标注册的申请是行政机构的事情，而专利权、商标权是否有效则是由法院在相应的审判活动中决定的。这也就是前面所说的行政的归行政，司法的归司法。

## 十　重要战略举措

综上所述，课题组所提出的完善国家知识产权执法体制的战略举措，主要有以下五项。

### （一）整合知识产权行政管理部门

整合现有的知识产权行政管理部门。具体方案有两个。一是将知识产权局（专利局）系统、商标局系统、版权局系统整合为一个部门，统一处理相关的知识产权行政管理事务。二是将知识产权（专利局）系统和商标局系统整合为一个部门，统一处理工业产权方面的行政管理事务。而版权方面的事务仍然由独立的版权行政系统处理。

### （二）行政执法与行政管理的职能分离

实行行政执法与行政管理的职能分离。就行政管理来说，中央一级的知识产权行政部门为专门的授权、注册和登记机构，不再承担行政执法的职能；地方知识产权行政管理部门承担本地区的行政管理事务，不再承担行政执法的职能。

就行政执法来说，将地方专利、版权和工商等行政管理机关中有关知识产权执法的人员集中起来，建立一支专门的知识产权执法队伍，主要打击盗版和假冒等侵犯知识产权的活动。在目前情况下，专门的知识产权执法队伍可以先设置于统一的知识产权行政部门之下，在适当的时候成为国家市场执法队伍的一个部分。

### （三）加强知识产权审判庭的职能，统一审理知识产权案件

加强知识产权审判庭的职能，统一审理有关知识产权的民事、行政和刑事案件，不再局限于民事案件。一方面，知识产权审判庭在相关的案件中，首先审查有关的“知识产权”是否存在或者是否有效，然后再确定被告是否应当承担，或者承担什么样的民事责任、行政责任或者刑事责任。另一方面，各级法院（尤其是基层法院）中的行政审判庭和刑事审判庭，不再审理知识产权的案件，而将有关的职能交给知识产权审判庭。

### （四）集中技术性较强的知识产权案件的审理权限

集中技术性较强知识产权案件的一审权限。将专利、商业秘密、计算机软件、集成电路布图设计和植物新品种等技术性较强的案件，集中到目前可以管辖专利、植物新品种和集成电路布图设计案件的50多个中级人民

法院审理。其他中级人民法院和基层法院中的知识产权审判庭，不再审理技术性较强的知识产权案件。

集中技术性较强案件的二审权限。可以分为两个步骤。在目前二审法院既审查法律适用，又审查案件事实的条件下，将全国分为五个区域，由北京市、上海市、广东省和西南及西北地区的各一个高级人民法院的知识产权审判庭受理技术性较强案件的上诉。待将来条件成熟后，如二审法院只审查法律适用，不审查案件事实的时候，由北京市高级人民法院知识产权审判庭统一受理来自各地中级人民法院的技术性较强案件的上诉审理。

### （五）将行政复议机构设置为准司法机构，简化确权程序

将专利复审委员会和商标评审委员会规定为准司法机构。由二者作出的有关专利申请和商标注册申请的决定，以及有关专利权和商标权效力的决定，视为一审判决，当事人不服可直接上诉到北京市高级人民法院。与此相应，当事人不再向北京市第一中级人民法院提起诉讼，从而减少一个环节。

作为长远规划，如果被告在侵权诉讼中提出了专利权或者商标权无效的请求，由受理侵权案件的法院直接确定有关的权利是否有效，进而确定被告是否侵权。专利复审委员会不再就已经授权的专利权的效力作出决定，商标评审委员会不再就已经注册的商标的效力作出决定。与此相应，有关专利权和商标权效力案件的二审法院应当集中，由北京市高级人民法院中的知识产权审判庭受理相关的上诉案件。这样做既可以减少审理专利案件和商标案件的环节，又使得法院的判决具有更大的可预期性。

## 附　录

在本课题调研的过程中，课题组在北京召开了国家知识产权局系统、版权文化系统、商标局系统和法院系统的座谈会，并且赴西安、上海、深圳、广州等地，与当地版权、专利、商标、海关、公安和检察院、法院的代表，就知识产权执法体制的改革进行了座谈。在每一次座谈会之后，课题组都依据记录和录音，整理了翔实的纪要。

除了国内调研，课题组还赴日本、新加坡、泰国、印度、英国、法

国、德国和意大利等国，就有关国家的知识产权行政管理体制和司法体制进行考察，并撰写了相应的考察报告。对于另外一些重要国家，如美国、巴西和韩国，课题组虽然由于各种原因未能前往考察，但为了课题研究的需要，也撰写了相应的参考资料。

在课题完成的最后阶段，课题组还与部分专家学者和课题的责任单位的代表，进行了座谈，征求了他们对于改善国家知识产权执法体制的意见。同样，课题组也依据相关的记录和录音，整理了翔实的纪要。

应该说，上述纪要和报告，是课题组得以描述我国知识产权执法体制现状和问题的依据，也是课题组提出相关建议的依据。事实上，改善国家知识产权执法体制的许多建议，就是直接来自上述纪要和报告。从某种意义上说，课题组并没有提出多少有创见性的改善建议，而不过是将来自各方面的意见和建议加以概括、归纳和总结，使之系统化而已。

另外，在整理各次座谈会纪要的时候，课题组刻意保存了各种不同的意见和看法。应该说，在面临着知识产权执法体制变革的时候，在涉及机构变动、人员变动和职能变动的时候，有不同的意见和建议是正常的。将各种不同的意见和建议如实地记录下来，显然会使得本课题有关改善国家知识产权执法体制的建议，具有更大的参考价值。

（本文原载于中国社会科学院知识产权中心编《中国知识产权保护体系改革研究》，知识产权出版社，2008。本文为2005年8—9月由国家知识产权战略制定工作领导小组办公室委托中国社会科学院牵头负责的“改善国家知识产权执法体制问题研究”之专题研究报告）

# 知识产权制度对民事立法的几点启示

唐广良*

2015年4月20日，中国法学会民法典编纂项目领导小组秘书处、中国民法学研究会秘书处发布公告称：全国人大常委会法制工作委员会已于日前正式启动了民法典编纂工作，决定首先进行民法总则的起草。中国法学会民法典编纂项目领导小组组织撰写的《中华人民共和国民法典·民法总则专家建议稿（征求意见稿）》（以下简称"征求意见稿"）已初步完成。根据中国法学会民法典编纂项目领导小组的决定，现将该征求意见稿公布，向法学理论和法律实务工作者广泛征求意见。

"征求意见稿"发布后，关于制定《民法典》的活动再次引发了各界，尤其是法学界的广泛关注。据悉，此次制定民法总则工作的核心工作小组成员中并没有知识产权法领域的学者，因而征求意见稿公布后受到了许多知识产权法学者的批判。由于笔者并没有参与过民法总则起草的任何工作，也没有向起草小组成员了解过该法起草的任何信息，只是在网上浏览了"征求意见稿"，发现该稿中仅有一条涉及知识产权，此外再无与知识产权相关的任何文字，感觉没有什么可以评价的要素。在几天的思考之后，决定还是把自己多年来感受最深的几个问题重述一下，供读者们参考。

一般认为，知识产权法只是民法框架之下的一个特别法；知识产权问题也只是民事法律问题中的一个"小问题"。从某种角度来说，作为知识产权法学者的笔者也同意这种观点。然而多年来通过"冷眼旁观"发现，

* 唐广良，中国社会科学院知识产权中心研究员。

知识产权制度作为商品经济条件下由发达国家主导的一种重要的行为规则，其中的许多制度设计早已超越传统民法理论及相关学者对民事法律问题的认知与理解，为民法体系的完善创设了一些非常合理的理论与规则。就笔者的视野而言，本文以下将讨论的几个问题就是相当好的例证。

## 一　关于民事权利的分类

实践中，学者们基于不同的标准将民事权利划分为许多类别，但通常认为，民事权利包括财产权与人身权两大类，其中财产权又可被区分为物权、债权、知识产权等；人身权则被区分为人格权、身份权两种。[①] 而在知识产权制度中，权利则被区分为“经济权利”（economic rights）与“精神权利”（moral rights）两类。凡是可转化为金钱，或者可通过金钱补偿的方式加以救济的权利均属于“经济”权利；而无法用金钱衡量，也不能通过金钱补偿的方式加以救济的权利则属于“精神”权利。

由此可知，将知识产权一笔归入“财产权”的做法显然是不合适的。

在现行《中华人民共和国著作权法》制定过程中，法律的起草者们为了能够在接受国际规则的同时不与国内法上现有的术语发生冲突，将著作权界定为“人身权”与“财产权”两类。虽然说这样的做法已经获得了知识产权学术界的普遍接纳，但作为其上位法的民法显然还没有对“人身权”作出扩大解释，使其能够涵盖知识产权法中的“精神权利”，并允许民商事领域的其他部门法在必要时也能创设相应的权利。为此，笔者建议，在基本上不太可能接受“经济权利”与“精神权利”这样两个术语的情况下，民法总则的起草者们应对既有的“财产权”与“人身权”作出更加完备的解释和相应的制度及规范设计。[②]

---

① 在笔者参与撰写的《民商法原理》（1—4 卷）中，笔者提出了人身权中还应包括“身体权”的看法。而在“征求意见稿”中，“脱离人体的器官、血液、骨髓、组织、精子、卵子等”被视为物，从而直接被规定为财产权的客体。但该稿未提及受精卵和胚胎以及干细胞等遗传物质。

② “征求意见稿”并未从“权利”的角度作出任何规定，而是试图通过权利客体的划分反过来界定权利，但下文的分析将表明，这种做法是行不通的。

## 二 关于民事权利客体的界定

从公布的“征求意见稿”上看，民事权利客体被划分为“物”、“有价证券”及“其他民事权利客体”三个类别，其中“物”仅指“有体物”，且包括动物、人体脱离物及遗体，但同时还包括无体的“网络虚拟财产”；“其他民事权利客体”则包括人身利益、智力成果、民事权利、企业财产以及可能的其他客体等。

如此看来，“征求意见稿”并没有采用“财产权”与“人身权”二元说的方法来界定与划分民事权利的客体，而仅仅是按照部门立法的体例对权利客体进行了没有任何理论界别的归类。

从知识产权的角度来看，能够供权利人依“权利”加以支配的对象指的是通过人的行为获得的任何“成果”，既包括有体的“物”，也包括无体的“数据”，甚至是虚无缥缈的“信息”。[①] 然而从法律上说，知识产权权利的客体均是指那些无形、无体的要素，但其受保护的前提条件则是其必须已经或者能够附着在某种“载体”上，从而允许其他人加以感知和识别。

这样说来，知识产权客体实际上与网络虚拟财产、有价证券，[②] 以及身份、荣誉、名誉等都一样，都是自身“无体”但又必须通过基本种“载体”加以体现的存在。从这一点上说，民法总则理应创设“无体物”概念，而不应再将“物”仅仅解释为“有体物”。[③] 由此，就可将民事权利的客体划分为“有体物”和“无体物”两大类，其中有体物即现行物权法调整的对象；无体物则指没有固定的形体，或者其价值与我们感知到的

---

① 实际上，知识产权保护的对象都是“无体”的要素，不论是发明创造、作品，还是商业标记，即便其表面上具备固定的形体，该形体也不是法律所要保护的对象，而仅仅是权利客体之“载体”。而“商誉”（good-faith）则是一种不依附于任何特定的载体，也根本无法加以衡量的信息，某一时刻可能价值连城，但一夜之间就可能一文不值。

② 实际上，“虚拟财产”并不是网络时代才有的新事物。“货币”就是一种典型的虚拟财产，“有价证券”同样也是虚拟财产，只不过是为其拟制价值并为其提供保障的法律主体不同而已。另外，“网络”只是我们所处的这个阶段看上去很特殊的一种技术手段。随着技术的进步和时代的发展，网络将成为无处不在的一种“存在”；“网络”这个概念终将会在某一天消失。因而刻意强调“网络虚拟财产”显然缺乏科学性。

③ 当然，《物权法》仍然可以仅仅调整涉及“有体物”的法律关系。

“体”无关的所有权利客体。

与此同时，还必须要强调的是，民法理论上的“人身利益”并非仅仅在涉及“人身”的利用时才会显现出来，还应当包括掩盖、隐藏、替换、暗示某人与某物或某事之间的关系的情形，甚至还应包括改变某种事实状态从而影响某个人的感受，或者影响其他人对某事、某物或某人的评价的情形。后面几种情形从法律关系上说，都不存在积极地“利用”特定法律主体的人身要素的问题，却会带来损害其精神利益的后果，例如在利用他人作品时删除作者姓名，或者对他人的作品进行恶意的删改，或者在报道某件包含荣誉的事件时不提及重要的当事人，或者对事件本身进行不实报道等。这些行为指向的对象都是某种“信息”或“数据”，但最终影响的则是法律主体的精神利益，当然有时也会影响其经济利益。这就意味着，针对同一客体的同一行为有可能同时损害法律主体的经济利益和精神利益。而这种现象进一步说明，试图通过“客体”来界定“权利”的做法是不恰当的。①

## 三 关于“财产”的意义

传统民法理论认为，“财产”包括“动产”与“不动产”两大类。正常情况下不可移动，或者一旦移动将损害其价值的财产被视为不动产，如土地、房屋等；凡是可以通过某种方式移动，且价值不因移动而受损害的财产均属于动产。从这种解释上看，知识产权的客体显然都属于动产的范畴。②

然而，当我们不假思索地使用“财产”一词时，可能很少有人会去考虑“什么是财产”这个问题。在撰写本文的过程中，笔者试图通过网络搜索找到一个关于财产的权威解释，遗憾的是未能如愿。因此，不得不自己进行一番解读。

首先，财产通常与金钱和物质联系在一起。不论是动产还是不动产，

① 可能有人会说，权利客体与行为指向的对象不是一回事，同一行为损害两种利益时，说明该行为侵害了两种客体。问题在于：当我们把“作品”视为经济权利的客体时，著作权法上精神权利的客体又是什么呢？如果我们不得不进一步把作品（当然还有发明创造、商业标记等）再细分为“作品中的经济利益”和“作品中的精神利益”两种客体，法律条文又该怎么写呢？

② 从互联网搜索结果上看，也有人将财产划分为动产、不动产和知识财产三类。

都指的是某种物质财富。其次，财产既包括现实的财富，也包括预期将获得的财富。另外，还有人认为，财产既包括资产，也包括负债。综合前面的解析可知，不论是现实的财富，期得的财富，还是负债，其共同的特征都是“可以用一定的价值尺度加以衡量”，即“财产＝价值”。

然而，如果这个等式成立，那么知识产权的客体就很难被界定为财产了，虽然知识产权的英文术语直译的结果就是“知识财产”（intellectual property）。理由在于，知识产权的客体基本上是没有办法用任何价值尺度来衡量的。

首先，知识产权客体是一种知识、技术、数据或信息，其自身不受特定的物质形态的限制或约束，因而显然不属于“物质财富”，其中的一部分可能具有“精神财富”的价值，但并非所有的知识产权客体都具有这种属性。其次，知识产权的客体具有带来经济价值的可能性，但这种可能性变成现实性的比例非常低。就一项特定的知识产权而言，是否能够带来经济价值纯属“未知数”。再次，知识产权可以通过“评估”来定价，但这种定价最终取决于交易双方的协议，而不具备广泛适用性。最关键的是，不论哪一个国家，均找不到一家可被视为“权威”的评估机构，而且即使存在信誉较高的评估机构，其评估结果也不具备持续的可信性。正因为如此，利用知识质押进行融资的活动在所有国家都没有办法真正开展起来。与此同时，将知识产权“作为公司资产记账”的建议在企业经营活动中也一直无法操作。另外，在知识产权中分量最重的当属专利，而专利权却是一种“随时可质疑”的权利，同时也是一种随时可失效的权利。这种权利随时都有可能被其他人通过法律程序宣告无效，也随时都有可能因权利人到期未支付规定的费用而失效。而不论因为哪种情况丧失效力，对原权利人和利益相关者而言，其价值都将归为零，而且没有任何救济的渠道与手段。

简言之，知识产权作为“财产”仅仅是一种“可能性”，而且是一种低现实性的可能性，而且维持其有效性往往需要投入相应的成本，会给权利人造成一定的负担，因而大多数专利权都会在法律规定的有效期届满前因权利人不交费而自动失效，从而进入“公有领域”①。为此，笔者曾尝试

① “公有领域”也是民法上缺少的一个概念，指的是人人都可以拥有，但同时任何人都不能对其主张权利的要素。公有领域的要素作为“无体物”，其自然存在的状态并未改变，而且可能还具有很高的经济价值，但任何人都不得再对其主张排他性的权利。

用“潜在的财产”来描述知识产权，但未能获得其他人的接受，而且迄今也未能在本学科及任何其他学科找到相同的表述。

期望民法总则的立法专家们能够充分认识到知识产权的这种特殊财产属性，从而在民法总则中为知识产权的保护留出合理的制度空间。除非能够在既有的民事权利客体中找到与知识产权具有完全相同属性的要素，否则不要轻易把知识产权与其他民事权利客体合并在同一个款项里。

## 四 关于“权利”的多面性

一般认为，权利是指法律赋予人实现其利益的一种力量。另一种解释是，权利是指公民依法应享有的权力和利益，或者法律主体在法律规定的范围内，为满足其特定的利益而自主享有的权能和利益。①

与“财产”一样，不论哪一个时代的哪一个国家，均找不到关于“权利”的统一解释。但总体上来看，大多数人都认为权利是法律主体用以实现自身利益的一种力量，而且是受法律保护的，受到妨碍或侵害时可获得救济的力量。

然而从知识制度上说，权利并不仅仅是权利人用来实现自身利益的力量，其更主要的功能是阻止其他人获得利益，而且这种阻止或禁止包括不允许其他人利用其通过自身努力获取的成果。

物权法学家认为，物权具有排他性，即同一物上只能设定一份权利，一旦某一法律主体获得了这份权利，其他法律主体即不可能再主张相同的权利。物权的这种属性有时也被描述为“绝对性”或“对世性”。与此同时，知识产权法学家们则认为，“排他性”是知识产权独有的特征。而知识产权的“排他性”不仅仅是指一物上只能设定一份权利，而且还包括同样的客体，不论有多少份，只能设定一份权利，即某一法律主体一旦获得授权，不仅可以阻止其他人利用权利人手中的知识、技术、数据或信息，还可以阻止其他人利用通过任何渠道获得的相同知识、技术、数据或信息。从这一点上说，物权并不具备排斥其他人就“相同物”再次获得权利

① 参见百度百科，网址：http://baike.baidu.com/link?url=ZIoTsVEJPNrrp-DiwW2Q6HRYpa-dK2_1-3zQJtUPj3AwArMP-lPq2yzOM0T5DKPyOZdlqsp5VDojqNjMUNAQ-iq。

的可能性，因而严格地说，物权仅具备“单一性”，而根本不具备“排他性”。至于有人认为，知识产权的排他性与物权的排他性一样，则只能说是对“排他性”（exclusive）的一种严重误解了。

当然，并不是所有的知识产权权利都具有强烈的排他性，其中专利权的排他性最强，商标权的排他性以“混淆的可能性”为前提，著作权的排他性则需服从于原创性。但从总体上说，将排他性定性为知识产权的特征是合适的，而定性为物权的特征则没有道理。

除了在权利设定或主张方面的特殊性之外，知识产权中的商标权还有一个更加特殊的效力或特征，即法律赋予权利自身使用商标的权利范围与法律允许权利人行使禁止权禁止他人使用商标的权利范围并不一样，后者远远大于前者。就前者而言，商标权人自身使用商标的权利仅仅限于在特定的商品上使用特定的标记；但就后者而言，商标权人还可以禁止其他人在其他商品（甚至是完全不相关的商品）上使用近似的标记，只要这种使用有可能引起消费者的混淆或误认，而且不论被告是否存有恶意。在知识产权法理论上，这种禁止效力被称为“消极权利”。①

与此同时，知识产权中的著作权的主要功能其实就在于禁止其他人为某种行为。相比之下，权利人自身能做什么在大多数情况下是无关紧要的。因此，著作权通常被称为“诉讼中的选择权”，也正因为如此，一些国家的立法采用的就是“著作权（版权）人可禁止下列行为——”的方式来设定权利内容的。②

另外，知识产权的地域性、时间性也是一般民事权利所不具备的特征。

## 五　关于“间接侵权”

“间接侵权”一说对大多数中国民法学者来说可能是一个奇怪的概

① 虽然所有民事权利都具有排斥或禁止其他人为某种行为的效力，但除知识产权外，这种效力的范围都不会大于权利人自己可以为某种行为的范围，即权利的积极一面与消极一面通常是相等的。商标权中的消极权利的范围则远远大于积极权利的范围，甚至可能是无边界的。

② 以英国为代表的英美法系国家版权法大多都是这样的立法模式，或者在规定了版权包括几种基本权利之后，再详细规定版权可禁止的行为。

念。当知识产权法学界在过去的几年间热烈讨论间接侵权时，民法学家们甚至会嗤之以鼻，因为在他们看来，“共同侵权”这一概念早已解决了相关的问题，因而，2009年颁布的《侵权责任法》只字未提间接侵权问题。

当然，在笔者看来，侵权责任法未引入间接侵权的概念，与知识产权法学者们对这一概念的一知半解也不无关系，因为大多数使用这一概念的知识产权法学者也认为间接侵权属于共同侵权的一种情况。然而这种理解实际上大错特错了。

所谓“间接侵权”（indirect infringement），是指依据法律规定，某种行为并未直接触及权利人的权利客体，但仍然被认定为“侵权”的情形。与民法学家的理解不同的是，第一，间接侵权不以已经发生所谓“直接侵权”为前提条件，只要实施了法律规定的行为，即构成侵权；第二，间接侵权也不以其他人的待续行为构成直接侵权为前提，属于独立的侵权行为；第三，间接侵权更不以找到了所谓直接侵权人为承担责任的前提，更不需要与另一个侵权人一起承担共同的责任。由此可知，“间接侵权”是一种以“违法”作为侵权成立之条件的情形。这种情形之所以被规定为侵权，从理论上说同样因为其具备“侵权行为”四要件，即行为人有恶意、实施了法律规定的行为、权利人的利益受到了损害、行为人的行为与权利人的损害之间存在因果关系。

从法律规范的设计上说，民事权利通常都表现为针对权利客体实施的某种行为，或者相关的法律规定，针对权利客体实施的某些行为属于侵权行为。但与此同时，某些行为从表面上看并没有直接针对相关的权利客体，或者说其指向的对象并不是权利客体，但行为的结果却会造成权利人受损害，比如教唆或教授他人实施侵权行为。这种做法在传统民法上被视为共同侵权的一种，即只有当被教唆或教授者实际实施了侵害行为并最终被认定为侵权后，教唆或教授者才会被认定为共同侵权，并与被教唆或教授者一起承担连带责任。而创设间接侵权制度后，法律可规定，教唆或教授行为本身即属侵权行为，行为人应独立承担侵权责任。

希望起草民法总则的大家能够认真考虑引入间接侵权的必要性和可行性问题。

## 六 关于“惩罚性赔偿”与“法定赔偿”

“损害赔偿”通常被认为是用金钱手段来补偿给他人造成之损失的一种救济方式。尤其在中国法学界，“填平原则”一直被奉为损害赔偿的基本原则，即权利人仅能请求侵权人补偿其受到的损失，而不能要求侵权人给付更多的金钱。虽然知识产权法学界及法官们多年来一直在呼吁引入“惩罚性赔偿”制度，从而解决侵权成本低、维权成本高的问题，但在法律制度设计上，中国至今并没有确立真正的惩罚性赔偿制度。

所谓“惩罚性赔偿”，是指在已经认定权利人的实际损失的前提下，法院判决侵权人给付权利人高于其损失的赔偿金的一种救济方式。由于判决的赔偿金高于权利人的实际损失，从而超越了损害赔偿制度的“补偿”功能，使其具备了对侵权人实施“惩罚”的功能。

一般认为，平等的民事主体之间，任何一方均不具备惩罚他人的能力。当某一法律主体因违法而给他人造成损失时，除了须补偿该损失外，权力机关还可依法要求违法者缴纳罚金作为对其实施的惩罚。而“惩罚性赔偿”则是通过民事法律程序直接判决侵权人给付多于其行为造成的实际损失的金钱，而多出的部分即属于对行为人的惩罚，且给付对象是权利人而非国家权力机关。

创设“惩罚性赔偿制度”的目的在于鼓励权利人通过法律程序维护自身权利，同时维护公平正义的社会秩序，同时达到有效抑制恶意侵权行为的效果。单纯从权利人与侵权人的关系上看，似乎是权利人利用法律制度的设计惩罚了另一个与其平等的法律主体，而事实上，这样做的最终目的在于建立和维护理想的社会秩序。在商品经济及小政府、大社会的环境下，这种制度无疑是有效的，而且对社会整体及广大的社会公众而言，也是公平的。

事实上，早在1993年制定的中国的《消费者权益保护法》中就已经有了惩罚性赔偿制度的雏形，至2013年修改时，该法更进一步明确使用了“惩罚性赔偿”的用语。除该法外，现行专利法与商标法也被认为是在一定意义上引入了惩罚性赔偿制度的立法。这说明，在民法总则中确立惩罚性赔偿制度实际上已经没有理论障碍与制度先例的空缺。

"法定赔偿"则是指在不需要证明实际损失的情况下，按照法律规定的标准幅度，由法官自由裁量赔偿额的一种救济制度。这种制度创设的本意在于赋予权利人一种选择权，由其决定是举证证明实际损失来获得损害赔偿，还是不用举证证明实际损失，直接选择法定赔偿。由于这种救济制度允许权利人选择救济路径，从而可能让侵权人在轻微侵权后承担较重的法律后果，因而采纳的国家并不多。中国的知识产权立法采用变通手法引入了"准法定赔偿"制度，即不允许权利人自由选择，而由法官根据案情来决定是否适用"定额赔偿"。简单地说就是，当权利人的损失与侵权人的所得都难以证明时，法官可根据案件的具体情况决定适用定额赔偿。

与惩罚性赔偿相比，法定赔偿的赔偿额有可能也会高于权利人的损失，从而对侵权人具有一定的惩罚性，但这种惩罚性并不是法律明确规定的，因而只是一种"可能性"。与此同时，这种可能的惩罚性还可能远远高于实际损失的数倍，因而对侵权人的惩罚更严重，而且不需要权利人承担证明其实际损失或者侵权人实际所得的举证责任，从而大大减轻了权利人的举证负担。在实践中，有可能会出现权利人故意不举证证明实际损失而迫使法官不得不适用定额赔偿的情况。问题在于，当权利人无法证明实际损失时，侵权人能否据此主张其没有损失？或者侵权人能否通过自己的证据证明其因侵权行为获得的利益？这两个问题还有待于司法实践的验证。

## 七 关于"对物诉讼"

"对物诉讼"是一项古老的民事诉讼制度。它允许受到损害者在无须找到具体的加害人的情况下，对与其所受损害相关联的"物"提起诉讼，并通过执行该物而获得赔偿。在当今各国的民商事法律制度中，只有海商法还普遍性地保留着"对船诉讼"制度；其他领域适用对物诉讼的做法已经不多见了，但 1998 年美国国会通过的反域名抢注法又通过修改其商标法引入了对物诉讼制度，允许商标权人在无须找到域名抢注人的情况下直接对域名提起诉讼，从而请求注销该域名，或者将注册域名转移到原告名下。

互联网时代，人的生存方式与行为方式都发生了很大的改变，其中一项重大的改变就是一个人在任何一个地方实施的行为，都有可能影响到远在万里之外的另一个国家的人的利益，而这个被损害了的人却无法找到加害人是谁以及在哪里，或者虽然知道了是谁以及在哪里，却因远隔万里又身处异国而对其束手无策。面对这样一种情况，唯一可行的做法就是针对权利人所在地法院有可能行使管辖权的某种客体采取法律行动，从而达到补偿权利人的损失，或者将损失降低到最低程度的目的。而在中国，日益花样翻新的金融诈骗、通信诈骗、网络入侵等，已经使数以百万计的社会公众遭受到了无法挽回的损失。而当受害人试图寻求救济时，一个最大的问题就是找不到加害人。在个别案件中，金融诈骗的受害人就是因为找不到具体的加害人而眼睁睁地看着自己被骗的大笔金钱被人提走却毫无办法，或者司法机关已经冻结了被骗的财产，却因为找不到被告而无法启动司法程序，致使权利人无法拿回本来属于自己的财产。而这一切，皆归因于一种传统的诉讼理论：一个有效的“诉”必须有确定的被告人。

“对物诉讼”虽然是一种操作起来非常复杂的制度，但毕竟同样是一种有相当长历史的、成熟的诉讼制度，只是因为我们自己缺乏相关的理论研究而迟迟未能引入。希望借民法总则制定之机在实体法上先将其创设起来，具体的操作可留给诉讼法专家们去设计。

## 八 结语

总之，改革开放近40年来，中国的法律制度正在走向完善，但仍然存在大量的漏洞与缺憾。除了“没有民法典”这一体系上的重大遗憾外，不同部门法之间在学术研究与实际应用过程中的相互隔断、闭门造车等做法也是一个短期内难以弥补的短板。应当说，民法总则的起草是整个民事法律领域一件共同的大事，而不仅仅是民法学学科的事。因此，立法机构应当组织建立一个更具代表性的立法小组，广泛听取各学科学者与一线执法者的建议，且不能急于求成，而应当让民法总则的立法过程成为一个国家性的中长期项目，先进行民事法律制度的总体框架设计，再进行认真的课题研究，最后才能着手起草法条。当然，仅仅制定民法总则是不够的；最终目标应当是制定民法典。

（本文原载于《知识产权》2015年第10期）

# 试论知识产权与民法典的关系

## ——以知识产权审判专业化趋势为视角

管育鹰*

编纂民法典是我国目前法学界面临的重大任务。作为我国民法典起草过程中引人关注和争论不休的主要议题之一，知识产权相关条款是否制定、如何制定至今仍然是民法典制定中一个绕不过去的难题。早在1986年，《民法通则》即已将知识产权明确为我国民事主体的基本民事权利。经过三十多年的社会主义市场经济建设，特别是国家知识产权战略的制定和实施，我国的知识经济日益壮大，产业形态升级越来越倚重高新科技创新；同时，先进文化的建设和市场经济秩序的规范，也离不开知识产权制度所保障的原创力和诚信、正当竞争的商业道德。当前，国家明确了创新驱动发展的战略，在将“大众创业、万众创新”作为发展动力之源的政策引领下，知识产权的观念及其相关法律规则将更加深层次地嵌入社会经济关系和民众日常生活。民法是民商事法律制度的浓缩，是规范社会经济活动和市民生活的基本法；在信息社会，知识产权无论是对权利人还是对整个社会经济、科技、文化的发展都日益重要，我国民法典的编纂不能回避知识产权问题。

民法典制定中如何看待和处理与知识产权的关系，不仅需要加强理论基础方面的论证，更需要从立法技术方面进行分析并提出方案，本文尝试从知识产权基本属性和知识产权审判的专业化趋势角度对此提出一些自己的看法。

---

* 管育鹰，中国社会科学院法学研究所知识产权室主任，研究员，博士生导师。

## 一 作为民事权利的知识产权及其特殊性

### （一）知识产权制度基础的理论探讨

知识产权是为知识财产——人的智力创造和经营成果在法律上设立的财产权利。知识财产是与传统的物（包括动产和不动产）并列的财产类型，其本质是无形的可复制的信息。①

将知识产权视为民事权利是世界各国的主流观点，世界贸易组织的TRIPs开宗明义即指出知识产权是“私权”；这一观点的理论基础是将洛克关于财产权的自然权利学说适用于知识产权领域：人对无主物或公共物添附自己的劳动所获得的成果享有天然权利，那么，有什么比自己脑力劳动创造成果更应该属于自己的财产呢？当然，知识产权作为财产权的正当性，还在于这一论断不仅符合洛克的自然权利说，也与康德、黑格尔的个人意志论和罗尔斯正义论的哲学框架相容。② 不过，即使在引领知识产权制度及其国际化的美国，关于知识产权制度的反思和争论一直存在。为应对实践中反对知识产权制度的呼声、解决理论上的疑惑，财产权制度应当促进社会公共利益最大化的功利主义思想逐渐兴盛，而这些思想显然受法律经济分析学派的影响。就知识产权而言，立法者应当寻求保障专有权以激励创新和部分削减其专有性以使公众能够享受这些创新成果的最优平衡。③

可见，知识产权虽然是私权，但其是否如人身权、物权那样属于典型的自然民事权利？答案并非一致。不可否认，相较传统的针对有形物的财产权概念，知识产权具有明显的特殊性，即基于知识产权客体的非物质性，权利人无法阻止他人享受该财产所带来之好处，而且，使用他人的知识财产并不会使该财产在物理上有所减损。从知识产权制度的发展历史来

---

① 相关阐述参见世界知识产权组织编《知识产权纵横谈》，世界知识出版社，1992，第3－4页。

② Justin Hughes, “The Philosophy of Intellectual Property,” *Georgetown Law Journal*, 1988（77）: 287, pp. 299－330；另参见 Merges, R., “Justifying Intellectual Property,” Cambridge, Massachusetts, Harvard University Press, 2011, pp. 289－311。

③ William Landes & Richard Posner, “An Economic Analysis of Copyright Law,” *Journal of Legal Studies*, 1989, Vol. 18 No. 2, p. 325.

看，在法律未将知识财产加以保护之前，使用他人的创新和经营成果，因为该成果本身实质上并未受消耗和损害，权利人并不能够依据传统民法的侵权行为之规定获得救济。当科技成为第一生产力，商业竞争日益频繁，文化精神生活需求日渐增长，创新和正当经营的智力成果需要得到法律制度的保障。这样，国家选择以赋予这些成果的主人私权主体的地位，使其获得支配性的财产权以作为法律保护的手段，促进知识产权之投资。在这个意义上，知识产权制度的建立和发展，既以自然权利说为理论基础，又综合了功利主义的考量。

我国法学界大多数观点都认为知识产权属于民事权利，强调知识产权的私权是其本源性。比如，吴汉东教授认为劳动价值学说为解释知识产权的合理性提供了必要的理论基础："知识产品是智力劳动的产物，智力劳动者应对其知识产品享有财产权，即知识产权。"① 但同时，在我国知识产权法学界，多数观点也承认知识产权与一般民事权利相比具有特殊性。比如，郑成思教授指出："知识产权本身，在当代，是民事权利的一部分……传统民法的大多数原则，适用于知识产权……不过，由于知识产权的依法保护与一般民事权利，尤其与同样属于绝对权（对世权）的物权相比，出现较迟，新问题较多，所以我认为无论从事研究的研究生、学者，还是立法与执法者，既已进入这一研究领域之后，主要精力应放在研究知识产权与传统民事权利的不同，即研究它的特殊性。"②

传统民法的财产权规范主要是针对有形财产设定的，有形财产处于权利人的实际控制和支配之下，所有权人可根据自己的自由意志对所有物行使占有、使用、收益和处分的权利，并得排斥他人对其所有物进行不法侵占、妨害和毁损。从历史上看，无论是沿袭于罗马法的大陆法系还是英美法系的普通法中有关财产法，都是植根于个人对有形物（不动产和动产）的支配占有而探讨财产权分配的问题。这些既有的有形财产规则在适用到无形知识财产时帮助有限。知识产权是典型的无形财产所有权，其特殊性主要表现在其客体的非物质性；相对于权利保护范围确定的有形财产权，知识产权权利保护范围的界定要困难得多，为此需要法律设计更加复杂灵

① 吴汉东：《知识产权的私权与人权属性》，《法学研究》2003 年第 3 期。
② 郑成思：《民法、民诉法与知识产权》，《法律适用》2001 年第 1 期。

活的规则加以辅助，比如介入行政机关的专利商标授权确权机制，这些规则对传统民法来说，的确十分陌生。除此之外，知识产权的客体随着科技的迅猛发展而不断扩展，也给权利保护范围的确定带来了困难，特别是信息时代各种创新知识产品的涌现和多元文化与可持续发展思潮的影响，知识产权客体范围呈现与有形财产权明显不同的扩张性。

在我国历来关于民法典的讨论中，民法学界不赞成民法典规定知识产权的意见占多数，主要的理由也是知识产权的特殊性使其不容易与民法协调一致、吸收知识产权相关内容会破坏民法典的美观和稳定性："知识产权法已经长成枝繁叶茂的大树，且有不同于物权法、债法、继承法等传统民法的特色，不要说民法总则无法容纳它，就是民法典分则依逻辑也不适合它。例如，知识产权体现产业政策明显、突出和迅速，知识产权制度中的行政法因素较为浓厚。所有这些，在整个民法典中都难以得到尽如人意的反映。知识产权法若被'装入'民法典，会处处受制于民法典内在要求的种种'清规戒律'，难免束手束脚，不利于自己的'自由'发展，不如依其现状继续存在，效果更佳。"①

### （二）知识产权审判专业化的实践探索

如前所述，知识产权客体的本质是无形的可复制的信息，知识财产作为典型的无形物具有不同于有形物的特殊性，而这一特殊性决定了知识产权诉讼在整个知识产权法律体系中举足轻重的作用。以专利法为例，某一发明专利作为一种技术方案，其本身以权利要求等专利文献来描述具有高度的抽象性，事关专利法最重要的议题，如是否具有创造性可获专利权、是否构成等同侵权的分析判定等，专利法本身不可能设有具体执行的条文，只有通过法官的判决才能形成具体阐述专利法宗旨和其他抽象法律概念的案例，从而成为指导产业界今后行为准则的具体规范。商标法上的"近似"、"混淆"等概念，也无不需要司法实践提供判断的标准和具体阐释、为今后类型化的行为做出明确的示范。著作权法领域的实质性相似判断、思想与表达的区分、合理使用等重要法律概念也是如此。近些年来的一些经典案例，无论是众说纷纭的三星与苹果手机屏幕设计，或是轮番上

① 崔建远：《知识产权法之于民法典》，《交大法学》2016 年第 1 期。

演的加多宝和王老吉红罐争夺战，还是公众喜闻乐见的于正与琼瑶电视剧剧情克隆，尤其是那些艰涩难懂的专利确权和侵权争议，无不关乎知识产权权利边界的争议。可以说，知识产权法自诞生以来就无可避免地呈现一种动态本质，知识财产的无形性决定了其权利人无法像有形物权利人通过占有、不动产通过占有和四至测量登记一样宣示自己权利的边界范围，也难以让他人清晰认识并避免侵入自己的权利范围。这种知识财产本身具有的静态模糊性和不确定性，需要通过法律规则运用的动态性和个案裁判的终局性来弥补。易言之，若没有丰富多变的案例和法院的个案判决来阐述、演绎和确认，知识产权法的生命无法借由诉讼所延伸，也就无法顺应现实需求，诉讼对知识产权制度价值实现的重要性，遵循判例法的英美法系先行者很早就关注到了。郑成思教授在介绍知识产权特性的时候指出："有些英美法系国家，则把它称为'诉讼中的准物权'。这些不同的表述均反映出知识产权具有不同于其他财产权，尤其不同于有形财产权的特点。"[①] 我们看到，在主导世界知识产权制度的美国，知识产权法律规范虽然以成文法形式颁布，但诉讼形成的判例才是其知识产权法的精髓。

我国知识产权制度建立后，各级人民法院为认真执行各项知识产权法律作出了不懈的努力，在吸收美国等国外审判经验的基础上，审理了一大批知识产权案件。在最高人民法院指导下，1993 年 7 月以来，为了加强对知识产权的保护力度，总结积累审判经验，提高法官的办案水平，依法公正审判知识产权案件，自北京开始，[②] 我国各地陆续在省级高级人民法院和主要地市级中级人民法院设立了独立出一般民事审判庭的知识产权审判庭，集中审理发生在本地区的涉及专利权、商标权、著作权（版权）、计算机软件著作权以及不正当竞争方面的纠纷案件；1996 年 10 月，最高人民法院正式建立知识产权审判庭，标志着我国法院建立了以高级人民法院和中级人民法院为主，最高人民法院统率的知识产权审判新格局。在知识产权纠纷频发的地区，也陆续建立了专门审理知识产权案件的审判庭，审理中级人民法院专属管辖的专利等技术性案件之外的知识产权纠纷。2000 年前后，我国的知识产权专业审判组织的名称从"知识产权审判庭"变更为"民事审判

① 郑成思主编《知识产权法教程》（高等学校法学教材），法律出版社，1993，第 4 页。

② 参见北京市高、中级人民法院知识产权审判庭简介，《法律适用》1993 第 11 期封 2。

第×庭”（通常简称“民×庭”）①，以服从“大民事”格局的机构改革要求。与此同时，1996年上海市浦东新区人民法院首次将涉及知识产权的民事、刑事、行政问题的案件统一由知识产权庭审理，开创了“三审合一”的知识产权案件审判“浦东模式”；2008年的《国家知识产权战略纲要》更明确提出要研究设置统一受理知识产权民事、行政和刑事案件的专门知识产权法庭。此后，这一基于知识产权案件专业性强等特点而提出的“三审合一”模式逐渐在各地法院试点展开；截至2016年7月，全国法院共有6个高级人民法院、95个中级人民法院和104个基层法院先后开展了知识产权审判“三合一”试点工作，积累了丰富的经验。为此，最高人民法院下发了《关于在全国法院推进知识产权民事、行政和刑事案件审判“三合一”工作的意见》（法发〔2016〕17号），各级人民法院知识产权审判部门将不再称为“民事审判第×庭”，统一更名为“知识产权审判庭”。

知识产权案件的专业审判组织名称再次回归为“知识产权审判庭”，这一司法体制内的探索实践，回应了知识产权这一民事权利的特殊性：知识产权案件通常表现出较高的专业技术特点，特别是涉及高新技术的专利、商业秘密以及网络传播的复杂案件，其审判难度远高于普通的民事案件；而知识产权案件同时涉及民事、行政、刑事领域，这更是有别于其他的民事纠纷。从“三审合一”的性质看，知识产权庭事实上是一个综合审判庭，其目的是要充分发挥知识产权专业化审判队伍的优势，优化审判资源，整合审判力量，统一裁判标准。

知识产权审判的专业化趋势的增强，更多表现在专门的知识产权法院之建立。在我国，关于知识产权专门法院议题的讨论由来已久。在知识产权法律制度建立之初，学界就建议应当借鉴国际经验，简化知识产权确权程序，设立知识产权专门法院以解决专利、商标侵权诉讼因无效或撤销程序的介入而使案件久拖不决的问题。21世纪以来，建立知识产权专门法院的呼声日高。一方面，国内产业发展模式逐渐由劳动密集和高能耗、高污染的粗放型向节能环保的高科技型转化，企业愈加认识到知识产权的运用和保护事关其切身利益；另一方面，在全球经济一体化的背景下，涉外知

① 蒋志培：《我国知识产权庭的设立与发展》，2008年10月，智慧财产网，http://www.ezhicai.com/news/56073.htm，最后访问时间：2016年10月。

识产权案件往往牵涉重大经济利益，极易引发国际贸易争端，我国知识产权审判工作承受着越来越大的压力。因此，完善知识产权审判体制，优化审判资源配置，简化救济程序，适当集中专利等技术性较强案件的审理管辖权，探索建立知识产权上诉法院等问题逐渐成为共识，并写入了2008年的《国家知识产权战略纲要》。

尽管国外没有我国知识产权行政主管机关查处侵权假冒的行政执法引起的行政案件,[①] 也少有知识产权刑事案件，但他们的法院与我国的法院同样面临着这样的问题：一方面专利、商标纠纷中本身就有一部分是针对授权与否的争议，另一方面知识产权（尤其是发明专利）侵权民事案件更常常难免与相关的确权争议纠缠在一起。从世界范围来看，与普通民事权利的司法保护不同，各国的知识产权案件也具有不同于一般民事案件的复杂性和专业性，因此知识产权审判机制也呈现明显的专业化趋势，典型的表现是知识产权专门法院的建立。值得注意的是，国外的知识产权专门审判机制主要针对专利权而设置，这主要是由于专利权保护客体，特别是发明专利的无形性和权利边界的不确定性带来的复杂、疑难的纠纷，不仅需要提升法官的专业化审判技能，还需要不同于一般民事、行政案件的专门程序和专业技术人员辅助等配套措施来解决。由于法律传统的不同，世界各国针对知识产权的特殊性设置的司法保护机制也不尽相同。诉讼制度不受公、私法二元论影响的美国等英美法系国家对由同一法院审理专利无效及专利侵权诉讼上诉案件、法院的最后判决即可确定权利的有效与否这一制度设计并无理论上的障碍；但德国等大陆法系国家则倾向于知识产权的效力判定属于主管行政机关的职能，同时为了简化知识产权确权行政案件程序，可设立专门的相当于高级人民法院的知识产权专门法院来直接审理不服知识产权行政机关裁决的案件。另外，在东亚国家，在“知识产权立国”的战略思想引导下，知识产权专门法院被寄予了更多的期望；相对于德国的专利法院仅审理确权行政诉讼的模式，日本的知识产权专门法院还

① 海关边境措施除外：虽然在多数国家作为民事权利的知识产权主要遵循民事权利的私权保护模式，但基于知识产权在国际贸易中的特殊性，各国都建立了海关行政执法制度，以监管有形货物的方式保护无形的知识财产；当然，这些国家的海关执法并不介入当事人之间的民事争议，其强制性执法措施的目的是制止涉嫌侵权的物品流入国内市场，而不是像司法保护那样提供永久禁令和侵权损害赔偿等救济。

增加了对技术性民事上诉案件的集中管辖。我国台湾地区更是确立了知识产权案件的“三审合一”模式；其“智慧财产法院”所管辖的案件包括了民事案件一审和二审、行政案件一审、刑事案件二审，以及依法可以管辖的知识产权案件，而且像日本一样，台湾地区糅合借鉴了英美法系的经验，允许审理专利侵权民事案件的法院对专利无效抗辩作出裁决以提高审判效力。[①]

虽然域外针对知识产权的特殊性建立专门审判机构的经验对我国有参考作用，我国的知识产权专门法院也只能依据国情来设置。2014 年 8 月 31 日，第十二届全国人民代表大会常务委员会第十次会议通过了《关于在北京、上海、广州设立知识产权法院的决定》（以下简称《决定》），随后的 2014 年 11 月 6 日、12 月 16 日、12 月 29 日，北京、广州、上海知识产权法院先后挂牌成立并开始运行。人大常委会《决定》的主要思路，是集中优势审判资源，突破现有省级行政区划内的区域性法院设置体系，将技术性强的复杂知识产权案件一并交由拟设立的相当于中级人民法院层级的知识产权专门法院受理，以保证疑难知识产权案件的审判质量和裁判尺度的统一；《决定》还为这三个专门法院的运行设定了三年试验期。从北上广知识产权法院的建设经验看，北京知识产权法院所进行的审判权运行机制改革、案例指导制度，上海知识产权法院在专业化审判组织、审判机制、诉讼制度、审判队伍以及保障支持等方面推进的专业化审判新格局，广州知识产权法院在技术调查官制度、法官遴选制度以及审理者负责等方面的改革均作出了有益尝试；不过，在知识产权案件管辖制度的进一步科学化、技术审查意见的采信、民行交叉案件的审理等方面仍需要深入研究和探索。[②]

以知识产权审判的专业化为视角审视，我们发现，尽管理论上知识产权作为民事权利的本质没有改变，但由于知识产权相对于其他民事权利，特别是同为财产权的物权有着明显的特殊性，将知识产权，特别是专利等技术性强的案件审判从一般的民事审判中独立出来成为各法域的共同实践

---

① 管育鹰：《专利无效抗辩引入与知识产权法院建设》，《法律适用》2016 年第 6 期。

② 参见北京知识产权法院课题组《关于审判权运行机制改革的思考与探索——以北京知识产权法院为分析样本》，黎淑兰《论知识产权专业化审判新格局的构建与实现——以上海知识产权法院专业化建设为视角》，林广海《广州故事：知识产权法院多棱镜》，朱理《我国知识产权法院诉讼制度革新：评价与展望》；以上文章均出自《法律适用》2015 年第 10 期。

经验。这一事实值得我们在讨论民法典与知识产权关系问题时深思。

## 二 民法典接纳知识产权及一般规则的方式

### （一）我国民法典与知识产权法的衔接问题

早在21世纪初有关中国民法典的讨论中，就有不少学者认为知识产权法不宜整体放在民法典中，因为现代知识产权法技术性强、变动频繁、国际化趋势显著，其规范内容难以与一般以平稳、可预期为价值取向的民事法律制度规范相协调。正因为此，郑成思教授赞成“法国式的知识产权法典与民法典的分立”,[①] 并对全国人大法工委在2002年1月11日的会上确定由其主持起草中国民法典知识产权篇“确实感到这是一个难题”；不过，他并不反对在民法典中规定对知识产权这一当代重要财产权利形式的保护，指出“于2002年12月23日提交九届全国人大常委会第三十一次会议的《民法》（草案）规定了知识产权的保护范围，同时又没有将‘知识产权’按照原计划作为专篇列入法中，是一个十分令人满意的选择”。[②] 梁慧星教授明确反对在民法典中规定知识产权法，在其主持起草的民法典草案中未列入知识产权一编。[③] 不过，也有观点认为知识产权法可以整体放进民法典，且单独成为一编，如“从理论上讲，知识产权作为无体物，应该被纳入物权编作为无体物规定。因此，我们的民法典草案把知识产权放在紧接物权编的一编加以规定，把它理解为一种特殊的所有权。这样，既可以昭示知识产权与普通物权的联系，也可以揭示两者的不同”。[④] 还有观点认为“知识产权与民法典连接模式，分离式是不可能的，纳入式是不成功的，糅合式是不可取的；唯有链接式，即采取民法典作原则规定与单行法作专门规定的二元立法体系，有可行之处”。[⑤]

---

① 郑成思：《从直接走向间接——对现代合同制度再认识的三次升级》，《国际贸易》1999年第5期。

② 郑成思：《民法草案与知识产权篇的专家建议稿》，《政法论坛》2003年第1期。

③ 梁慧星：《中国民法典草案大纲》，载梁慧星主编《民商法论丛》第13卷，法律出版社，2000。

④ 徐国栋：《民法典草案的基本结构》，《法学研究》2000年第1期。

⑤ 吴汉东：《知识产权“入典”与民法典“财产权总则”》，《法制与社会发展》2015年第4期。

笔者认为，知识产权在当今社会的民商事活动中扮演着重要角色，已经成为信息社会中民事主体财产权的主要类型，《民法典》不应对此视而不见；《民法总则》是整个民商法体系的总纲领，不仅应当规定传统民法的基本原则和一般规则，还应建立起与商法、知识产权法等民事特别法的逻辑联系。当然，知识产权法律制度内容庞杂，特别是涉及一些复杂的确权程序、相关规则的设立和变迁远比民事一般法律制度快，因此将知识产权法的所有内容都纳入《民法典》也是不现实的。比较适当的思路是，编纂中的《民法典》之《民法总则》不能仅仅是点到为止的在民事权利客体中提及知识产权的，而是应当尽量体现知识产权体系的开放和灵活性，并建立起知识产权法属于民事特别法、凡无特别规定均适用民法一般规则的逻辑关系。就目前阶段而言，拟制定的《民法总则》可以就知识产权的概念、范围、效力、利用、保护、权利限制与禁止滥用等基本内容和一般规则作出概括性的规定。换句话说，《知识产权法》与《民法典》的衔接方式主要是通过《民法总则》明确知识产权之民事权利的基本属性；同时，将现有知识产权法的通用规则提取出来作出一般规定，并指明在各知识产权单行法或其他相关法律没有规定的情况下均适用《民法典》相关规则。

按此思路，目前提交全国人大常委会审议的《中华人民共和国民法总则》（草案）中，仅以第 108 条规定民事主体依法享有知识产权，并列举知识产权类型是不够的。这一规定虽然比现行《民法通则》更明确、具体、与时俱进，但该草案没有任何其他条款能够建立起《民法典》与知识产权法的关系，不足以体现知识产权作为信息社会主要财产权的重要性，也无法满足知识产权法进一步体系化的需要。

当然，这一简单化处理的缺憾并非仅针对知识产权这一新型财产权利，事实上这部草案整个民事权利体系的框架设计都不够明晰。民事权利在民法中有着十分重要的作用，这在我国民法学理论界已是通识；比如，有学者指出，“权利是民法的核心概念，民法最基本的职能就在于对民事权利的确认和保护。民法体系的建构以权利为基本的逻辑起点，民法就是一部权利法”；① “民法实际上就是以民事权利为核心而设置的各项制度，就是关于权利人如何取得权利，如何行使权利以及权利受到侵犯时如何进

① 王利明：《民法总则研究》，中国人民大学出版社，2003，第 66 页。

行保护等方面的法律制度”。[①] 就立法实际需要看，目前我国涉及民事权利的法律规范分散在各种层级的法律法规中，《民法典》的制定正好是完善我国民事权利体系的时机；况且，民事权利本来应当是整部《民法典》的核心内容，正如该草案的说明指出的：“保护民事权利是民法的核心。按照党的十八届四中全会关于实现公民权利保障法治化的要求，为了凸显对民事权利的尊重，加强对民事权利的保护，同时也为民法典各分编和民商事特别法律具体规定民事权利提供依据，草案继承了民法通则的做法，设专章规定民事权利的种类和内容。”[②] 不过，至少从目前的条文和内容看，此草案对民事权利这一重要的内容却着墨不多，甚至少于现行《民法通则》的相应部分。

笔者认为，制定中的《民法典》之《民法总则》的主要内容，除了民法基本原则和一般规则外，还应当包括民事主体、民事权利、民事法律行为、代理、时效等民事活动涉及的基本概念和相关规则；其中，民事权利是十分重要的内容，不宜是目前几条简单地罗列民事权利的基本类型，而是应当进一步明确民事权利客体内容和民事权利行使的一般规则。同时，在拟制定的《民法总则》中进一步将现有的分散的关于民事权利的法律规范协调统一，有助于民事主体全面了解自己的权利义务，有助于围绕民事权利义务产生和变动的各类民事活动的顺利开展，有助于分散在各相关法律法规中的民事权利法律规范得到贯彻，也有助于体现国家对所有民事权利的重视与保护。就知识产权而言，可以在“民事权利”中抽象出现有知识产权的概念、列举出现有知识产权客体的种类，并在“民事权利一般规则”中制定专门针对知识产权这一民事权利的通用规则；这样，既可以明确知识产权作为基本财产权利在民法中的地位，又可以初步建立知识产权法与民法的逻辑关系，以《民法总则》的相关规定统领我国知识产权法的下一步体系化。

### （二）民法典可体现知识产权及其一般法律规则

制定民法典的域外经验对于现今我国民法典的编纂固然有重要的参考意义，但是，大陆法系各国的民法典都是在有形物作为主要财产形式时期

① 江平主编《民法教程》，中国政法大学出版社，1988，第 171 页。

② 参见《中华人民共和国民法总则》（草案）及其说明，2016，中国人大网，http://www.npc.gov.cn/npc/lfzt/rlyw/node_30514.html，最后访问时间：2016 年 9 月 25 日。

制定的，到无形财产兴盛时期这些民法典在修订时已形成相对封闭的体系、难以吸纳规则相对灵活多变的知识产权法律制度（例如荷兰民法典中关于知识产权编的设计后来由于立法技术上的困难而被取消。[①] 因此，我国制定民法典不宜受德国等大陆法系民法典的固化传统思维所左右。另一方面，从国际知识产权制度的建立和发展来看，尽管知识产权制度发源于欧洲，但由于其与高新科技和先进文化的天然联系，知识产权已然成为美国这一新兴国家的重要财富；没有成文法传统的美国是知识产权法律规则的主要创制者和推广者，其缺乏内在体系化的立法思维模式显然难以为我国民法典中如何写入知识产权提供有效借鉴。

考虑到我国整个民法沿袭了德国等大陆法系，而知识产权制度却深受美国影响的事实，我国民法典如何对待知识产权需要结合中国当下社会经济生活和未来国家发展方向作出制度上的创新，以有效解决目前知识产权法缺乏体系化与知识财产的重要性不符的问题，并搭建知识产权法的基本框架以满足今后创新驱动发展战略实施的需要。

在知识产权与民法典的关系方面，俄罗斯的经验也许值得我们关注。俄罗斯《民法典》将知识产权作为独立一编，并废除了原先六部主要的知识产权单行法，使其《民法典》知识产权编成为知识产权领域的统一法律规范。[②] 但是，这一立法模式是否法典编纂形式、与法律汇编模式的法国《知识产权法典》有何区别、对我国民法典编纂是否有实质借鉴意义？这些问题还需要进一步研究。从体例上看，俄罗斯《民法典》第四部分第七编（即知识产权编）的标题是“智力活动成果和个性化识别标记的权利”，其中第六十九章对整个知识产权编作了“一般规定”；[③] 如果我国民法典之民法总则中要明确知识产权的概念、内容和一般规则，可以对这些具体条款进一步研究并加以提炼。

制定一部影响深远的民法典，需要社会各界广泛的关注和深入的讨

---

① 亚瑟·S. 哈特坎普：《荷兰民法典的修订：1947—1992》，《外国法译评》1998 年第 1 期。

② 张建文：《俄罗斯知识产权立法法典化研究》，知识产权出版社，2011，第 68 页。

③ 俄罗斯联邦民法典第四部分知识产权编于 2006 年 12 月 18 日通过、2008 年 1 月 1 日实施；根据 WIPO 网站提供的英文版，知识产权编的题目直译为“智力活动和个性化经营成果的权利”（Rights to the Results of Intellectual Activity and Means of Individualization），“个性化经营成果”包括商标、字号、地理标记等各类商业标识，参见 http://www.wipo.int/wipolex/en/text.jsp? file_id=202567，最后访问时间：2016 年 10 月 11 日。

论。在这方面，至少在我国学界，还未形成能够迎接民法典制度创新挑战的合力。21世纪以来，一方面人们认识到知识产权这一民事领域新的财产形态在社会经济生活中越来越重要，另一方面关于知识产权法与民法的关系这一重要问题，我国学界却鲜有更深入翔实的研究。主要的原因，既有观念方面的障碍，也有立法技术上的障碍；目前来看，技术上的障碍带来的困惑更多。在观念方面，21世纪初民法典起草过程中的那场讨论，当时几乎所有民法学界和知识产权法学界的权威学者均已参与，一时难以产生更有深度的创新性学术观点。技术方面的原因，主要是由于21世纪以来我国的知识产权法学界一直处于应对科技、经济和文化领域之快速变化带来的法律规则的制定和完善的状态，无暇顾及对知识产权法与民法的关系问题作进一步研究，从而形成了与传统的民法学研究日益脱离的现状。此外，民法学界对知识产权这一新兴财产权利的法律规则如何运用民法理论加以抽象、归纳也本能地排斥。对此，曾有学者不无尖锐地指出："某些民法学者对于超出自己理解能力之外的知识产权所自然具有的排斥心理，以及某些知识产权法学者由于对民法基础理论的欠缺而发生的逃离心理，至少在祖国大陆学术界，民法学者和专攻知识产权法的学者之间，基本上难以建立真正的沟通和交流：但凡自称为民法学者的学者，通常以不研究知识产权为特征；而凡自称为知识产权法学者的学者，则大都不会同时认为自己是民法学者。"① 这种知识产权法研究与民法研究之间的关系描述，在一定程度上反映了从理论上将知识产权制度完美地融入民法体系在技术上具有相当的难度。遗憾的是，随着知识产权法律制度的发展，这一隔阂不是日益渐缩而是越来越明显。本轮中国民法典制定工作的重启，正值国家实施创新驱动发展战略的历史时机，如果民法典不能科学地反映知识产权这一重要财产权的基本保护规则，我们在很大程度上仅仅是步大陆法系民法典的后尘，还未完成即很可能已经过时，更谈不上中国特色民事法律体系的制度创新。

我国民法典的编纂，国家投入了相当大的精力，人民抱有相当大的期望；我们所需要的是反映和规范我国21世纪社会经济生活的具有中国特色的民事法律体系，这在世界范围内并无先例可循。因此，制定中国民法

① 尹田：《论物权与知识产权的关系》，《法商研究》2002年19卷第5期。

典，必须立足现实、面向未来，建立制度创新的自信；当然，这一重任也极具挑战。如何避免“使人们感到其中的民商法结构只有与二百年前的《法国民法典》、一百年前的《德意志民法典》相当或有所进步，而应使人们感到它确实是能够适应电子商务时代（或‘知识经济’时代）的法制体系”，[①] 要聚集各方的智慧和力量。

《民法典》是统领整个社会民商事活动的母法，在《民法典》中以适当方式体现对知识产权的保护不仅符合现实的需求，也是完善有中国特色的民事法律体系的制度创新。同时，我国知识产权法本身缺乏体系化，《民法典》的编纂为消除各知识产权相关立法中的不协调甚至相互矛盾之处、弥补现有知识产权制度的遗漏，以及抽象出并明确知识产权特有的基本法律规则提供了有利的契机。简言之，我国起草《民法典》应为知识产权法体系化预留制度空间。

## 三　我国知识产权及其一般规则的设想

### （一）明确知识产权是民事权利的一种

不同的学者对民事权利的划分不同，但无论如何，学者们都承认，知识产权是当今社会民事权利的一种。现行《民法通则》的第五章“民事权利”中规定了所有权及相关财产权、债权、知识产权、人身权，其中关于债权和人身权的规定在此次《民法典》的编纂中存有争议；但是，其中关于知识产权属于民事权利的观念在我国随着《民法通则》的实施已经过了30年，至今并无异议，继续将“知识产权”列为与“所有权及相关财产权”并行的民事权利类型具有可行性。当然，鉴于现行《物权法》已将所有权及相关的财产权包括在内，知识产权内容是否整体纳入《民法典》也争议较大，拟定的《民法总则》可以适当简化物权法一般规定、增强知识产权法的一般规定，以更灵活的民事权利框架适应今后的发展。总的思路是，将民事权利类型分为人身权和财产权，进而将财产权再细分为物权和

① 郑成思：《中国民法典知识产权编条文（专家建议稿）与讲解》，载《厦门大学法律评论》第4辑，厦门大学出版社，2003，第3页。

知识产权等其他无形财产权，并对无形财产权分别作出一般性规定。

具体来说，建议在拟制定的《民法总则》的“民事权利”一章中，设“民事权利种类”一节，规定“人身权”、“物权”、“知识产权”以及“股权”等其他民事权利类型，并明确“知识产权是指权利人依法就下列客体所享有的权利”（以现草案第108条①为基础）：

1. 作品；
2. 发明创造；
3. 产品外观设计；
4. 商标、商号、特有名称和商业外观等商业性标识；
5. 地理标志；
6. 商业秘密；
7. 集成电路布图设计；
8. 植物新品种；
9. 传统知识、遗传资源信息、传统文化表达；
10. 法律、行政法规规定的其他内容。

以上列举的10项知识产权保护客体与2016年7月全国人大公布的《民法总则》草案征求意见稿第108条稍有不同。笔者分析如下。

草案列举的第（二）项为“专利”，笔者认为专利通常指已经经过授权确权程序赋予智力成果权利人的专有权利，不宜以此指保护客体本身；结合我国现行《专利法》保护发明、实用新型、外观设计三种“发明创造”的实际和今后外观设计单独立法的可能性和必要性，可将草案所说的“专利”分解为“发明创造”和“产品外观设计”两类。

关于草案列举的第（三）项“商标”，笔者认为根据我国目前《商标法》，“商标”一词容易与“注册商标”相等同，这样就有可能遗漏现行《反不正当竞争法》中对未注册商标等知识产权客体进行保护、禁止商业

① 第一百零八条 民事主体依法享有知识产权。知识产权是指权利人依法就下列客体所享有的权利：（一）作品；（二）专利；（三）商标；（四）地理标记；（五）商业秘密；（六）集成电路布图设计；（七）植物新品种；（八）数据信息；（九）法律、行政法规规定的其他内容。

假冒或仿冒不正当竞争行为的内容；因此，应当尽量将“商标”作广义上的解释，可以增加商号、特有名称和商业外观等商业性标识的内容。对于“地理标志”，目前我国虽然对地理标志的管理有并列的几套体系，但“地理标志”一词在TRIPs之后基本已经统一，不再采用“原产地标记”而采用“地理标志”。

关于草案列举的第（八）项列举的“数据信息”，笔者认为至今我国民法学界和知识产权法学界均未对此概念的内涵及外延达成理论上的共识，不宜直接明文放在知识产权客体中，而是与虚拟财产一样并列为无形财产的一种。当然，数据信息中反映创新和经营成果的部分，可以一一与列举出的知识产权保护客体相对应，也可通过第（十）项弹性条款来实现保护。事实上，知识产权的客体实质虽然可归纳为无形的“信息”，但并不能反过来推演出所有的“信息”或“数据信息”均可成为知识产权客体。可以明确的是，随着信息社会的发展，人们对所有一切有形物质的认识几乎都可以以无形信息的形式体现出来；但这种认识如果并非出自人们的智力创造或苦心经营，其本身即使具有一定的经济价值，也不是知识产权客体。比如目前个人信息已经无处不在，每个人的一举一动形成的行为轨迹都会以数据信息形式汇集起来、以大数据方式存在于整个网络系统；从某种意义上说，这些数据信息都是有价值的，这与非信息时代的电话号码、家庭住址、收入等个人信息通常可以买卖一样（尽管这种买卖通常是非法的），尤其是那些花费相应金钱、时间和精力的网络游戏操作获得的相关数据信息，更是明显具有经济价值，还有因网络资源稀缺有限性而形成的信息，均可构成虚拟财产而获得民法保护。但是，目前这些个人数据信息仍然没有摆脱传统民法人格权或物权的控制范围，只有采取保密措施的数据信息，才能明确属于知识产权的保护客体；当然，这一客体已经有“商业秘密”（也称“未披露的信息”，包括技术秘密）作为概括。

草案没有列举、而笔者建议列入知识产权客体的第9项为“传统知识、遗传资源信息、传统文化表达”。之所以列举这一特殊客体，是因为我国作为传统资源丰富的大国，这方面积累的创作成果和知识是我国的长项，从知识产权作为国际贸易竞争工具的角度看，我国在这方面有重要的利益；同时，在实践中，创造和保有这些知识成果的我国传统族群也有了私权化的需求，而现行知识产权法在应对方面确不尽人意。尽管知识产权领域的司法审判对法律规则的演绎之灵活性已远甚于其他民事审判领域，以至于早就有了“法官造法”之嫌，[①] 但过于原则的条文却使知识产权司法的能动性大打折扣。如果说“乌苏里船歌”案尚能给创作和传承民间艺术的族群一点精神安慰的话，“千里走单骑”案则使非物质文化遗产的保留地人民在感情上难以接受。[②] 随着中华文化世界影响力的逐步提高，中医药、传统农产品和食品、传统生态养生知识、传统民间文艺等相关产业需要借助于保真、反假冒的知识产权制度及保质、标准化等现代化管理方式显著提升附加值，并走向国际市场。目前我国在这方面的立法仅有一些宣誓性的、散见于不同法律法规中的条款，在民法典制定过程中，如果在对知识产权客体进行列举时明确对这一优势资源的保护，将对相关立法有推进作用。

### （二）民法总则设立知识产权一般规则的方式

首先建议《民法总则》的“民事权利”一章中，除了“民事权利种类”外，再增设民事权利的取得、变更、消灭，民事权利的行使及义务，民事权利的限制与保护等不同小节，规定民事权利的一般问题。在相应小节里，可将知识产权作为主要的权利类型并抽象出其具有特殊性的一般规则作出明文规定。同时，关于知识产权的一般规则应当尽量精炼，仅规定已经通过实践获得共识的特殊规则，以“提取公因式”方式[③]建构知识产权特别法一般规则优先适用、知识产权法无明确规定则适用民法一般规则的逻辑关系和制度空间。

知识产权的一般规则是由于知识产权的特殊性而专门制定的区别于其他民事权利一般规则的规定，具体可包括以下内容：[④]

① 参见崔国斌《知识产权法官造法批判》，《中国法学》2006 年第 1 期。

② “乌苏里船歌”案中，由于作曲者在创作中吸收了两首最具代表性的赫哲族传统民歌曲调，因此，法院判决被告以后在使用《乌苏里船歌》时须标注该歌曲根据赫哲族民歌改编；“千里走单骑”案中，由于原告主张的署名权是针对“安顺地戏”而非《千里走单骑》这一剧目，因此被法院驳回。参见北京市高级人民法院〔2003〕高民终字第 246 号民事判决书，北京市第一中级人民法院〔2011〕一中民终字第 13010 号民事判决书。

③ “提取公因式”的提法参见孙宪忠《编纂民法典须解决三大问题》，2015 年 4 月 21 日，财新网，http://china.caixin.com/2015 - 04 - 21/100801992.html，最后访问日期：2016 年 10 月 11 日。

④ 本部分参考郑成思《民法典知识产权篇第一章论述》，《科技与法律》2002 年第 2 期。

1. 关于权利的取得与消灭

（1）知识产权是民事权利，知识产权的权利边界是须经一定程序才能确认的，具体程序由单行法律规定。经任何行政程序作出的关于知识产权授权确权的决定，均应接受司法审查。

知识产权包括精神权利和经济权利。若无相反证据，在权利载体或证书上署名的推定为知识产权相关权利的主体。

（2）知识产权的取得和行使必须尊重公序良俗原则，不得侵害他人的在先权利。

（3）知识产权客体的本质是信息，不适用占有、取得时效等针对有形物的物权规则。

（4）须经行政程序获得权利确认的知识产权权利人，依照法律与相关国际条约享有国际优先权。在知识产权保护上，应依照中国与相对国家或地区共同参加或缔结的条约，为相对国家或地区的国民或居民，提供国民待遇及最惠国待遇。

2. 关于权利的行使与继承

（1）知识产权的许可或转让，不意味着相关信息的有体介质（载体）的出租、出售及其他转移，反之亦然。知识产权人在他人的有形物上添附自己的权利客体，视为同意对方依法处置该有形物。法律或合同另有规定的除外。

（2）由于知识产权客体的非物质性，其转让或独占性许可的对世效力应当经相应国家主管机构登记备案才能产生。

（3）知识产权不属于夫妻共同财产，但在婚姻存续期间，知识产权的收益属于夫妻共同财产。夫妻关系解除时，知识产权人对对方持有知识产权有形载体并无异议的，视为同意对方在行使该有形载体的物权时不可避免地行使部分知识产权。当事人另有约定的除外。

（4）在权利保护期内，知识产权可以依法继承或继受。

（5）在特定情形下，国家可依法颁发知识产权的强制许可。

3. 关于权利的保护与限制

（1）知识产权人有证据证明他人正在实施或即将实施侵犯其知识产权的行为，如不及时制止，将会使其合法权益受到难以弥补的损害的，可以在起诉前向人民法院申请采取责令停止有关行为和财产保全的措施。

（2）为制止侵权行为，在证据可能失灭或以后难以取得的情况下，知识产权人或利害关系人可以在起诉前向人民法院申请证据保全。

正在或者即将实施的侵犯知识产权的行为，应予制止，并可根据情况要求行为实施人承担交出、销毁或封存侵权物品的责任。行为实施人不能证明没有过错的，还应当承担赔偿责任。

（3）知识产权的独占被许可人有权独立地对侵犯知识产权的行为起诉、请求赔偿及请求其他法律救济；知识产权的非独占被许可人，依照与许可人订立的合同，也可以享有上一款所述权利；如果无合同或合同无明确规定，则只有在被许可人告知权利人或独占被许可人，而被告知者仍不作为、其不作为已经或必将使被许可人遭受损害的情况下，被许可人方享有第一款所述权利。

（4）在侵犯知识产权纠纷中，如果难以追究直接侵权人的责任，被侵权人可以向法院请求直接追究帮助侵权人或者转承责任人的责任。帮助侵权人只负过错责任，转承责任人因直接侵权人的行为而获利的，应当承担责任。

（5）侵犯知识产权的诉讼时效为二年，自权利人或者利害关系人知道或者应当知道侵权行为之日计算；权利人或者利害关系人超过二年起诉的，如果侵权行为在起诉时仍在继续，在该项权利有效期内，人民法院应当判决被告停止侵权及负其他民事责任，但侵权赔偿数额只能自权利人向人民法院起诉之日起向前推算二年计算。

（6）知识产权适用法律规定的权利限制规则。知识产权权利人不得滥用权利，尤其不得借助知识产权在转让和许可中实施不合理的限制竞争行为。

## 结　语

知识产权在本质上是民事权利。在信息时代，知识产权在社会经济生活中的地位日趋重要，完善知识产权法律制度对保障国家创新驱动发展战略的实施具有不可替代的作用。民法是保护包括知识产权在内的各项人身权、财产权的基本法，是统领民商事和社会生活有序进行的行动指南，我国编纂民法典应当关注知识产权及其相关规则的纳入问题。拟制定的《民法总则》确立了一系列民事基本原则，如平等、公平、意思自治、诚实信用、公序良俗等，这些民法的一般规则适用于知识产权领域是不言而喻的。不过，知识产权与传统的其他财产权不同，知识产权审判的专业化趋势更是知识产权特殊性的明显体现。鉴于此，将整个知识产权法体系纳入民法典的思路是有待商榷的；当然，这并不是说知识产权法本身不可体系化，相反，应当尽快考虑并启动知识产权法典的编纂。就民法典的编纂而言，为体现知识产权法与民法的关系，有必要在拟定的《民法总则》中通过搭建民事权利保护的框架，将知识产权的概念、内容及其不同于其他民事权利的一般规则加以明示，从而为我国知识产权法的进一步体系化预留制度空间。本文的建议是在拟制定的《民法总则》之“民事权利”一章中，设“民事权利的种类”、“民事权利的取得、变更、消灭”、“民事权利的行使”、“民事权利的保护与限制”几节，将知识产权的概念和基本内容以及前述几个方面的一般规则分别纳入相应部分。当然，正如前文所述，“民事权利”一章不仅仅关系到知识产权法如何与民法典的衔接问题，还涉及其他民事领域，需要整个法学界共同研究并提出方案。

（本文原载于《法律适用》2016 年第 12 期）

# 关于知识产权损害赔偿的几点思考

李明德*

## 一　知识产权的价值评估

知识产权是一种无形财产权。关于知识产权所涉及的作品、专利技术、外观设计、商标、商号和商业秘密，无论是日常价值的计算，还是法院对于损害赔偿数额的认定，都有着一系列不同于有形财产的特点。到目前为止，对于知识产权的价值评估，主要有两种方法，一是成本投入法，二是市场价值法。就一项有形财产来说，无论是按照成本投入法计算，还是按照市场价值法计算，通常不会有太大的差异。然而，就知识产权的价值评估来说，无论是从成本投入的角度加以评估，还是从市场价值的角度加以评估，都存在种种不确定性。例如，就一项专利技术而言，发明人可能投入了数量巨大的资本和人力，但如果相关的技术不为市场所接受，则不能为发明人带来任何经济利益。又如，即使是一项市场接受的专利技术，由于市场和消费者喜好的变化，也会成为一项市场不再接受的技术。在这方面，关于作品和外观设计，也有着类似的情形。

知识产权是一个集合概念，由著作权、专利权、商标权和制止不正当竞争的权利构成。其中的制止不正当竞争，至少又包括了对于未注册商标和商号的保护，以及对于商业秘密的保护。从这些权利所涉及的客体来说，作品的价值、专利技术的价值、外观设计的价值、商标和商号的价

* 李明德，中国社会科学院知识产权中心主任，研究员，博士生导师。

值，以及商业秘密的价值又是各不相同的。再进一步分析，作品与作品之间、专利技术与专利技术之间、外观设计与外观设计之间、商标与商标之间、商号与商号之间、商业秘密与商业秘密之间，由于具体情形的不同，其价值也各不相同。例如，一件无人问津的作品，与一件万人争相阅读、聆听和观看的作品，其市场价值迥然不同。又如，一件躺在专利文献上的专利技术，与一件可以带来新产品、新功能的专利技术，其市场价值不可同日而语。至于一件本地小有名气的商标，与一件全球驰名的商标，更是具有天壤之别的价值。

为了说明知识产权的价值，我们有必要明确，知识产权是一种市场关系中的权利。事实上，在人类社会漫长的历史中，赋予智力活动成果以财产权，不过是近几百年的事情。在此之前，人的所有智力活动成果，自产生之初就存在于公有领域中，人人可自由利用。只是到了近代资本主义市场经济，当人的智力活动成果也可以成为商品的时候，才有了在某些智力活动成果上设定财产权利的做法。值得注意的是，国家和社会并没有将所有的智力活动纳入财产权的范围，而仅仅是对于作品、技术发明、工业品外观设计、商标和商号所承载的商誉，以及商业秘密赋予了财产权的保护。这表明，知识产权制度本身就是市场经济的产物。与此相应，我们对于知识产权，包括知识产权的价值，也应当更多地放在市场关系之中加以理解。

从市场关系的角度来看，在受到著作权保护的作品之中，只有少数作品具有较大的市场价值，能为权利人带来丰厚的收入。在受到专利权保护的技术发明或者外观设计之中，也只有很少的一部分能够为权利人带来可观的经济利益。在注册商标和未注册商标所标注的产品或者服务中，能够吸引消费者、占据相当市场份额的同样为数不多。与此相应，受到著作权保护的绝大多数作品、受到专利权保护的绝大多数技术发明和外观设计、受到商标法保护的许多注册商标，都是市场价值不高的，甚至没有多少市场价值的。正是从这个意义上说，知识产权的价值评估，应当主要是评估那些具有市场价值的知识产权。在知识产权价值的若干种评估方法中，市场价值法是一种最为有用的评估方法。

一方面，我们说很多作品、专利技术、外观设计和注册商标，都是没有多少市场价值的，难以为权利人带来必要的经济利益。但是在另一方面，我们又可以肯定地说，凡是受到他人侵犯的知识产权，都是具有较高市场价值的知识产权。因为，侵权人在市场利益的驱动之下，未经许可而使用的一定是那些能为他们带来经济利益的作品、专利技术、外观设计、商标和商号，以及商业秘密。正是从这种意义上说，侵权人甚至比权利人更懂得市场需求，侵权人不会，而且也没有必要未经许可而使用那些无人问津的作品、专利技术、外观设计，也不会仿冒那些没有什么市场价值的商标和商号，更不会冒着风险去盗用没有市场价值的商业秘密。与此相应，无论是法院还是行政执法机关，对于那些遭受侵权的知识产权的价值，就应当有一个充分的评估。

## 二 填平原则与损害赔偿数额

我国目前有关知识产权损害赔偿的计算方式，通常采用填平原则，即权利人损失多少，法院责令侵权人补偿多少。关于这一点，现行的《著作权法》、《专利法》和《商标法》都规定，法院在确定损害赔偿的时候，以原告的实际损失予以计算，如果原告的实际损失难以确定，则以被告的利益所得加以确定。至于权利人的损失和被告的利益所得均难以确定时，则参照许可使用费的合理倍数加以确定。由这些规定可以看出，贯穿于其中的正是填平原则，即权利人损失多少侵权人赔偿多少，侵权人获利多少则向权利人赔偿多少。

除了以上三种计算方式，我国《著作权法》、《专利法》和《商标法》还规定了法定损害赔偿，如 50 万元以下（著作权），100 万元以下 1 万元以上（专利权），以及 300 万元以下（注册商标权）。[①] 根据规定，如果权利人认为自己的损失或者被告的利益所得难以准确计算，则可以在法定赔偿的范围内主张一个数额，要求法院作出判决。至于法院，也会参照相关的证据和侵权的情形，在法定赔偿的数额之内酌定一个损害赔偿的数额。不过，规定法定赔偿，并不意味着权利人可以随心所欲地在法定赔偿的范围之内提出损害赔偿的数额，也绝不意味着法院可以在法定赔偿的范围之内随意确定一个赔偿的数额。至少，就法院所确定的赔偿数额而言，仍然

① 参见我国《著作权法》第 49 条，《专利法》第 65 条，《商标法》第 63 条。

是依据了双方当事人提供的证据和侵权发生时的具体情形。只是，法院在酌定赔偿数额的时候，不必进行严格的计算而已，贯穿于其中的仍然是填平原则的精神。

如果比较中外有关知识产权损害赔偿的计算方式，我们就会发现，中国与很多西方发达国家在这个问题上的区别并不很大。例如，美国《版权法》、《专利法》和《商标法》规定的损害赔偿计算方式，都是原告的损失，被告的利润所得。在此基础之上，美国《版权法》还规定了法定损害赔偿，目前的数额是最低 750 美元，最高 3 万美元。至于《专利法》和《商标法》则没有规定法定损害赔偿。[①] 至于我国，则不仅在《著作权法》中，而且在《专利法》和《商标法》中都规定了法定损害赔偿的制度。然而，比较中美两国的司法实践就会发现，二者在损害赔偿数额的确定上，却存在很大的差异。例如，根据国家知识产权局提供的数据，我国专利侵权诉讼中，权利人通常选择法定赔偿，法院判决的数额平均为 8 万元左右；[②] 而依据美国的数据，自 1995 年到 2013 年，法院判决的专利赔偿数额大多在 210 万美元到 1670 万美元之间，平均数额是 550 万美元。尽管损害赔偿的数额近年来有所下降，自 2008 年到 2013 年的损害赔偿的平均数额仍然是 430 万美元。[③] 又如，我国近年来的著作权损害赔偿数额，大多在 5000 元到 2 万元之间；[④] 而在美国，版权损害赔偿的数额，大多在几万美元到几十万美元之间。即使是按照法定损害赔偿数额，也在 5000 美元到 1 万美元之间。[⑤]

基于以上的分析可以看出，一方面中美两国有关知识产权损害赔偿数额的计算方式没有太大的区别，另一方面两国法院判决的损害赔偿数额又存在巨大差异。同样是基于填平原则，同样是基于原告的损失或者被告的利益所得，中美两国的赔偿数额为什么会有如此之大的差距？显然，即使是在填平原则之下，美国的当事人和法院比较充分地评估了涉案知识产权

---

① 参见美国《版权法》第 504 条，《专利法》第 284 条，《兰哈姆法》第 35 条。

② 参见国家知识产权局《关于提请审议〈中华人民共和国专利法修订草案（送审稿）〉的请示》，2013 年 1 月。

③ 参见 PWC（普华永道）“2014 Patent Litigation Study”，www. pwc. com/us/en/forensic-service/publicaions。

④ 这是笔者从北京知识产权法院了解到的情况。

⑤ 这是笔者从美国版权局了解到的大体数字。

的价值，而中国的当事人和法院则没有充分评估涉案知识产权应有的价值。这说明，我国的市场主体、法院、行政执法机关和专家学者，有必要重新认识知识产权的价值，尤其是有必要重新认识遭受侵权的那部分知识产权的价值。

先来看专利权。根据技术发明的规律，当某一个技术领域有可能产生突破的时候，可能会有若干个市场主体同时从事相关的研发。至于某一个具体的市场主体，为了获得相应的研发成果，又会在相关技术领域的很多个具体方面进行人力、物力和资本的投入。然而，在很多市场主体都在同一个技术领域进行研发的背景下，一个具体市场主体所获得的技术成果或者技术发明并不是很多。通过必要的筛选，研发者会找出其中的一部分（而非全部）申请专利。其中，能够通过严格的专利审查程序，获得专利授权的技术成果，又不是很多。事实上，即使是那些获得了专利授权的技术发明，能够转化为市场上需要的产品，从而为权利人带来经济利益的，更是为数不多。按照英美国家的估算，有效专利权所覆盖的技术发明，真正能够转化为产品并且为权利人带来经济利益的，大约只有5%。如果在这些具有市场价值的专利技术遭到他人侵犯时，法院仅仅依据该项专利技术自身的价值计算赔偿数额，显然是忽略了市场主体为了获得该项专利技术的其他投入。

再来看著作权。根据估算，在平均5部到10部作品中，大约只有一部具有较高的市场价值。例如，在1997年前后，美国的20世纪福克斯公司共拍摄了若干部电影，其中只有《泰坦尼克号》获得市场上的成功，而其他的电影则没有获得预期的市场效果。[①] 很多低票房的电影，制片人甚至难以收回相关的投资。除了电影作品，其他种类的文学艺术作品，包括文字作品、音乐作品、戏剧作品、美术作品和计算机程序，也大抵是在若干部相关作品的基础上，才会产生一部市场畅销的作品。这表明，尽管作者们投入大量的时间和精力，包括必要的投资，创作了许许多多的作品，但是能够为市场接受，能够为权利人带来相当经济利益的作品并不是很多。但是在另一方面，他人未经许可而使用的作品，或者在市场上遭遇侵权的作品，通常都是那些具有较高市场价值的作品。与此相应，在著作权损害

---

① 这是1998年笔者随国家版权局的代表团访问美国环球影视城时所获得的信息。

赔偿的计算中，如果仅仅计算那些畅销作品本身的价值，就会在事实上忽略了相关作者对于其他作品的投入。

最后来看商标权。在知识产权的客体之中，商标和商号的价值比较特别。在这方面，商标和商号的价值不是来自标记本身，而是来自市场主体对于相关商标和商号的投入。以商标为例。为了提升某一商标所承载的商誉，吸引更多的消费者购买相关的产品，商标所有人会在相关产品上使用大量的专利技术和非专利技术，会积极改进企业的管理方式以节省成本，会投入大量的广告以招徕消费者。事实上，企业经营活动中的所有努力，包括技术创新和管理创新，最后都结晶在了商标或者商号上。与此相应，很多商标和商号，尤其是那些全国乃至全球驰名的商标和商号，其价值是难以估算的。显然，在发生了商标侵权的情况下，尤其是在假冒商标的情况下，如果仅仅依据侵权产品的价值判定损害赔偿的数额，就会大大忽视了商标所有人对于商誉的投入。事实上，即使是按照原告产品的价值进行计算赔偿数额，也会大大低估商标所有人对于商誉的投入。根据笔者掌握的资料，欧美法院在评估商标侵权的损害赔偿数额的时候，不仅考虑了涉案产品的价值，而且更多地考虑了相关商标所承载的商誉。只有充分评估相关商标所承载的商誉的损失，才有可能判决较高的损害赔偿数额。

或许，就专利权和著作权而言，要求法院在确定损害赔偿数额的时候，进一步考虑发明人在其他方面的投入，或者进一步考虑作者在创作其他作品方面的投入，可能在逻辑上走得有些远了。但是法院在确定损害赔偿的时候，至少应当从相关专利技术或者作品的市场价值，包括其潜在的市场价值加以评估。如果仅仅从涉案专利技术或者作品本身的价值予以评估，就会大大低估其价值。至于在商标侵权案件中，法院除了考虑权利人产品的市场价值，还应当考虑相关商誉受到损害的情形，进而评估权利人应当获得的损害赔偿数额。如果仅仅考虑侵权产品的市场价值或者成本，则不仅难以填平权利人的损害，而且忽略了商标所承载的商誉，以及商誉的价值。

## 三 加大赔偿力度的尝试

在知识产权的侵权诉讼中，仅仅依据权利人的损失或者侵权人的利益所得而确定损害赔偿，显然不能完全填平权利人的损失。因为，权利人在维护自己权利的过程中，需要花费一定的时间和精力，包括支付相当的律师费和专家费。在这方面，欧洲大陆法系的诉讼原则是由败诉方承担胜诉方的费用，包括胜诉方的律师费。[①] 按照这种原则，当事人在提起诉讼之前，应当充分评估自己的权利状态和被告的行为，进而评估自己是否具有胜诉的可能性。否则，就有可能在败诉时向被告支付相应的诉讼费用和律师费用。显然，这种原则可以让权利人在胜诉之后获得必要的诉讼费和律师费，进而填补权利人在这方面的损失。而在美国，则是双方当事人各自支付自己的费用，包括律师费和专家费。这叫作“美国规则”。[②] 如果说欧洲大陆的原则具有不甚鼓励诉讼的特征，那么美国的原则显然具有鼓励当事人提起诉讼的意味。或许，我们也可以由此而理解为什么美国人要比欧洲人更喜欢打官司。

尽管美国在诉讼费和律师费的问题上采取了当事人各自承担的一般原则，但是在有关知识产权的诉讼方面，相关的法律又规定，在必要的时候由败诉方向胜诉方支付合理的费用。例如，美国《版权法》第 505 条规定，法庭在其裁量权的范围内，可以判给胜诉方以诉讼费和合理的律师费。又如，美国《专利法》第 285 条规定，法庭在某些特殊的情形下，可以判给胜诉方以合理的律师费。再如，《兰哈姆法》第 35 条规定，在某些特殊的情形下，法庭可以判给胜诉方以合理的律师费。值得注意的是，上述规定所说的都是，在必要的情况下，在某些特殊情况下，可以判给胜诉方以合理的律师费。这表明，判给胜诉方以合理的律师费，是美国法律中的一个特例。而且，法院判给的是“合理的”而非全部的律师费。当然在另一方面，权利人在胜诉的情况下，能够获得合理的律师费，又在相当大的程度上弥补了自己为了维权而支出的费用。[③]

在有关知识产权诉讼费和律师费的问题上，中国从一开始似乎采取了美国而非欧洲大陆的规则，由双方当事人支付自己的诉讼费用和律师费。

---

① 欧洲专利局长于 2013 年 10 月访问中国时，曾经在国家知识产权局举行的晚餐会上提及有关诉讼费用的欧洲原则。

② 参见李明德《美国知识产权法》（第二版），法律出版社，2014，第 141 页。

③ 这在专利侵权诉讼中尤其如此。因为在很多复杂的专利案件中，律师费的支出甚至大于权利人可以获得的损害赔偿数额。

这显然不利于权利人维护自己的权利，不利于权利人填平自己的损失。随着对于填平原则的深入认识，我国知识产权法律逐步采纳了合理费用的制度，以求有效填补权利人的损失。例如，2001 年修订的《商标法》第 56 条规定，损害赔偿的数额，除了以侵权人的利益所得，或者权利人的损失加以计算，还应当包括权利人为制止侵权支付的合理开支。又如，2001 年修订的《著作权法》第 48 条规定，侵权人支付的损害赔偿，还应当包括权利人为制止侵权所支付的合理开支。再如，2008 年修订的《专利法》第 65 条也规定，损害赔偿的数额应当包括权利人为制止侵权所支付的合理开支。在司法实践中，上述法律规定的合理支出，包括了权利人的诉讼费和合理的律师费。这样，在权利人获得胜诉的前提下，就可以通过诉讼费和合理律师费的判决，一定程度上弥补自己的维权费用。

按照知识产权损害赔偿的填平原则，法院判给权利人的赔偿数额应当是权利人的损失或者侵权人因为侵权而获得的利益。然而，基于无形财产权的特征，在很多情况下权利人又难以说清楚自己的实际损失，更难以证明侵权人的利益所得。由此出发，一些国家设立了法定损害赔偿的制度。例如美国《版权法》第 504 条规定，如果权利人认为自己的损失或者侵权人的利益所得，可以选择法定损害赔偿的，法定损害赔偿的数额，1976 年《版权法》的规定是最低 250 美元，最高 1 万美元；自 1989 年 3 月起，改为最低 500 美元，最高 2 万美元；到了 1999 年，又改为最低 750 美元，最高 3 万美元。①

值得注意的是，在美国只有《版权法》规定了法定损害赔偿，《专利法》和联邦商标法《兰哈姆法》都没有规定法定损害赔偿。而在我国，出于方便权利人诉讼和获得相应损害赔偿的考虑，则在《专利法》、《著作权法》和《商标法》中全面引入了法定损害赔偿制度。例如，2001 年修订的《商标法》第 56 条规定，权利人的损失或者侵权人的利益所得难以确定的，法院可以根据侵权行为的情节，判决 50 万元以下的损害赔偿。到了 2013 年修订《商标法》，又在第 63 条规定，法院可以根据侵权行为的情节，判决 300 万元以下的赔偿。又如，2001 年修订的《著作权法》第 49 条规定，权利人的实际损失或者侵权人的利益所得难以确定的，法院可以

① 参见美国《版权法》第 504 条的修改历史，www. law. cornell. edu/uscode/text。

根据侵权行为的情节，判给 50 万元以下的赔偿。再如，2008 年修订的《专利法》第 65 条规定，如果权利人的损失、侵权人的利益所得和专利许可费难以确定的，人民法院可以依据专利权的类型、侵权行为的性质和情节等因素，确定给予 1 万元以上，100 万元以下的损害赔偿数额。

关于法定损害赔偿，还有必要说到最低限额的问题。目前，《专利法》第 65 条规定，法定赔偿的数额是 1 万元以上，100 万元以下。对于其中的 1 万元以上，很多专家认为，如果权利人以一个没有多少价值的实用新型或者外观设计，要求法院给予 1 万元的损害赔偿，很难被接受。在《著作权法》修订中，中国社会科学院知识产权中心的“专家建议稿”提出，法定赔偿的数额为 1 万元以上，100 万元以下。但很多专家认为，如果权利人以一幅图片、一小段文字要求最低 1 万元的损害赔偿，显然有失公平。此外，在 2013 年修订《商标法》时，关于法定赔偿的数额，曾经有一种方案是规定一个最低限度，例如 1 万元或者 2 万元以上。[①] 最后，立法机关虽然规定了 300 万元以下的数额，但没有规定最低限额。显然，很多专家是从填平原则的一般原理出发，否定了最低限额的规定。然而，如果我们承认法定赔偿制度还具有适当扩大赔偿数额，以有效遏制侵权的意味，则规定 1 万元或者 2 万元的最低限额，主要适用于故意侵权或者重复侵权，也是没有问题的。例如，可以在《著作权法》中规定，对于那些故意侵权、重复侵权者，可以针对其每一次的侵权行为，或者每一次未经许可使用他人作品的行为，责令其支付最低 1 万元的赔偿数额。这样，不仅可以有效地惩治那些惯常侵权者，而且可以避免伤及偶然的侵权者。

除了法定赔偿制度，在知识产权损害赔偿的计算方式上，我国还规定了许可费用的合理倍数。例如，2000 年修订的《专利法》第 60 条规定，如果权利人的损失或者侵权人的获利难以计算，可以参照该专利许可使用费的倍数合理确定。又如，2013 年修订的《商标法》第 63 条规定，权利人的损失或者侵权人的获利难以确定的，参照该商标许可使用费的倍数合理确定。再如，国家版权局于 2012 年 12 月提交国务院的《著作权法》“修订草案送审稿”第 76 条也规定，侵犯著作权或者相关权的，在计算损害赔偿数额时，权利人可以选择权利交易费用的合理倍数。当然，在规定

---

① 笔者曾经参加过《商标法》修订的论证工作，了解这个过程中的一些争论。

了权利人损失的计算方式之后，是否有必要单独规定许可费用的合理倍数，还是值得讨论的。因为，当权利人可以在市场上发放许可的时候，许可费用的合理倍数，就是权利人的实际损失。正是从这个意义上说，我们也可以把许可费用的合理倍数纳入权利人损失的计算方式之中。

从立法宗旨上说，无论是维权的合理支出，还是法定赔偿和许可费用的合理倍数，都是为了填补权利人的损失，或者剥夺侵权人的利益所得。或者说，这些规定的初衷，都是为了更好地体现传统的填平原则。然而在另一方面，这些规定又预留了一定的自由裁量尺度，让法院在确定损害赔偿的时候，可以依据侵权者的主观恶意和侵权行为的情节，适当地增加侵权人支付的数额。例如，在侵权者具有恶意或者重复侵权的情况下，可以适当增加权利人维权的数额，可以在法定赔偿的范围内适当加大损害赔偿的数额，或者适当增加许可使用费的倍数。至少，合理的支出、许可费用的合理倍数，以及 50 万元以下、100 万元以下、300 万元以下的法定赔偿数额，不需要法院准确地加以计算。然而，非常遗憾的是，在传统的填平思维的支配下，这些本来可以灵活运用的规则，并没有发挥其应有的遏制和打击侵权的作用。

## 四　关于损害赔偿的新探索

在知识产权损害赔偿的问题上，中国从一开始接受欧洲大陆法系的填平原则，规定了权利人的实际损失或者被告的利益所得。近年来，随着对于知识产权无形特征的深入认识，以及对于填平原则的深入认识，逐步增加了权利人维权的合理支出、法定损害赔偿和许可费用的合理倍数等计算方式，以求真正填平权利人的损失。当然在另一方面，这些规则也赋予了法院以某种程度的自由裁量尺度，可以适当加大权利人可以获得损害赔偿的数额，从而逐渐游离了传统的填平原则。循着这条思路的最新发展，则是 2013 年修订的《商标法》引入了英美法系的惩罚性损害赔偿的规则。

从知识产权是一种无形财产权的特征来看，仅仅依据损害赔偿的填平原则，在很多情况下难以有效遏制侵权的频繁发生。例如，当作品在网络环境中传播的时候，或许某一网站未经许可使用了 100 个人的作品，但可能只有一个权利人提起诉讼。又如，在未经许可使用他人专利技术的情况下，很多权利人可能不知道自己的专利权受到侵犯，因而没有提起侵权诉讼。在这类情况下，严格适用填平原则，仅仅填平提起诉讼的权利人的损失，无异于鼓励了侵权人的行为。因为，惯常的侵权人会依据他人难以知晓侵权，或者即使知晓了侵权也不愿意或者不能提起诉讼的特点，甘冒风险无偿使用他人的作品或者专利技术，而不是依循正常的市场规则获得权利人的许可，并支付必要的费用。这在网络环境中的著作权保护中，尤其如此。正是针对这种情形，英美等国的法律率先规定了惩罚性损害赔偿的规则，即针对那些恶意的侵权者，或者重复的侵权者，责令其支付两倍到三倍的损害赔偿。例如，美国《专利法》第 284 条规定，在被告故意侵权或者恶意侵权的情形下，法院可以在原告损失或者被告利润所得的基础上，判给原告以两倍到三倍的损害赔偿数额。又如，根据《兰哈姆法》第 35 条，在注册商标侵权的诉讼中，法院应当依据衡平原则确定原告的实际损失，或者被告的利润所得。在必要的时候，法院还可以在原告损失或者被告利润所得的基础上，判给原告以不超过三倍的损害赔偿。尽管《兰哈姆法》和相关的法院判决都认为，判给原告以三倍的损害赔偿不属于惩罚性损害赔偿，但其中所具有的遏制商标侵权的意味则是不言自明的。[①]

在中国，针对知识产权侵权屡禁不止的局面，学术界和实务界一直主张，应当借鉴美国惩罚性损害赔偿的制度，以惩治那些恶意侵权者、重复侵权者。经过多年的探讨和论证，2013 年修订的《商标法》第 63 条，终于参考美国的做法，规定了惩罚性损害赔偿。根据规定，对恶意侵犯商标专用权，情节严重的，可以在权利人损失、侵权人利益所得或者许可使用费合理倍数的基础上，确定一倍以上三倍以下的损害赔偿数额。除了《商标法》，目前在国务院讨论的《著作权法》修订草案和《专利法》修订草案，都仿效《商标法》规定了惩罚性损害赔偿。例如，《专利法》“修订草案送审稿”第 68 条规定，对于故意侵犯专利权的，可以在权利人损失、侵权人利益所得或者许可费用合理倍数的基础上，确定一倍以上三倍以下的赔偿数额。又如，《著作权法》“修订草案送审稿”第 76 条规定，对于两次以上故意侵犯著作权或者相关权的，可以在权利人损失、侵权人利益所得、许可费用合理倍数或者法定赔偿数额的基础上，确定二至三倍的损

① 参见李明德《美国知识产权法》（第二版），法律出版社，2014，第 613—614 页。

害赔偿数额。

比较世界各国的知识产权制度就会发现，无论是在欧洲大陆还是在英美国家，有关知识产权损害赔偿的基本原则都是填平原则，即权利人的损失或者侵权人的利益所得。在此基础之上，美国《专利法》和《商标法》还规定了损害赔偿的倍数，《版权法》规定了法定赔偿。在这方面，我国的知识产权法律也借鉴其他国家的规则，规定了权利人的实际损失、侵权人的利益所得、许可费的合理倍数、法定损害赔偿、权利人维权的合理支出，以及惩罚性损害赔偿。仔细分析和比较就会发现，我国法律有关损害赔偿的规定，在很多方面甚至超越了欧美国家。例如，美国的法定损害赔偿规则仅见于《版权法》中，而在我国则不仅见于《著作权法》，而且见于《专利法》和《商标法》。又如，美国的惩罚性损害赔偿仅仅见于《专利法》和《商标法》中，而在中国则不仅见于已经修订的《商标法》中，而且见于即将修订的《著作权法》和《专利法》中。

然而在另一方面，我国法院判给权利人的损害赔偿数额，又明显低于欧美国家判决的数额。显然，出现这样的问题，根源不在于法律的规定，而在于我们对于知识产权价值的认识。至少在目前的很多案件中，无论是双方当事人，还是法院或者行政执法机关，都是从侵权产品本身的价值来评估损害赔偿的数额的。以这种方式评估损害赔偿的数额，无论是适用权利人的损失、侵权人的利益所得，还是许可费用的合理倍数和法定赔偿的数额，都大大低估了相关作品、专利技术、外观设计和商标的价值。由此而确定的损害赔偿数额，不仅不能全面补偿权利人的损失，而且难以有效遏制侵权。权利人抱怨的维权成本高、损害赔偿低，就是由此而发的。

显然，在我国实施创新驱动发展战略的今天，在我国实施知识产权制度已有三十多年历史的今天，我们有必要重新认识知识产权的价值。知识产权是一种市场关系中的权利。与此相应，我们对于著作权、专利权、商标权和商业秘密的价值，也应当放在市场竞争关系中加以认识。在有关知识产权的侵权案件中，无论是法院还是行政执法机关，都应当更多地从作品的市场价值，从专利技术和外观设计的市场价值，估算侵权人应当支付的损害赔偿数额。至于在商标侵权案件中（既包括注册商标也包括未注册商标），则应当更多地从商标所承载的商誉的价值，以及恢复商誉所需的数额，评估侵权人应当支付的赔偿数额。如果法院或者行政执法机关能够切实依据相关作品、专利技术、外观设计、商标和商号的市场价值，进而适用权利人的损失、被告的利益所得，或者许可费用的合理倍数、法定损害赔偿，以及维权的合理支出，就可以判给权利人以足够的损害赔偿数额。与此相应，潜在的侵权者也会逐步认识到，与其侵权而支付高额的损害赔偿，不如寻求许可，在支付了合理费用之后使用相关的作品、专利技术、外观设计，或者在不能获得他人商标、商号授权的条件下，创立自己的商标、商号。

损害赔偿方面的填平原则是针对大多数市场主体的。对于那些情节相对严重的侵权行为，对于那些具有某种主观故意的侵权行为，法院还可以在填平原则的基础上，充分利用有关法定赔偿、许可费的合理倍数和维权的合理支出的规则，判决侵权人支付相对较高的损害赔偿数额。对于那些少数的恶意侵权者或者反复侵权者，法院则可以在评估相关证据的基础上适用惩罚性损害赔偿，判给权利人以两倍到三倍的高额损害赔偿。在这里，无论是判决数额较大的损害赔偿，还是适用惩罚性损害赔偿，其目的都是利用市场利益的杠杆，迫使侵权者回到正常的市场竞争秩序之中。或许，通过加大损害赔偿数额这个杠杆，我们既可以有效保护创新成果，又可以净化市场竞争环境。

（本文原载于《知识产权》2015 年第 5 期）

# 知识产权贸易与知识产权产业

李顺德*

随着知识经济、新经济、经济全球化的发展，知识产权在国际经济和国际贸易中的重要作用日益彰显，知识产权贸易已经成为一种重要的贸易形式，知识产权产业已经成为一些国家的支柱产业。

谈到国际贸易，通常可以分为货物贸易、服务贸易两大类型。货物贸易又称为有形商品贸易，服务贸易又称为无形商品贸易。其实，在传统的货物贸易、服务贸易之中早已存在、包容着知识产权贸易，只是没有将知识产权贸易单独提出来，加以区分。

我们说到世界贸易组织（WTO），经常会说 WTO 有三大支柱：货物贸易、服务贸易、与贸易有关的知识产权。其实，也可以这样来理解，WTO 有三大支柱：货物贸易、服务贸易和知识产权贸易。

谈到产业，通常可以分为三大类型：

第一产业：主要指农业、林业、牧业、渔业、矿业等，简称原材料产业；

第二产业：主要指产品制造业、土木建筑业，简称制造业；

第三产业：除第一产业和第二产业以外的产业，主要有公用事业（水、电、煤气、热力、邮电、运输等）、商业（批发、零售、房地产等）、金融保险业、维修服务业、餐饮娱乐业、中介服务业、文教卫

---

* 李顺德，时任中国社会科学院知识产权中心副主任，中国社会科学院法学研究所研究员，博士生导师。

生科研等，可以统称为服务业。

与货物贸易相对应的主要是第一产业和第二产业，与服务贸易相对应的主要是第三产业，与知识产权贸易相对应的主要是第三产业，也涉及第一产业和第二产业。

## 一 什么是知识产权贸易

### （一）知识产权贸易

知识产权贸易，狭义地理解就是指以知识产权为标的的贸易，主要包括知识产权许可、知识产权转让等内容；广义地理解还应包括知识产权产品贸易。

知识产权的外延相当广泛，主要包括专利权、商标权、版权（著作权）、外观设计、实用新型、商业秘密、集成电路布图设计、生物新品种、商号、地理标记、商品专用名称、反不正当竞争等。

知识产权许可主要有专利许可、实用新型许可、外观设计许可、商标许可、集成电路布图设计许可、商业秘密许可、生物新品种许可等。

知识产权转让主要包括专利转让、实用新型转让、外观设计转让、商标转让、版权（主要是经济权利的转让，许多国家明确规定版权的精神权利不允许转让）转让、集成电路布图设计转让、生物新品种转让等。

### （二）知识产权产品

所谓知识产权产品，就是指那些产品价值主要是由知识产权价值构成的产品，或者说是知识产权的价值占产品价值相当比例的产品，如计算机软件、集成电路、影视作品、音像制品、出版物等。一般地说，知识产权产品主要是指版权产品，即产品价值主要是由版权价值构成的产品，或者说是版权的价值占产品价值相当比例的产品。

为什么我们不把专利产品、实用新型产品、外观设计产品称为知识产权产品？在初次见到知识产权产品这个概念时，人们往往会产生这一问题。其实道理很简单，因为专利产品、实用新型产品、外观设计产品等产品在市场流通的商品中占有相当的比例，而且分布在许许多多、门类不同的行业中，将其作为知识产权产品认定难以与其他产品从产业的角度加以区分。

至于标注有商标的商品，更不能作为知识产权产品加以认定，因为绝大多数在市场流通的商品都是有商标（包括使用未注册商标）的商品，如果将所有带商标的商品都称为知识产权产品，那么知识产权产品就要几乎把所有的商品包括了。这样一来，界定知识产权产品就没有任何意义了。

因此，知识产权产品主要限定在版权产品范围是有其合理性的，这一限定已经在世界范围内取得认可和共识。

### （三）知识产权产业

与知识产权产品相对应的是知识产权产业，同样道理，知识产权产业主要是指版权产业。在知识经济、新经济、经济全球化时代，在版权产品的生产、销售、提供利用的基础上，形成了版权产业。版权产业首先是在发达国家形成和发展起来的。

“版权产业”（Copyright Industries）或者称为“版权相关产业”（Related Industry in Copyright），一些国家称为“文化产业”（Culture Industries），又称为“创意产业”（Creative Industries）、“文化创意产业”（Culture and Creative Industries）或者“内容产业”（Content industries），尽管含义不尽相同，本质上并无太大差别。

“文化工业/文化产业”（Culture Industry）这一概念的明确的文字陈述是西方马克思主义法兰克福学派霍克海默和阿多尔诺在 1944 年的《文化产业：欺骗公众的启蒙精神》一文中第一次提出的，此文后来被收入《启蒙辩证法》一书。英国于 20 世纪 80 年代曾使用文化产业一词，把文化产业界定为与艺术紧密联系的产业，将之叫作“艺术与文化产业”。

从本质上讲，文化产业是以版权产业为核心的提供精神产品的生产和服务的产业。狭义的文化产业，就是指版权产业，包括出版发行业、新闻业、广播影视业、网络服务业、广告业、计算机软件业、信息及数据服务业等；广义的文化产业，除了版权产业以外，还包括艺术创作业、艺术品制作业、演出业、娱乐业、文物业、教育业、体育业、旅游业等。文化产业的核心是版权产业。

美国把版权产业作为国民经济中一个单独的产业来看待。早在1990年美国国际知识产权联盟（IIPA）已利用“版权产业”的概念来计算这一特定产业对美国整体经济的贡献。

依照美国的划分，版权产业包括四类，第一类是核心类的版权产业，其特征是创造有版权的作品或者受版权保护的物质产品，主要指对享有版权的作品的再创作、复制、生产和传播，如：报刊、书籍出版业，电台和电视台广播业，录音节目制作及影视磁带出版业，电影制作、戏剧创作演出、广告业，还有计算机软件开发和数据处理等信息产业。第二类属于部分的版权产业，就是说有一部分物质产品是有版权的，如服装、纺织业，工艺品、玩具业，家具业，建筑业等。第三类为发行类版权产业，是指对有版权的作品进行批发和零售，如书店、音像制品出租店等。第四类是与版权有关的产业，指在生产销售过程中，要用到或部分用到与版权有关的产品，如计算机、收音机、电视机、录像机、录音机、音响设备等产业。“版权产业”的概念后来被加拿大、芬兰、澳大利亚等国所采用。

美国IIPA“2004年报告”与以前发布的九个系列报告不同的是，它采用了新的统计口径：在以前关于版权产业的九个经济报告中，IIPA将版权产业分为以下四个部分：核心、部分、发行、版权关系。这是IIPA在1990年的首个报告中发展和界定的。在“2004年报告”中，IIPA仍然使用这四种分类，但为了与国际标准相一致，IIPA采用由世界知识产业组织（WIPO）界定的四种版权产业分类：核心版权产业、交叉产业、部分版权产业、边缘支撑产业，以上四个部分合称为“全部版权产业”。

WIPO（世界知识产权组织）在其2003年《版权产业经济贡献调查指南》（以下简称《指南》）中，按照国际标准产业分类（ISIC）代码界定了版权产业。由WIPO界定的四种版权产业分类为：核心版权产业、相互依存的版权产业、部分性版权产业、非专门的支持性产业。

（1）“核心版权产业”（Core Copyright Industries），是指完全从事创作、制作和制造、表演、广播、传播和展览或销售和发行作品及其他受保护客体的产业（《指南》第115节段），如新闻出版、广播影视、文化艺术、软件与数据库等产业。核心类的版权产业的特征是创造有版权的作品或者受版权保护的物质产品，主要对享有版权的作品再创作、复制、生产和传播。这些产业包括图书、唱片、音乐、报纸和期刊、电影、广播和电视以及计算机软件（包括商业性软件和娱乐软件）。

（2）“相互依存的版权产业”（Interdependent Copyright Industries）是指从事制作、制造和销售其功能完全或主要是为作品及其他受版权保护客体的创作、制作和使用提供便利的设备的产业（《指南》第127节段）。

相互依存的版权产业分为两组。

“核心的”相互依存版权产业，又被称为“与版权相关的产业”、“版权硬件产业”等，包括下列设备的制造、批发和零售（销售和出租）：电视机、收音机、录像机、CD播放机、DVD机、盒式播放机、电子游戏机，以及其他同类设备；计算机与设备；音乐设备。

“部分的”相互依存版权产业，包括制造、批发或零售（销售与出租）：照相与摄影器材；影印机；空白录制材料以及纸张。其对版权内容产品的依赖程度低于核心类相互依赖产业。

这些产业的存在目的并非主要是执行与版权作品有关的功能，却在相当大的程度上影响着版权作品的使用，主要是通过辅助设备。它们与多功能技术设备相连，除了使用版权作品和其他保护内容，这些设备还有其他用途。它们主要是耐用品。

（3）“部分性版权产业”（Partial Copyright Industries），是指其中有一部分活动关系到作品和其他受版权保护客体相关的产业（《指南》第133节段）。具体包括服装、纺织品、其他工艺品、玩具、家具、地毯、瓷器、玻璃制品、建筑等产业。

这些产业产品的价值必须将版权的增加值与材料的价值区分开。

（4）“非专门的支持性产业”（Non-dedicated Support Industries），是指其中的部分活动关系到促进作品和其他受版权保护客体的播放、传播、发行或者销售相关且这些活动没有被纳入核心版权产业的产业（《指南》第139节段），包括为发行版权产品的一般批发与零售、一般运输产业、电话与互联网产业。该产业涉及一般商业服务和传送方式，特征是与其他产业共享，并非专门支持其他版权产业，只有可归于版权保护内容的部分才包括在内，可视为版权产业链的向后延伸。

## 二　知识产权贸易正在发展成为一种重要的贸易形式

我们之所以说知识产权贸易正在发展成为一种重要的贸易形式，是基于以下事实。

### （一）知识产权贸易发展迅速，规模不断扩大

以知识产权转让、许可为主要形式的无形商品贸易大大发展。据联合国有关机构统计，国际技术贸易总额1965年为30亿美元，1975年为110亿美元，1985年为500亿美元，20世纪90年代已超过1000亿美元。1995年信息技术产品出口贸易为5950亿美元，超过了农产品贸易，30年间增加了190多倍。除了技术贸易以外，以商标许可、商号许可、商业秘密许可、版权许可等形式为主要内容的知识产权贸易，也有飞速的发展，并成为知识经济条件下，实现企业发展虚拟化的主要方式。

1985年美国在技术贸易方面的纯收入已在85亿美元以上。英国1985年的技术贸易出口盈余也达2亿美元。1991年，美国出口的知识产权含量高的产品的销售额分别为：专利药品220亿美元、计算机软件250亿美元、影片80亿美元、录音制品40亿美元、书籍20亿美元。1993年美国一国的知识产权收入占世界的53%。

20世纪80年代以来，知识密集型产品和服务在国际贸易中所占的比重逐年上升，涉及的知识产权问题越来越多。以美国为例，出口产品中知识产权的含量，1983—1987年的四年中增加了76%，占美国全部出口产品的44%。

据统计，从1995年WTO开始运行到1999年12月31日为止，WTO的争端解决机制共受理国际贸易纠纷案件185件，其中属于知识产权的纠纷案件有19件，占10.3%，位于反补贴纠纷案件（33件，占17.8%）和反倾销纠纷案件（21件，占11.3%）之后，排名第三位；到2003年10月通过WTO的争端解决机制共受理国际贸易纠纷案件302件，其中已经结案的国际贸易纠纷案件中，属于知识产权的纠纷案件有13件，位于反倾销纠纷案件（51件）和保障措施纠纷案件（31件）之后，排名第三位，超过反补贴纠纷案件（12件）。

### （二）知识产权贸易成为企业的重要经营方式

在传统的第一产业、第二产业中，企业以开发、制造、销售产品作为主要经营方式，也就是以经营有形商品作为主业；传统的第三产业企业，往往以提供各式各样的服务作为主要经营方式，也就是以经营无形商品作为主业。现在，随着知识经济、知识产权贸易的发展，一些企业已经将知识产权贸易作为一种重要的经营方式。

大家知道，美国国际商用机器公司（International Business Machines Corporation，IBM）1911 年创立于美国，是全球最大的信息技术和业务解决方案公司，其在 20 世纪 40 年代已经进入计算机制造业。1944 年，艾肯（Howard Aiken）在 IBM 公司的支持下，试制成功世界上第一台数字式自动计算机“Mark I”。到 20 世纪 60 年代，IBM 公司营业额已经近 6 亿美元，成为美国最大的公司之一，70 年代占据了美国计算机市场的 80%。多年来，IBM 公司在计算机硬件产业一直位居龙头老大的地位。

其实，除了经营计算机等 IT 产品以外，IBM 公司的计算机软件服务业方面在世界上也是名列前茅，对于这一点，许多人可能就不一定了解。

1969 年 6 月 23 日，美国 IBM 公司率先将计算机软件单独计价出售，使计算机软件成为一个独立的商品，并开始逐步形成一个独立的产业。1987 年该公司软件销售约占公司总销售额的 13%，达 68 亿美元，比 1986 年增长 24%，主要是销售大型机 308X 和 309X 系列软件。该公司销售额不仅在美国软件市场中，而且在世界软件市场中居首位。1988 年，IBM 公司软件销售额为 84.24 亿美元，占世界总销售额的 34.2%，仍居首位，紧跟其后的是 DEC 公司和 Unisys 公司。1995 年，IBM 公司总销售额为 760 亿美元，其中软件为 128 亿美元，占 16.8%。而微软公司 1995 年的总销售额不过才 72.7 亿美元。

1995 年 6 月，IBM 公司以 35 亿美元（每股 64 美元）的巨资收购了已跻身于软件专业公司前五强的 Lotus 公司，成为软件业历史上影响最大的一起并购事件。2001 年，IBM 公司凭借近 130 亿美元的软件收入成为全球最大的电子商务基础架构中间件供应商，同时也是全球第二大软件厂商。目前 IBM 公司的软件业务利润率已高达 81%，占集团总利润的 1/3。

在世界 1996 年软件销售额前 10 名中，美国占 6 家：IBM（1）、Microsoft（2）、CA（4）、Oracle（5）、Digital（9）、Novell（10）；其余4家为Hitachi（3）、Fujitsu（6）、SAD AG（7）、Bull（8）。

美国微软公司（Microsoft）在1993年的总营业额不过才44亿美元，1994年该公司的营业额还不到IBM公司软件营业额的一半，1996年已相当于IBM公司同年软件营业额的71%，

从全世界软件市场来看，由计算机硬件制造厂商提供的软件营业额占30%—40%，20世纪80年代以前所占比重更大，80年代末期以来逐年下降，90年代中期以后又开始有所回升。

现在的IBM公司，除了经营计算机产品、计算机软件及服务以外，又增加了一种重要的经营内容，这就是经营知识产权。

IBM公司每年在研发方面的投资超过50亿美元。从1993年开始IBM公司一直是美国专利授权的冠军，1997年的总专利数是1724项，1998年高达2658项，到2006年获得3651项专利，在过去连续14年中，IBM一直是全球产生专利最多的企业，其获得的美国专利数远远超过惠普、戴尔、微软、SUN、甲骨文、英特尔、苹果、易安信（EMC）等公司专利数的总和，历史上的一些主要的划时代发明都是IBM公司技术创新的产物。

1990年IBM公司专利许可转让费收入仅为3000万美元，1995年增加到6.50亿美元，1998年专利收入达10亿美元，2000年公司年度总利润为81亿美元，其中专利许可转让费占17亿美元，专利许可转让费的年增长率约为25%。

美国德州仪器（TI）公司是一家因为被逼上绝路而开始挖掘专利潜力的公司，20世纪80年代中期，德州仪器公司在面临破产的情况下，开始从事专利许可交易，1986—1989年的专利许可使用费收入就高达8亿美元，1999年5月，德州仪器公司签署的一项半导体专利使用许可协议（专利授权对象是现代公司），使该公司1999年第二季度每股收益增加了12美分。目前，该公司每年仅向韩国三星转让专利的收入就达10亿美元。

日本佳能公司每年投入数百亿日元开发、申请专利，专利权的收益近年高达100亿日元，其收入主要来自专利许可费，专利权经营收入是支出的3—17倍，显示出知识产权投入的丰厚回报。

### （三）经营知识产权成为一些企业的主业

据一份研究报告揭示，从20世纪70年代到20世纪90年代，欧美主

要企业的“无形资产”比值从20%提升到了70%。欧美目前拥有众多的专利技术公司，他们80%—90%的收入来自专利费的收取和技术转让。美国高通公司就是其中一个代表。

美国高通公司（Qualcomm）成立于1985年，最初只是一家很小的技术公司，主要为无线通信业提供项目研究、开发服务，也涉足一些产品制造。1989年，电信工业协会（TIA）认定了一项名为时分多址（TDMA）（Time Division Multiple Address）的数字技术，短短三个月后，当同行业界对这项技术还普遍持质疑、观望态度时，高通公司推出了在此基础上建立的用于无线通信和数据产品的码分多址（CDMA）技术（Code Division Multiple Address）。在高通推出CDMA的时候，GSM（Global System for Mobile communication 即全球移动通信系统）和TDMA已经一统天下了，当时的几乎所有厂商也都认为CDMA比起GSM至少落后了两年。在一片嘲笑声中，它将全部申请成专利的CDMA技术提交到美国标准组织TIA和世界标准组织ITU，申请被确立为世界移动通信标准。

随后的5年时间里，高通成功地找到了自己的商业合作伙伴劳拉太空公司以及旧金山太平洋电话公司。在他们的共同努力下，1993年韩国政府宣布建立以CDMA为标准的全国移动通信网络，最终CDMA成为和欧洲的GSM并列的两大2G标准之一。如今，高通已拥有6100多项CDMA及相关技术的美国专利和专利申请，并且已经向全球逾130家电信设备制造商发放了CDMA专利许可。

高通公司的手机销售量也曾经位列全球第八，但是其市场占有率只有8%，而芬兰的诺基亚却有31%。在基站方面，高通公司的利润一直不高。高通公司认为自己的核心能力在于技术创新，而不在于制造和销售，所以，高通放弃了制造业，将手机部卖给了日本京瓷，将基站部卖给了爱立信，留下来的是知识产权授权和芯片两大业务部门。通过和拥有少数CDMA专利权的公司交叉许可，高通拥有了CDMA全部的知识产权。初期进入芯片市场想和高通的芯片一较长短的公司（如韩国的一些企业）后来都慢慢退出了战场，如今CDMA芯片90%以上的市场份额都在高通手中。高通的经营模式非常清晰，就是一门心思经营知识产权（IPR），作为一个没有产品负累的知识产权公司，可以集中全部力量进行技术研发来不断增加其专利规模。高通的IPR许可费通常在产品售价的

4%—6%，要求所有3G手机生产商在向其缴纳专利费时，都需遵循统一的费率标准。

除了特定手机芯片，美国高通公司基本不生产任何设备和产品，它回收专利部署成本的主要途径就是销售技术许可。自1996年为无线通信客户提供第一个商用CDMA解决方案以来，高通公司已经销售了超过20亿个芯片。2003年，高通销售的芯片数量达到10亿，在短短两年时间内销售的芯片数量就达到了20亿。目前，在已经商用的CDMA2000 1×（CDMAIS-95系列升级版，中国联通由CDMA2G向CDMA2000升级的过渡标准）EV-DO的芯片市场上，高通的市场份额在90%以上。

如果说2G时代是GSM号令天下，CDMA偏安一隅的话，在已经到来的3G时代，则是CDMA技术一统天下了。在向3G的演进中，GSM却遇到了无法逾越的技术障碍。由于GSM是基于线路转接的方法，无法高效率地传送数据，因此最终只能向被称作宽带CDMA的WCDMA技术演进。作为3G主流的三种技术标准WCDMA（Wideband CDMA，宽带CDMA，国际电联承认的第三代移动通信标准之一，由欧洲、日本的电信运营商合作研发）、CDMA2000（国际电联承认的第三代移动通信标准之一，由美国高通公司独立研发）以及TD-SCDMA（Time Division-Synchronize Code Division Multiple Address，时分同步CDMA，国际电联承认的第三代移动通信标准之一，由中国大唐电信与德国西门子公司共同研发），都是基于CDMA技术，3G的三大标准都无法绕开CDMA。WCDMA已经在46个国家获得商业应用，运营商约105家。截至2006年10月17日，全球CDMA2000 1X的用户数约有2.64亿，58个国家的126家运营商支持这个标准；全球CD-MA2000 1×EV-DO的用户数约有4200万，24个国家的39家运营商支持这个标准。

据报道，截至2002年10月，在WCDMA全球必要专利分配上，爱立信公司拥有27%的份额，诺基亚、高通、摩托罗拉、NTT DoCoMo、Hitachi、NEC、阿尔卡特、富士通、InterDigital分别为18%、17%、13%、3%、2%、2%、2%、2%、1%。2005年，ZDNet的统计则显示，诺基亚、爱立信、高通、西门子拥有的WCDMA必要专利比例分别为35%、31%、6%、5%。2004年全年高通总计获得了4.15亿美元的WCDMA专利使用费。2005年第二季度的财报显示，来自WCDMA的授权收入已经占到高通专利授权费的25%。

在全球CDMA2000必要专利中，美国高通公司占有29%的份额，居前三位的高通、诺基亚和摩托罗拉共拥有专利总份额约60%。[①] 由于高通公司生产的产品非常单一，其他拥有CDMA2000必要专利的企业很难通过控告高通产品专利侵权对其实施制衡。因此，CDMA2000专利许可领域将继续呈现高通公司特立独行的旧格局。

TD-SCDMA的专利持有者主要是西门子、大唐、华为、中兴、高通、诺基亚、爱立信，以及其他TD-SCDMA产业联盟成员等。国内专利文献中，西门子拥有的TDD专利数量最多，占21.6%，大唐、华为、中兴、高通各占约12.2%、10.1%、7.4%、6.1%。

目前市场上的740多种商用CDMA2000和WCDMA（UMTS）无线设备中，有相当数量使用的是高通解决方案。这些设备包括3G多媒体和游戏设备、静态图象拍照和视频电话、高精度GPS定位手机和专业定位设备、智能手机和无线PDA，以及低成本语音和基本数据应用终端，这种终端使运营商可以利用基于CDMA的标准所提供的卓越网络容量，提供入门级数据应用服务。

在高通2005财年第三季度的收入中，技术授权（主要是收取专利费）的收入占到了33%，芯片的收入则占到了56%，这两项业务贡献了高通几乎全部的利润。2005财年第四季度的收入中，技术授权（主要是收取专利费）的收入为4.97亿美元，占总收入的31%，利润为4.51亿美元，占总利润的66%；芯片的收入为9.12亿美元，占总收入的58%，利润为2.12亿美元，占总利润的31%；无线和互联网应用收入为1.7亿美元，占总收入的11%，利润为2100万美元，占总利润的3%。

为了进一步扩大其技术优势，2004年9月，高通以1.7亿美元收购了从事手机屏幕显示的Iridigm公司，这家公司研发的技术将能够大大降低手机屏幕的能耗；10月，高通收购了英国Trigenix公司，完善自己BREW平台的用户接口。2005年8月17日，高通接着又收购了英国ELATA公司，这也是一家提供无线内容管理技术的公司。2006年，高通以8.05亿美元

① 魏衍亮：《无线通讯行业技术标准与专利发展动态》，《中国知识产权报》2006年12月22日。

的价格收购了一家在 OFDMA（正交频分多址技术）上实力不俗的技术公司，以此来加强自己在 OFDMA 领域的技术积累。OFDMA 技术被认为是 4G 时代的代表技术。

在《财富》杂志 2006 年“100 家全美最佳就业企业”排名中，高通，思科，微软和 Intel 公司的排名分别为第 23 名，25 名，42 名以及 97 名。其中，高通公司已是连续第八年上榜，并以其良好的福利、较低的员工流动率和多元化文化在中型公司排行榜中名列第十。

## 三　知识产权产业成为一些国家和地区的支柱产业

20 世纪 90 年代以来，电子出版、数字化、网络传输等高新技术的发展和在文化领域的广泛应用，大大推动了以版权产业为核心的文化产业的发展，并在许多国家的经济体系中所占比重快速提升，正在成为各国经济的新的增长点，甚至成为国民经济的支柱产业。

### （一）美国的版权产业

1990 年 11 月，IIPA 委托有关机构首次发表《美国经济中的版权产业》报告；1992 年 9 月，发表《美国经济中的版权产业：1977－1990 年》；此后分别于 1993 年 10 月、1995 年 1 月、1996 年 10 月、1998 年 5 月、2000 年 12 月、2002 年 4 月、2004 年，平均每一两年发表美国版权产业系列报告。

报告显示，1997 年，全部版权产业为美国经济创造了 5293 亿美元产值，占整个国民经济总产值的 6.53%，比 1996 年增长了 7.2%。1999 年，全部版权产业为美国经济创造了 6167 亿美元产值，占整个国民经济总产值的 7.33%，比 1998 年增长了 9.9%。2001 年，全部版权产业为美国经济创造了 7912 亿美元产值，占整个国民经济总产值的 7.75%。1977 年到 2001 年，全部版权业的净产值在国内生产总值中的年平均增长率为 6.39%，是同期美国经济总增长率（3.2%）的 2.0 倍。

从出口看，1991 年核心版权业的出口额是 361.9 亿美元；1996 年核心版权业的出口额是 601.8 亿美元，比 1995 年增长了 13.3%，居美国各行业的第一位，超过了汽车及配件（598 亿美元）、农产品、航天业、计算机业（376.3 亿美元）等；1997 年为 668.5 亿美元，比 1996 年增长了 11.1%，仍居各业之首；1998 年为 692.1 亿美元，比 1997 年增长了 3.5%，仍居各业之首；1999 年为 796.5 亿美元，比 1998 年增长了 15.1%，仍居各业之首；2001 年为 889.7 亿美元，比 2000 年增长了 9.4%，仍居各业之首。在核心版权业中，计算机软件业发展最快，出口额从 1991 年的 196.5 亿美元增加到 2001 年的 607.4 亿美元，增长率为 309.1%；电影业的出口额从 1991 年的 70.2 亿美元增加到 2001 年的 146.9 亿美元，增长率为 209.2%。这样看来，美国版权业特别是核心版权业成为美国国民经济中发展最快、就业人数最多、出口最多的产业，在美国占了很大的比重。

据《美国经济中的版权产业：2004 年报告》提供的数据，2002 年美国核心版权产业的增加值达到 6262 美元，占 GDP 的 5.98%，总体版权产业增加值为 12540 美元，约占到美国 GDP 的 11.97%。2002 年核心版权产业就业有 548.4 万人，占美国就业总人数的 4.02%。同年，全部版权产业雇用了 1147.6 万人，占美国就业总人数的 8.41%。2002 年，尽管遭遇到盗版和全球整体经济衰退等状况，美国核心版权产业中四个部分的海外销售和出口仍然增长了 1.1%，达到了 892.6 亿美元。2005 年，美国核心版权产业产值 8190.6 亿美元（占 GDP 的 6.56%）。

### （二）英国的“创意产业”

1994 年，澳大利亚以“创意的国度”（Creative Nation）为核心目标，发布了澳大利亚第一份文化政策报告。

1994 年，受到澳大利亚文化政策报告的启示，英国成立以首相布莱尔为组长的“创意产业特别工作组”，研究相应的文化产业发展问题。1997 年，英国提出“创意产业”（又译“创意经济”、“创造性产业”、“创意工业”）一词，在文化、媒体和体育部成立创意产业特别工作组，落实文化产业发展问题，力图把“文化产业部门”扩大到包括相关的制造业（如电子）。1998 年“创意产业特别工作组”出台“英国创意产业路径文件”，将创意产业定义为“源于个人创造力、技能和天分，通过知识产权的开发和利用，创造财富和就业机会的产业”；根据就业或参与人数多、产值高或成长潜力大、原创性或创新性强这样 3 个条件，选定 13 个产业作为创意产业：软件开发、出版、广告、电影、广播电视、视觉艺术、表演艺术、文化展演、工艺制作、设计、建筑设计、休闲娱乐、生活创意；提出发展创意产业的 5 项基本措施：加强组织管理，加强人才培养，加强资金支持，扶持文化产品的开发、制造、经销、出口，逐步建立创意产业的财务支持系统。英国的研究模式随后被许多国家纷纷仿效，其中包括新西兰及新加坡。

根据英国文化媒体体育部发表的《创意产业专题报告》：在英国，2000 年创意产业增加值已超过 500 亿英镑，占国内生产总值的 7.9%，创意产业就已经成为第二大产业，仅次于金融服务业，年增长率是其他产业的 3 倍，达到 9%；该产业提供岗位 115 万个，占总就业人数的 4.1%。2001 年，英国的创意产业产值约为 1125 亿英镑，占 GDP 的 5%，已超过任何制造业对 GDP 的贡献；2001 年，创意产业占总增加值（GVA）的 8.2%。2002 年，英国的创意产业增加值达 809 亿英镑，已经成为仅次于金融服务业的第二大产业，创意产业行业内约有 122000 家公司在“部际商业注册机构”注册。到 2002 年 6 月，创意产业雇佣总人数为 190 万，其后继续增长，成为雇用就业人口的第一大产业。以增加值计算，软件自 2002 年取代服装成为最大的创意产业。2003 年，英国“创意产业特别工作组”指出，用就业和产出衡量，伦敦的创意产业对经济发展的重要性，已经超过了金融业。一年中前来伦敦的境内外游客在艺术文化方面的花费超过了 60 亿英镑。

### （三）世界文化产业发展概况

约翰·霍金斯在《创意经济》一书中明确指出，全世界创意经济每天创造 220 亿美元，并以 5% 的速度递增。在一些国家，增长的速度更快，美国达 14%，英国为 12%。

从国际上创意创业的发展来看，英国、美国、澳大利亚、韩国、丹麦、荷兰、新加坡等国都是创意产业的典范国家，他们都有自己的发展特色，并产生了巨大的经济效益。

20 世纪 80 年代末，发达国家版权产业在国民生产总值（GNP）中所占的比重大体是 2%—3%。例如，奥地利是 2.06%，荷兰是 2.77%，芬兰是 2.92%，澳大利亚是 3.09%。到 90 年代初，这些国家版权产业占 GNP 比重上升到 3%—6%，根据 1993 年的统计，澳大利亚为 3.1%，德国为 2.9%，荷兰为 4.5%，新西兰为 3.2%，瑞典为 6.6%。作为发展中国家的印度，

1996 年版权产业占 GDP 的 5.6%。据世界知识产权组织估计，无论是在发达国家还是发展中国家，GDP 中版权产业所占份额都在 3%—6%。

根据世界知识产权组织的调查，版权相关产业的产值占国内生产总值比例，美国占 12%、新加坡占 5.7%、加拿大占 5.38%、匈牙利占 6.67%。

日本 2000 年的电影与音乐创收均列世界第二位，电子游戏软件则位居世界第一。2002 年，日本文化产业的市场规模达 84 万亿日元，约占 GDP 的 16.5%。2004 年，日本动漫产业的年营业额达到 230 万亿日元，已经成为日本第三大产业，广义动漫产业已经占日本 GDP 十几个百分点。

据 2003 年公布的一份由新加坡信息通信艺术部创意产业战略启动、由有关经济学家和咨询人员完成的研究报告《新加坡创意产业的经济贡献》显示：2000 年新加坡创意产业增加值占 GDP 的 1.9%，约为 29.8 亿新币。如果算上分销产业，那么新加坡创意产业的总产值约为 50 亿新币，约占 GDP 的 3.2%。

新加坡创意产业从业人数约为 4.7 万人，约占总就业人口的 2.2%，另外分销方面有 3.2 万从业人员，也就是说创意产业总从业人数达到 7.9 万人，占总就业人口的 3.8%；1986 年至 2000 年，新加坡创意产业平均年增长率为 17.2%，高于同期 GDP 的 10.5% 的增长率；2000 年，新加坡创意产业总出口额达 36.7 亿新币。

据《2005 中国文化产业发展蓝皮书》总报告，从总量上看，2003 年我国文化及相关产业所创造的增加值 3577 亿元占 GDP 的 3.1%。2003 年我国文化及相关产业有从业人员 1274 万人，占全部从业人员（7.44 亿人）的 1.7%。如果按照 GDP 增长持平计算，2004 年文化及相关产业创造的增加值将接近 3900 亿元。

2003 年中国 GDP 为 11.7 万亿元，同年，我国图书、期刊、报纸、音像、电子等出版产业的产值为 1545.74 亿元、软件产业为 1600 亿元，这两个与版权相关产业之和约占我国 GDP 的 2.7%，如再加上文化娱乐、广播影视、工艺美术、建筑、信息网络等其他相关版权产业，估计我国整体版权产业应占当年 GDP 的 5% 左右，在整个国民经济中占据了相当大的比例。

2006 年，我国文化产业和软件产业这两部分的产值超过 8000 亿元（其中文化产业为 3700 亿元，软件产业为 4800 亿元）。2006 年，全年国内生产总值为 209407 亿元，文化产业和软件产业这两部分的产值占国内生产总值的 4.1% 。

版权产业、文化产业、创意产业的发展进一步推动了知识产权贸易的发展，也促使知识产权贸易日益自立、成熟。

（本文原载于《对外经贸实务》2007 年第 11 期）

# 专利制度研究

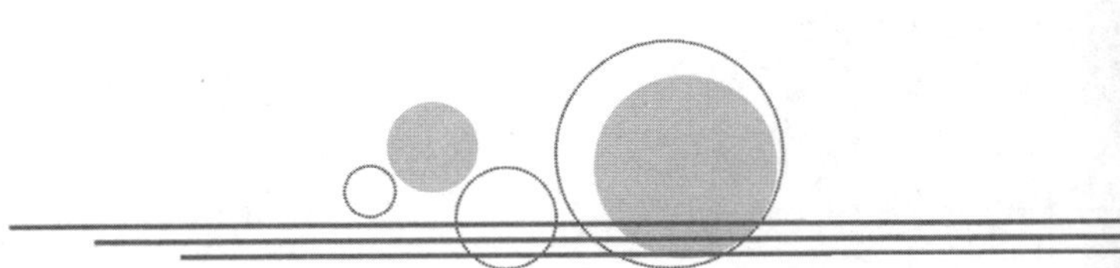

# 试论我国建立专利制度的必要性*

郑成思**

我国是否需要建立专利制度以及建立什么样的专利制度，至今仍旧是个有争论的问题。本文打算通过对其他国家专利制度利弊的分析比较研究，阐明什么是专利制度和实行专利制度的必要性。

## 一　专利与专有技术

有些同志对国际上现行的专利制度缺乏了解，往往弄不清究竟什么是专利。一种有代表性的错误看法是：我国的发明可通过出售专有技术的途径得到保护，没有必要搞什么专利制度。

专利制度最早在 1416 年见于威尼斯，但一般认为，1624 年英国颁布的《垄断法规》是世界上第一部专利法；这也是具有现代特点的专利制度的开始。"专利"一词出自拉丁文 PATERE，原意是"公开摆着的衣钩"。之所以由这个词衍生出"专利"（PATENT），因为它反映了专利的公开性。获得专利的先决条件是发明人把自己的发明公布出来，使公众能看到、了解到、得到发明中的专门知识。而公众则承认发明人在一定时期内有制

---

* 作者原注：本文首次发表于《法学研究》1980 年第 6 期。当时我国商标法、版权法等知识产权单行法的起草均已启动，但在是否应制定专利法的问题上，则仍旧有很大争论。该文目的是参加争论、表明作者的看法。该文写成于 1979 年，但许多主事者称"看不懂"而一直压下未能面世。后《法学研究》史探径先生认可并力主发表。近四分之一世纪后的今天，我仍对史先生怀感激之情。

** 郑成思（1944—2006），时任中国社会科学院法学研究所研究员。

造、使用（或允许别人制造、使用）其发明成果的独占权，亦即专利权。把这种权利的获得和行使用条文固定下来的法律就叫作专利法。任何人都有权了解、抄录或研究别人的专利说明书中公布的制造方法、工艺或技术，但任何人都无权按照这些方法、工艺或技术去实施、去制作，否则就侵犯了他人的专利权，就会受到起诉、被要求赔偿。取得专利的技术内容是公开的，专利权是公开受专利法保护的。专利中包含的“独占”，仅仅指独占发明的实施，绝不指独占体现在发明中的专门知识。

专有技术（KNOW-HOW）也被译为技术诀窍或技术秘密。正因为它是一种秘密，所以只有有义务保密的人泄密时，才负法律责任。获得了技术秘密的第三者，则属于“善意第三者”，有权实施和公开他所了解到的技术，而不必负任何法律责任。因此，发明人只能凭保密享有实际上的独占权，却不享有法定的专有权。第三者了解到他的技术秘密后，他就永远丧失了独占权利，用法律语言讲，即他的技术进入了公有领域（HAS ENTERED PUBLIC DOMAIN），他不可能再收回。但是，他如获得了专利权，专利法即公开保护他的专利权利以及由此而产生的物质财富的独占权利。所以，在西方国家的民法中，专利权被称为绝对权利，而专有技术所附带的权利则被称为相对权利。同样，在国际上有关技术进出口的许可证贸易中，专有技术仅在购买它的一定企业内凭保密受到保护；专利则在一切参加了国际专利组织的国家内都可以受到保护。

## 二　我国是否需要建立专利制度

我国在 1950 年曾颁布过《保障发明权与专利权暂行条例》。不过这个条例仅仅对非国营、非集体企业中个人搞出的发明创造授予专利权，而且条文规定也比较笼统。1963 年废止了这个条例而代之以《发明奖励条例》，经 1978 年修订后，至今还在实行。过去，我国同外国交往少，要不要建立专利制度的问题，还不显得十分突出。现在的情况就大不一样了。我国目前同外国的经济技术交往已发展到前所不能比拟的程度，还出现了合资企业、经济特区等事物。没有专利制度已给我们造成很大不便。以合资企业来说，在进行谈判时，有的外国公司就明确提出他们担心中国没有专利法，会把他们投入合资企业的专利技术给“推广”了。我国已开始成为国际经济生活中的重要一员，我们的正确途径应当是使我们保护发明与实用技术的法律制度适应已经变化了的现实，让国际上通行的专利制度为我所用，而不是躲开它。

有的同志认为：只要有外汇，总能买到设备，不会发生因我国无专利法而外商不肯卖设备的问题。而我国的现实状况恰恰是缺乏外汇。由于引进设备花费大，我们才要逐步减少设备的引进而扩大技术的引进，没有专利法就显得不适宜。而且，如果不研究国外专利情报而一味靠进口设备，进行仿制，就必然永远跟在别人后面，这对加速四化进程是不利的。何况在电子、化工等难以从成品返回原设计的领域，还几乎不可能走仿制这条路。有的同志担心买专利花费太大，其实，所谓买专利，实际指的是购买专利技术，即通过许可证协议，使用国外已获得专利的技术，这比起把整个专利权买过来的花费要小得多；而真正买专利权的情况在国外也是很少见的。

还有一种似是而非的意见是：决定赶超外国先进水平，不在于建立专利制度，而在于自己的努力。这种意见本身并不错，但如果用来作为否定专利制度的理由，就未免文不对题了。日本科学技术发展很快，除了在普及教育等方面的努力之外，专利制度是个重要的促进因素。仅举其钢铁生产中的一个例子：1951 年，奥地利有两家公司联合研究成功氧气顶吹转炉炼钢法，提高了效率，降低了成本。1956 年日本买进这一专利技术并加以改进，成功研究出“氧气顶吹转炉烟气回收技术”，从 1969 年起开始向美国出口这项技术。目前，日本在氧气顶吹转炉炼钢方面已居世界前茅。

有些发展中国家在某些项目的专利保护上吃亏上当也是确有其事的。但这丝毫不能说明我们不应建立专利制度，而只是告诫我们，在建立专利制的同时，要注意培养这方面的法律和技术人才，使我们在同外国交往中心中有数。多年来，参加了国际专利组织的发展中国家并没有一个退出，这个事实说明，那种认为“发展中国家实行专利制深感不便”的意见是站不住脚的。

还有的同志认为：我国技术比较落后，需要引进的技术占多数，出口的技术只占少数，建立专利制度，岂不是主要保护了外国人的专利权吗？首先，这种看法是片面的。我们即使没有专利制度，也必定要与向我国进口技术的国家签订双边协定；而一个个双边协定，也起着保护对方专利权的法律作用。只是我们没有专利法，又未参加国际专利组织，我们的发明只能在与我们有双边协定的国家内受到保护，享受不到在多数国家的专利保护；而对方的发明专利则可在一切参加了专利组织的国家都受到保护。其次，从暂时、从局部看，我们引进专利技术，确实要付出一定代价，但从长远、从全局看，这样做却有利于我国科技的发展；我们甚至在科技获得发展之后，也能出口改进过的发明专利，那又有什么不好呢！

还有一些同志不同意建立专利制度，是出于担心专利制度会像它的资本主义国家那样，带来一些弊病，不利于我国经济的发展。这实际牵涉到另外一个问题：我们建立什么样的专利制度才能对我国的经济发展产生积极的促进作用。这个问题需要引起我们高度重视和进行深入地研究。

## 三　建立适合我国情况的专利制度

西方法学家一般把世界上现行的专利制度分为五种类型，以英、美、法、苏、（西）德五国分别为代表。这几种专利制度中，有一些做法是大多数国家认为不足取的，我们可先不必考虑对其借鉴的问题，如美国采取的以发明在先确定专利权的归属（大多数国家以申请专利在先确定归属），法国的不审查主义（大多数国家要对发明的价值进行严格审查），苏联的授予作者证（大多数国家授予专利证），等等。但这些国家的专利制度中确有值得我们参考和借鉴的内容。例如，英国的专利申请程序，分为比较特殊的两步：最初提出申请时，附上临时的发明说明书，以取得初步权利；此后 12 个月到 15 个月内再提交完整说明书，以备取得终极权利。在提交完整说明书以前，发明人可以主动对专利请求有所增减，而不是像许多国家那样，仅仅被动地根据专利局的要求，决定增减与否。英国这个做法有利于减少附加申请或再申请给发明人及专利局双方带来的不便，值得我们研究参考。再如，英国可以由本国自然人或法人，代外国人申请在外国搞出的发明。在我国的经济特区及其他地区的中外合资企业中，也可能出现外国公司希望将其准备在我国使用的技术，以我国国民的名义申请专利的事例，我们能借鉴英国的做法，可能比较相宜。比如，美国实行的是“发明在先”原则，但《专利法》中规定，对于有证据证明确实在某项发明中付出劳动代价，作出贡献的人，即使实现发明和申请专利都在后，也可考虑授予专利权。这种做法值得我们参考。我们对于确实发明在先，只是因种种原因没有申请在先的人，或自己的研究成果对别人实现发明起了决定性作用的人，可以考虑授予专利权。把这一点作为我们实行“申请在先”原则的补充规定，是有积极意义的。

发展中国家的专利制度，大都是仿照上述五种类型中的某一种，例如，拉丁美洲国家的专利法多与法国相似，曾为英殖民地或现为英联邦成员的国家多与英国相似，菲律宾与美国相似，等等。由于沿用发达国家的专利法，有些发展中国家感到某些不便，也就并不奇怪。我们建立专利制度时可以吸取前车之鉴，尽量避免这种情况。许多发展中国家都规定，于本国搞出的发明，必须在本国实施。这种有利于促进民族经济发展的措施，值得我们参考。我们只要能发扬过去的长处，学习发展中国家利用专利法保护民族经济的好的做法，同时注意避免这些国家已感到不便的那些弊病，就能在实践中走出一条我们自己的路子来。

有些同志认为，我国是社会主义国家，“发明应属于全民”，不应建立专利制度。这种意见实际上是主张在科技领域继续“吃大锅饭”，搞共产风。现在，扩大企业自主权，用经济方法管理经济，已越来越为人们所接受。而实行专利制度，则正是以经济方法管理科研成果，使企业的自主权不仅限于人权、物权，而且延及知识产权。这将有利于鼓励科技人员搞发明的积极性，有利于督促企业领导关心本企业的科研活动和发明成果。在这方面，长期实行专利制度的罗马尼亚、南斯拉夫等国，都有不少值得我们借鉴的经验。例如，罗马尼亚对于值得推广的专利发明，这样规定：经通知专利局后，在国营企业间可以互用；在非国营企业与国营企业间，可通过签订许可证合同，使用发明成果。笔者认为，后一点规定，我们就可借鉴。此外，我们还可以通过国家征用的方式，付给企业合理报酬后，推广有关技术。总之，所谓“独占”，在社会主义国家不应该同在资本主义国家一样，它应当是相对的，不是绝对的。只要我们在专利法中作出适当规定，就可以避免企业之间互相封锁技术，以致妨碍技术发明推广的不良情况。至于越来越多的集体企业以及中外合资企业中的发明，如果没有专利制度，仍然采用“吃大锅饭”的办法，那将更加无法对待。

总之，我们只要善于研究和借鉴外国各种不同类型专利制度的经验，并从我国的实际出发，我们就能逐步建立起具有我国自己特点的专利制度。

（本文原载于《法学研究》1980 年第 6 期）

# 专利法第四次修订中的两个重要问题

## ——兼评《专利法修订草案（送审稿）》

管育鹰*

## 引 言

专利制度是知识产权制度的核心组成部分，专利权的保护和运用不仅是促进产业竞争的利器，还是提升整个国家的竞争力和推动科技进步的有效手段。我国《专利法》自2008年第三次修订以来，对国家知识产权战略的实施、激励科技创新起到了重要作用。近年来，我国经济发展进入新常态，产业结构亟须调整，传统产业亟须转型升级。鉴于科技在今后国民经济的可持续发展中将发挥越来越重要的作用，目前国家需要进一步完善相关制度，更加重视落实知识产权保护以鼓励创新和研发。

国家知识产权局（SIPO）于2011年11月启动《专利法》第四次修订工作，并于2013年1月向国务院法制办提交了《中华人民共和国专利法修订草案（送审稿）》。2014年上半年，全国人大常委会开展了专利法执法检查工作，从专利质量、专利保护、专利运用、公共服务等方面对专利法修订提出了具体意见。为此，SIPO再次征求社会各界意见，形成了新的《中华人民共和国专利法修订草案（送审稿）》（以下简称送审稿）；2015年12月2日，国务院法制办公布了送审稿并向社会各界公开征求意见。

我国《专利法》第四次修订之议题，包括提升专利质量、加大专利权

* 管育鹰，中国社会科学院法学研究所研究员，博士生导师。

保护力度、关注国际知识产权环境的变迁并尽量与有利于我国企业的国际规范相协调，等等。本文结合送审稿的相关内容，阐述笔者关于《专利法》第四次修订中两个重要问题的看法。

## 一 关于《专利法修订草案（送审稿）》的总体评价

### （一）《专利法》第四次修订的必要性

专利制度的发展与完善不仅关系到私权的保护，还与国家的产业政策调整紧密相关。从发达国家的发展道路来看，加强对知识产权的保护和运用是提高综合国力、赢得国际竞争优势地位的重要途径。在我国将创新驱动发展和知识产权强国作为国家发展战略的今天，完善知识产权相关法律体系是实施知识产权战略的重要保障。专利制度是激励技术创新、促进科技成果转化不可或缺的基本知识产权制度，随着我国社会主义市场经济的发展，2008 年底修订的《专利法》需要进一步完善以充分满足实践需求。

SIPO 在送审稿及其说明①中，具体指出了我国现行专利制度的典型弊端，比如专利维权举证难、周期长、成本高、赔偿低、效果差，笔者同意这些表述；同时，笔者认为除了加大专利权保护力度，修法需要关注和解决的问题还包括专利数量增长快但质量有待提升、如何尽量与国际规范相协调以助力我国企业的“走出去”战略等。

### （二）《专利法》第四次修订的宗旨

此次《专利法》的修订，并没有应对外来压力的紧迫性，其目的是使《专利法》在建设创新型国家中发挥更大的作用。自 2012 年党的十八大提出创新驱动发展战略以来，作为激励创新的一项基本而有效的法律制度，知识产权保护的作用得到进一步强调，“实施知识产权战略、加强知识产权保护”成为党和国家的明确决策。近几年来，党和国家在全面深化改革和全面推进依法治国的重大决定中更是作出了“加强知识产权运用和保

① 送审稿及其说明参见国务院法制办网站主页，网址：http://www.chinalaw.gov.cn/，最后访问时间：2016 年 1 月。

护，健全技术创新激励机制，探索建立知识产权法院”、“创新执法体制、推进综合执法、整合队伍；最高院巡回法庭，探索设立跨行政区划的法院和检察院……”等具体部署。因此，作为知识产权领域的基干法，《专利法》的修法宗旨，应当在思路、步骤，以及具体的内容和条款方面都契合前述国家深化改革和依法治国发展战略的顶层设计之需要。

2014 年 6 月 23 日，全国人民代表大会常务委员会执法检查组《关于检查〈中华人民共和国专利法〉实施情况的报告》指出，各界对《专利法》修订的具体意见主要包括：加大专利权保护力度，建立对故意侵犯专利权行为的惩罚性赔偿制度；完善专利诉讼举证责任制度；加强展会活动中的专利执法保护；加大对严重侵犯公共利益的专利侵权行为的执法和查处力度；完善促进专利实施与运用的法律规范；适应创意设计产业发展的需要，完善外观设计保护立法等。笔者认为，《专利法》第四次修订应当结合上述修法的全局性宗旨，在《专利法》的具体框架设计和内容上尽量考虑这些具体的修法意见。

### （三）送审稿的亮点及仍需考虑的问题

《专利法》第四次修订启动以来，SIPO 组织了多次调研和论证会，体现了广开言路、开门立法的精神。最后提交国务院法制办的送审稿有许多亮点，比如加强外观设计专利的保护，增加举证妨碍和惩罚性赔偿制度，改进职务发明制度、促进科技成果转化，明确间接侵权责任和网络服务提供者的法律责任，增加当然许可、默式许可等关于专利实施和运用的规定，建立专利权保护信用信息档案等。具体内容可参见送审稿及其说明，本文不再赘述。

送审稿存在的主要问题，是与本文前述的修法宗旨没有完全契合，比如没有体现我国专利保护对象中发明、实用新型和外观设计的不同，没有区分侵害发明专利与假冒发明专利的法律属性及其相应的执法规制措施，没有全盘考虑专利行政执法的改进与我国行政执法体制改革措施的衔接；等等。

鉴于此次修法没有应对外来压力的仓促和紧迫，为了我国创新激励体制机制的完善，除了考虑解决当前专利保护不力的主要矛盾外，完全可以借此理顺我国专利制度存在的两个主要问题，即外观设计制度的独立和专利行政执法职能的定位。

## 二　关于《专利法》第四次修订中两个重要问题的看法

笔者认为，《专利法》第四次修订涉及很多重要问题，前面概述的送审稿亮点都没有大的需要重新考虑和讨论的内容；但是，在修法的总体思路方面，有两个重要问题建议进一步讨论并尽快形成比较一致的方案以推动立法进程。

### （一）将外观设计从《专利法》中分离出来，制定《外观设计保护法》

1. 外观设计是知识产权领域的特殊保护对象

外观设计与发明、实用新型有所不同，尽管其要考虑产品的技术和功能，但更多的是针对产品的外观作出的新颖、别致、有美感的装饰性设计，而且外观设计的侵权判定也不像发明、实用新型专利侵权判定那样要涉及复杂的技术特征比对，而是更多考虑是否实质性相似、是否容易导致混淆。因此，将外观设计与发明同时放在《专利法》中，不能体现外观设计的本质，也不利于我国的外观设计与国外主要国家和国际申请体系相融合，可能为我国外观设计权利人“走出去”带来不必要的程序性繁杂事务。比如，在世界各国，“专利国际申请”都仅指发明专利的国际申请、不包括外观设计的国际申请，这也是此次送审稿第 20 条将“专利国际申请”修改为“国际申请”的原因。

2. 现阶段加强对外观设计的行政执法具有可行性

判断外观设计是否侵权的标准，与商标、版权保护对象十分相似，即是否相同或实质性相似以至于造成误认、混淆，这一判断由裁判者基于普通的、理性的消费者角度即可比较容易地作出。因此，与发明和实用新型的侵权判定者需要有一定技术背景，或者至少有技术人员的辅助有所不同，履行市场监管的普通行政执法人员即可以作出是否侵权的初步判断和查处，这一点与商标、版权的侵权判定和查处相类似。

当前《专利法》第四次修订中的一个焦点问题是：相关修改是否不恰当地强化了专利行政机关执法权？这个问题的争议会随着外观设计保护的

单独立法迎刃而解；换言之，为加强对外观设计的保护，在侵权现象仍十分严重、司法渠道仍难以全面救济、行政执法并不需要高深的专业技术技能的情形下，现阶段强化行政执法机关对外观设计的执法权顺理成章。

从全国人大的执法检查结果看，反映专利行政执法力度不足、不能有效制裁和震慑专利侵权行为、不能充分发挥快速解决纠纷和维护市场公平竞争作用的创新主体主要是中小企业，尤其是展会中侵权仿冒品轮番上场抢单、地区性大规模地对新式外观设计的跟风模仿等现象，都需要行政执法提供有效快捷的打击手段制止对外观设计权利人潜在经济利益的侵占。中小企业是目前我国经济进入新常态后国家倡导的“万众创新”的主体，外观设计是现阶段这类创新主体在市场中能够生存和发展最需要得到有力保护的智力成果；同时，对于正处在萌发期的文化创意产业来说，外观设计是获得竞争优势的重要武器。将外观设计保护单独立法之后，可以设定司法保护和行政执法保护并重的规则，符合我国当前的产业发展需要。

当然，因为注册商标、正规出版或传播均经过主管机关一定程序的审查和核准，对持有商标注册证书和出版、表演、上映等各类传播许可证的人，行政执法者有理由推定其请求具有合法性；换言之，商标、版权行政执法都有其形式要件上的合法依据，采取相应执法行为不需要执法者结合其他复杂的证据作出到底是否侵权的判定，① 执法相对简单。另一方面，对于未经实质性审查的外观设计来说，如果拟通过的立法要赋予行政执法机构采取超出现行《专利法》规定的“责令停止侵权”之外的行政处罚措施来查处侵权，应当要求权利人出具权利实质有效的初步证明，即现行《专利法》所称的外观设计“专利权评价报告”。这就要求作出创新外观设计的权利人事先获得外观设计权评价报告，据此获得行政执法的及时保护。

① 《商标法》中工商行政管理部门有权查处的侵权行为都是第 57 条所列的“侵犯注册商标专用权”行为，可以查处的其他行为如冒充注册商标、滥用驰名商标字样、不按规定使用注册商标等，均不涉及复杂的商标侵权判定或注册使用纠纷；《著作权法》第 48 条明确的版权行政执法的对象，无论是出版发行、表演上映，还是网络传播，都是需要相关主管部门批准的行为，单纯的著作权民事侵权行为（比如琼瑶诉于正案所涉及的抄袭，或不经许可的改编、不支付相关报酬等）均不是版权行政执法的对象。

3. 外观设计的保护范围和力度可以得到加强

此次《专利法》修订，涉及延长保护期、增加对部分外观设计的保护和增加国内申请优先权，这些都是有利于国内外观设计权利人的值得肯定的修订，也有利于与国际外观设计保护制度接轨。当然，具体的加强保护方式还可以探讨，比如保护期的延长问题，为了加入外观设计国际申请体系之《海牙协定》、为我国企业“走出去”提供便利条件，外观设计的保护期须达到该协定15年的要求；不过，结合我国具体情况，充分考虑不能获得著作权法保护的实用艺术品保护的需求，可以设定相对灵活的保护期以满足不同权利人的需要，比如可以规定“15+5+5”的保护期制度，对那些市场效益良好、设计精美、有生命力的外观设计提供最长为25年的外观设计保护期。另外，外观设计单独立法保护并不排除《著作权法》对构成作品的内容进行保护，不影响外观设计经过长期使用获得显著性后获得《商标法》对未注册商标的保护，不排除在《反不正当竞争法》中增加对生命周期极短的设计一定期间的禁止仿冒产品外观之规定的可能性。

总之，加强外观设计保护对鼓励创意设计、促进产品更新换代以提升产品和企业形象均有重要作用，鉴于外观设计与发明的明显差别，将外观设计保护制度独立出《专利法》十分必要，这将避免外观设计保护制度的完善进度因为整部《专利法》修订涉及诸多程序和实体的复杂争议造成的拖沓而受到影响。

4. 外观设计单独立法可以率先引进权利无效抗辩制度

现有外观设计专利制度存在一定弊端。2008年的《专利法》修订虽然对提高外观设计专利的质量起到一定作用，比如增加专利权评价报告、现有设计抗辩等，但仍未消除各界对外观设计专利低质量的印象。很多明显的、无创新的设计因非实质性审查的因素获得外观设计专利证书，之后在实施中产生纠纷的，按照现行《专利法》设定的程序，仍然与牵涉复杂技术因素的发明专利一样，理论上可以进入侵权—无效宣告民事、行政程序的纠缠或循环，不必要地耗费公共资源。事实上，即使是发明专利，在侵权诉讼中引进无效抗辩、使得法院可以在个案中否定明显无效的权利从而拒绝对其提供救济也是符合公平和效率原则的，而且因为法官不支持此类权利人的主张并不等于宣告权利无效，因此也并不违背司法和行政职能划分。当然，针对发明专利建立权利无效抗辩制度牵涉到审理法院在技术性判断职能方面的完善，牵涉到我国知识产权专门法院建设的规划和进展，对于知识产权专门法院建设的进一步规划应当尽快制定，限于篇幅，本文不再展开论述。

简言之，鉴于《专利法》的再次修订牵涉面广、主要修改内容争议较大，发明专利的侵权与无效确权程序的优化事关司法改革的整体部署，要一步到位在《专利法》第四次修订中引进无效抗辩制度的可能性不大；相对而言，如果外观设计单独立法，则由于外观设计所涉及的技术因素并不那么复杂，法官对外观设计是否明显不符合授权要件之判断并不那么困难，因此在外观设计保护单独立法中率先设立权利无效抗辩制度不会引起太多争议。

### （二）专利行政部门的职能定位需要结合国家机构改革规划考虑

现行《专利法》规定国务院专利行政部门负责管理全国的专利工作，统一受理和审查专利申请，依法授予专利权，这是符合建立专利制度的各国通例的。

送审稿增加了国务院专利行政部门“负责涉及专利的市场监督管理，查处有重大影响的专利侵权和假冒专利行为，建设专利信息公共服务体系，促进专利信息传播与利用”的职能。其中，“建设专利信息公共服务、促进专利信息传播与利用”突出了政府部门与时俱进的服务意识，此项增改并无不妥；但是，“负责涉及专利的市场监督管理，查处有重大影响的专利侵权和假冒专利行为”却明确赋予了国务院专利行政部门进行市场监管和行政执法的职能，而这项职能可能与现有的或将来可能划定给其他政府部门的职能产生交叉或重合。

1. 专利行政部门的管理职能

专利行政部门行使专利行政管理职能理所当然。从其他国家的实践看，中央级的专利行政管理机构并无市场监管和行政执法职能，而中央级以下的政府部门也并未设立专门的专利行政管理或执法机构。依照世界通例，专利行政管理机构的职能通常包括：

（1）统一受理和审查专利申请，依法授予专利权；

（2）就国内外专利申请的授权、权利保护、注册登记等方面的事务作出决定，对已经授权的专利及其文件等出具证明文件；

(3) 依照法律的具体规定和条款作出决定和参加相关诉讼程序；

(4) 建立专利数据库并提供摘要查询、出版相关的公报；

(5) 与相关政府部门合作起草关于知识产权的法律等规范性文件；

(6) 参与国际相关机构活动，与他国知识产权主管部门商讨合作、推广关于知识产权保护的议题讨论并推动本领域研究工作、宣传教育培训等事项。

根据我国国情，以上这些职能可以归属于国务院专利行政部门；另外，鉴于目前我国的国家知识产权局被确定为负责国家知识产权战略实施的协调工作，而且目前省及省级以下的政府部门也陆续设立了一些对接机构，维持现状保留这些机构的人员以协助当地政府统筹安排知识产权战略的实施可以考虑，但不宜再增加其他职能和相应的编制。

2. 专利行政部门的市场监管和执法职能

市场监管是指国家依法对市场交易活动进行监督管理，旨在维护合法经营和正当竞争的市场秩序、保障消费者权益；市场监管的内容是综合性的，涵盖了市场主体注册登记管理，城乡交易市场管理，商品质量、计量、价格管理，知识产权管理，广告管理，等等。行政执法是指国家行政机关和法律委托的组织及其公职人员依照法定职权和程序行使行政管理权，贯彻实施国家立法机关所制定的法律的活动。从市场经济发展的历史看，国家的市场监管和行政执法职能往往是一体的，也即有监管权的行政机关也有相应的执法权。

现行《专利法》并未明确赋予国务院专利行政部门执法权，因此，送审稿增加“负责涉及专利的市场监督管理，查处有重大影响的专利侵权和假冒专利行为”的职能大大突破了现行法律框架。同时，现行《专利法》虽然规定了省级以下地方政府“管理专利工作的部门”负责本行政区域内的专利管理工作，但并未明确该部门指向某一具体的行政机关，从而保留了专利行政执法职能根据国家机构改革需要来配置的灵活性；而送审稿第三条则明确地赋予“地方人民政府专利行政部门”在本辖区“依法开展专利行政执法，提供专利公共服务”的职能。这一修订的实质是设立地方各级专利行政部门并赋予其执法权，将原先地方政府单纯的“专利管理工作”职能大大扩张，且指定由地方各级“专利行政部门”行使。

3. 增加专利市场监管、扩张专利行政执法职权的利弊

广义上说，行使专利权、侵害专利权或者假冒专利等都是进行市场竞争的手段；如果这些行为违反诚信等基本市场经济法律规则，构成非法经营、破坏正当竞争秩序，或者损害消费者权益的，在现有法律框架下，除了民事权益受损害者寻求司法救济，市场监管部门和行政执法人员为了维护社会主义市场经济秩序也可主动介入查处。当然，由于发明专利往往带有技术因素，一般的监管和执法人员难以快速准确地作出侵权判定，现行《专利法》规定的行政执法仅针对假冒专利而扰乱市场秩序、欺骗消费者的行为是恰当的，法律如果明确授予行政执法部门查处发明专利侵权案件可能带来新的问题（外观设计侵权则不同，前文已述及；实用新型也宜适用单独的规定，本文不再展开论述）。

申言之，由于发明专利的技术性和复杂性，除了明目张胆的侵权者被举报查处后主动承认的情形（在此情形下被控侵权人停止侵权和依照调解协议赔偿往往也无争议），行政执法人员均不宜对那些对专利权本身有质疑的被控侵权者直接采取行政强制措施；如果为保护一项具有不确定性的民事权利而采用对该权利有效性并无判断能力的公权力进行干预、查处另一平等民事主体的正常经营活动，可能会造成被控侵权人不可挽回的损失。

因此，针对发明和实用新型专利侵权，我国现行《专利法》规定管理专利工作的部门只有“责令停止侵权”的职权是恰当的。而针对外观设计专利，则其侵权假冒并不难判定；而且越是获得市场成功的外观设计，其是否被侵权假冒的判定越容易。实践中，侵权的外观设计产品往往会造成消费者误认混淆，因此外观设计侵权必然不仅损害权利人的利益，也会侵害消费者利益，赋予行政机关主动查处外观设计侵权行为并赋予其采取相应的行政强制措施并无不妥。从这个意义上说，送审稿所涉及的加强行政执法权的规定应用到外观设计保护上是可行的，但这一目的通过外观设计保护专门立法来实现更为理想。

4. 与我国市场监管和行政执法体系改革的衔接问题

在中国知识产权战略推进过程中，虽然现阶段知识产权行政执法仍需要加强，但应当结合整个国家依法治国蓝图顶层设计的思路考虑。在党和国家依法治国方略的最新部署中，在“深入推进依法行政，加快建设法治

政府"的框架下对行政执法提出的改革措施包括：减少层次、整合队伍、提高效率的原则，合理配置执法力量，推行跨部门综合执法。[①] 可见，在知识产权行政执法领域，将来的改革方向也应当是综合执法资源，提高执法效率。

事实上，这一思路早在沿海经济相对发达地区以机制改革、经济新区、自由贸易区等试点方式得到体现。比如，2009 年 8 月通过的《深圳市人民政府机构改革方案》组建了"市场监督管理局"，统一承担原工商局、质量技术监督局、知识产权局以及卫生局餐饮环节的食品安全监管职责。在 2013 年底党和国家明确市场监管体制改革的方向后，上海自贸区开展了综合执法体制改革，由自贸区管委会统一执行专利、著作权的行政执法工作。2014 年 7 月，国务院发布了《关于促进市场公平竞争维护市场正常秩序的若干意见》，指出"不同部门下设的职责任务相近或相似的执法队伍，逐步整合为一支队伍"的目标；近年来，广东、福建、天津等自贸区借鉴上海经验，陆续整合了试验区内知识产权管理和行政执法功能。

由于历史原因，我国的知识产权主管行政机关的管理和执法职能目前是合二为一的，但这并不意味着要进一步强化这种绑定。知识产权行政执法的职能从本质上说是政府依法承担的知识产权保护职责，具体由哪一个机构来执行可以由政府统筹安排；整合知识产权行政执法职能会起到强化知识产权行政保护、提高执法效率和水平的作用，因为建立一支拥有统一执法权的专门知识产权执法队伍可以集中原有的执法力量，有效打击侵权盗版和假冒等违法活动。对于目前的知识产权主管行政机关，则应当强调其提供专业化公共服务的职能，即通过优化申请及授权、确权、备案等专业性活动的程序为创新者提供便利，提高知识产权审查质量以促进创新；其他的管理、服务性职能也可以进一步拓展，比如与知识产权相关的竞争秩序监管、专题研究的指南制定、政策宣传、信息集散与提供、公众教育、配合相关部门的执法和司法活动、对涉及公共秩序和公共利益的知识产权事项进行决策，等等。

简言之，送审稿需要谨慎考虑增设省级以下专利行政部门的必要性，并将加强专利行政执法的具体改进措施放到更宏观的知识产权体制机制改

---

① 参见 2014 年 10 月 23 日《中共中央关于全面推进依法治国若干重大问题的决定》第三部分。

革大局中考虑。

## 三 送审稿的相关条文及具体修改建议

关于送审稿具体条文的修改建议涉及很多具体内容，本文仅结合前面论述的两个重要方面提出对送审稿中相关条文的修改意见。

### （一）关于外观设计制度的进一步完善

笔者认为将我国现行专利法体系中的外观设计单独出来立法保护更理想，总体方案前面已经述及。送审稿第 2 条、第 29 条、第 42 条也是关于外观设计制度的修改，笔者同意增加局部外观设计保护和国内申请优先权的规定，也同意延长外观设计保护期限。

1. *增加局部外观设计保护的问题*

局部外观设计，也叫部分外观设计，指以线条、轮廓、色彩、形状、质地，以及材料本身的装饰结果等组合设计而成的产品局部外观。就我国已有的一些讨论来看，结论几乎都是我国《专利法》不保护部分外观设计；[①] 由于 2008 年的《专利法》修订并未涉及局部设计的问题，这一结论至今适用；另外，在 SIPO 2010 年公布的现行《专利审查指南》中，也有“产品的不能分割或者不能单独出售且不能单独使用的局部设计”，例如袜跟、帽檐、杯把等，属于不授予外观设计专利权的情形之规定。[②]

另一方面，尽管《专利法》及其配套法规、规章没有关于对产品的一部分进行改进作出的新外观设计是否可以受到保护的明确规定，但在实践中，很多外观设计申请人是在已有产品形状、图案、色彩的基础上，对产品的某些局部外观进行改进、就这种有局部新设计的产品申请外观设计专利并获得授权的，比如按键布局形状有新颖性但其他部分属于常见设计的手机、仅有笔夹部分不同于现有设计的圆珠笔、把柄形状新颖而其他部分很普通的茶杯等。值得注意的是，随着电子产品外观设计保护需求的发

---

① 参见刘桂荣《关于部分外观设计的探讨》中引述的观点，《知识产权》2004 年第 3 期。

② SIPO《专利审查指南》第一部分第三章 7.4（3），国家知识产权局令第 55 号，2010 年 1 月 21 日发布；此后该指南于 2013 年、2014 年，均两次修改未涉及此项规定。

展，2014 年 SIPO 通过了对《专利审查指南》相关规定的修改，增加了对图形用户界面的保护；[①] 即使该修改强调申请图形用户界面外观设计专利应当“提交整体产品外观设计视图”，但实际上图形用户界面设计在现实中仅能成为电子产品的一部分而非产品全部。

因此，笔者认为，不能就袜跟、帽檐、杯把、电子图形用户界面等无法与产品分割使用的部分本身向 SIPO 提交外观设计专利申请，因为它们显然不属于外观设计国际分类中的“产品”；但是，拥有这些局部创新设计的袜子、帽子、茶杯、图形界面等是可以申请外观设计的。为避免法律没有明确规定可能导致的理解不一致，有必要在《专利法》（或单立的《外观设计保护法》）中明确对局部外观设计的保护。这样，《专利审查指南》（或《外观设计审查指南》）也可以作出相应修改进一步明确，比如删除可能让人误解为不保护局部设计的规定，允许我国申请人采取与国际上其他国家一致的做法准备申请文件，即以虚线表示现有设计、以实线表示所申请保护的创新局部设计、虚实结合表示产品整体外观。

2. 外观设计保护期的设定问题

外观设计的经济价值和在市场竞争中的重要性毋庸赘述，苹果和三星公司的全球外观专利诉讼已经为此作了最好的演示。[②] 不过，考虑到不同产品的生命周期不同，其对外观设计保护期的要求也不同，统一规定一个较长的保护期并不一定符合产业需求。从国际上看，设计业相对发达的国家立法规定的外观设计保护期较长，比如法国的可以续展到 50 年，英国为 25 年，德国为 20 年，意大利、日本、韩国等都是 15 年，美国为 14 年。另外，其他很多发展中国家选择的最长保护期也是 15 年以上，比如巴西为 25 年，印度、俄罗斯、南非最长都到 15 年。可见我国外观设计专利保护期限与大多数国家相比较为短暂。对此，本文前面建议我国对外观设计保护期宜适当延长。笔者认为，外观设计专利权（若单独立法可直接称外观设计权）的保护期应规定为 15 年，期满可以续展，每次可续展 5 年，最长不超过 25 年。

---

① 参见国家知识产权局令第 68 号，2014 年 3 月 1 日发布。

② 参见王康《三星 PK 苹果，科技巨头们急了》，《中国知识产权报》2016 年 1 月 27 日第 5 版。

### （二）关于专利行政管理机关的职能定位问题

送审稿第 3 条增加了国务院专利行政部门的职能，提出设立地方管理专利工作部门并赋予其职权，此规定涉及国家机构职能的调整和划分等问题，属于需要结合国家改革全局通盘考虑的内容；鉴于相关讨论仍未有比较一致的结论，建议删除该条的修订内容。相应地，在第七章“专利权的保护”一章中，关于专利行政部门查处专利侵权的新增规定也须拆解且部分删除，即如果外观设计单独立法，加强外观设计保护的行政执法内容可以增加，若《专利法》修订不分出外观设计，则应当明确行政强制措施不针对发明和实用新型专利。

关于送审稿第 60 条，建议不明确“专利行政部门”以便预留将来行政管理与执法职能分离和综合执法改革的可能性、灵活性；建议行政执法部门对群体侵权、重复侵权的查处权仅限于权利人能提供专利权评价报告前提下的外观设计侵权案件。当然，此项修改也可以通过外观设计单独立法完成。

建议删除第 61 条，理由同第 60 条，即不应明确执法者为“专利行政部门”；同时，对行政执法部门主持下形成的赔偿额调解协议反悔的事实，可在最终被人民法院判决侵权和赔偿后进入不诚信记录，但此条赋予调解协议的强制执行效力与民事诉讼法的原理不符，也即可考虑改为：“调解协议达成后，一方当事人拒绝履行或者未全部履行的，对方当事人可以向人民法院另行起诉。一方当事人拒绝履行或者未全部履行调解协议的情况可以记入本法第 × ×条规定的专利信用信息档案。”

（本文原载于《知识产权》2016 年第 3 期）

# 论欧盟基因专利的保护范围及启示

李菊丹*

随着生物技术在农业、医药、食品、环保、能源、材料等领域的广泛应用，尤其是21世纪最初的十年，生物技术产业以前所未有的速度发展，成为发达国家新的经济增长点。经过近三十年的实践，美国、欧盟等一些发达国家与地区陆续通过司法判例逐步调整，或者说进一步明确其有关生物技术的专利保护政策。在这一过程中，如何界定基因专利的保护范围，一直是各国学者和司法界关注和探讨的重要问题。Monsanto V. Cefetra案是欧盟法院（European Court of Justice，ECJ）讨论如何界定种子基因专利保护范围的经典案例。ECJ在该案中深入讨论了《欧盟生物技术发明保护指令》第9条规定的具体含义，认为如果被控侵权时，转基因产品中所含的相关基因不能执行其专利申请书中所描述的基因功能时，就不构成对该基因专利的侵权。这个解释统一了欧盟成员关于基因专利保护范围的不同理解，对跨国生物技术公司的全球知识产权战略布局产生重要影响，对我国基因专利的申请、保护与运用实践同样有不少启示。本文首先介绍Monsanto V. Cefetra案的基本情况，然后讨论荷兰法院提交欧盟法院的四个问题以及欧盟法院解释产生的影响，最后指明该案对我国基因专利保护的若干启示。

## 一　Monsanto V. Cefetra案基本情况

Monsanto V. Cefetra案[①]是欧盟法院对欧盟98/44/EG指令进行解释的

---

* 李菊丹，法学博士，中国社会科学院法学研究所副研究员。

① Case C-428/08，Monsanto Tech. LLC v. Cefetra BV，2010 E. C. R. 7.

第一个案例。通过该案，欧盟法院确立了各成员国关于基因专利保护的基本规则。[①] 本案原告 Monsanto 公司，被控侵权的专利是该公司于 1996 年获得一项与 Roundup Ready（抗农达）大豆有关的欧洲专利（EP0546090），在奥地利、比利时等 11 个欧盟成员国有效，涉及 4 项权利要求：（1）编入 EPSPS 基因的独立 DNA；（2）通过将 EPSPS 基因编入植物细胞具有耐草铵膦特性的转基因植物的生产方法；（3）对草甘膦具有抗性的植物细胞及其植物；（4）对编入 EPSPS 基因并耐草甘膦的转基因作物和杂草同时喷洒草甘膦的田间控制杂草方法。该专利没有直接对利用耐草甘膦的转基因植物生产豆粉的方法提出权利要求。阿根廷、巴西等国广泛种植含 Roundup Ready 技术大豆并出口欧盟，由于这些国家没有为 EPSPS 基因抗草甘膦技术提供专利保护，Monsanto 公司决定在欧洲实施 EP0546090 专利保护，分别在西班牙、英国、丹麦和荷兰起诉豆粉进口商。

### （一）西班牙商事法院直接适用 98/44/EG 指令第 9 条

在西班牙，Monsanto 起诉 Sesostris SAE 从阿根廷进口含有 EPSPS 基因的豆粉的行为构成专利侵权。2007 年 7 月，西班牙马德里商事法院（the Commercial Court）直接适用欧盟 98/44/EG 指令，判决相关行为不构成专利侵权，[②] 理由是根据欧盟 98/44/EG 指令，包括该指令第 9 条的规定，一项产品不构成对权利要求指向基因物质的专利侵权，即使被控侵权产品中含有受专利保护的基因物质，只要该基因物质在被控侵权产品中没有执行预期功能，因为相关专利保护的发明不是 DNA 序列，而是该 DNA 所实施的功能。[③] Monsanto 随后就西班牙商事法院的作出的判决提起上诉。2009 年 3 月 10 日，上诉被驳回。[④]

---

① Craig C. Carpenter, *Seed of Doubt: The European Court of Justice's Decision in Monsanto V. Cefetra and the Effect on European Biotechnology Patent Law*, Content downloaded/printed from HeinOnline (http://heinonline.org) Sat Jan 3 01: 54: 11 2015.

② Jul. 27, 2007 (No. 488/07) (Spain).

③ Vid Mohan-Ram, Richard Peet & Philippe Vlaemminck, "Biotech Patent Infringement in Europe: The Functionality," Gatekeeper, *The Johnimarshall Review of Intellectual Property Law*, 2011 (10: 540): 544.

④ S. A. P., Mar. 10., 2009 (No. 55/2009) (Spain).

### (二) 英国法院没有适用 98/44/EG 指令

在英国，Monsanto 起诉 Cargill 专利侵权，指控 Cargill 从阿根廷进口含有 EPSPS 基因的豆粉的行为构成对以专利 EP0546090 为基础的英国专利侵权。与西班牙商事法院不同，英国高等院法院认为，EP0546090 专利申请是在 2000 年 7 月 28 日之前提出的，不能适用 98/44/EG 指令，因为 98/44/EG 指令在英国仅适用于在 2000 年 7 月 28 日及之后提出的专利申请。[①] 同时，英国高等法院也认为 Cargill 的行为不构成对编入 EPSPS 基因的独立 DNA 这一权利要求的侵权，因为豆粉中的 EPSPS 基因已经嵌入植物的染色体 DNA 中，没有作为独立成分存在。

### (三) 荷兰法院请求欧盟法院解释 98/44/EG 指令

荷兰 Cefetra Future BV. 分别于 2005 年 6 月和 2006 年 3 月从阿根廷进口豆粉，船运至鹿特丹港，Monsanto 公司启动欧盟边境扣留措施。经检测，豆粉 DNA 中包含的 EPSPS 基因与 EP0546090 专利中的 EPSPS 基因匹配。Monsanto 起诉 Cefetra 和其他进口商，荷兰海牙地区法院于 2008 年审理该案，[②] 随后阿根廷政府以及其他主要大豆产品出口国也加入诉讼。本案中，Monsanto 提出了三项侵权指控：(1) 认为 Cefetra 构成对专利权利要求中“独立 DNA”(the isolated DNA) 的侵权；(2) 认为豆粉是应用专利所保护的方法直接产生的产品，Cefetra 构成对专利中生产方法权利要求的侵权；(3) 认为 Cefetra 构成对与 DNA 序列本身有关权利要求的侵权，不限于独立的 DNA 与生产方法。对于第一项指控，荷兰法院坚持与英国法院相同的看法，认为 Cefetra 不构成侵权，因为本案中涉及的 DNA 不是作为独立的物质存在的，而是豆粉组成成分存在。对于第二项指控，荷兰法院认为，将豆粉视为应用 EP0546090 专利方法直接获得产品，过于牵强。如果说大豆植株和大豆是通过专利方法直接获得的产品还可以接受，而豆粉是大豆经过一系列的碾压、分裂程序，已经形成由各种不同成分组成的新物质。豆粉和专利方法之间很难建立直接的关系。也就是说，豆粉不是应

① Michael A. Kock, *Purpose-Bound Protection for DNA Sequences: In Through the Back Door?*, 5 J. INTELL. PROP. L. & PRACT, 2010, p. 495, 496.

② Ktr. The Hague Maart 19, 2008, 249983/HA ZA 05/2885 m. nt.

用 EP0546090 专利方法所直接生产的产品。Monsanto 提出的第三项指控是荷兰法院讨论的重点。荷兰法院驳回了 Cefetra 提出的“目前 DNA 在豆粉中碎片化存在，低于支持侵权的最低数量”说法，指出即使假定 DNA 序列在豆粉中仅有非常少的数量，也不能排除构成对 EP0546090 专利侵权的事实，并且专利保护范围是否包括 DNA 序列，这一问题仍然是不清楚的。关于专利保护范围的解释对本案的结果具有决定性意义：如果法律认为可以应用到 DNA 本身，则 Cefetra 行为构成专利侵权；如果法律认为不能应用到 DNA 本身，则 Cefetra 行为不构成专利侵权。

Monsanto 认为欧盟 98/44/EG 指令第 9 条规定不能适用于本案，因为本案涉及的豆粉不是一种生物材料（a biological material），同时强调指令制定的目的不是为了限制生物技术发明专利的保护范围，而是为了扩大保护范围，因为限制生物技术专利保护与 TRIPs 第 27 条的相关规定是不相符的。从这一意义上来说，指令是欧盟为生物技术发明设置的最低保护标准，各成员国可以通过本国法律予以强化。Monsanto 接着又论证说，相关基因产品嵌入豆粉并表达了其基因功能，这里的“表达了基因功能”的意思就是该 DNA 已经执行了其基因功能，即其使大豆植株具有耐草甘膦的特性，并且该 DNA 将来能够从豆粉中分离，注入大豆植株的细胞后，再次执行其使大豆植株具有耐草甘膦特性的功能。对于 Monsanto 的上述观点，Cefetra 则引用西班牙和英国的案例，认为应采用 DNA 专利通过目的/功能来限制解释基因专利的保护范围。荷兰法院还考虑到，对于这一问题的规定，荷兰专利法和欧盟 98/44/EG 指令第 9 条是有区别的，这就涉及欧盟 98/44/EG 指令如何适用的问题，于是决定将本案涉及的四个关键问题提交欧盟法院进行解释。

（1）专利所保护的基因在被控侵权时没有执行专利功能，但其确实曾经执行过相应功能，并且将来有可能再次发挥特定基因功能，此种情况下，进口含有专利基因的豆粉是否构成专利侵权？

（2）指令是否具有排除欧盟成员国专利法不同规定的法律效力？

（3）基因专利的申请与授权时间是否影响会影响对前述问题的回答？

（4）TRIPs 尤其是第 27 条和第 30 条的规定是否影响对前述问题的回答？

## 二 欧盟法院对基因专利保护范围的解释

2010年7月6日，欧盟法院作出裁决，依次回答了荷兰法院提交的上述问题。

### （一）关于欧盟98/44/EG指令第9条规定的解释

问题（1）的实质是如何解释欧盟98/44/EG指令第9条的规定。欧盟法院指出，欧盟98/44/EG指令给予DNA序列有关的专利保护，应限于相关基因信息正在执行专利所描述的功能，本案中该DNA在豆粉中没有执行专利申请书中所描述的基因功能，尽管其曾在大豆植株种植的过程中执行相应基因功能，或者当该DNA从豆粉中分离并再次导入活体细胞时可能再次执行相关功能，因此豆粉环节不属于该基因专利的保护范围。对欧盟法院的这一解释，有学者认为，这种解释与指令的立法历史是不相符的，[①] 指令的立法初衷是为确保生物技术发明，确保具有自我复制功能的有机体能够获得专利保护。考虑到生物技术发明的特殊性，指令第8条规定，如果专利产品被用于生产生物材料，则该项专利权利不会用尽，[②] 同时指令第9条将专利权保护范围限于含有基因信息并执行其功能的后代生物材料。因为受专利保护的基因信息可能是一个规则的元素（a regulatory element）或者是一些没有编码的序列（non-coding sequence），而不是一个基因（gene），指令制定者使用“执行其功能”的表达，其意图是尽可能广泛地包含基因表达控制技术，因为他们知道导入转基因体的基因信息有可能在繁殖过程中丢失，或者无法在后代生物材料中显现功能。例如，某转基因体有可能是自由授粉植物，在某些情况下，其后代植物就不再含有专利权利要求所指向的基因信息。因此，指令第9条的意思是将基因专利的保护范围限于包含该基因信息的后代生物。欧盟法院的上述解释与指令制定者所考虑的初衷有所出入。

---

① Vid Mohan-Ram, Richard Peet & Philippe Vlaemminck, “Biotech Patent Infringement in Europe: The functionality Gatekeeper,” *The Johnimarshall Review of Intellectual Property Law*, 2011 (10: 540): 548.

② Directive98/44/EG Art. 8.

## （二）关于欧盟98/44/EG指令与成员国专利法的关系

欧盟法院指出，第（2）问题的实质是关于指令法律强制力的问题，即指令是否具有排除欧盟成员国法律的效力。换句话说，就是确定指令所规定的保护规则是排他性规则，还是欧盟生物技术专利的最低保护标准。如果是指令具有排他性法律效力，则成员国法律所规定的更加广泛的专利保护范围是不合法的。如果指令所确定的是最低标准，那么成员国法律所确定的更加广泛的标准是可以接受的。欧盟法院认为，成员国法律是否比指令提供了更为广泛的专利保护范围，这是一个有待成员国法院确定的问题。此外，Monsanto在本案中坚持认为指令在任何情况下不能限制不同成员国关于生物技术发明保护的立法自由，其他当事人则认为指令是一种排他效力的制度，成员国法律应遵守指令的规定。欧盟法院指出，尽管欧盟相关法律制度不能完全覆盖特定领域的所有方面，但并不妨碍就特定问题已经规定的制度具有排他效力，各成员国只有在欧盟法律没有干涉的领域或方面享有立法自由。本案中，98/44/EG指令关于生物技术发明专利保护的规定明显是不全面的（incomplete），其他没有涉及的方面可以留待各成员国法律加以规定，但其已经规定的制度内容，具有排除成员国法律给予不同规定的法律效力。因此，仅就指令第9条规定而言，成员国法律不能规定比其更宽泛的基因专利保护范围。同时，欧盟法院强调，其提出的功能性要求适用于所有成员国基因专利侵权的判定。

## （三）关于欧盟98/44/EG指令的法律溯及力

关于欧盟98/44/EG指令对其生效前申请或授权的欧洲专利是否有效的问题，Monsanto认为专利授权的时间与解释专利保护范围是有关系的，并且指出，在法院拒绝支持Monsanto适用成员国法律建议情况下，这是一种替代性建议。欧盟法院认为，在回答这一问题之前，必须要记住两点。第一点是，相关基因专利授权时事实上的保护范围宽于根据指令得到的保护范围只是一个假设。第二点是，关于基因专利的保护范围通常情况下是由成员国法院根据具体程序进行解释的，但必须指出，Monsanto在本案中所提出的要求，不是简单的（抗农达大豆基因序列有关的）专利申请书权利要求的解释问题。在专利申请书中，Monsanto 的权利要求指向具有耐草甘膦除草剂的基因序列，是没有任何怀疑的。如果相应的基因序列具有耐草甘膦除草剂的特性，也就是该基因执行其基因功能，那么这正是指令所规定的保护范围。然而，在本案中，Monsanto 也对那些没有执行相应功能、作为豆粉（dead matter）残渣的基因序列要求保护。专利授权日期本质上与界定专利保护范围是没有关系的，98/44/EG 指令的适用同样也不会缩小相关基因权利要求所指向的保护范围（能够产生特定效果的基因序列）。关键的问题是，Monsanto 要求对专利赋予“额外”的保护范围。此外，欧盟法院还提出了以下理由来支持其观点。首先，指令没有规定任何过渡性条款。如果立法者认为需要解决指令颁布之前已经存在的专利的法律适用问题，那么就会在法律文本中规定具体条款。其次，成员国法院一直承担根据欧盟法律解释国内法的义务，如果国内法在欧盟相关规定之前制定，则适用国内法，但本案不涉及解释国内法早先规定与欧盟法律是否一致的问题。再次，指令根据促进欧盟范围内市场和竞争的基本目标而制定，如果采用专利授予时间不同权利要求解释不同的方法来解释指令，将对单一市场相关领域内货物的自由流通和效率产生影响。尤其是，如果不是根据专利授予的权利要求，而是根据专利授予的时间来解释专利权的保护范围，将严重破坏欧盟相关法律的确定性。因此，专利授权的时间在本案中与是否适用指令没有关系，即该专利的申请与授权时间不会影响欧盟法院对上述两个问题的回答。

### （四）关于欧盟 98/44/EG 指令及其解释与 TRIPs 的关系

关于 TRIPs 是否会影响对欧盟指令的解释问题，欧盟法院认为其对指令的解释与 TRIPs 第 27 条和第 30 条的规定，不存在冲突。首先，欧盟指令第 1 条明确规定指令根据 TRIPs 将无歧视地适用于欧盟各成员，这意味着指令的内容与 TRIPs 之间不存在冲突。其次，欧盟法院在解释指令时也会考虑解释的内容与 TRIPs 的一致性，排除违反 TRIPs 的内容。再次，TRIPs 第 27 条规定的是可专利性问题，本案中双方当事人对 Monsanto 就使大豆植株具有耐草甘膦特性的 DNA 序列拥有专利权的这一事实没有争议，而是对基因专利的保护范围存在分歧。TRIPs 第 30 条规定的是专利权可能存在的例外问题，要求专利权的例外应被限制，并且要求例外不能阻碍对发明的正常利用。本案中，采用目的限制的方法解释指令，并不意味着为专利保护范围规定了例外情况。TRIPs 没有要求必须绝对为 DNA 序列提供保护的义务，即保护 DNA 所有可能的用途，甚至包括尚未预见的和未来可能的用途。即使对 DNA 序列保护范围进行目的限制，构成对某种专利保护范围的限制，由于这种限制并没有阻碍专利申请书中所描述的发明的正常利用，也就没有违反 TRIPs 第 30 条的规定。因此，TRIPs 尤其是第 27 条和 30 条的规定不会对欧盟法院的上述回答产生影响。

### （五）欧盟法院对基因专利保护范围的澄清

欧盟法院在 Monsanto V. Cefetra 案通过对上述四个问题的回答与说明，清楚地澄清了 98/44/EG 指令第 9 条规定的明确含义，即其对一项含有基因信息或者由基因信息组成的产品专利，其保护应及于与该项产品结合在一起的、含有该基因信息并能执行其功能的所有材料，这里“执行其功能”仅指在被控侵权时，该基因能够执行专利申请书中所描述的基因功能，而不是相关基因“曾经”执行过相应的基因功能，或者“将来仍有可能”执行相应的基因功能。欧盟 98/44/EG 指令的相关规定要求各成员国必须强制遵守，即使其本国专利法与该指令可能存有不同的规定，对指令生效以前获得授权的专利同样具有法律效力。欧盟法院还厘清了欧盟 98/44/EG 指令及其解释与 TRIPs 的关系，认为无论是指令的内容还是欧盟法院的解释均与 TRIPs 内容相一致，没有违反协议规定的内容。Monsanto 以 TRIPs 为由否定欧盟 98/44/EG 指令以及欧盟法院的解释是没有根据的。

## 三　关于 Monsanto V. Cefetra BV 案的评论

欧盟法院通过对 Monsanto V. Cefetra 案的回答与解释，明确地解决了 Monsanto 系列案件讨论的核心问题。根据欧盟法院的解释，荷兰法院将判决豆粉进口商不构成专利侵权。但欧盟法院的解释没有对该起诉讼产生影响，因为双方当事人在上述解释正式作出前达成了庭外和解。按照一般规则，欧盟法院可以不再回答荷兰法院提出的咨询，但考虑到发展生物技术产业的迫切要求，必须澄清欧盟指令在这一问题上的立场。ECJ 作出的解释裁决是不可上诉的，对欧盟 27 个成员国具有追溯性的适用效力，[①] 也就是说，欧盟及其成员国必须采取目的限制的方法对基因专利进行解释，基因专利的保护范围仅限于被控侵权时能够实际执行专利功能的基因。ECJ 的上述裁决引起了广泛的争议，既有不少反对的声音，也得到了许多方面的支持与赞同。

### （一）反对者的立场与理由

许多基因专利的持有人及相关学者对欧盟法院采用目的限制（purpose-bound）逻辑解释基因专利保护范围的做法持反对态度，综合相关的观点，主要基于以下三点理由。第一点理由是认为欧盟法院的解释在专利侵权的判断逻辑上创造了例外。机器、化学等领域的专利侵权通常采用“产品导向”（product-based）的判断逻辑，即被控侵权产品中含有专利保护的产品，即构成侵权，能够更好地阻止和限制所有对专利产品或方法的侵权性使用。采用“目的限制”原则判断专利侵权，即只有被控侵权时相关基因能够执行专利申请书中所描述的功能才构成专利侵权，实际上大大限制了基因专利的保护范围。例如，本案中，Monsanto 在进口豆粉中发现了其受专利保护的基因信息，这种基因信息是 Monsanto 的基因专利所特有的，不是原来豆粉中天然的基因成分。按照传统的专利侵权判断规则，进口豆粉的行为就应该构成直接侵权。第二点理由是欧盟法院的解释将严重破坏了许多生物技术专利的实施基础，因为实践中许多基因仅限于活体组织中的特定期间或特定组织上进行表达。如果专利权人未在上述期间发现侵权产品或侵权行为，或者未在上述期间主张权利，则相关专利就得不到应有的保护。从这一意义上来说，许多已经授权的基因专利，事实上其权利可能无法得到主张。第三点理由是欧盟法院的解释将会出现通过专利侵权获利的漏洞。种植者可以选择在阿根廷等这些没有对基因实施专利保护的国家种植农作物，避开用于保护转基因作物的基因专利，然后可以不受惩罚地将相关产品进口到实施基因专利保护的欧盟国家。这种情况备受全

---

① Diana C. Leguizamón-Morales, Alastair J. McCulloch, Christian PaulMartin Weber, “European Court of Justice Restricts Scope of Biotech Patents in Europe: Monsanto Loses Dispute on Soy Meal”, http://www.martindale.com/international-law/article_Jones-Day_1094204.htm (2014.06.14).

球关注。生物技术公司普遍依赖通过专利保护获得的有限垄断，来补偿在科研领域的巨额研发费用。本案所创造的潜在的制度漏洞将对像Monsanto这样的公司产生严重影响，有可能导致其未来无法获得足够的研发费用，也将破坏其现有的全球知识产权协调战略。为了应对这个漏洞，跨国公司必须把解决这类侵权行为的未来重点，放在像阿根廷这种农业国家的法院体系中，而不是出口目的国家的专利保护上，但是阿根廷的知识产权保护很难达到期望的水平。

### （二）支持者的立场与理由

欧盟许多国家，包括英国，对欧盟法院的这一判决表示支持。他们早就明确地对基因信息给予类似“产品导向”（product-based）的做法表示怀疑。此前，英国的一些判决就曾表达说，如果一项发明的核心是DNA的话，实际上该项发明就不是发明。因为发明应该是一项实际产品或方法，而不是关于自然界的信息。在这一意义上，ECJ的判决协调了欧盟成员关于基因专利保护的不同立场，形成了统一的意见。另外，包括阿根廷等国家在内的支持者认为，ECJ对基因专利的保护加以限制，对于阻止给予基因专利以过宽的保护是必要的。如果Monsanto能够在欧盟利用专利权利阻止进口源于阿根廷的豆粉，也就同样能够利用这项权利阻止从其他国家进口豆粉。

### （三）中立者的立场与建议

还有一些人比较中立地看待欧盟法院的判决，认为尽管根据欧盟法院的解释，律师们将来必须更加仔细提交含有基因物质的产品专利，但这种情况不会抑制欧盟整个生物技术产业的创新或投资，因为尽管基因专利保护范围比较狭窄，但至少欧盟法院是承认基因专利的。他们认为，生物技术公司应在全球做好知识产权的“良好覆盖”（good coverage），尤其是在农产品出口国家。Monsanto目前的困境是其工作失误造成的，因为Monsanto在阿根廷没有获得专利保护。在大多数情况下，如果在阿根廷获得专利保护，就能够在阿根廷阻止专利侵权。其次，在未来的基因专利申请中，应该了解“目的限制”判断逻辑的具体含义，围绕相关规则在权利要求方面创造性地展开工作，附上其他能够对含有基因材料的产品提供保护的权利要求，不应仅依赖 DNA 序列的权利要求。因为这个权利要求在本案中对 Monsanto 是无效的，必须考虑为相关产品提供选择性的保护。

## 四 对我国基因专利申请、保护和运用实践的启示

欧盟法院在 Monsanto V. Cefetra 案中所作出的解释，既是对欧洲专利局近三十年来所实施的生物技术专利保护政策的一种反思，也是对已运行二十一年之久的欧盟 98/44/EG 指令的一个补充和明确，集中体现了欧盟对整个生物技术产业所展示的一种谨慎态度。这种谨慎态度同样出现在最早对生物技术产业实施积极专利保护政策的美国，在 2010 年以后出现的某些诉讼中，开始重新讨论基因发明/发现的可专利性问题。[①] 生物技术产业是我国七大战略性新兴产业之一，生物技术专利的年申请量和年授权量稳定增长，[②] 我们必须重视欧盟法院的解释，思考相关解释对我国的启示。

### （一）明确解释基因专利的保护范围

从专利保护理论的角度来说，Monsanto V. Cefetra 案的核心问题，触及了基因专利保护范围这个一直较为模糊的理论问题，欧盟法院的解释至少在欧盟范围内厘清了基因专利权利的界限。从 Monsanto 在欧盟成员国的系列诉讼中，可以清楚地看到不同国家司法机关对基因专利保护范围的不同理解。例如，西班牙法院认为相关基因专利保护的发明不是 DNA 序列，而是该 DNA 所实施的功能，既然在相关基因物质在被控侵权产品中没有执行预期功能，因此没有落入基因专利的保护范围。英国法院则认为，尽管进口豆粉中存在 EPSPS 基因成分，但并不是独立存在的，因此进口豆粉的行为没有落入独立 DNA 的权利要求范围。欧盟法院的解释，明确地对欧洲生物技术专利设置了重要的限制，即只有被控侵权时，相关基因能够执行其专利申请书中所描述的基因功能（既不是相关基因“曾经”执行过相应的

① 例如美国最高法院就 Ass'n for Molecular Pathology V. Myriad Genetics 案作出最终判决，认定 Myriad 对 BRCA1 和 BRCA2 所拥有的 DNA 专利无效。

② 具体参见《2010－2014 年战略性新兴产业发明专利申请状况统计报告》，《国家知识产权局专利统计简报》2016 年第 2 期（总第 192 期）和《2010－2014 年战略性新兴产业发明专利授权状况统计报告》，《国家知识产权局专利统计简报》2016 年第 3 期（总第 193 期）。

基因功能，也不是“将来仍有可能”执行相应的基因功能），涉及基因的相关行为才有可能落入基因专利的保护范围。根据国家知识产权局的统计，我国生物技术领域的年专利申请量和授权量均保持稳定增长态势，基因专利是其中最重要的组成部分。同时，在司法实践中，我国也开始出现基因专利侵权的案例，直接涉及基因专利范围的解释问题。例如，创世纪种业有限公司与山东圣丰种业有限公司有关双价杀虫基因侵权一案[①]就涉及基因专利保护范围的界定问题。该案主要采用以专利技术方案为标准审查被控技术或产品是否再现专利技术方案中的全部技术特征的标准，来判断是否构成专利侵权。这种侵权判定方法，明显属于“产品导向”侵权判断规则。Monsanto V. Cefetra 案的出现，使得我们必须思考“产品导向”侵权判断规则适用的限制，或者说思考“功能限制”解释在基因专利保护中的可行性。采用何种规则解释基因专利保护范围，除了要考虑具体案情外，生物技术产业的结构与发展水平恐怕也是一项重要的判断因素。

### （二）充分挖掘有关基因专利的各类权利要求

Monsanto V. Cefetra 案中，荷兰法院详细地分析了 Monsanto 欧洲专利（EP0546090）的各项权利要求，并对其中涉及“独立 DNA”和“方法专利”的权利要求进行了解释，认为进口豆粉的行为均没有落入相关权利要求的范围。欧盟对涉及 DNA 序列本身有关专利权要求进行了解释，认为如果相关 DNA 序列在被控侵权时没有执行其权利要求所描述的功能，则无法纳入权利要求的范围。该案发生之后，很多专利代理人就开始考虑如何就基因专利构建和组合各种新的权利要求，既能符合欧盟法院的“目的限制”规则，又能为相关基因提供尽可能充分的保护。我国生物技术领域专利代理人同样需要注意上述问题，在申请欧洲专利及欧盟成员国的专利保护时，尤其要考虑各类权利要求的组合问题。

### （三）灵活运用各类知识产权的组合

涉及种子/植物创新的知识产权保护问题，既要考虑专利保护的可行

---

① 该案由山东省济南市中级人民法院于 2012 年受理，2014 年 7 月 14 日作出判决，但没有查到该判决书的全文。

性，又要考虑其与品种权保护的关系。欧盟及其成员都是UPOV1991年文本的成员，无论是1994年颁布的欧盟品种保护条例还是欧盟成员国的植物新品种保护法，都规定品种权的保护范围包括授权品种的繁殖材料和收获材料，其中欧盟条例[①]、英国[②]、荷兰[③]等还授权可以制定细则规定将品种权的保护范围延伸到受保护品种收获材料的直接制成品，德国则已直接延伸到受保护品种收获材料的直接制成品。[④] 如果按照德国《植物品种保护法》的规定，如果Monsanto在德国就该抗草甘膦大豆申请了品种权保护，那么至少在德国可以主张品种权来阻止豆粉的进口。从欧盟近二十年品种权保护发展趋势看，欧盟及其成员有可能逐步将品种权的保护范围延伸至直接制成品。但从欧盟法院在Monsanto V. Cefetra案中对基因专利采取的限制态度看，欧盟品种权的保护范围能否/何时扩展至收获材料直接制成品似乎还有待考虑。但不管其未来发展如何，通过Monsanto案例，提示所有从事生物育种的跨国公司、科研院所等单位和个人，需要灵活运用专利、品种权等知识产权组合为自己的创新成果提供保护。

### （四）及时调整全球知识产权战略布局

欧盟法院关于基因专利保护范围的解释，也对跨国公司的全球知识产权战略布局提出新要求，必须改变过去只重视农产品进口国知识产权布局的做法，而应采取强化产品出口国的知识产权保护策略。也就是说，跨国公司的专利布局重点不能仅仅考虑产品进口国，还要考虑相关产品的出口国，以便增加更多的环节为其创新提供保护，阻止侵权。这一点同样值得我国生物育种公司、农产品国际贸易公司注意，既要考虑自身的全球知识产权战略布局，又要考虑如何避免某些跨国公司的知识产权阻击。

（本文原载于《知识产权》2016年第11期）

① （EC） No. 2506. 95 Art. 13.

② U. K. “Plant Varieties Act 1997”, Part V Section 6 “ Protected variety” .

③ 参见荷兰“Seeds and Planting Material Act”, Part III. Rights and Obligations of the Holder of a Plant Breeder's Right。

④ German“the Plant Variety Protection Law” Art. 10.

# 论我国植物发明专利保护制度的完善

## ——兼论专利制度与植物新品种保护制度的关系

李菊丹*

植物领域的发明创造和工业领域的发明创造一样，都是人类重要的智力活动成果，是知识产权法所保护的对象。尽管与工业领域的发明创造相比，人类在植物发明领域所能干涉的范围和程度相对比较有限，但随着传统育种技术的突破发展和生物育种方法的广泛应用，人类智力活动在植物培育过程中的作用日益凸显，并获得普遍认可。如何为植物领域的发明创造提供更为有效的知识产权保护，是自 20 世纪 20 年代美国讨论颁布《植物专利法》以来，尤其是自 20 世纪 80 年代以来，包括欧美在内的许多国家和相关国际组织十分关注的问题。植物领域的发明创造，既有其非常独特的体现创造性的成果，如植物新品种，又有与一般发明创造相通的技术性特点非常明显的成果，如育种方法的创新，尤其是某些生物技术的发明与创新。因此，国际上普遍采用发明专利制度和植物新品种保护制度共同为植物发明提供保护。但在如何处理发明专利制度和植物新品种保护制度的关系上，美国和欧盟采取各有特点的保护模式。美国采取的是自由选择型模式，即发明专利制度可以为植物领域的所有符合专利授权要件的发明提供专利保护，植物新品种保护制度和植物专利制度可以分别为有性繁殖的植物品种和无性繁殖的植物提供保护；上述三种知识产权制度可以为同一植物发明提供重叠保护。欧盟采取的是强制选择型模式，即植物新品种保护制度为植物品种的发明与创新提供保护，发明专利制度为除植物品种

---

* 李菊丹，法学博士，中国社会科学院法学研究所副研究员。

之外的其他植物发明提供保护。基于各种原因，中国没有为任何植物发明提供知识产权保护，直到1997年颁布《植物新品种保护条例》。从法律上来说，到目前为止，中国仅为植物品种的创新提供植物新品种权的保护，没有为涉及植物的发明提供专利保护。众所周知，植物的培育与创新对农业、医药、食品、烹饪、园艺等行业的发展具有重要作用，是国家经济社会发展之根本，关系社会生活的方方面面，是人们安居乐业之基础。我国专利法对植物发明的简单处理模式，已经无法应对日益增多的植物类主题专利申请的需求，无法解决实践中基因专利和育种方法专利保护范围的界定问题，也无法真正有效为植物领域的育种创新提供有效保护。因此，本文拟对我国植物发明专利保护制度的基本情况、存在的问题、出现问题的原因以及制度完善需要解决的关键问题展开分析，并就植物发明专利保护制度的完善提出具体建议，以期对《专利法》的第四次修订有所裨益。

## 一 我国植物发明知识产权保护制度的基本情况

从我国目前的立法情况看，目前直接或间接涉及植物发明知识产权保护的法律法规主要包括《专利法》（2008年修正）、《种子法》（2015年修正）以及《植物品种保护条例》（1997年）及其相关的实施细则，最高人民法院作出的《最高人民法院关于审理植物品种纠纷案件若干问题的解释》（以下简称法释〔2001〕5号）和《最高人民法院关于审理侵犯植物品种权纠纷案件具体应用法律问题的若干规定》（以下简称法释〔2007〕1号），农业部作出的《农业部植物新品种复审委员会审理规定》（2001年）和《农业植物新品种侵权案件处理规定》（2003年），林业部作出的《林业种质资源管理办法》（2007年）等。其中《专利法》和《植物品种保护条例》明确规定了我国对植物发明知识产权保护的制度选择。现行《专利法》第25条明确规定，动物和植物品种不授予专利保护，但动物或植物品种的生产方法可以获得专利保护。对于符合特异性、一致性、稳定性、新颖性，并具有适当品种名称的植物新品种，可以根据《植物新品种保护条例》向农业部和国家林业局申请品种权（育种者权）保护。从上述规定来看，我国对植物发明所采取的知识产权保护模式与欧盟类似，植物新品种只能通过《植物新品种保护条例》规定的品种权获得保护，而不能获得专利权保护。

## 二 植物发明知识产权保护中存在的问题

从制度规定和实践情况看，我国植物发明知识产权保护中存在的问题主要体现为两个矛盾，即《专利法》与《专利审查指南》规定之间的矛盾和《专利审查指南》与司法实践之间的矛盾。

### （一）《专利法》与《专利审查指南》规定之间的矛盾

根据《专利法》规定，植物品种不能授予专利保护。为了客观、公正、准确、及时地依法处理有关专利的申请和请求，国家知识产权局专门制定《专利审查指南》（以下简称《指南》），对专利法及其实施细则的相关规定予以详细解释和说明。现行《指南》（2010）[①] 详细地解释了涉及植物发明的相关问题。

《指南》认为，动物和植物是有生命的物体，不能授予专利保护。《专利法》所称的植物，是指可以借助光合作用，以水、二氧化碳和无机盐等无机物合成碳水化合物、蛋白质来维系生存，并通常不发生移动的生物。[②]“植物”可以是植物的各级分类单位，如界、门、纲、目、科、属和种等。[③]《指南》还分别详细解释了微生物、基因或 DNA 片段，动物或植物个体及其组成部分，转基因动物和植物的可专利性问题。

关于微生物。[④]《指南》认为微生物包括：细菌、放线菌、真菌、病毒、原生动物、藻类等，微生物既不属于动物，也不属于植物的范畴，不属于《专利法》第 25 条（4）所列的“动物和植物品种”范围。当微生物经过分离，成为纯培养物，并具有特定的工业用途时，微生物本身可以授予专利保护。但未经人类任何技术处理的而存在于自然界的微生物，属

① 《专利审查指南》（2010）虽经 2013 年和 2014 年两次修订，但修订内容没有涉及“生物技术领域发明专利申请的审查”部分，因此本文仍采用《专利审查指南》（2010）的相关条款作为论述根据。

② 《专利审查指南》（2010）第二部分第一章 4.4 动物和植物品种。

③ 《专利审查指南》（2010）第 9 条生物技术领域发明专利申请的审查。

④ 《专利审查指南》（2010）第 9.1.2.1 条。

于科学发现，不能授予专利。

关于基因或DNA片段。[①]《指南》认为，无论是基因还是DNA片段，其实质是一种化学物质。《指南》所指的“基因或DNA片段”，包括从微生物、植物、动物或人体分离获得，以及通过其他制备手段得到的。人们从自然界中找到以天然形态存在的基因或DNA片段，只是一种发现，不能授予专利保护。但如果是首次从自然界分离或提取出来的基因或DNA片段，其碱基序列是现有技术中不曾记载的，并能被确切地表征，且在产业上有应用价值，则该基因或DNA片段本身及其得到方法，可以获得专利保护。

关于动物或植物个体及其组成部分。[②]《指南》认为，动物等胚胎干细胞、动物个体及其各形成和发育阶段，例如生殖细胞、受精卵、胚胎等，属于《专利法》上“动物品种”的范畴，不能授予专利。动物的体细胞及动物组织和器官（除胚胎以外），不属于“动物”范畴，符合授权条件的，可以授予专利。可以借助光合作用，以水、二氧化碳和无机物合成碳水化合物、蛋白质类维系生存的植物的单个植株及其繁殖材料（如种子等），属于《专利法》上“植物品种”的范畴，不能授予专利。植物的细胞、组织和器官如不具有上述特征，则不能被认为是“植物品种”，符合授权条件的，可以授予专利保护。

关于转基因动物和植物。[③]转基因动物和植物是通过基因工程的重组DNA技术等生物学方法得到的动物或植物，其本身仍属于专利法上的“动物品种”或“植物品种”，不能授予专利保护。

《指南》通过上述规定解释了什么是“植物品种”，并且认为所有关于“植物”的发明是不能获得专利保护的，但认为动物的体细胞及动物组织和器官（除胚胎以外）、植物的细胞、组织和器官不属于动物和植物的范畴，可以获得专利保护；微生物、基因或DNA片段在特定条件下也可以获得专利的保护。如果比较《指南》中“植物品种”概念与《植物新品种保护条例》中的“植物品种”概念，《指南》很明显地将“植物”等同于“植物品种”。事实上，“植物”和“植物品种”是两个完全不同意义上的概念。因此《专利法》与《指南》之间关于植物发明专利保护的立场，实

① 《专利审查指南》（2010）第9.1.2.2条。

② 《专利审查指南》（2010）第9.1.2.3条。

③ 《专利审查指南》（2010）第9.1.2.4条。

际上是相互矛盾的。

### （二）《专利审查指南》规定与司法实践之间的矛盾

如果根据《指南》的规定，所有涉及植物主题的发明，即只要保护范围延伸到有生命、能够进行光合作用的植物体，均属于不能授予专利保护的客体范围。但是近年司法实践中，却出现了一些要求将基因专利保护范围延伸到含有该基因信息的植物群的专利侵权纠纷，其中创世纪种业有限公司诉山东圣丰种业有限公司①、山东农兴种业有限公司②、山东银兴种业股份有限公司③有关双价杀虫基因专利侵权纠纷就是其中较为典型的案例。在创世纪种业有限公司诉山东圣丰种业有限公司案中，山东省济南市中级人民法院经审理认为被控侵权的“山农圣棉 1 号”棉花种子中的转基因序列与涉案专利权保护的苏云金芽孢杆菌杀虫蛋白质基因存在 8 处不同，并不具有涉案专利权所保护的豇豆胰蛋白酶抑制剂基因序列，判决不构成专利侵权。创世纪种业有限公司不服该判决，向山东省高级人民法院提起上诉。在上诉审理过程中，上诉人与被上诉人达成和解协议于 2015 年 1 月 19 日申请撤回上诉。④ 创世纪公司与农兴种业、银兴种业之间的诉讼也均以已达成和解协议为由撤诉。虽然法院在上述案件似乎没有明确将基因专利的保护范围直接延伸到棉花或棉花种子，但是在圣丰种业的诉讼中，济南中院作出不侵权判决的前提，实际已经隐含了基因专利的保护范围是可以延及利用了该专利所保护基因的棉花种子。假如，在被控侵权的“山农圣棉 1 号”棉花种子中检测出与涉案专利权保护的苏云金芽孢杆菌杀虫蛋白质基因完全一致的转基因序列，根据该判决书的论证逻辑，济南中院是有可能作出侵权判决的。如果济南中院作出侵权判决，必然就必须判决圣丰种业只有支付相关基因专利许可费的情况下，才能种植“山农圣棉 1 号”棉花。也就是说，类似本案中的基因专利，在实践中，其保护范围必然要延及相关植物群。

---

① 山东省济南市中级人民法院民事判决书〔2012〕济民三初字第 144 号，本文所引用的判决书和裁定均来自来自中国知识产权裁判文书网。

② 山东省济南市中级人民法院民事裁定书〔2014〕济民三初字第 36 号。

③ 山东省济南市中级人民法院民事判决书〔2014〕济民三初字第 621 号。

④ 参见山东省高级人民法院民事裁定书〔2014〕鲁民三终字第 279 号。

如果仔细比较《专利法》和《指南》（2010）的内容，可以发现《指南》将《专利法》中“植物品种”概念予以扩大，扩展为所有“植物”，即所有可以借助光合作用，以水、二氧化碳和无机物合成碳水化合物、蛋白质类维系生存的植物的单个植株及其繁殖材料（如种子等）。《指南》对“植物品种”概念的扩展，使得国家专利局在专利审查中基本排除了所有涉及植物主题的权利要求，包括植物的某些细胞、组织和器官等。[①]《指南》关于“植物品种”的这一扩大解释，实际上等于将许多与生物技术发明有关的专利申请排除在专利保护范围之外，同时还部分导致本来可以申请专利保护的发明，如植物的细胞、组织和器官，以及基因或DNA片段，实际上无法真正实现专利保护。

随着生物技术在植物育种、医药等领域的广泛应用，越来越多的生物技术领域的专利申请希望将相关的植物、植株或种子等作为明确的权利要求在专利申请书中进行表达，专利审查员根据《指南》要求，必须要求专利申请人删除类似权利要求，但其内心明白，如果相关专利保护范围不能涉及相关植物及其植株或种子，该专利真正的保护范围就变得没有价值了。应该说，专利审查员对于《指南》中的关于排除所有植物主题权利要求的规定是感到非常迷茫的。同样，相关的基因专利经审查获授权，进入商业应用领域出现专利侵权后，法官面对基因专利的保护范围也同样感到迷茫：按照《专利法》和《指南》的要求，基因专利的保护范围不能延伸到相关的植物及其植株或种子，但如果按照该标准解释基因专利的保护范围，专利权人申请基因专利保护就变得毫无价值。在这种情况下，我们就必须思考国家专利局目前授予的基因专利，其保护范围到底是什么？在司法实践中，法官应该如何解释基因专利的保护范围，才能既符合我国《指南》的要求，也符合专利申请的初衷和目的？从目前的制度规定看，这是无法得到统一的。

## 三　植物发明专利保护制度与实践之间出现矛盾的原因

我国《专利法》和《指南》的相关规定与司法实践之间为什么会出现

① 根据与国家专利局相关机构交流获得信息。

上述矛盾呢？事实上，《指南》之所以采取将“植物品种”解释为“植物”的做法，在当时是有实际考虑的。这与我们当年对植物主题发明的专利保护态度有关，对涉及有生命物体的发明持慎重保守的态度，同时又深感发展生物技术产业的重要而对部分生物技术发明实施积极的专利保护政策。这种犹疑态度的具体表现，就是通过《指南》将所有生命体的发明排除在专利保护范围外，但对基因层面的生物技术发明给予专利保护。实践证明，这种模棱两可的专利保护政策所带来的后果，就是基因专利的审查与基因专利的保护范围解释之间的尴尬。要化解这种尴尬，就必须彻底解决植物发明专利保护的问题。从本质上来说，对植物主题发明专利保护的态度，与我们当时对涉及植物主题发明专利的两个基本问题，还没有形成统一的确定的认识。这两个基本问题就是（1）有生命物体发明是否能获得专利保护？（2）“植物”与“植物品种”是相同的吗？下面就这两个问题进行详细分析。

### （一）有生命物体发明是否能获得专利保护？

我们国家之所以限制对植物主题的发明专利的授予，主要是考虑到植物是有生命的物体。这一点，我们从《指南》的具体内容可以看出，“动物和植物是有生命的物体，不能授予专利保护”。从专利保护发展的历史以及世界上主要国家或地区的专利保护实践来看，对有生命的物体发明是否实施专利保护，主要有三方面的考虑：一是相关的发明是否真正符合发明专利授权的创造性、新颖性和实用性，以及专利申请文件的充分披露要求；二是基于对生命的伦理道德考虑；三是对产业发展需求的认识。

对于涉及事务的发明是否真正符合发明专利授权的创造性、新颖性和实用性，以及专利申请文件的充分披露要求的问题，从目前的国际实践来说，已经无法构成不对植物发明授予专利的保护的理由了。美国和欧盟自20世纪80年代以来对植物领域发明创造授予专利保护的实践，已经明确地作了回答。无论发明专利的权利要求是涉及植物群、植物、植物的部分、植物细胞、种子等，还是涉及植物基因的发明，只要该发明符合专利授权的三性要求，就可以纳入专利保护范围，并且在如何审查植物发明的三性和专利申请文件的充分披露要求方面，提供了较为丰富的审查经验。

对于授予有生命物体的发明是否会违反生命的伦理道德问题，一直以来都有不断的争议，但这些争议更多的是针对涉及动物的发明，以及如何保障社会公众对相关发明的合理利用。如何处理有生命物体的发明专利保护与公共秩序和伦理道德的关系问题，美国联邦最高法院在1980年著名的Chakrabaty案和欧洲专利局技术上诉委员会在1995年的Plant Gentic System案中都曾有过涉及。但两个案例处理这个问题所采取的策略是不同的。在Chakrabaty案中，美国联邦最高法院没有直接讨论对有生命物体的发明是否违反伦理道德的问题，而是转为讨论有生命物体的发明是否构成专利法意义上的发明，指出专利保护客体不是以有生命物体和无生命物体作为标准，而是以自然之物和人造之物作为标准，阳光下的任何人造之物，只要符合专利授权要件就可以获得专利保护。[①] 在Plant Gentic System案中，欧洲专利局技术上诉委员会则直接讨论了植物生物技术是否违反道德标准的问题，指出植物生物技术本身不能被认为比传统的育种技术更违反道德，其对植物的基因修正可以进行更强大和更精确的控制，是协助植物育种的重要工具，也有可能应用于破坏性的目的。如果将这些技术用于破坏性的目的，就必然涉及违反公共秩序和道德的问题，就不能对这样的发明授予专利保护。[②] 因此需要考察在特定专利申请的权利要求中是否存在植物生物技术的滥用或破坏性使用，从而判断是否给予专利保护。上述两个案例分别说明了涉及植物生物技术发明专利保护的两个层次问题：第一个层次是发明的客体是否属于有生命的物体，不是判断是否属于专利保护对象的标准；第二个层次是一项发明是否违反公共秩序或道德，关键审查权利要求指向的客体是否存在滥用或破坏性使用。这两个问题的答案，正好解决了我国考虑植物发明是否给予专利保护所面临的难题。

产业发展需求，不但是美国生物技术发明专利政策实施的基础，也是欧盟和欧洲专利局生物技术发明专利保护政策的立足点，同样也应该是我国生物技术发明保护政策的重要衡量因素。虽然从专利制度设计的最初目的来看，是为保护创新，但从实践来看，技术的创新必然与产业发展紧密联系。越来越多的大型的技术发明创新需要大量的资金、人力和时间的投入，只有通过企业投资才能解决大型技术创新所需的基础条件。所以专利

---

① Diamond v. Chakrabaty, 447U. S. 303, 1980.

② Case T_0356/93—3. 3. 4 [1995. 02. 21], Greenpeace Ltd v. Plant Genetic System N. V., et al: Plant Cell (1995).

制度不是单纯地激励创新，而是激励创新能够在产业中得到运用，激励有投资能力的主体（主要是企业）对新兴技术领域进行投资。生物产业是我国确定的七大战略性新兴产业之一，国家知识产权局发布的统计报告显示，生物产业发明专利 2010 年申请量为 38851 件，2010—2014 年年均增长率为 21.11%，2014 年发明专利申请量为 83577 件，位居七大战略性新兴产之首；[①] 生物产业发明专利 2010 年授权量为 14480 件，2010—2014 年均增长率为 20.93%，2014 年发明专利授权量为 30965 件，自 2013 年起年授权量位居七大战略性新兴产之首。[②] 生物产业领域的发明专利申请量和授权量，在 2010—2014 年呈明显的稳定增长，具体数据参加表 1 和表 2。根据报告分析，七大战略性新兴产业中，生物产业的国内发明专利申请数量和授权数量均明显高于国外在华主体的申请量和授权量，尤其是 2013 年和 2014 年的国内外发明专利授权数量比重，在七大战略性新兴产业中比例最大，分别是国外在华授权数量的 2.32 倍和 2.45 倍。根据这些数据初步可以看出，生物产业在中国已近形成较为良好的发展态势。在这些发明专利中，其中不乏以基因、基因表达盒等为权利要求的发明专利。应该说，生物产业对专利保护的需要是比较明显的。同时，随着生物技术在植物育种、医药等领域的广泛应用，实践中已经有越来越多的生物育种企业希望将相关的植物、植株或种子等作为明确的权利要求，在专利申请文件中得到承认。因此，相关的发明是否属于有生命物体，不应成为我国拒绝为植物主题发明提供专利保护的正当理由。

**表 1　2010—2014 七大战略性新兴产业发明专利申请量**

单位：件

| 战略性新兴产业 | 2010 年申请量 | 2011 年申请量 | 2012 年申请量 | 2013 年申请量 | 2014 年申请量 |
|---|---|---|---|---|---|
| 节能环保 | 31917 | 36049 | 51194 | 57758 | 70559 |
| 新一代信息技术 | 44394 | 50625 | 61924 | 70963 | 79016 |

① 数据来自国家知识产权局规划发展司编《2010—2014 年战略性新兴产业发明专利申请状况统计报告》，《专利统计简报》2016 年第 2 期（总第 192 期）。

② 数据来自国家知识产权局规划发展司编《2010—2014 年战略性新兴产业发明专利授权状况统计报告》，《专利统计简报》2016 年第 3 期（总第 193 期）。

续表

| 战略性新兴产业 | 2010 年申请量 | 2011 年申请量 | 2012 年申请量 | 2013 年申请量 | 2014 年申请量 |
|---|---|---|---|---|---|
| 生物 | 38851 | 43233 | 57604 | 65961 | 83577 |
| 高端装备制造 | 8662 | 10105 | 13707 | 16045 | 18106 |
| 新能源 | 9542 | 12504 | 16781 | 19156 | 19395 |
| 新材料 | 17725 | 19851 | 30109 | 34354 | 39321 |
| 新能源汽车 | 2675 | 3512 | 4753 | 6341 | 6261 |

资料来源：表 1 和表 2 的信息统计来自国家知识产权局规划发展司编《专利统计简报》2016 年第 2 期和第 3 期。

**表 2　2010—2014 七大战略性新兴产业发明专利授权量**

单位：件

| 战略性新兴产业 | 2010 年授权量 | 2011 年授权量 | 2012 年授权量 | 2013 年授权量 | 2014 年授权量 |
|---|---|---|---|---|---|
| 节能环保 | 12070 | 16069 | 21881 | 23170 | 23797 |
| 新一代信息技术 | 23919 | 25665 | 32102 | 27725 | 26501 |
| 生物 | 14480 | 20463 | 27532 | 30684 | 30965 |
| 高端装备制造 | 3756 | 4817 | 6079 | 6069 | 6230 |
| 新能源 | 2400 | 3742 | 5870 | 6413 | 6607 |
| 新材料 | 7626 | 10761 | 14854 | 15099 | 15520 |
| 新能源汽车 | 940 | 1272 | 1771 | 2110 | 2118 |

### （二）“植物”与“植物品种”是相同的吗？

影响《指南》对植物主题发明专利态度的第二个基本问题是，“植物”与“植物品种”是相同的吗？《指南》（2010）虽然定义了“植物品种”，但其所定义的“植物品种”实际上就是“植物”，就是我们走到大自然中随处可见的植物群，是指可以借助光合作用，以水、二氧化碳和无机盐等无机物合成碳水化合物、蛋白质来维系生存，并通常不发生移动的生物。“植物品种”是什么呢？《国际植物新品种保护联盟公约》（1991 文本）（以下简称 UPOV1991）所规定的“植物品种”定义，是目前国际公认的科学定义。根据该公约规定，“植物品种”系指已知植物最低分类单元中单一的植物群，不论授予品种权的条件是否充分满足，该植物群可以是：以某一特定基因型或基因型组合表达的特性来确定；至少表现出上述的一种特性，以区别于任何其他植物群，并且作为一个分类单元，其适用性经过繁殖不发生变化。举个例子来说，“玉米”是一种植物分类上的一个大的“种或属”，在“玉米”这个种下，还有数以千计的各种玉米品种，如龙高 12、良玉 99、登海 6702、德利农 988、中单 909、浚单 29 、屯玉 808、先玉 335 等。在“先玉 335”意义上“玉米品种”才是 UPOV1991 中所指的“植物品种”，是具有特异性、稳定性和一致性的玉米品种。

通过上述解释，可以发现，整个大自然中的植物是由许许多多的“植物品种”构成的，因为植物品种是植物最低分类单元中单一的植物群。但是在植物王国中也存在一些这样的植物群，比如通过生物技术对某些玉米品种、大豆品种、棉花品种、水稻品种等均转入 Bt + CpTI 双价抗虫基因，使得相应的玉米品种、大豆品种、棉花品种和水稻品种具有抗虫功能。这些由转基因玉米品种、转基因大豆品种、转基因棉花品种和转基因水稻品种共同组合而成的植物群，不具有植物品种的特异性、一致性和稳定性，不属于“植物品种”意义上的植物群。无论是否构成“植物品种”的植物群，都是我们通常意义上能够观察到的“植物”。我们用图 1 来展示植物界中的“植物”、“植物群”和“植物品种”的关系。因此，“植物”和“植物品种”是完全不同的概念。

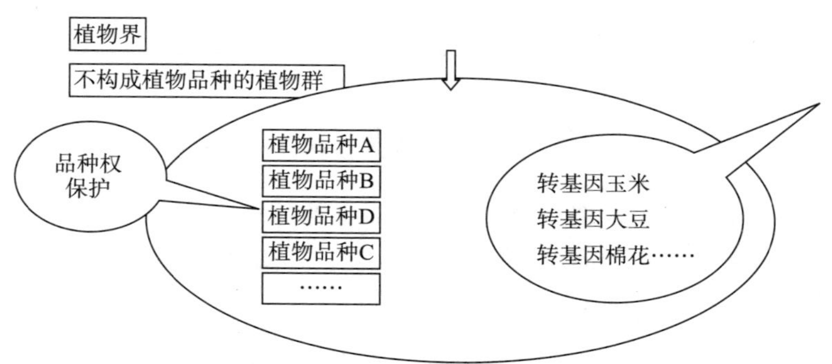


**图 1　植物界中植物品种、植物群和植物的关系**

根据我国现行法律规定，植物品种的发明创新，如果符合了特异性、一致性、稳定性和新颖性要件，并有适当品种名称的，就可以申请品种权保护。按照《指南》的规定，相关基因专利的保护范围不能涉及有生命的植物。这就导致实践中，通过生物技术导入含有 Bt + CpTI 双价抗虫基因并发挥抗虫功能的，由转基因玉米、转基因大豆、转基因棉花等组成“植物群”实际上是得不到知识产权保护的。因此，《指南》将“植物品种”等同“植物”，会导致大量通过基因工程获得的植物群无法纳入知识产权保护体系，这种做法不利于鼓励生物育种产业的投资、创新与产业的长远发展。

## 四 为植物主题发明提供专利保护必须解决两个关键问题

植物主题的发明，其保护对象通常会涉及具体的植物品种。对于植物新品种的创新，我国已于 1997 年通过《植物新品种保护条例》规定了品种权的专门保护制度。同时，我国已于 1999 年加入《国际植物新品种保护联盟公约》（1978 文本）（以下简称 UPOV1978）。如果明确为植物主题发明提供专利保护，必须要解决两个关键问题：（1）UPOV1978 双重保护禁止条款是否构成植物发明专利保护的障碍？（2）如何在法律制度上协调植物发明专利和品种权之间的关系？

### （一）UPOV1978 双重保护禁止条款是否构成植物发明专利保护的障碍？

UPOV1961/1972 和 UPOV1978 均规定，[①] 联盟成员可以通过授予专门保护或者专利权的方式承认本公约规定的育种者权。然而，其国内法对这两种保护均认可的联盟成员，对于一种或相同的植物属或种（one and the same botanical genus or species），仅提供其中一种保护。该规定被国际上一些学者称为双重保护禁止条款（a double protection prohibition[②] 或者 the dual protection prohibition[③]）。UPOV1991 取消了双重保护禁止条款，根据规

---

① UPOV1961/1972 Art. 2（1）和 UPOV1978 Art. 2（1）.

② Gert Würtenbergeretal. , *European Community Plant Variety Protection*, Oxford University Press, 2006, p. 9.

③ Margaret Llewelyn & Mike Adcock, *European Plant Intellectual Property*, Hart Publishing, 2006, p. 81.

定，成员国可以为植物发明提供品种权或者专利的双重保护。[①] 我国目前是 UPOV1978 成员，解决我国是否明确为植物主题发明提供专利保护的问题，就必须要考虑 UPOV1978 双重保护禁止条款是否会构成制度障碍。

1. UPOV 公约的演变以及欧美植物发明保护实践的角度分析

对于这一问题的回答，必须通过解读 UPOV 公约的发展历史和欧洲专利局（EPO）及美国的植物发明保护实践进行说明。在 UPOV 公约成立之前以及成立之后的一段时间，欧洲国家曾就采用何种知识产权保护植物发明进行讨论。为什么欧洲要采用育种者权的方式为植物新品种的发明提供保护，而没有直接采用专利的方式进行保护呢？在制定 UPOV 公约时主要是考虑到以下因素：（1）植物材料的发明无法满足专利法上的新颖性要件；（2）当时的育种项目很少能显示出发明专利所必需的创造性要件；（3）公共利益不希望植物育种人拥有过度的垄断权利，因为当时的育种项目基本上是国家资助完成的；（4）植物材料方面的发明很难符合披露要求，因为植物育种过程中的大部分工作是遵循自然规律完成的，人们很难对这一过程的工作机制进行清晰的描述。因此，1957 年奥地利、比利时等 12 个欧洲国家和知识产权保护国际局和联合国粮农组织在法国巴黎召开的“保护植物新品种国际会议”上，决定通过特别权（sui generis right）形式为植物新品种发明提供保护。1961 年，比利时、法国、联邦德国、荷兰等 9 个国家正式签署 UPOV 公约，建立有关植物新品种保护的专门制度，但当时公约（UPOV1961）规定成员国可以选择育种者权或者专利制度进行保护。尽管 UPOV1961 规定成员国可以选择育种者权或专利为植物新品种的发明提供保护，但 UPOV 公约的出台就表明欧洲国家正是考虑到通过专利制度为植物新品种提供保护的局限，才选择通过育种者权这一专门制度为植物新品种的发明提供保护。因此，欧洲国家在 1963 年达成的《斯特拉斯堡专利公约》（Strasbourg Convention）[②] 明确规定，“成员国不应为植物或动物品种，或者实质上是生物学的生产植物或动物的方法提供专利保

① 李菊丹：《论 UPOV1991 对中国植物新品种保护的影响集对策》，《河北法学》2015 年第 12 期。

② 《斯特拉斯堡专利公约》全称为《关于统一发明专利法某些实体规定的公约》（Convention on the Unification of Certain Points of Substantive Law on Patents for Invention），其目的是建立统一的可专利性标准，于 1980 年 8 月 1 日正式生效。

护”,[1] 1973 年在慕尼黑诞生的《欧洲专利公约》(the European Patent Convention, EPC)[2] 继续采用上述规定。这样，欧洲国家选择了与美国不同的植物发明保护方式，没有考虑在专利制度中专门规定植物发明制度，而是在专利制度以外通过专门制度对植物品种的发明提供保护，欧盟后来的立法以及 EPO 在 1980 年后的有关植物发明专利保护的实践中仍然坚持上述传统。

为了吸引欧洲以外的国家尤其是美国加入 UPOV 公约，UPOV 公约在 1978 年进行了第二次修订，其中重要的修订就是增加了双重保护禁止的例外条款，即 UPOV1978 第 37 条规定。该条规定“尽管本公约第 2 条（1）规定联盟成员对一个和同一个植物属或种禁止同时用专利法或专门法保护，但对那些在加入公约之前就已对一个和同一个植物属或种提供不同保护形式的国家，履行加入手续时向秘书长报告过这一情况的，则可以继续原来的做法。如原来采用专利保护植物新品种的，则之后可以依然根据专利的保护标准进行保护”[3]，这一例外规则解决了美国因其法律与 UPOV1978 双重保护禁止条款冲突而无法加入 UPOV 公约的问题。1980 年 11 月 12 日，美国接受 UPOV1978 文本。根据这一例外条款，美国可以继续采用通过发明专利、植物专利、植物品种证书三种保护方式中的一种或两种为植物新品种提供法律保护。

在 1980 年以前，无论是美国还是欧盟都没有为有生命的发明提供专利保护。1980 年 Diamond V. Chakrabaty 案是美国为有生命体的发明提供专利保护的开始。1986 年 4 月，美国专利商标局根据专利上诉与干涉委员会关于 Ex parte Hibberd 案决定，授予美国第一件有关植物的发明专利，其权利要求包括玉米种子、玉米植株、玉米组织、杂交种子、杂交植株等。继美国 Chakrabaty 案之后，EPO 也通过一系列判例，如 1983 年 Ciba—Geigy 案、1987 年的 Lubrizol 案和 1995 年的 Plant Genetic Systems 案等，确立了植物基

---

① Strasbourg Convention〔（1963） COETS 5 （27 November 1963）〕Art. 2.

② EPC Art. 53 （b）。关于该条规定的制定原因，还有学者认为，由 UPOV 发起的为植物品种创新提供独立保护体系，是立法者在 EPC 中排除植物品种专利保护的一个重要原因，但不是唯一原因。各国法律的区别以及欧洲国家在这一领域存在的利益冲突，是重要的原因。如果不把这些有利益冲突的主题从 EPC 中排除，就有可能出现 EPC 无法获得通过的危险后果。

③ UPOV1978 Art. 37.

因、基因序列、植物、生产植物的方法（只要不是完全的实质上生物方法）、植物群（只要权利要求没有指向一个特定的植物品种）、来自植物的收获材料以及使用该收获材料制成的产品，均可提供专利保护，只要相关发明符合专利授权要件，但植物品种和动物品种的发明除外。虽然 EPO 的立场不能完全代表欧盟及其成员国的立场，但是 EPO 的专利保护政策对欧盟及其成员是具有实质性影响的。同时，大部分 EPC 成员国都属 UPOV 成员。这就从某种意义上表明，在 20 世纪 80 年代，UPOV 成员可以为除植物品种以外的植物发明提供专利保护，这种做法是不违反 UPOV 公约中的双重禁止保护条款的，也就是说，植物基因、基因序列、植物以及没有指向一个特定植物品种的植物群，均不属于 UPOV1978 双重禁止条款所指向的“一种或相同的植物属或种”。

考虑到专利制度所保护的发明与植物新品种的发明之间存在的差异，欧洲国家在 20 世纪 60 年代创设了育种者权制度为植物新品种的发明提供专门保护，并在后续的实践中，包括 EPO 在 20 世纪 80 年代后涉及植物发明的专利保护实践中，尽管可以为植物基因、基因序列、植物等发明提供专利保护，但仍然坚持通过育种者权为植物新品种的发明提供专门保护的传统。即使在 UPOV1991 废除双重保护禁止条款之后，欧盟及欧洲国家也仍然坚持这一保护传统，没有变化。而美国之所以可以在加入 UPOV1978 后继续为植物新品种提供专利保护，则是基于 UPOV1978 第 37 条例外条款的授权。可见，UPOV1978 中双重保护禁止条款所禁止的不是对植物主题发明提供专利保护，而是对植物品种发明提供专利保护。也就是说，UPOV1978 中双重禁止条款不会对作为 UPOV1978 成员的中国授予植物主题发明（植物新品种发明除外）专利保护构成障碍。

2. *植物分类学和植物命名系统角度分析*

UPOV 公约规定的到底禁止的是什么呢？是禁止成员国为“植物”发明提供双重保护，还是仅仅禁止为“植物品种”发明提供双重保护呢？为了更好地理解这一问题，必须返回 UPOV1978 双重禁止条款所针对的对象，即要求“对于一种或相同的植物属或种”（one and the same botanical genus or species）仅提供其中一种保护。这里的“植物属或种”（botanical genus or species）是泛指“植物”（plant）还是专门意义上的“植物品种”（variety），必须从 UPOV 公约关于植物品种的定义和植物分类及命名规则的角度进行解释。

关于“植物品种”的定义，根据UPOV1961/1972之规定，“品种”（variety）是指任何适用于栽培并满足公约第6条规定的一致性与品种命名要求的栽培品种、无性系、品系、类或杂交种。[①] UPOV1978没有规定品种定义。UPOV1991进一步明确了UPOV公约中所保护的“植物品种”含义，[②] 即“品种”系指已知植物最低分类单元中单一的植物群，不论授予品种权的条件是否充分满足，该植物群可以是：以某一特定基因型或基因型组合表达的特性来确定；至少表现出上述的一种特性，以区别于任何其他植物群，并且作为一个分类单元，其适用性经过繁殖不发生变化。UPOV1978双重保护禁止条款之下的“植物种或属”（botanical genus or species）与“植物品种”（variety）之间是什么关系呢。我们分别从植物分类学和植物命名系统的角度加以考察。

从植物分类学的角度来说，植物学家将整个植物界的50万种以上的植物，分成门（Division）、纲（Class）、目（Order）、科（Family）、属（Genus）、种（Species）等阶层，在各阶层下分别加入亚门、亚纲、亚目、亚科、族、亚族、亚属，在种以下的单位有亚种（Subspecies）、变种（英文为Variety，拉丁文为Varietas）和变型（英文为Form，拉丁文为Forma）。[③] “种（Species）是生物分类的基本单位，它是具有一定的自然分布区和一定的生态特征和生理特性的生物类群。同一种中的各个个体具有相同的遗传性状，彼此交配可以产生后代。但一般不与其他物种中的个体交配，或交配后一般不能产生有生殖能力的后代。”[④] 相似的种组成属（Genus），相似的属组成科，依次类推，由小到大，分别组成目、纲、门，再到植物分类的最高单位——“界”。亚种一般被认为是种内的类群，形态上有区别，分布上或生态上或季节上有隔离。变种也是种内形态变异比较稳定的一个类群，分布的范围（或地区）比亚种小得多。有人认为变种是一个种的地方宗（Local race）。变型也是有形态变异，但看不出有一定分

① UPOV1978 Art. 2（2）.

② UPOV1991 Art. 1（Ⅵ）.

③ 汪劲松编著《种子植物分类学》，高等教育出版社，2009，第19页。

④ 吴国芳、冯志坚、马炜梁等编著《植物学》（下册），高等教育出版社，2011，第4页。

布区，而是零星分布的个体。[①] “植物品种”（variety）虽然也属于植物分类学上的某一个种或变种，但它不是植物分类学上的一个最低单位，而是经济上的类别。品种不存在于野生植物中，英文中的术语 variety 兼具变种和品种的含义。正是由于上述考虑，1961 年制定的《栽培植物国际命名规章》规定栽培植物的品种，在英语中用 Cultivar（cultivated 和 variety 的缩简复合词）表示，专指品种，以有别于变种。[②]

从植物命名系统角度来说，《国际植物命名法规》（The International Code Of Botanical Nomenclature，ICBN）和《国际栽培植物命名法规》（International Code of Nomenclature for Cultivated Plants，ICNCP）分别管理野生植物和栽培植物的命名系统。ICBN 采用门、亚门、纲、亚纲、目、亚目、科、亚科、属、种、亚种、变种、变型等 12 个分类阶层，ICNCP 采用栽培品种（Cultivar）、栽培群（Group）和杂交群（Grex）3 个阶层。如何理解“变种”、“变型”与“品种”的关系？ICNCP 相关条款及其注释作了说明。[③] 栽培植物可以按照 ICBN 命名至少到属（Genus）级，也可以到种（Species）级或种级以下。植物学的阶元 Varietas（变种）和 Forma（变型）不应被自动视为 Cultivar（栽培品种）的等同术语。英语 variety、汉语 pinzhong（品种）已被用作 Cultivar（栽培品种）一词的普通等同语。一些国家和国际立法或其他具有法律效力的公约、协定中，variety（品种）一词或其他语言中的对应词是一个法定术语，用来称呼一个已经证实的特异、一致、稳定的变异体，该术语完全等同 ICNCP 中所定义的 Cultivar（栽培品种）一词。

由此可见，UPOV1978 双重保护禁止条款之下的“植物种或属”（botanical genus or species）与植物分类阶层系统中的“属”和“种”是对应的关系，UPOV 公约中的 variety（品种）对应的是 ICNCP 中 Cultivar（栽培品种）。也就是说，UPOV1978 双重保护禁止条款之下的“植物种或属”是栽培品种（Cultivar）或者说是植物品种（variety）意义上的“植物”，而不是泛指意义的“植物”，即 UPOV1978 禁止的是成员国为“植物品种”

---

① 汪劲松编著《种子植物分类学》，高等教育出版社，2009，第 19 页。

② 胡延吉主编《植物育种学》，高等教育出版社，2003，第 5 页。

③ 《国际栽培植物命名法规》（第八版），靳晓白、成仿云、张启翔译，中国林业出版社，2013，第 5—6 页。

的创新提供双重保护。目前，我国采用品种权的方式为植物品种的创新提供保护，《专利法》（2010 年修订）将植物品种排除专利保护范围的做法是符合 UPOV1978 公约规定的，但《指南》（2010）将所有涉及植物主题的发明排除专利保护，实际上超越了《专利法》规定的范围，导致部分涉及植物的发明无法得到专利保护。

### （二）如何协调植物发明专利与品种权保护之间的关系？

美国联邦最高法院在 2001 年的 J. E. M. AG v. Pioneer Hi-Bred 案判决中明确表示，美国的植物专利法、植物品种保护法和发明专利法可以同时为植物发明提供重叠但互不排斥的保护，申请者可以根据每一法律申请保护，并从每一种保护受益。欧盟的立法则表明，植物主题发明可以获得专利保护，但植物品种例外，只能获得品种权保护。我国目前对植物发明的立法选择与欧盟类似。尽管如此，在实践中操作中仍有问题需要解决。如果授予植物主题的发明，是否会出现发明专利与品种权对相关植物品种进行重叠保护的情况？即如何协调植物发明专利与品种权保护之间的关系？

在直接回答上述问题之前，以一个富有创意的茶杯为例说明知识产权重叠保护的问题，茶杯如图 2 所示。某水杯生产者发明了一种上釉的方法使得杯釉的颜色鲜亮而不掉色，改造了杯子的造型和杯柄的弧度更加适合手握，还设计了能随水温变化而出现动态感应的可爱图案，并就上述创造分别申请了发明专利、实用新型专利和工业外观设计专利，以及注册了 A 商标。如果第三人未经许可生产了标有 A 商标的上述水杯，该水杯生产者可以第三人侵犯上述四种知识产权为由要求损害赔偿。是不是意味着对该水杯生产者创造行为进行了重叠的知识产权保护了呢？理解知识产权保护基本规则的人都会回答“否”，发明专利保护的是该生产者对上釉方法的发明，实用新型专利保护的是对杯子造型的改进，工业外观设计专利保护的是杯子图案设计，商标保护的是生产者在生产销售杯子过程中积累的商誉，上述所有的发明创造最终都体现为水杯。植物主题的发明专利与品种权保护的关系，与水杯生产者所获得的发明专利、实用新型专利、工业外观设计专利以及商标权之间的关系是一样的。也就是说，植物主题的发明与品种权所要求的授权要件和保护范围是不同的，只不过保护对象均体现为某一种植物而已。

| 发明/保护客体 | 载体 | 知识产权类型 |
|---|---|---|
| 上釉方法 | 茶杯 | 发明专利 |
| 杯子与杯柄造型 | | 实用新型专利 |
| 动态感应图案茶杯外观 | | 外观设计专利 |
| 企业商誉 | | 商标 |

**图 2　茶杯上的知识产权保护类型及对应的保护客体**

再以 Monsanto 公司一项与 Roundup Ready（抗农达）大豆有关的欧洲专利（EP0546090）为例进行说明。该项专利主要包含四项权利要求：（1）编入 EPSPS 基因的独立 DNA；（2）通过将 EPSPS 基因编入植物细胞具有耐草甘膦特性的转基因植物的生产方法；（3）对草甘膦具有抗性的植物细胞及其植物；（4）对编入 EPSPS 基因并耐草甘膦的转基因作物和杂草同时喷洒草甘膦的控制田间杂草方法。假定大豆黄科 556 品种就是通过将 EPSPS 基因编入植物细胞具有耐草甘膦特性的转基因植物，并申请了农业部的植物新品种权保护。从表面上看，大豆黄科 556 品种既拥有专利保护，又拥有品种权保护。但实际上，大豆黄科 556 品种拥有专利和品种权的保护，是基于在大豆黄科 556 品种上所进行的不同创造行为：专利保护的是大豆黄科 556 含有编入 EPSPS 基因的独立 DNA，使得该大豆产生耐草甘膦性；品种权保护的是符合具有新颖性、特异性、一致性、稳定性并具有“大豆黄科 556 品种”命名的植物群。尽管这两种发明都体现在“大豆黄科 556 品种”，但其保护的对象和范围是不同的。简而言之，即使授予植物主题的发明专利保护，只要将植物品种本身排除专利法的保护范围，实践中不会出现专利权与品种权重叠保护的情形。

## 五　完善我国植物发明专利保护制度的具体建议

如何更好地适应我国生物技术产业的发展要求，为生物技术有关的，尤其是植物育种有关的发明提供更加明确的专利保护政策，是我国目前植物主题专利保护实践中面临的重要问题，也是《专利法》第四次修改中应当予以关注的问题。

## （一）修改《专利审查指南》，明确只有“植物品种”不能获得专利保护

我国现行《专利法》明确规定动物和植物品种不授予专利保护，但《指南》（2010）将《专利法》中所指称的“植物品种”直接等同为“植物”，认为“可以借助光合作用，以水、二氧化碳和无机物合成碳水化合物、蛋白质类维系生存的植物的单个植株及其繁殖材料（如种子等），属于专利法上‘植物品种’的范畴”，转基因植物也属于《专利法》上的“植物品种”，因为“动物和植物是有生命的物体，不能授予专利保护”。欧盟和美国自20世纪80年代以来的专利保护实践表明，能够获得专利保护的关键，不是有生命物体和无生命物体的差别，而在于相关的发明是人造之物还是自然之物。在生物技术及其相关产业日益发展的今天，如果坚持涉及有生命物体的发明均不属于专利保护的客体，必然会对我国在生物技术研究和产业发展方面造成负面影响。因此，建议修改《专利审查指南》中对“植物品种”的解释内容，采用与《植物新品种保护条例》或者UPOV公约一致的“植物品种”定义，将专利保护例外真正仅限于“植物品种”，允许相关发明将权利要求直接指向植物、植物植株、植物种子以及某些不属于植物品种的植物群。植物发明专利与品种权的关系可以参见表3。

**表3　植物发明专利与品种权的关系**

| 知识产权类型 | 保护客体 | 权利要求 | 权利保护范围 |
| --- | --- | --- | --- |
| 植物发明专利 | 方法发明<br>产品发明<br>及其改进发明 | 植物基因、基因序列、植物、种子、植物植株、生产植物的方法（只要不是完全的实质上生物方法）、植物群（不是特定植物品种）以及由收获材料制成的产品等 | 根据权利要求确定 |
| 植物新品种权 | 植物品种 | 特定植物品种 | 未经许可，不得生产、繁殖或销售授权品种的繁殖材料，以及不得以商业目的重复利用授权品种繁殖材料生产另一品种的繁殖材料 |

### （二）通过司法解释或者指导案例，明确育种方法发明专利和基因专利的保护范围

现行《专利法》规定，植物品种的生产方法可以获得专利保护。该项方法专利能否像通常的方法专利一样，其保护范围可以延及依照该专利方法直接获得的产品？如果其保护范围可以延及相关植物，那么就有可能与《指南》（2010）关于“植物无法获得专利保护”规定相冲突。如果其保护范围无法延及相关植物，该专利法方法的保护范围就可能受到极大的限制。基因专利保护范围的界定也同样面临上述问题。事实上，欧洲专利局在 1990 年 Plant Genetic Systems 案和 1997 年 In re Novartis AG 案中也讨论过类似问题，即《欧洲专利公约》（EPC）第 53 条（b）和第 64 条（2）之间的关系问题。欧洲专利局上诉扩大委员会（Enlarged Board of Appeal，EBA）最终得出结论，“EPC 第 53 条（b）所排除的权利要求是一个指向能够获得品种权保护的植物品种的权利要求。不能获得品种权保护的一般意义上的植物材料可以获得专利保护”。[①] 关于“能否通过方法专利保护植物品种”的问题，EBA 建议应交由成员国法院来决定。欧洲专利局在相关案件中的讨论，对我国解决植物专利保护问题是有借鉴意义的。首先，《指南》可以明确规定专利申请中的权利要求不能指向植物品种，但可以指向一般意义上的植物材料，包括植物本身。其次，法院可以通过司法解释或指导案例，就育种方法专利和基因专利的保护范围作出明确界定，避免实践中产生不必要的误解。关于这一问题，虽然欧洲专利局认为其关注的仅是专利授权问题，而不是保护范围问题，但其事实上已在相关案例中表明态度，即植物品种的创新只能通过品种权制度进行保护，专利制度仅对植物品种以外的植物发明提供保护。因此，建议通过司法解释或指导案例，明确育种方法专利的保护范围可以延及由该育种方法产生的植物，但植物新品种除外；明确基因专利的保护范围可以延及含有该基因信息并能执行其功能的植物，但植新品种除外。具体内容参见表 4。

---

① 李菊丹：《国际植物新品种保护制度研究》，浙江大学出版社，2011，第 212 页。

表 4 育种方法发明专利、基因专利和植物新品种权的保护范围

| 权利类型 | 保护范围 |
| --- | --- |
| 育种方法发明专利 | 可以延及由该育种方法产生的植物，但植物新品种除外 |
| 基因专利 | 可以延及含有该基因信息并能执行其功能的植物，但植物新品种除外 |
| 植物新品种权 | 特定植物品种：未经许可，不得生产、繁殖或销售授权品种的繁殖材料，以及不得以商业目的重复利用授权品种繁殖材料生产另一品种的繁殖材料 |

### （三）《专利法》修订应考虑在生物技术发明专利中规定农民留种权利

美国对一切领域的技术发明，包括植物发明（或者说是生物技术发明）一视同仁，没有在专利制度中为生物技术发明规定任何例外规则，仅在品种权保护制度中为有性繁殖的植物（粮食作物）规定了农民留种权利。日本的做法基本与美国相同，没有在生物技术发明专利中规定农民留种权利。虽然欧盟也为生物技术发明/植物发明提供专利保护，但其考虑到相关技术领域发明的特殊性，在生物技术发明保护中创设了农民留种权利的例外规定。与美国的模式相比，欧盟对生物技术发明保护制度的设计，更加关注生物技术发明本身所具有的特点，更加关注传统农业、传统农民在整个农业发展中的权利。当然，欧盟的这种立法考虑也与欧盟生物技术产业的发展状况有关。从全球角度来说，美国是生物技术发展的强国和生物技术产业的大国，拥有生物技术领域绝对的发展优势，包括所持有生物技术领域的专利数量，欧盟的生物技术及其产业与美国相比，则处于较弱的地位。因此，欧盟对生物技术领域的专利政策有其独特的考虑。《欧盟生物技术发明保护指令》第 11 条规定了农民留种权利作为对生物技术发明专利权利的法定减损，即经专利持有人或经其同意为农业利用目的向农民出售植物繁殖材料（种畜）或以其他形式对该材料进行商业化，必然包含授权农民自己在农场上以繁殖为目的利用其收获的产品。这种减损的范围与条件，与（EC）No. 2100/94（《欧盟植物品种保护条例》）第 14 条（颁布国家目录的方式确定）一致。我国《专利法》正值第四次修订，在《专利审查指南》允许申请植物主题发明专利后，《专利法》修订中同样也应对生物技术发明专利的特殊性给予关注，考虑在生物技术发明专利

中规定农民留种权利，为我国农民免费自繁自用粮食蔬菜作物和牲畜留出空间。

### （四）《专利法》修订应考虑建立品种权和生物技术发明专利间的强制交叉许可制度

考虑到生物技术背景下，还必须考虑到不同权利人所有的品种权与专利共存于同一植物新品种，而可能出现的相互恶意阻碍对方实施权利的问题。在我国，随着生物技术产业在我国的发展，由不同权利人持有的生物技术专利与品种权共存于同一植物品种的现象必然会增加。以转基因双价抗虫棉为例，双价抗虫棉的核心技术已申请发明专利保护，目前已经审定的抗虫棉品种就达到14个，还有许多抗虫棉优良品系正在试验过程中。这些抗虫棉品种不少是已经获得品种权保护的植物新品种，并且分属于不同的权利人。如何从法律制度上避免出现恶意阻碍对方实施专利权或品种权的情形？欧盟的做法是采用品种权与专利的强制交叉许可制度。根据《欧盟生物技术发明保护指令》相关规定，[①] 当一名育种者（一项生物技术发明的专利权持有人）不侵犯一项已有的专利权（植物品种权）就无法获得或利用一项植物品种权时，在缴纳适当使用费的前提下，他可申请一项使用该专利所保护发明（受保护的植物品种）的非排他性的强制许可，条件是该许可对其使用应受保护的植物品种是必要的。成员国应规定，当授予此种许可时，专利权持有人（植物品种权持有人）应有权在合理的条件下得到使用该受保护品种（发明）的交叉许可。[②] 这是欧盟独创的富有特色的品种权强制许可制度。美国没有为专利权和品种权共存于同一品种的情况规定强制交叉许可制度，而是将这种情况完全交由商业谈判来解决，由其中希望先实施的权利人向另一权利人寻求许可实施。对于上述情况，日本《植物品种保护和种子法》规定，[③] 如果在一个植物品种中同时含有品种权和育种方法的专利权时，由该登记品种（包括与登记品种没有明显区别的品种）育种方法专利的持有人，或者经上述专利权人授予排他许可或

① 具体内容参见 EC/98/44 Art. 12。

② 李菊丹：《欧盟品种权强制许可制度及其借鉴意义》，《知识产权》2011年第7期。

③ Japan, the Plant Variety Protection and Seed Act (Act No. 83 of May 29, 1998) as amended by Act No. 49/2007 Article 21 (Limitation of the effects of the Breeder's Right).

非排他许可的人，生产、处理、为转移而提供（offering for transfer）、转移、出口、进口或者为上述行为进行存储该登记品种的繁殖材料的，属于品种权保护范围的例外，不构成品种权侵权行为。也就是说，日本采取的是与美国和欧盟均不同的处理方法，规定专利权人行使其专利的行为可以作为品种权保护的例外，即专利权的保护效力要高于品种权。比较美日欧对这一问题的不同处理方案，原因在于“美国经济严重依赖生物及医药产业的技术创新。仅以生物技术产业为例，目前美国公开上市交易的生物技术公司大概价值3600亿美元，占据了美国经济的一大部分”[①]。与美国相比，欧盟与中国在生物技术产业实力都处于较弱的地位，因此其可以借助品种权的实施，形成对生物技术专利权的某种限制。欧盟在专利权和品种权间建立强制交叉许可的做法，更值得中国借鉴。因此，我们在《专利法》第四次修订中，在《专利审查指南》修订的基础上，应考虑建立品种权和生物技术发明专利间的强制交叉许可制度，为生物技术发明专利与相应品种权的顺利实施提供制度保障。

（本文原载于《河北法学》2017年第4期）

① 肇旭：《Myriad案与基因专利的未来》，《河北法学》2014年第1期。

# APP专利保护研究

杨延超*

## 一　问题的提出

APP是英文单词Application的缩写，其中文含义指移动终端应用程序。随着智能手机的普及和移动互联网技术的发展，APP产业在我国呈现爆炸式增长，其应用范围包括了通信、游戏、视频播放、图像处理等众多领域。基于APP产业对社会生活的广泛影响，国家也先后出台一系列鼓励APP产业健康、蓬勃发展的优惠政策。2015年6月16日，国务院发布《关于大力推进大众创业万众创新若干政策措施的意见》，全面鼓励包括APP在内各领域的创业创新。2015年7月4日，国务院印发《推动“互联网+”行动指导意见》，要求进一步推动包括APP在内的移动互联网经济的发展。2016年5月19日，中共中央、国务院印发《创新趋动发展战略》，明确提出要推动“移动互联网”和“移动智能终端”的发展，显然，这无疑将再一次推动APP产业的创新升级。①

当下APP的发展呈现“百花齐放”的状态，根据中国互联网数据中心

---

* 杨延超，中国社会科学院法学研究所副研究员。

① 发展新一代信息网络技术，增强经济社会发展的信息化基础。加强类人智能、自然交互与虚拟现实、微电子与光电子等技术研究，推动宽带移动互联网、云计算、物联网、大数据、高性能计算、移动智能终端等技术研发和综合应用，加大集成电路、工业控制等自主软硬件产品和网络安全技术攻关和推广力度，为我国经济转型升级和维护国家网络安全提供保障。

的调查，“社交”、“新闻”、“电子商务”等类型功能的APP最为手机用户欢迎，“商务办公”、“金融理财”、“健康医疗”等类型APP的受欢迎程度也在迎头赶上。① 各种创新型的APP不断涌现，与此同时有关APP知识产权保护的话题也引发社会普遍关注。一个APP从产品创意到页面设计，再到大规模推广，几乎每个过程都与知识产权息息相关。APP页面内容、设计、美工等涉及版权问题，如果相关内容被他人抄袭就可能会构成版权侵权，“大众点评”APP就曾向“食神摇摇”APP主张过类似的版权侵权。②当然，除了版权法，权利人还可以通过商标法来保护APP，诸如在“微信”③、“嘀嘀”等商标案件中，一系列与APP商标有关的争议，引发社会热议。然而，无论是版权法还是商标法，它们都无法保护到APP的核心功能，因此都存在较大的局限性。就版权而言，如果侵权者改变了APP的页面设计，但依然模仿原创APP的功能，便可以绕开版权法保护；就商标而言，如果侵权者改变APP的名字，就可以绕过商标法保护。正是在这一背景下，APP的创业者们开始寻求APP的专利保护，试图通过专利法来保护APP的核心思想与功能。

然而，专利法上没有专门关于“APP”专利的分类，与其相关的是时下备受瞩目的计算机软件专利和商业方法专利。APP本身的功能是依靠计算机代码来实现的，与传统软件相比较，它运行的介质主要为手机而非电脑，从本质上讲，它就是一个计算机软件。与此同时，绝大多数的APP旨在实现一种商业方法。根据美国众议院议员Rick Boucher和Howard Berman

---

① 根据中国互联网数据中心针对“2014—2015年度中国手机网民对各类型移动应用欢迎状况调查”，各类功能的APP受欢迎程度分别为：（1）即时通信与社交应用占64.1%；（2）新闻资讯占56.2%；（3）音乐视频占49.8%；（4）网络购物占46.0%；（5）手机游戏占38.3%；（6）图书阅读占34.9%；（7）教育学习占28.1%；（8）地图导航占27.6%；（9）旅游出行占24.4%；（10）商务办公占19.6%；（11）金融理财占18.3%；（12）健康医疗占15.5%。参见www.199it.com/archives/398389.html。

② 2012年2月，“大众点评”APP向“食神摇摇”发出律师函，声称“食神摇摇”抄袭“大众点评”APP中“商业信息、图片、用户点评、推荐菜、商户星级、评分、人均价格”等内容，并要求其停止侵权。与此同时“大众点评”APP还向苹果APP store及谷歌google play等机构提交相关侵权证据，2012年5—6月“食神摇摇”APP分别被APP store及谷歌的google play下架。

③ 创博亚太科技（山东）有限公司于2010年11月12日向商标局提出“微信”商标申请，核定服务为38类信息传达、电话业务、电话通信、移动电话通信等。2011年8月27日，经商标局初步审定公告，后被异议。参见判决〔2015〕高行知终字第1538号。

在《2000年商业方法专利促进法》提案中的表述，商业方法包括（1）一种经营、管理和其他操作某一企业或组织，包括适用于财经信息处理的技术方法；（2）任何应用竞技、训练或个人技巧的技术方法（包含由计算机辅助实施的技术或方法）。虽然，有学者将商业方法分为与计算机程序有关的商业方法和与计算机程序无关的商业方法，但随着计算机技术的迅速发展，商业方法大都摆脱了原有人工计算的模式，绝大多数商业方法有赖于计算机程序。追溯我国商业方法专利历史，早在2003年前后我国最早授权的商业方法专利也都与计算机程序紧密有关。① 因此，APP专利与商业方法专利虽不是同一概念，但随着移动互联网的发展，很多基于APP通信、金融、管理、娱乐等方面的专利已经落入商业方法专利的范畴，有关于商业方法专利的研究成果对于研究APP专利具有较高的参考价值。

然而，在涉及向国家知识产权局申请APP专利的时候，则不能简单地用“计算机软件专利”或者“商业方法”专利来概括，而是要根据现行《2015国际专利分类标准》具体确定其专利类型。国际专利分类标准向来主要是依据技术手段（或技术类型）来对专利进行分类的。② 就实现APP功能的技术手段而言，涉及APP的专利主要属于“G06Q”分类③，国家知识产权局在《我国在商业方法领域专利申请数据分析》一文中对“商业方法专利”的分析也主要是参考G06Q分类，④ 图1和图2为根据“G06Q”分类检索到的“APP专利申请”和“APP专利授权”。

显然，根据图1，我国APP专利是随着我国移动互联网技术的发展而逐步兴起的，在2003年之前处于比较低迷的状态，而在2003年之后呈现大幅增长趋势，在2015年APP相关专利申请数量超过1万件，达到峰值。再根据图2，虽然近些年来我国APP专利申请数量急剧增加，但授权数量却极少，2012年最高还不足600件，这说明绝大多数APP专利申请最终并

---

① 花旗银行的两项专利为：（1）数据管理的计算机系统和操作该系统的方法（专利号：9619072.0）；（2）电子货币系统专利（专利号：92113147.x）。

② 参见《2015年版国际专利分类表》，http://www.sipo.gov.cn/wxfw/zlwxxxggfw/zsyd/bzyfl/gjzlfl/。

③ G06Q分类专门适用于行政、商业、金融、管理、监督或预测目的的数据处理系统或方法；其他类目不包含的专门适用于行政、商业、金融、管理、监督或预测目的的处理系统或方法。

④ 参见国家知识产权局网站，http://www.sipo.gov.cn/ztzl/ywzt/zlsd/201509/t20150923_1179189.html。

**图 1　APP 专利申请**

资料来源：使用 soopat 查询软件，获取查询结果，参见 http://www.soopat.com。

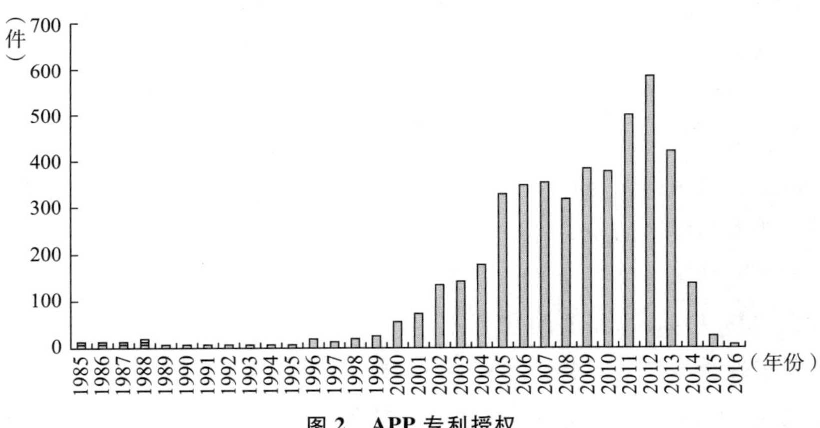


**图 2　APP 专利授权**

资料来源：使用 soopat 查询软件，获取查询结果，参见 http://www.soopat.com。

没有被授权，这也让众多 APP 设计者们倍感困惑：APP 是否能够受到专利保护？APP 需要符合什么样的条件才能被授予专利？长期以来，我国专利法缺少对类似 APP 以及有关商业方法专利的保护规范。面对越发迫切的社会需求，国家知识产权局在 2000 年之后开始探索对类似 APP 形式的专利保护，并与华为、中兴通讯、雅虎、腾讯、百度等大型企业以及中国银行、中国建设银行等金融机构进行广泛探讨。2009 年 1 月，国家知识产权局就“商业方法专利的审查方式”作出尝试性规范，但由于缺少法律的明确定位，对于社会普遍关心的“APP 能否申请专利，以及如何申请专利”

等重要问题并没有给予准确回答。为此，国务院在2015年6月出台的《关于大力推进大众创业万众创新若干政策措施的意见》[①]，将“研究商业方法等新形态创新成果的知识产权保护”列入当前亟待解决的重要问题。

## 二 我国APP专利保护存在的主要问题

### （一）我国APP专利保护的法律依据不明确

有关APP专利申请，在中国现行《专利法》（2008年12月27日修正）中还找不到对应的规范。国家知识产权局2010年修订《专利审查指南》时也没有明确规定APP等商业方法类的专利地位。国家知识产权局曾于2004年出台《商业方法相关发明专利申请的审查规则（试行）》，这是与APP专利申请关系最密切的一份文件，但后来由于受到美国次贷危机等因素的影响，该文件已于2008年4月废止，此后我国便再没有出台有关APP等商业方法专利的专门文件。2009年，为了应对实践中商业模式专利保护需求，国家知识产权局在其内部的《审查操作规程》[②] 中规定了商业方法发明专利申请的相关事项，并将商业方法分为两种：纯粹的商业方法和与互联网技术相关的发明。显然，按此内部《审查操作规程》，APP专利当属与互联网技术相关的发明。

由于缺少专门的规范，APP专利申请时只能参考国家知识产权局《专利审查指南》中最相近似的规定。《专利审查指南》在其第九章作出了《关于涉及计算机程序的发明专利申请审查的若干规定》（以下简称《计算机程序发明若干规定》）。由于APP的各项功能主要依赖于计算机程序完成，因此可纳入计算机软件专利范畴。《计算机程序发明若干规定》还专门通过列举案例的方式说明计算机软件授权的条件，对其案例的实证分析有助于总结APP专利申请的条件。

根据《计算机程序发明若干规定》给出的例证分析，对于纯粹智力规则的专利申请均被排除在了专利授权范畴之外。为此，《计算机程序发明

① 国发〔2015〕32号。

② 这是个内部审查文件，具体为《实质审查分册》第九章第4部分。

若干规定》列举了“利用计算机程序求解圆周率的方法”、“一种自动计算动摩擦系数的方法”，“一种全球语音文字通用转换方法”等计算机程序，上述发明旨在于保护智力活动的规则和方法，因此被排除在专利保护范围之外。与此同时，《计算机程序发明若干规定》还列举了可授予专利权的计算机程序，如“一种控制橡胶模压成型工艺”、“一种扩充移动计算机设备存储容量的方法”、“一种去除图像噪声的方法”、“一种利用计算机程序测量液体黏度的方法”等，上述发明作为技术方案，实现了对外部物理状态的改变，抑或提升了计算机内部功能，故而属于授权专利权的范畴。《计算机程序发明若干规定》在解释汉字编码方法能否授权的问题时，还特别强调，如果仅仅只是计算机汉字输入方法，则属于专利法第 25 条第（二）项规定的智力活动规则，不属于专利法保护的对象；如果它与键盘相结合，构成计算机文字的输入方法，则属于专利的保护范畴。《计算机程序发明若干规定》的解释对于 APP 发明申请具有重要的参考价值。根据《计算机程序发明若干规定》，APP 如属于“纯粹的智力规则”则被排除在专利授权范围之外；如属于一项“技术方案”则被纳入专利授权范围。但在 APP 个案中如何判定“纯粹的智力规则”或是“技术方案”还有待于出台专门的、更加细化的标准。

### （二）有关 APP 专利的审查方法不科学

2008 年之后，国家知识产权局针对商业方法专利审查方法提出了 3 种并行的审查思路，即（1）根据专利说明书所描述的背景技术或公知常识来判断是否属于专利保护客体；（2）根据专利检索结果，通过引证对比文件来判断是否属于专利保护客体；（3）依据检索到的现有技术来评述新颖性或创造性。然而，经过对计算机商业方法专利 508 个驳回案件的分析，发现审查员使用对比文件的仅占 7.5%，92.5% 未使用对比文件。[①] 这也说明，审查员主要采用者是第（1）种审查思路，仅根据公众常识作出判断，而没有引用对比文件予以论证。

与此同时，在对我国 681 件涉及商业方法专利复审案件驳回理由分析

① 参见《涉及商业方法的专利申请的审查思路》，国家知识产权局，http://www.sipo.gov.cn/mtjj/2014/201406/t20140625_970979.html。

后，以评述专利创造性为驳回理由的占 19.53%，以评述专利客体为驳回理由的占 74.6%，以“属于智力活动的规则和方法”为驳回理由的占 1.17%。在该 681 件案件中有美国同族专利的有 360 件，在美国专利商标局审查过程中，评述创造性的总计为 317 件，占 88%；评述客体的为 12 件，占 3.4%；采用其他方式审查的为 31 件，占 8.6%。在 681 件案件中有欧洲同族专利的有 287 件，在欧洲专利局审查过程中，评述创造性的总计为 199 件，占 69.3%；评述客体的为 11 件，占 3.8%；以其他方式审查的为 31 件，占 26.9%。[①] 显然，通过上述对比分析，在涉及 APP 等商业方法专利案件审查时，在评述创造性的比例方面，我国知识产权局（19.53%）远远低于美国专利商标局（88%）和欧洲专利局（69.3%）。如此直接根据公知常识作出判断，缺少对其创造性的评述，缺少引证文件的论证的审查方法，势必导致驳回决定的科学性和说服力不足。

### （三）缺少 APP 专利“新颖性”、“创造性”具体适用标准

根据我国《专利法》规定，“新颖性”、“创造性”是发明专利授权的重要条件。所谓“新颖性”是相对于现有技术而言的，如果在申请日之前不属于现有技术，则有新颖性；反之，如果在申请日之前已经公开，则没有新颖性。按照《专利法》规定，技术公开的方式有很多，包括出版物公开或者使用公开等多种形式。世界各国普遍采用的是世界公开标准，即在申请日之前在世界范围内被公开了，该项发明即失去新颖性。与其他类型专利相比较，APP 专利的新颖性是较难查询对比文件的，它一般不会记载于申请日之前的文献（论文或出版物）中，所以判断 APP 的新颖性则是其审查过程中的一个难题。

“创造性”是 APP 专利被授权的另一个重要条件。一般而言，判断一项发明是否具有创造性，首先是确定最相近的已有技术；然后，从最相近的技术出发，判断该发明对同一领域的一般技术人员而言是否为显而易见的。这里的技术人员只是一种假设，他是指所属技术领域内的一般的、中等水平的技术人员，因此，对于不同技术领域的假设人的标准也会有所区

① 参见《涉及商业方法的专利申请的审查思路》，国家知识产权局，http：//www.sipo.gov.cn/mtjj/2014/201406/t20140625_970979.html。

别。然而在涉及 APP 专利时，问题会变得更加复杂，它既涉及计算机程序领域，又涉及商业方法领域，那么，这里"创造性"的标准是什么，是计算机技术的创造性或是商业方法领域的创造性，都还有待于进一步细化规定。

## 三 对国外 APP 专利保护经验的借鉴

### （一）长期探索，寻找合理的授权标准

美国是较早出台包括 APP 在内的商业方法专利的国家。APP 在使用过程中大都涉及对数据输入、数据输出、数据存储的过程，在 1998 年之前的美国，类似情况是不会被授予专利的。1998 年在 State Street Bank & Trust Co. v. Signature Financial Group, Inc. 案[①]中，美国联邦巡回上诉法院废除了"商业方法除外原则"，并进一步论证，不能仅仅由于发明涉及了数据输入、数据输出、数据存储而否认其专利性。这个判决宣告了专利审查的重点从技术性（useful arts）转向了实用性（practical utility）。这也意味着计算机软件专利申请已不限于机器或装置，而且已经延伸到公司的经营管理范畴。按照美国法院的观点："一台一般用途的计算机……一旦编程来执行特殊的功能并符合软件要求就变成一台特殊用途的计算机。"[②] 在 1999 年 AT&T Corp. v. Excel Communications, Inc. 案[③]中，联邦巡回上诉法院甚至认为，数学公式作为一个整体是否产生了一个"有用的、具体的，有形的结果"，只要满足《专利法》第 101 条规定的基本要求，由计算机程序所控制的电脑就成为可专利的发明。[④]

事实上，绝大多数的 APP 作为计算机程序，最终都将实现一个"有用的，具体的，有形的结果"，因此，按照美国 1998 年、1999 年判例所确立

---

① 涉及专利是利用一个计算模型，根据当天市场变化计算出投资基金收益和费用，从而帮助投资者购买基金。地方法院认为，该专利既涉及商业方法又涉及数学公式，故判决专利无效。然而美国联邦巡回上诉法院认为，地方法院错误地将该专利视为一个过程，但它实际上是一个"机器"。

② 张平：《论商业方法软件专利保护的创造性标准》，《知识产权》2003 年第 1 期。

③ AT&T 公司对一项长途电话计费系统拥有专利。地方法院认为，权利要求中包含了一个数学公式，因而无效。然而，联邦巡回上诉法院再次否定了地方法院的判决，认为该专利有效。

④ 沙海涛：《电子商务商业方法软件的专利保护（下）》，《电子知识产权》2003 年第 3 期。

的标准，绝大多数的 APP 都将被纳入可专利授权的范围。然而，在 2008 年 In re Bilski 案中，Bilski 申请保护的主题涉及“一种风险成本的管理方法”。这一次，联邦巡回上诉法院并没有援用以往所谓“有用的，具体的，有形的结果”的标准授予专利，恰恰相反，作出了不授予专利权的决定。联邦巡回上诉法院判决的理由是：该方法并未与机器相关，且该方法并未将任何物体转换为其他状态或物体。[①] 显然，2008 年 Bilski 判例提出的“转换物体的状态”要求，要比以往授权标准严格得多，用到 APP 发明领域，普通的管理、娱乐、游戏类 APP 应用程序都很难达到这一标准。事实上，针对商业方法发明授权，美国走过了从“完全否定”到“肯定”，再到“部分肯定”的道路，而每一时期的判决标准又恰是与当时的经济政策紧密相关，简言之，在商业方法刺激经济大发展时期，采用较宽松的审查标准；当商业方法发明过于泛滥时，又改变为较为严格的标准。

### （二）针对商业方法进行了专门立法

美国专利商标局将商业方法软件划归到专利分类 705 类，并且有一个专门的工作组——2160 工作组，[②] 审查员须具备计算机、商业、金融、保险领域专业背景。美国 2000 年 10 月通过的《商业方法促进法》议案第 4 条规定：“如果商业方法仅仅是将现有技术应用于计算机系统或因特网，则该发明应被认为是显而易见的。”[③] 美国专利商标局针对商业方法的审查，还专门出台了指导性文件，在 Guidelines for Computer-Related Invention Patent Application [④]文件中，将功能性描述和非功能性描述严格区分，根据该文件规定，诸如像学习或游戏类 APP 软件中，非功能性描述（画面、数据资料）因不具有任何技术功能，不作为创造性的审查内容。美国专利商标局的另外一份文件（Formulating and Communicating Rejections Under 35 U. S. C 103 for Applications Directed to Computer-Implemented Business Method

---

① 姚克实、吴晓群：《IN RE BILSKI 案：确定专利标的物的新动向》，《电子知识产权》2009 年第 3 期。

② 参见 uspto 的网站报道 Wynn Coggins，Business Methods Still Experiencing Substantial Growth-Report of Fiscal year 2001 Statistics，http://www. uspto. gov/web/menu/pbmethod/fy2001strport. html。

③ 巫玉芳：《2000 年美国商业方法专利促进法议案评析》，《电子知识产权》2001 年第 5 期。

④ http://www. uspto. gov/web/offices/pac/mpep/documents/2100. htm#sect2106.

Inventions)[①] 列举了明显不具有创造性的案例，以帮助审查人员在审查包括 APP 在内的商业方法专利时予以参考。

在美国 State Street Bank 案后，日本立即对商业方法软件专利高度重视。2000 年日本修改后的《与计算机软件有关的发明（含与商业方法有关的发明）的审查指南》认为商业方法专利可以作为与软件有关的专利而获得批准。与此同时，日本还增设电子商务审查室集中审查商业方法发明。[②]日本特许厅于2001 年4 月还发布了一份“商业方法发明不具有专利性的范例”[③] 其中非常详细地列举了不构成专利法“发明”的情况，也成为日本判断 APP 类专利创造性的指导性文件。根据该份指导性文件，将工业技术应用于另一特殊领域的不会被授予专利，如将“搜索系统”应用于房地产领域而形成的“房地产搜索”APP，将不会被授予专利；再如将手动自动化的不会被授予专利，如发明一个接收指示的 APP，用它来接收以前用传真或电话接收的指示，也不会被授予专利权。

### （三）为有效判断“新颖性”，设立了专门检索数据库

与其他类型专利不同，APP 专利大都为商业使用目的，在申请之前一般不会记载于论文或其他出版物之中，因此有必要建立专门的数据库，为此美国国会通过了一项特别法案，向专利商标局追加拨款，建立专门数据库，目前，美国专利商标局正在使用的商业方法的专利数据库，成为审查人员检索商业方法时的重要依据。1997 年，日本建立了一个计算机软件数据库（computer software database），日本特许厅第四审查部将其作为一个非常重要的检索资源。2000 年 10 月，美国、日本、欧盟还在日本举行三方会议，这次会议上，三方专家讨论的并不是商业方法发明是否应当获得保护，而是如何保护的问题。由于长期以来商业方法缺少文献记载，三方也没有共同使用的检索资源和现有技术文献，由此造成审查困难，本次会议讨论的重点是有关商业方法领域中技术文献共享，检索技术合作，提高专

---

① http://www.uspto.gov/web/menu/busmethp/busmeth103rej.htm.

② 日本特许厅在审查四部增设电子商务审查室，该审查室专门审查包括 APP 在内的各类商业方法专利。

③ 参见日本特许厅发布的“Examples of Business Related Inventions without Patentability”，http://www.jpo.go.jp/index.htm。

利审查质量。

除了建立专门的商业方法数据库，美国甚至还出现了专门的悬赏网站，以激励公众帮助寻找在先技术。如果发布者对某项专利的“新颖性”有异议，但又苦于无法找到在先技术，便可以通过该网站发布悬赏公告，并提供奖金，谁最先找到，即可获得该笔奖金。①

## 四 完善我国 APP 专利保护若干建议

### （一）应当就 APP 专利申请或者就商业方法作出专门规范

国家知识产权局有必要就 APP 专利申请或者就商业方法作出专门规范，并结合国家知识产权局已经授权或者驳回的 APP 专利案例，为 APP 专利申请作出具体指引，重点解决社会普遍关注的三个方面的问题。（1）APP 专利授权的条件。根据专利法的规定，发明专利申请需要符合“新颖性”、“创造性”、“实用性”等标准，就 APP 专利而言，如何理解这些授权标准，尤其是其中的“创造性”问题，是技术的创造性还是商业方法领域的创造性等，都有必要在专门文件中通过具体案例的方式作出回答并给予指导。（2）APP 专利申请文件的写作方法，尤其是“权利要求书”的写作方法。“权利要求书”是专利申请中核心文件，在涉及计算机程序的权利要求书撰写方面，《专利审查指南》曾明确，计算机软件既可以作为一种方法来申请专利，也可以作为一种“装置”来申请专利，显然，这里的“装置”并非真正装置而是一种虚拟的功能模块。那么，在涉及 APP 的权利要求书中，是以“方法”形式还是以“装置”形式来撰写，都还需要进一步明确规范。（3）APP 专利驳回的条件。就 APP 专利而言，哪些会落入“智力活动的规则和方法”而被排除在专利授权范围，有必要在专门文件通过具体案例方式作出指引，从而避免不必要的申请浪费。

### （二）完善 APP 专利申请审查方法，强化引用文件使用

根据《专利法》第 2 条第 2 款的规定，APP 专利申请只有构成“技术

① 参见 http:∥swpat. ffii. org/vreji/pikta/index. de. html；http:∥www. bountyquest. com。

方案”才是专利保护的客体。根据国家知识产权局《专利审查指南》的要求，如果一项权利要求仅仅涉及一种算法或数学计算规则或者计算机程序本身或仅仅记录在载体上的计算机程序，或者游戏的规则和方法等，则该权利要求属于智力活动的规则和方法，不属于专利保护的客体。既有智力规则又有技术方案，不属于《专利法》第 25 条的排除范围。因此，APP 专利必须落入“技术方案”的范畴才可能受到专利法的保护。

在涉及 APP 专利审查时，可以使用“二分法”：第一，APP 属于“智力活动的规则和方法”的情况，应严格根据《专利法》第 25 条规定，将其排除在专利法的保护范畴之外；第二，如果 APP 在用户体验方面或者归属为解决一个具体的技术问题，则应将其纳入专利法保护的范畴，进而再对其“新颖性”和“创造性”等内容进行进一步审查。在涉及互联网商业模式专利“新颖性”的审查中，仍然要遵守《专利审查指南》对技术领域、所要解决的技术问题、技术方案和预期效果四个方面的审查原则。在判断商业模式“创造性”问题时，重点审查该商业模式到底解决了怎样的技术问题，仅仅是现有技术的简单组合，还是对数据的简单搜索，对于所属技术领域的人员而言，这一切都是显而易见的，这些都意味着它不具备“创造性”特征。在采用上述二分法审查 APP 专利的过程中，除非明显能通过《专利法》第 25 条排除的，审查人员都应尽可能通过第二种方法予以审查，尤其需要在审查文件中提升对“创造性”评述比例，与此同时，加强对引证文件的使用，增强驳回文件说服力。

### （三）建立 APP 专门数据库，加强“新颖性”、“创造性”有效审查

APP 能否最终授权还取决于“新颖性”和“创造性”问题的判断。就“新颖性”而言，这取决于申请专利与现有技术的比较，由于我国现在还没有建立专门的 APP 数据库，所以在“新颖性”问题的判断上难免缺乏科学性和准确性。为此，中国有必要建立专门的数据库。在这一过程中，国家知识产权局可以与国家版权局建立数据共享，以获取 APP 在先版权登记的相关数据，从而多渠道完善检索数据库内容。同时与美国、欧洲、日本等相关数据库建立合作联系，构建 APP 专利国际查询系统，从而实现 APP 专利新颖性的准确查询，提升 APP 相关专利授权质量。

与此同时，中国还有必要建立 APP 专利“创造性”的法定标准。如果

在商业方法和计算机技术两方面均具有创造性，那么可视为其整体具有创造性；如果商业方法和计算机技术方面均没有创造性，但组合在一起具有创造性，也可以视为具有创造性；如果商业方法和计算机技术都是现有技术，只是简单组合在一起，那么该APP专利将被视为缺少创造性。

（本文原载于《知识产权》2016年第6期）

# 版权制度研究

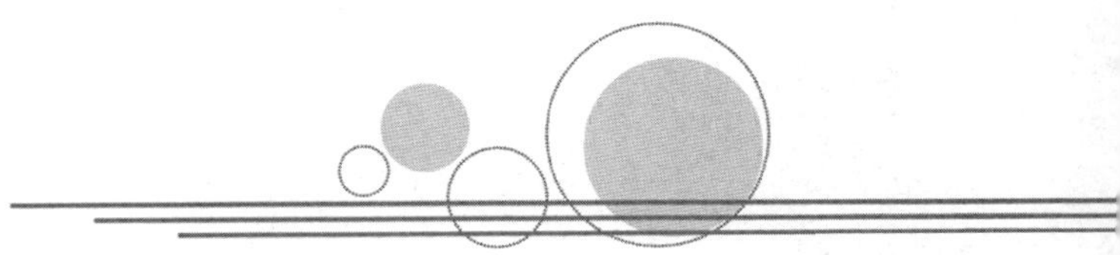

# 版权保护领域存在的几个深层次问题

唐广良[*]

## 一　关于版权保护目标的设定问题

版权保护的目的到底是什么？是鼓励个体创作，还是促进产业发展？这是亟须回答的一个关键问题。

现行《著作权法》第1条规定，为保护文学、艺术和科学作品作者的著作权，以及与著作权有关的权益，鼓励有益于社会主义精神文明、物质文明建设的作品的创作和传播，促进社会主义文化和科学事业的发展与繁荣，根据宪法制定本法。

根据上述法律的规定，学者们对该法立法宗旨或目标的解释通常都很简单与直观，一般认为其体现了两条原则：一是保护作品的创作者与传播者的正当权益，调动其创作与传播作品的积极性，促进优秀作品的创作与广泛传播；二是协调作者、传播者与公众三者的利益关系，鼓励广大公众积极参加社会文化活动，提高全民族的科学文化素质，推动社会主义文化与科学事业的发展繁荣，促进社会主义精神文明与物质文明建设。①

显然，该法将“保护作者的著作权”放在了首位。在此基础上，还要保护与著作权有关的权益，鼓励有益于精神文化、物质文明建设的作品的创作和传播，促进文化和科学事业的发展与繁荣。也就是说，现行《著作权法》以保护“权利”为核心，所要实现的目标是鼓励作品的创作与传

* 唐广良，中国社会科学院知识产权中心研究员。

① 参考资料来源：http://www.68tm.com/new/new331.html。

播，并最终服务于文化和科学事业的发展和繁荣。

至少从文字表面上看，这样的目标设定与该法的名称是一致的，而且与"知识产权保护"这一命题也相符合，似乎并不存在"问题"。然而过去20年的著作权保护史表明，不论是作为权利主体的作者，还是作为主要相对人的传播者，都没有从这种制度目标中获得直接的好处。越来越多的作者意识到，他们的"权利"其实并不值钱，有时反而会给他们带来许多负担和烦恼。对于那些依靠传播作品生存的人来说，由数不清的单个权利人控制的"权利"的存在随时威胁着他们的运作，并让他们没办法通过一种有效的机制获取足够的授权，因而阻碍了相关产业的正常发展。[①]

虽然我们可能会为这种局面的形成找到许多原因，但从根本上说，是著作权制度的目标设定存在问题，即这部法律及其背后的法律思想都过分地强调了对"个人权利"的尊重与保护，而忽视了可能实现这些权利价值的环境的培育。而当我们在20年后回过头来再审视西方国家著作权制度时才发现，其实不论是英美法系国家，还是大陆法系国家，都是在保障社会经济均衡发展的大背景下制定与实施各项法律制度的；著作权立法当然也不会例外，都是以保护版权产业[②]的健康发展为目标，再结合本国的法律传统设计出来的一个包含多项制度安排的法律体系。相比之下，中国现行著作权法只是一部围绕个人权利保护而制定的法律，没有将个人权利与版权产业之间的关系梳理清楚，从而导致了各方利益的失衡，并使保护个人权利的目标实际上也落空了。

## 二 版权意识方面的问题

虽然经过20年的版权保护实践，版权观念与概念已经为大多数社会公

---

① 关于版权保护阻碍版权产业发展的观点随处可见。当然，多数观点并没有直接采取版权保护阻碍版权产业发展的说法，而是采用了类似于"产业发展的最大障碍是版权问题"或者"不解决版权授权问题产业即无法得到发展"等。参考资料可参见以下网址：http://www.cnci.gov.cn/content/2010527/news_58069.shtml；http://www.ce.cn/cysc/tech/07hlw/guonei/201006/04/t20100604_20406560.shtml；http://www.e-bq.com/biz/music/2010/0409/193642.html 等。

② 关于什么是"版权产业"，读者可从以下网址获得进一步的参考信息：http://define.cnki.net/WebForms/WebDefines.aspx?searchword=%e7%89%88%e6%9d%83%e4%ba%a7%e4%b8%9a。

众所接受，但接受的程度基本上还停留在“知道”的层面上。就可能与版权直接打交道的不同角色而言，即使本身从事文学艺术或科学领域的创作，仍有相当一部分人未能树立起自觉尊重他人的创作及权利的观念。近年来，名人及有重要社会地位的人涉嫌抄袭的事件经常见诸媒体；而大学生、研究生乃至教授抄袭甚至剽窃他人创作成果的事也并不鲜见。从使用者层面上看，各种传播媒体未经许可而使用他人作品的现象可谓比比皆是，而且有相当一部分媒体在侵权的道路上还走得理直气壮。更严重的是，包括学术界、行政管理部门及司法机关在内，社会上同情及支持未经许可使用他人作品的人士仍有相当的话语权，甚至有些至关重要的决策机关人士也认为，现阶段尚不宜“过分强调”对版权的保护。一些人士更明确表示，在数字技术环境下，允许商家未经许可使用他人作品对社会及经济发展是有利的。还有学者拿出所谓“公共领域”的概念，试图从基础理论的高度来证明，数字技术背景下的著作权保护具有扩张私人权利空间，侵蚀公共领域的嫌疑。①

以上现象充分说明，中国社会目前还远远没有树立起尊重创作、尊重版权的意识及社会氛围。至于造成这种现状的原因，虽然无法在本文中详加分析与探讨，但我们从总体上认为，历史上遗留下来的传统仍然是首要原因，但权利人维权成本偏高，所获救济偏低的现实则是使这种现状无法在短期内得到改变的直接原因。我们认为，“版权意识”虽然是一个心理、素质及道德、伦理层面上的概念，但法律制度的强制引导及保障在这种意识的培养与维持方面所能发挥的作用也是不可忽视的。

## 三　侵权盗版现象依然存在，某些领域甚至相当猖獗

现阶段，尽管《著作权法》已实施多年，人们的版权意识大大提高，但侵权盗版仍是司空见惯的社会现象。尤其是随着高新技术的发展，利用互联网进行的盗版活动，特别是文字、音乐、软件、影视领域的侵权行为更是呈现上升之势，而且手段越来越繁多，做法则越来越明目张胆。例

① 关于公共领域及相关观点的资料可参考以下网址：http://www.rucipr.com/ArticleView.aspx?id=692；http://www.chinalawedu.com/new/21604a5300aa2010/2010924majian113112.shtml；http://blog.sina.com.cn/s/blog_4ccd4c08010009sc.html。

如，各种各样的非法音乐提供网站不再满足于为网络用户下载音乐提供便利，而且还直接在其网站上提供了类似“音乐盒”等功能，向网络用户播放可获取的全部音乐，或者在用户播放本地音乐的同时为其提供同步歌词等功能。一些所谓的“数字图书馆”公司则将数百万册图书数字化后以低廉的价格向种类图书馆出售，或者通过互联网向社会公众提供。

尽管“十一五”期间我国采取了比较严厉的打击盗版行动，至2010年的“全国国民阅读与购买倾向抽样调查”显示，我国盗版物的购买率仍达到16.1%；从1999年至2009年进行的七次全国国民阅读调查数据来看，历年来均有八成左右的盗版出版物购买者认为“价格便宜”是导致其购买盗版的主要因素。侵权盗版行为一方面严重挫伤了民族创新精神，扰乱了市场经济秩序，破坏了公平竞争环境，严重阻碍了新闻出版、广播影视、文学艺术、文化娱乐、广告设计、工艺美术、计算机软件、信息网络等版权相关产业的发展，进而使得我国整个版权相关产业乃至国家整体的经济实力受到严重削弱；另一方面已经成为欧美发达国家对我国经济制裁、政治施压的托词和借口，严重妨碍深化对外开放和对外经贸交流，严重影响我国的对外形象，并成为影响国家经济安全的不确定因素。

从表面上看，非法复制及传播的作品大多是社会公众可免费或者低价获得的，因而让社会上大多数人获得了好处。但本文认为，这种现象对社会发展与进步带来的危害有可能大于好处。首先，这种做法在法律上属于公然的侵权，是严重的违法行为。这种行为如不能为法律所禁止，表明法律的严肃性已经遭到污损和破坏。其次，这种做法剥夺了权利人利用其作品获得收益的权利，是对私权及法律应予保护的利益的严重侵害，最终将严重挫伤权利人参与创作的积极性。再次，这种做法会误导社会公众，尤其是作为数字技术主体用户的年轻公众，让他们错误地认为，无须支付代价即可获得想要的东西；无须付出劳动即可享受精神产品。进一步的后果极有可能是让他们自年轻甚至年少时起即错误地树立起不劳而获、不思进取的思想。另外，这种做法及现象实际上让少数不法商家在短期内迅速赚取大量非法利润，而与此同时却使那些自始即想合法经营的企业失去了生存的空间和机会，同时还会使众多从事非法经营的商家之间形成无序的，甚至是恶性的竞争，最终根本无法形成正常的市场。

分析网络环境下侵权盗版严重的成因，虽然我们仍可在一定程度上归结为传统观念，但与尊重创作、尊重版权的意识差相比较，侵权盗版活动并非权利意识不强导致的结果。我们认为，如果一定要在此谈意识问题，那么执法机关的意识应被认定为导致这种结果的最重要的原因。依照《中华人民共和国刑法》的规定，不论涉及何种作品，故意的、大规模的侵权活动均将构成犯罪。[①] 但时至今日，因侵犯版权而被施以刑事制裁的案例还非常少。当然，侵权成本低，被认定为侵权后需要付出的代价更低，对网络及数字技术环境下发生的大规模侵权盗版活动同样具有纵容的效果。

## 四 大量作品缺乏创新性，创新能力严重不足

1. 作品数量增加明显，但质量高者不多

虽然从统计数据上看，出版物的种类及印刷册数都呈现了逐年递增的态势，而且增加值还相当可观，[②] 但是，不论是文学艺术领域，还是科学领域，真正有水平、有价值的作品至少在相对量上越来越少了。就科学领域而言，就同一题目进行的重复研究越来越多；作品中相互援引，甚至涉嫌抄袭的东西越来越多。在文学艺术领域，相同主题、相同定位的作品越来越多，为迎合目标人群阅读与欣赏口味而创作的作品越来越多。相比之下，能够用客观标准加以评价，能够经受得住历史考验的作品越来越少了。

造成这种局面的原因肯定不是可以简单归纳得出来的，但现实社会通行的“以量取胜”的评价标准难辞其咎。据悉，不论是学术界的职称晋升，还是其他行业的职位晋升，大多都会把发表与出版作品的数量作为一项核心指标，即使是日常考核，作品的数量也是极其重要的因素。另外，“以量记酬”的付酬方法也促使许多作者在作品的量上下功夫，从而在一定程度上忽视了对作品的质的追求。

2. 作品涉嫌抄袭的比例非常高

通过任何一个网络搜索引擎输入“抄袭”一词，随便即可找到数十个

---

① 侵犯著作权构成犯罪的案例与理论研究请参见以下网址：http://www.66law.cn/laws/9231.aspx； http://www.dffy.com/blog/a/luxin/7562.html； http://blog.sina.com.cn/s/blog_4c0c2a290100918.html；http://www.law-lib.com/lw/lw_view.asp? no=7333 等。

② 关于出版物增长的统计数据，参见中国出版网 http://www.chinapublish.com.cn/cbtj/dl-cbtj/。

网页，数百篇讨论或揭露抄袭的文献；而引入反抄袭系统或启用抄袭检测软件则已经成为高等院校、研究机构、报刊等机构不得不为的一项防治学术不端的措施。至少从各种媒体报道上看，抄袭已经成为文学、艺术及科学作品创作领域内一个普遍存在的现象及难以治愈的顽疾。

本文认为，虽然各种抄袭检测软件的检测结果并不能准确地反映法律意义上的“抄袭”，即未经许可在自己的作品中大量复制他人作品内容的情形，因为这类软件只能检测出一作品与现有其他作品内容的“重合”率，至于造成重合的原因是什么，如因涉及的主题相同而必须采用相同的背景资料、引述相同的规范性文本、评介相同的事件、正规的引文，等等，没有一个软件能够对这些情况作出合理的区分。在这种情况下，笼统地将重合率界定为抄袭率显然是不合适的。

然而媒体报道的各种涉嫌抄袭的具体事件也表明，抄袭现象的确已经相当普遍，而且涉及的领域非常广泛。更严重的是，抄袭已经不再是一种偷偷摸摸的做法，在许多情况下似乎成了一种惯例；一些人甚至使用抄袭的作品参加各种评比、竞赛活动，或者参加职称评定、资格晋升等，到了不加掩饰的程度。相对于抄袭行为本身的违法性，这种坦然的抄袭心态所反映的是一个群体整体道德水平的低下，是更加可怕的社会现实。

3. 生活阅历与创作积极性成反比

基于对本领域现状的了解，本文认为，目前中国社会存在奇怪的现象，即随着生活阅历的增加，大多数人都呈现创作积极性降低的趋势。按常理说，人的生活阅历越丰富，其创作能力越强，作品也越有价值。至少在科学领域，不论是自然科学，还是社会科学，中年以上的人士肯定比青年人更具创作能力。但在现实生活中，中年以上学者专心从事科研及学术成果创作的人越来越少；相应地，该年龄段的人士创作的作品也越来越少了。同样的现象在文学艺术领域应当也存在。

当然，随着年龄的增加，人的精力肯定会有所下降，加之年纪越大的人在表达自己时会更加谨慎，因而与青年人在表达及创作欲望方面有所不及是正常的。但就笔者了解的情况来看，在目前的中国，中年以上的学者创作作品的积极性已经低到了一个非常值得关注的程度，即大多数中年以上学者均已不再把撰写学术著作作为主要的工作内容。

究其原因，应有以下几点。一是生活压力较大，导致学者们不得不想办法赚钱养家。而在目前的中国，相当一部分作品出版或发表时已经不能获得稿酬，甚至一部分作者还不得不为其作品的发表或出版而向出版者支付费用。二是撰写与出版学术著作对个人价值的实现帮助也不大。如今，只要愿意出钱，任何人都能出书或发文章，致使社会公众在整体上对写书与出书的评价降低。加之在当今社会，实现个体价值的途径与方式已经多样化，学者们大多已经不再将自己的名誉、地位与作品创作唯一地联系在一起。

4. 作品创作的功利性较突出

与前面两个问题相联系，在现实社会中，非因自身有创作冲动，为某种创作之外的目的而创作作品的现象已经相当普遍。如学者为职称晋升而写文章或写书，职员为职位晋升而发表作品，娱乐界人士为炒作自己而出书，等等。总之，作品在一定程度上已经成为某些功利目的的附属品。

本文认为，就个人创作而言，真正有意义、有价值的作品应当源自个人内在的创作冲动；而这种内在的冲动又应当是建立在个人知识与经验的积累基础之上的。极端地看，个人的创作冲动应当与版权保护无关，更与金钱利益无关。一旦将创作作品当成赚钱及晋升的手段，作品自身的“纯粹性”就会受到影响，从而被打上“功利”的印记。当然，出于功利的考虑而创作，也必然会起到刺激创作欲望与冲动的作用。就此而言，通过版权保护制度实现鼓励创作的目的肯定是没有问题的。但历史地看，能够流传于世的作品必然是凝聚了作者的思想与心智，汇聚了时代的背景与知识，反映了相关公众的愿望与诉求的精品。至于是否有版权，以及是否能够赚钱，肯定不是创作者在创作作品之前及其间考虑的问题。

综上，本文认为，版权保护虽然可在一定程度上起到激励创作的作用，但肯定不是最重要的因素。换言之，如果只是将激励创作作为版权保护的目标，那么这个法律存在的必要性可能就要打点折扣了。

## 五　法律制度建设方面仍有许多工作要做

1. 法律制度的基础尚不够扎实

同知识产权领域的其他制度一样，版权制度是从西方国家引进到中国的。从 1910 年的《大清著作权律》开始，至今也不过 100 年的时间，而且前 80 年实际上并未成形。直到 20 世纪 90 年代初，仍然是在迫于西方国家压力的大背景下，《中华人民共和国著作权法》才得以颁布实施，而且法律规范中的名词、术语，以及原则与规则等，大多也是从西方国家的既有法律文件中“抄”来的。一直到今天，尊重创作、尊重版权的价值取向虽已在政策层面上得到确认，但在社会公众的思想与意识中还远没有形成自觉保护版权的思想。这就意味着，版权制度在中国的建立实际上是缺乏根植于本民族文化的思想基础的。

除缺乏思想基础外，建立版权制度所需的知识储备也明显不足。反观中国著作权法起草及修订的历史，我们发现，几乎每一次研讨活动都会在一些基本的概念及术语的含义上争论不休。这说明，参与法律起草的人士尚没有在该法律条文所要使用的概念与术语的基本含义上达成共识，甚至一些直接负责法律条文拟定的人士在法律颁布实施20年后还说不清楚某些法律术语的含义。很多时候，我们不得不请外国专家来给中国的法律起草者们普及法律知识。尽管如此，从现行《著作权法》上看，因概念与术语含义的不清楚而导致的规范漏洞与制度缺陷还是相当明显的。

另外，五千多年的历史长河中法治观念的淡薄及相应的制度建设的落后也注定了中国版权法律制度自始就会问题多多。自古以来，中国都是通过行政权力来管理国家和社会的。这种管理模式的最大特点就是“长官意志”高于一切，制度操作缺乏透明度及可预见性；但优点是具有高度的灵活性，以及在长官意志支配下措施采取的及时性。在这种制度背景之下，版权法也不可避免地带有鲜明的行政管理的色彩。

2. 一些法律概念与术语的含义未搞清楚

上文已述，在中国版权法的制定与修改过程中，概念与术语含义的不清楚显示了中国版权法律制度建设过程中知识储备的不足。虽然相关部门为此开展了大量的调研与研讨，并反复征求各方面的意见，但终因负主要责任的机构及人士对有关概念与术语理解的偏差，使得法律条文中使用的概念和术语未能充分揭示法律所要解决的问题，或者未能就相关问题给出最合理的解决方案。

例如，关于“计算机软件”、“民间文学艺术作品”、“传播权（信息网络传播权）”、“雇用作品（职务作品、委托作品、组织作品等）”、“间接行为导致的侵权（间接侵权）”等概念和术语，至今仍没有明确且说得通的权威解释。

3. 法律规范的设计不够严谨

至少从立法过程来看，中国的著作权立法借鉴了欧、美、日、澳等许多发达国家和地区，以及部分发展中国家的法律规范及立法经验，理应成为一部集各国版权立法之大成的“完美”之作。然而事实上，或许正是由于我们在立法过程中过多地“借鉴”了不同国家的立法，导致最终的法律规范不论在术语采用，还是在逻辑安排上都明显带有剪裁拼接的痕迹，即不同法律条款中使用的法律术语及规范可能来自不同国家的立法例。

4. 执法体制与国际社会通行的做法存在较大差距

长期以来，中国的执法体制一直是“双轨制”，即行政与司法并行的两条执法路径。知识产权领域也不例外，而且较之其他领域更加突出，原因是中国自改革开放之初建立知识产权保护制度时起，即以行政机关为主导。直到今天，从法律的起草到执行，行政机关的话语权在某种程度上仍然大于司法机关。

关于现行执法体制存在的问题，在《国家知识产权战略纲要》制定过程中由中国社会科学院承担的“改善国家知识产权执法体制研究”课题报告已经作过论述与分析。我们在此要强调的是，现行执法体制与国际上通行的做法存在较大差距，主要表现在行政机关动用行政资源直接为“私权”提供保护上，即直接参与“侵权”的判断及救济。至于动用行政资源查处危害社会公众利益的“违法”行为，则属于行政机关应当履行的职责。另外，行政机关执法的随意性、不透明性等也使得这种程序的正当性大打折扣。当然，如何整合现有行政资源，使其工作效率更高，也是值得研究的问题。

## 六　版权运用层面上的问题非常突出

1. 产业需求对版权创作的拉动效果尚不明显

虽然某些领域与环节已经呈现过度商业化的倾向，但从总体上说，中国目前的版权事业还没有真正形成“产业化”，即文学艺术及科学作品的创作大多还属于个人创作冲动或个人功利需求推动的结果，出于对产业需求的回应而创作可供产业应用的作品的情况还属少数。另外，产业界自身，包括核心版权产业在内，对作品创作环节的关注程度还非常低。近年来的观察表明，除互联网与移动通信行业及工业版权领域有自己的创作队伍，或者与创作者之间有密切的合作关系之外，其他版权产业大多没有稳定的创作团队，或者坐等作者主动投“稿”，或者到浩如烟海的文化产品市场上去随机选择比较适合自己需求的作品。

2. 学术研究与社会需要之间缺乏必要的衔接

改革开放以来，中国社会进入了一个新的文化繁荣期，尤其是高等学校扩大招生规模以后，学术类作品的创作出现了空前的活跃状态。传统出版业经营方式的多样化，尤其是互联网等新媒体的出现，更为学术作品的面世提供了无限多的机会与渠道。然而在越来越大的学术研究队伍中，绝大多数成员都是在自说自话，或者从事纯“理论”的研究，或者针对并非直接获取的信息进行着所谓“务实”的研究。其结果是，大多数学术成果都很难具备指导实践，用于解决实际问题的价值。

与此同时，掌握着各领域决策权的行政机关官员们又不得不身兼学者的身份，针对自身工作可能涉及的所有问题进行全方位的“研究”，以致很多领域都成长起来一批“专家型”成员，包括“专家型法官”、“专家型领导”、“专家型公务员”等。这样做的结果是，专业学者没有或者少有机会学有所用；行政官员则不得不花费大量时间和精力去进行学术研究，但因毕竟是“兼职”研究，且缺乏基本的学术氛围与学术承继关系，不可能获得全面、准确、权威的学术成果。

3. 出版与传播领域秩序混乱，缺乏必要的引导

从表面上看，中国对出版与传播领域实施着相当严格的控制，但事实上，除具有政治敏感性及涉黄作品的出版与传播的确能够受到有效控制外，其他作品的出版与传播可谓一片混乱。仅就传统纸质出版而言，主题重复、内容低俗、错误百出的出版物随处可见，不仅造成了大量的纸张浪费，还存在严重误导社会公众可能性。而在互联网及移动通信网络空间，侵权、违法、错误、欺诈等类信息更是在肆无忌惮地传播。

## 七 版权工作面临的形势依然严峻

1. 国际社会对中国版权保护工作的压力仍然很大

虽然中国近年来在知识产权保护领域取得的成绩在一定程度上得到了

国际社会的认可，以美国为代表的西方发达国家对中国知识产权保护不力的指责之声稍有降低，但从总体上说，发达国家对中国的知识产权保护状况依然不满，并且仍在利用各种讲坛不断地发出批评的声音。在2010年的《特别301报告》中，美国仍将中国列入重点观察国家名单的首位，认为中国的知识产权保护仍然缺乏效力，没有威慑力，盗版生意仍然兴旺。报告提供的数据称，在美国海关2009年度查获的侵犯知识产权货物中，仍有79%来自中国，比2008年的81%略有下降。该报告坚持认为，中国的鼓励“自主创新”、政府采购等补贴性质的政策对外国技术与产品的市场准入构成了实质性的障碍。另外，该报告还认为，中国利用刑事手段保护知识产权的门槛仍然过高，行政及刑事保护的力度不够强，互联网上的侵权以及公立图书馆提供盗版作品的现象都相当严重。在“臭名昭著的市场”（notorious markets）一节，中国的百度被列在互联网市场的首位，而且前三位均来自中国。浙江义乌小商品市场则被列在了有形市场的第二位。

2. 部分国民的反知识产权情绪依然较浓

与来自国外的版权保护压力与呼声相比，国内权利人关于知识产权保护力度不够的声音只能从一些研讨会上听到，很难见诸主流媒体。与此相反的是，我们经常在不同的场合，包括一些高级别的立法、司法及行政决策讨论会上听到反对知识产权保护的声音。而在日常工作与生活中，反知识产权保护，或者反对加强知识产权保护的情绪随处都能感受得到。个别学者及官员甚至认为，中国现阶段还不适合推行知识产权保护制度。①

国外与国内两种截然不同的立场和态度决定了包括版权保护在内的中国知识产权保护工作必将面临十分复杂而严峻的形势。在这种形势下，明确目标，选准方向，把握节奏，定好策略，将是未来版权工作必须解决的先导性问题。

（本文原载于《实施国家知识产权战略若干基本问题研究》（郑成思教授逝世五周年纪念文集），知识产权出版社，2011）

① 相关信息请参见：http://www.kmcenter.org/html/s70/200703/26-4235.html；http://zhidao.baidu.com/question/234879394.html；http://www.mr699.cn/mingjia/zhuzuo.asp? id=1101&page=1。

# 计算机字体的版权保护

张玉瑞*

近期，关于计算机字体的法律保护问题的学术讨论及诉讼实践引起各方面关注。一个典型案例是：计算机字体业者 A 和 B 各自出品了一款字体软件并上载到互联网，某设计公司 F 进行了下载，某商家 X 委托该设计公司设计、制作招牌、说明书、菜单等，A、B 发现后诉至法院，认为 X 的招牌分别复制了自己的 2 幅美术作品，即 A 的“传”、“奇” 2 幅，B 的“火”、“锅” 2 幅。如此一来，计算机输出的每一个字，字体业者作为权利人就起诉一次主张损害赔偿。本文即针对计算机字体的版权保护展开讨论。

## 一　字体工具，不是美术作品

### （一）字体及其起源

字体，是按照一定规律、风格设计或书写的整套文字。字体可以是书法爱好者的毛笔书法字体、钢笔（硬笔）书法字体，也可以是字体设计者的设计字体，如方正公司的徐静蕾体属于书法字体，而倩体属于设计字体。

书法是书法家借助书写工具，对文字进行意境、风格表达所“书写”的文字。设计字体在现实生活中，又可称为“美术字”，是美术家借助书

---

* 张玉瑞，时任中国社会科学院法学研究所研究员。

写工具，文字进行意境、风格表达所“设计”的文字。

书法字体、设计字体是书法和设计的凝固：书法家书写的多个文字，经过自然或人为的原因，固定为有一定规律、风格的整套文字，即书法字体。所谓自然原因如魏碑；所谓人为的原因指书法课选择自己的若干文字书法，提供作为字体使用。设计字体亦是设计的凝固。

### （二）字体是美术作品

《著作权法实施条例》第4条第8款规定：“美术作品，是指绘画、书法、雕塑等以线条、色彩或者其他方式构成的有审美意义的平面或者立体的造型艺术作品。”根据这一规定，设计字体、书法字体构成以书法、绘画线条等手段，美化成套汉字，有独创性的，属于美术作品大类。如果作为字体工具使用，具体来说介于实用物品和美术作品之间。

### （三）字体工具与字体

字体工具，是采用不同技术，对设计字体、书法字体的再现、复制手段，提供给用户，可使用户根据需要，挑选复制字体中的单字。字体工具实现的字体可以是设计字体或书法字体。

字体工具伴随技术进步不断演变。比如，字帖是以纸质图书为手段，再现字体，供人们临摹字体，临摹涉及字体中单字的复制；印刷机是以油墨、印刷机等工业手段，供人们印刷，印刷涉及字体中单字的复制；打字机是以便携机械方式，供人们打字，打字涉及字体中单字的复制。而计算机字库是以计算机程序、软件为复制手段，与计算机结合成为字体工具，供人们设计、印刷，设计、印刷涉及字体中单字的复制。

### （四）字体工具不是美术作品

铅字是印刷机、打字机汉字字盘上所使用的金属立体长方字条。在铅字时代，中国人使用字体，要从汉字字盘上选择单字。铅字是一种字体工具，并非字体本身，也不是美术作品。若将打字机也算作字体工具，那么打字机不是美术作品，只是一种工业产品。

字帖是美术作品么？笔者认为，字帖是美术类图书，是美术作品的演绎作品，但仍然不是美术作品本身。《中国图书馆分类法》对字帖的分类纲目是：艺术 > 书法、篆刻 > 中国书法、篆刻 > 书法：毛笔字；硬笔字；美术字；少数民族文字；拼音文字。[①] 这说明虽然字帖上的字体与书法、设计字体的字丝毫不差，但字帖不是美术作品，只是美术作品演绎出来的图书作品。此类例子不胜枚举，如雕塑艺术画册不是雕塑本身。

## 二 计算机字库是字体工具

《著作权法实施条例》第 4 条第 8 款，明确规定了美术作品，必须本身即有视觉效果，说白了就是人类用肉眼可以看出是平面或立体造型的艺术作品。而引起社会讨论的计算机字库，本身是用计算机语言编写的 true type 格式的矢量数据文件，不具备任何人类肉眼可视的字体造型，所以不能归入任何美术作品范围。

### （一）从可视性内容看，计算机字库是软件

计算机字库是以 C 语言等编写的 true type 格式的字体文件，其可视效果包括一系列英文（包括正常的语句和简写、缩写）字句、数学计算过程等。这符合《计算机软件保护条例》关于计算机软件是“代码化指令序列”的规定。

### （二）从工作原理上看，计算机字库是软件

以下是计算机字体软件的一个功能语句：

```
TableDirctory * GetTrueTypeFont (HDC hDC, DWORD &nFontSize)
{
//query font size
nFontSize = GetFontData (hDC, 0, 0, NULL, 0);
TableDirectory * pFont = (TableDirectory *) new BYTE (nFon-
tSize);
if (pFont = = NULL)
```

① 国家图书馆《中国图书馆分类法》编辑委员会编《中国图书馆分类法》，国家图书馆出版社，2010。

```
return NULL;
GetFontData (hDC, 0, 0, pFont, nFontSize);
return pFont;
}①
```

### （三）从使用方法、效果来看，计算机字库是软件

将 true type 字体文件装入个人 PC 机、手提电脑，此后计算机字库可应操作者的指令，产生带字体的单字。计算机字库与计算机操作系统的互动，产生类似中文、英文打字机使用方法和效果，构成了《计算机软件保护条例》规定的技术效果：计算机字库提供矢量字体，使操作者在撰写文稿或创作美术作品中使用字体单字。计算机字库在这里的作用，等同于打字机的字盘，而计算机的 CPU、操作系统、打印机等外部设备相当于打字机的机械部件。

## 三　美术作品与字体工具法律保护的区别

### （一）作品性质和保护范围不同

设计字体、书法字体如何进行法律保护，取决于作者发行的方式。比如，作者将该套书法字体仅进行展示，或作者有偿售给他人或无偿赠送他人，而他人将该作品仅进行展示或收藏的，这样的书法、设计字体，可能享有美术作品的保护；另外，作者自己或许可他人用书法、设计字体制作字体工具供人们复制单字，此时，作者创设了新的权利，即字体工具的权利，享有演绎权、保持作品完整权等，但遵循权利用尽原则，对字体软件产生之单字不能禁止他人使用。

受字体美术作品权利人许可，甚至权利转让后，制作字体工具的权利人，包括字帖、铅字、计算机字库的权利人，有字体工具的复制权、发行权等，但亦无权对字体工具使用后产生之单字，主张美术作品权利。

---

① Feng Yuan，Windows graphics programming：Win32 GDIand DirectDraw［EB/OL］,［2010 - 10 - 08］，http：//j2eedocument. appspot. com/2009/10/144-truetype-fonts. html.

### （二）对字体工具区别保护的百年法律

世界版权法律历史已有三百年，世界各国不断完善版权保护；我国近代、现代版权保护已有百年历史，至今笔者没有找到国外、国内任何法律、判例，认定工具发生的单字有版权；认定与工具使用无关的第三人，使用该单字，构成侵犯版权；甚至没有一篇中文、英文、日文学术论文，详细说明这一观点。

中国乃至世界范围，字体的版权保护并非不成熟。一是仅保护到作为造字工具来复制、使用，具体来说只禁止对字帖、铅字、计算机字库未经许可的复制、发行；二是不干涉造字工具的使用结果，也就是不禁止造字工具的购买者使用所购买之字帖、铅字、计算机字库，挑选复制单字。

现在我们正在使用的字帖、美术字集锦工具书，就是字体保护的最好说明：复制字帖、美术字工具书，就是复制了字体工具本身即复制了成套字体，也就侵犯字帖的版权；而人们临摹字帖、美术字集锦，也就是复制其中的单字，即使商业使用，也不侵犯美术字、字体、字体工具的版权。由于计算机技术、计算机字体的发展而快速淡出历史舞台的铅字，也是最好的说明：如生产英文或中文字体打字机，需要在打字机上植入铅字字体，如果未经许可即铸造、使用了铅字（也就是复制成套字体，或复制其中的一部分），构成侵犯铅字字体的版权；即使打字机的铅字字体是侵权的，用该打字机打出的字，也不构成侵权，因为打字只是复制了字体中的单字，并未复制成套字体，用作造字工具。

## 四 字体软件与美术作品电子展示库的区别

字体业者提出一种类比，即字体工具发生之 1 个字 =1 幅图片或照片，并认为对“从网上下载各类图片可以免费，但将之用作商业广告使用的则属侵权行为”已经在司法界形成共识。笔者认为这种类比是不正确的，逾越了如下界限。

### （一）作品自然性质与法律属性不同的界限

字体软件产生的是字体，不是图画。摄影作品、国画、油画作为单纯美术作品，完全是作者独创的；而字体美化的对象是中国的汉字，汉字不是字体业者创造的。文字是社会生活所必不可少的，使用文字是人类区别于动物的根本特征之一。文字，是表达人们思想和情感的图形或符号。单纯的文字存在于人们的思想、意念当中，而书面文字、有载体的文字总是带着有个性、有风格的字形。在计算机技术、数字技术快速发展的今天，人们熟悉计算机键盘而陌生于纸、笔，计算机字体成为人际交流的实用工具。字体业者过度行使权利涉及社会公共利益，原因就在于此。

笔者一贯认为，在中国整套字体是有版权的，即成套字体有演绎权、复制权、发行权等。但是用图片或照片来比喻字体软件发生的单字，认为每时每刻无数产生的这样单字有版权，这与世界潮流反差太大。视单字为美术作品，本身就是将不同性质的东西进行类比，造成不能获得保护的反而得到保护，这是不允许的。

### （二）单纯美术作品和实用作品的界限

在版权法上，艺术图片或照片属于艺术作品，没有任何实用工具的性质，不是生产、生活必需的。字体软件发生的单字，直接表达人们的思想和情感，是日常人们沟通大量使用的实用工具。艺术图片、照片或绘画的版权保护由来已久，而字体的保护的成文法历史较短，德国、英国于1981年、1989年版权法产生规定，以美国为代表的一些国家，包括日本至今并不保护字体的版权。美国的理论认为，文字是人类社会交流的基本工具，字体主要功能是实用，而美国版权法对主要功能是实用的任何物品，禁止版权保护。

计算机字库是一种字体工具，其与电脑产生互动，代替机械打字机，提供文字的复制功能。其使用自然导致软件购买者对字体中单字的挑选、复制，这些是字体软件制作、发行、使用的必然结果，当然不构成美术作品侵权。计算机字库产生的单字，实际上是软件进行使用（相当于生产、加工）的结果。使用软件，对生产加工结果是不收取版权费的；例如windows操作系统，不能就运行结果，向计算机用户收费。再如控制脸盆上美术图案喷涂的×软件，其技术特性就是提供实用艺术作品，向脸盆上喷涂美术图案就是其使用的自然结果。喷涂美术图案之×软件的保护范围，仅到图案作品的演绎权，保持作品完整权，和×软件的复制、发行权。×软件的权利人不能对购买了脸盆的10万名使用者，即使是宾馆、饭店这样的商业使用者，再主张10万份美术作品的使用费，尽管脸盆上美术图案有很高的独创性。

### （三）独创性高低的本质区别

由于汉字有数千年的历史，结构间架、书写工具、创作技巧不存在秘密，是人们每天书写、实践着的。由此就其中单字来讲，与无数先人、亿万同时代人、未来无数人这些有自由表达权的后来者，曾经、正在、将要书写的同一文字相比，很难说有版权法上的独创性高度。但是制成字体，会使整套汉字具有同一性，会产生显著性和识别力，达到版权法上的独创性高度。字体是美术作品，只是一个近似的说法，实际上当字体被制成计算机字体工具后，字体本身的性质也产生了质变，只能是实用美术作品，只能享有整套字体保护的权利。

### （四）作品的单纯数字化和演绎作品的界限

事实上，在计算机时代，尤其是平面艺术作品如绘画、书法，都可以计算机技术信息方式存在，如书法作品的简单网络照片或者数字化版本。但是计算机字体软件的技术特性不同，其不仅导致字体展示，更有挑选、复制单字体的功能，是一种新的、独立的作品形态，是成套字体的演绎作品。美国版权局、最高法院对电子字体的有关分析，充分说明这一问题。

1988年9月美国版权局对电子字体作品的版权登记首次作出回应，发布了《数字化字体版权问题的政策决定》，认为bitmap type fonts即“点阵字体”技术的特点是将实物字体分解、存储为电子字体图形上的黑、白点，如同过去报纸上用黑、白点反映黑白照片一样，是实物字体的简单反映，与字体实际上是同一对象，对字体进行数字化不产生新的权利，因此不能对电子字体给予版权保护。1992年，面对新技术发展，美国版权局又发布了《产生字体之计算机程序的版权登记最终规则》，基于scalable type fonts即矢量字体的字形是通过数学方程来描述，认为字体软件存在创造性劳动，因而是版权保护的单独对象。至此，美国对计算机字体的版权保护实际上与其他发达国家差不多：美国虽然认为字体本身没有版权，但是保护字体产生的演绎作品即字体软件。

## 五　计算机字库仅是计算机软件产品

### （一）制作过程说明其非美术作品

某些字体业者主张计算机字库包含两种权利，一是美术作品，可以禁止他人“二次用字”；二是“计算机软件”，用来许可他人使用字库软件，这样美术作品权、计算机软件就达到了法律上的统一。

但是，从字库的实际制作过程看，计算机 true type 字体制作分为三个步骤：设计字模，对字模进行矢量化处理，将矢量化处理后的字形数据编译为 true type 字体文件。这些说明，计算机字库只有一种性质，就是计算机软件，而不是“一个软件，加一件美术作品”，或者说“计算机字库中有多少单字，就存在多少幅单个书法作品、美术作品”。至于字体软件的运行结果，导致与计算机结合，提供成套字体供使用，这是这种软件的特殊效果。机械加工软件可以帮助加工零件，我们不能说这种软件是零件。

### （二）发行过程说明其非美术作品

在字模设计阶段，书法家、设计人要书写或设计全部或部分字体，但是这种书写只是为制作字体软件，进行所谓字稿准备。美术作品本身即“字稿”，并没有以在公众可接触的场合陈列等方式发行。此时，发行、流通的只是计算机字体工具。

特别要指出的是：一种字体的产生，可以借助软件进行笔迹分析、造笔画、拼字，也就是说某个工序可以完全不需要人的劳动而借助技术手段完成。只要提供若干字迹，就可用软件设计出同样风格的字体。若要对字体工具产生的单字也“视为美术作品”，对其流通、使用建立一套侵权法规范，必然严重干扰知识产权秩序。

### （三）即使美术作品同时存在亦不影响计算机字体的法律性质

书法爱好者、美术字作者自己发表了美术作品后，又编辑制作了计算机字体的，亦不影响计算机字体的法律性质。这种情况下，他们创设了两种权利——美术作品与字体。前者可以按照美术作品保护，后者只能按照计算机软件保护。

### （四）计算机字体权利，是美术作品的替代权利

书法爱好者、设计人自己动手，或者委托字体开发公司，将自己的书法、设计作品转化为计算机字体的，此时其创设了一种替代的权利——字库软件的许可使用权。若其允许他人使用计算机字库，则就不应指责被许可方的使用结果，即所输出的单字侵犯了其书法、设计作品的权利。

## 六　社会无关第三人不构成侵犯美术作品版权

### （一）字体工具向美术作品不存在转换关系

美术作品向字体工具存在转换关系，指美术作品中设计得清楚、容易被人辨认的作品，用人工或靠软件辅助，提取特征，扩展、演绎成成套字体，制作成计算机字库，用于人际文字交流中，对文字加以美化。而字体工具向美术作品则不存在转换关系。成套字体可以做成软件向社会销售，就不能称为美术作品，而只说是工具化的字体了。因为这时其已经不是个人书写作品，而是有统一风格的一套汉字字形，制成计算机软件或数据库，任何人在任何时间、地点进行使用字体软件进行输出，结果完全一样。对这种高度统一的使用结果，如果书法家对使用结果产生的单字再主张书法的权利，则是违反版权法的。

### （二）权利用尽问题

“权利用尽原则”又表达为“首次销售原则”，指知识产权权利人对其销售、许可的产品，丧失了知识产权，无权干预该产品的转售、使用等。字体软件向社会发行，以及第三人对单字体的使用中，存在二次权利用尽。一是美术作品作者设计出作品提供给字体业者，获得了相应收入；后者制作出字体软件。此时美术作品作者对该套字体软件，及其软件体现的整套美术字体，权利用尽。美术作品作者不可依据在先登记之作品版权，指控字体业者商业制作、发行软件，直接侵犯了自己在先登记之美术作品版权；或者以商业制作、发行软件为手段，帮助第三人使用软件发生之单

字，构成辅助、间接或共同侵权。二是字体业者完成、发行字体软件，获得了相应收入；此时美术作品作者、字体业者对于字体软件产生之单字的使用、流通权利用尽。美术作品作者、字体业者不可依据在先登记之美术作品著作权、计算机软件的版权，指控社会第三人使用单字直接侵犯了自己在先登记之美术作品作者、计算机软件的版权。

权利用尽是知识产权法的普遍原则。要打破这一原则，必须有著作权法的例外规定。比如词曲作者对卡拉 OK 使用及歌厅的收费，就是首次销售、权利用尽的例外，因为《著作权法》第 10 条第 1 款明文规定了设备表演权（也称“机械表演权”）。又如计算机软件制作者对软件出租行为，有权进行“二次收费”，因为《著作权法》第 10 条第 1 款之（七）明文规定了计算机软件的出租权，软件著作权人有权禁止购买人商业出租该软件。

法律之所以规定可以“二次收费”，是基于对有关作品的再利用会影响该作品版权人的收入的判断。但是，计算机字库产生的单字，法律并没有规定可以二次收费，是因为社会无关第三人的经营五花八门，且与字体软件制作者没有任何竞争关系，其通过计算机字库产生的单字不会影响字体软件的销售收入。字体业者维权的重要理由之一，是认为中国软件盗版严重，导致字体业者收不抵支，若不将社会第三人列为收费对象，中国字体业将全军覆没。这种理由明显不同于前述作为权利用尽之例外的二次收费理由。

笔者认为，这些理由不属于权利用尽之例外的合法理由，故不能适用权利用尽之例外。实际上，广大社会第三人与字体软件销售、许可无关，他们对单字的使用，没有影响字体业者根据现有法律可以获得的合法销售收入。可以肯定地说，“二次用字”收费不是民事诉讼能解决的问题，而是一个立法问题，一旦有了法律规定，社会第三人违反“二次用字”的主观违法性、行为的违法后果就一清二楚，不用曲解现有法律，便达到诉讼目的。

### （三）《字库软件最终用户许可协议》的性质和作用——对人权还是对世权

对世权又称绝对权或对物权，是对其他任何人的权利，如所有权。对人权是对特定人的权利如债权，债权人只能向特定债务人主张合同权利。

字体业者为了实现对社会“二次用字”的收费，经常会通过与购买者签订《字库软件最终用户许可协议》，要求每字支付数目不菲的使用费。这种要求仅是单方面的合同要求，并非法律规定的权利。因此，《字库软件最终用户许可协议》作为约束计算机字库购买者的合同，仅适用字库软件买卖者之间的关系，字体业者可以主张的是相对权、合同权、对人权。

### （四）字体使用合同要求不涉及第三方

我国并没有根据双方合同追究第三人责任的制度。我国法律的所有规定均未赋予债权人直接向过错第三人主张赔偿的权利，这就是债权相对性的最明显体现。与在目前的一些涉及字体的诉讼中被指控“二次用字”的企业的情况不同，社会第三人只是设计公司所设计结果的接受者，其完全没有造成他人违约。一是因为社会第三人并没有被要求使用什么工具设计、如何设计，根据合同法、侵权法，社会第三人也没有这方面的注意义务；二是社会第三人无法知道字体业者单方的特殊要求——追加收费，因为社会上字体很多，其他公司对字体并没有单方面追加收费要求；三是我国法律仅规定了（美术作品中）字体作品载体即字体工具，禁止他人整体复制，没有规定字体工具发生的单字，也可以获得美术作品的保护。

### （五）社会第三人不存在过错等侵权构成

字体业者与设计公司之间的计算机软件（或所谓“美术作品”）许可合同具体内容是什么，有关权利义务关系是什么，等等，社会第三人对此无从知晓——这是字体业者与设计公司之间的约定事项，他人无法知道。而且，目前没有任何法律或案例，说明“字体软件中的单字，是一幅美术作品”以及“字体软件中的单字，享有版权法的完全保护”。所以，对于字体业者提出的因为设计公司违反要求，“从而社会第三人因明知或应知设计公司违反要求”，从而使用字体软件产生的单字就是侵权，这样的逻辑是不通顺的——只有明知或应知他人侵权，才有过错。

版权法判断是否侵权，适用的是民法的普通、一般侵权构成：以行为人主观过错为必要要件，有过错构成侵权，无过错不构成侵权。所谓“接触 + 相似 - 合法来源”是版权法判断侵权的最起码原则。若仅根据字帖“版权登记”上有相同个单字，就判断社会第三人有主观过错，侵犯了

“美术作品”的版权，背离了版权侵权最起码的判断标准，背离民法有关侵权行为的基本原则；跳跃了美术作品与字体、字体与字体工具、侵权责任与合同责任这一系列法律规范；并将计算机软件产生之单字的保护，上升到“无过错责任原则”，是典型的滥用知识产权。

## 七 “字体维权”下面隐藏的危机

### （一）社会商家的商誉与字体业者无关

本文开篇所述典型案例中的字体业者A、B认为，商家X经营火锅城的巨额利润，与其“传奇”两个字体的奇俊飘逸、仙风道骨，“火锅”的红火热辣、宾至如归，有直接或间接关系，其作品的艺术价值和实用性不言而喻，商家理应支付年费。对此，笔者认为，字体业者出版的是计算机字体软件，整版字体中的单字按照汉字标准顺序排列，本身并没有传奇、火锅这样的组合。整版字体固然有其风格特征，但是说每个字都表达了奇俊飘逸、仙风道骨、红火热辣、宾至如归，恐怕不是每一个人都有这样感觉，尤其是组合成“大锅饭”、“饭店着火”、“千古奇冤”、“坏事传千里”时。实际上，为了经营好品牌，维护好商誉，商家都要进行大量的人力、物力、智力投入，曲曲折折、起起浮浮，才能有所收入。商家自己的努力才是“传奇火锅”招牌具有较好商誉的原因。

### （二）社会后果问题

建设创新型国家，实施知识产权战略，是党中央国务院的重大战略决策。加强知识产权保护，不仅是政府主管部门的事，同时也成为所有企业、公民日常生活的准则。在这样的情况下，汉字字库制作企业主张词库的知识产权理所当然，很多人也已经习惯地接受和拥护。此外，我国民营企业发展迅速，这些民营企业在经营中使用了大量各式各样的牌匾、招贴，尤其是众多小经营者的牌匾、招贴很多都是使用字库公司的字，有的饭馆甚至一张菜单上，用了数十个字体单字。如果按美术作品每字每年收费，会有什么样社会效果。字体业者的要求关系重大社会利益，原因就在于此。

### （三）民族知识产权问题

汉字是由象形文字发展过来的，特点在方块字、米字格基础上，有独特的间架结构；汉字采用不同的书写工具，尤其是毛笔，会表达复杂的意境，神采飞扬。从这个意义上来说，发展汉字字体，增加汉字字体版权的数量，的确是壮大了民族知识产权。但如果认为汉字有自己的特点，汉字的版权保护主要是针对外国人，因此中国应当以独特的标准来加强保护，则掩盖了事实的另一部分真相。

首先，世界上任何现代文字都有自己的特点，都可以发展大量的、有美学特点的字体。如日文中部分文字来源于汉字的字形，同样有自己的间架结构；英文间架结构特点虽然不明显，但其同样有笔画技巧，据说有5万多种字体。其次，字体知识产权的保护不是中国的新问题。世界知识产权发展史上，字体的保护已经有了原则，有些国家已经有了成熟规定。但是到目前为止没有任何“任何社会第三人使用软件发生的字，就是侵犯版权”的法律法规和判例。再次，尽管不保护汉字字体的版权会阻碍汉字字体的丰富、繁荣的命题是正确的，但关键是看怎样保护。外国法律和国际公约都说明，字体的保护只能禁止他人未经许可，将字体用于造字工具（字帖、打字机字盘、铅字、字库软件）的生产，不涉及造字工具产生之单字的使用者。也就是说字体的保护，仅能禁止他人未经许可生产（复制）字帖、打字机字盘、铅字、字库软件（包括将字库软件嵌入他人程序当中）。不涉及“使用造字工具”所产生之“包含字体的新作品”的善意购买者、使用者。最后，由于在中国境内的外资企业毕竟是少数，使用汉字的主体绝大多数是中国企业。所谓“维护民族知识产权”的字体侵权诉讼，其结果只能是演变成中国企业的内战，这将造成市场不安、社会混乱。

### （四）事实垄断与停滞问题

主张“二次用字”收费者认为，单个字体也有版权，复制了单个字体，也构成侵权。这背后的逻辑是：字体中单个的字，也享有复制权、演绎权等著作权法上的完整权利。这种“纯法律”问题，实际上还关系到字体发展的重大国策。

汉字是中华民族的共同财富，涉及亿万使用人的权益；计算机字体由于要实用，就要利于辨认，不能做得稀奇古怪，因而字体不可能对汉字已有字形、结构、风格进行根本改变，其单字不认为有版权保护高度的独创性。如果赋予单字体复制权、演绎权，那么会使权利交叉纵横，加之法院禁令和高额赔偿足以扼杀所有其他字体设计师和企业。以魏碑为例，魏碑是一种古代书法，若干魏碑字体有共同特点，自成体系。若一家在先企业开发出一种魏碑字体，法律对该字体的保护如果不是只到工具本身的复制、发行为止，而是延伸到了字体当中的每个字，使每个字都享有复制权、演绎权，那么在后企业就会因为魏碑字体的共同特点和极其相似导致容易被认定为侵权而停止开发有关魏碑字体，妨碍创新发展。

## 八　字体保护的国际公约和境外法律、司法实践

从对国际公约和各国（地区）法律的研究看，关于字体方面，归纳起来有两点，一是对于不指定载体、不划清保护范围的单字体，均不给予保护。抽象的、没有载体的单字体，没有复制权、演绎权。二是对实际上有载体、划清保护范围的字体，如字帖、铅字字体、字体软件都予以保护。未经许可，均不得复制、发行和擅自演绎。字帖、铅字字体、字体软件的权利人，都可以销售、许可他人使用这些字体工具。笔者认为，这种各国（地区）整齐、划一的规定，表现出的法律智慧是：用恰当的保护极大地方便文字字体的开发和利用。

### （一）日本案例

2000 年 9 月 7 日，日本最高法院对一件字体侵权纠纷上诉案的审判在日本产生了巨大影响。该案（原审）原告认为（原审）被告独立设计、随后销售的一套字体软件，与自己的字体相近似，构成了对自己字体作品的演绎，据此提出版权法侵权之诉。日本最高法院判决书认为：印刷用字体是否属于作品，应当考虑两点，即与已有印刷字体相比，是否有显著特征从而具有独创性；字体本身是否成为鉴赏对象从而具备美的特性。从这些角度观察，印刷用字体独创性虽然较低，但从实用机能角度看，如果具备一定美感，该印刷字体用于小说、论文等印刷品的出版，则需要标注字体权利人姓名，并得到其使用许可；在复制作品时，又要得到字体权利人许

可。这就与著作权法促进作品公平利用、保护作者权益、促进文化发展的目的相背离。由于要发挥文字固有的信息传达功能，所以印刷字体形态必然受到一定制约。如果作为普通作品保护，由于著作权的成立不需要审查和注册，日本又未实行著作权对社会公布制度，所以仅有微小差异的无数印刷用字体如果都有著作权，会导致权利关系复杂、混乱。从以上观点看本案，上诉人（原审原告）的字体，是既存各种歌西克体基础上发展起来的。在“以往歌西克体没有之美术设计”同时，以“保持文字本来机能的美感、容易阅读、不求新奇的朴素字体”构想，未超出以往歌西克体之外。这说明上诉人的字体未能具备上述独创性和美的特性，从而未构成著作权法规定之作品。同时上诉人不具备独创性和美的特性的字体，也不能构成伯尔尼公约上的“实用艺术品”。出于上述理由，日本最高法驳回上诉、维持原判。

对上述案件，不同利益群体可能强调不同层面。字体的确需要保护，字体设计的确需要繁荣。字体软件制作者对字体的繁荣作出了巨大贡献，同时会有很多无奈。中国字体软件制作者还面临对字体软件盗版使用的特殊问题。这样，某些字体业者开始将目光转向众多工商企业：字体软件的广泛发行，大量专业设计公司用字体软件进行辅助设计，导致其客户——众多工商企业在经营中使用了字体中的单字，表现为店名、广告、商品名称、商品标签、说明书等。这些字体业者要求法律设计一种新的利润增长点：将这些单个的字作为书法作品、绘画作品进行保护，对使用者按年收取版权许可使用费。在日本和中国都产生了“字体缺乏法律保护”的呼声和争论。如日本字体协会《望ましいタイプフェイス法的保のあり方：添付》就针对日本最高法院的上述判决，认为有失公平，呼吁加强对字体的保护。该文章以“爱”字举例，要求字体软件使用中发生的每一个字如“爱”，都是一幅作品；任何人未经许可，不得复制这个“爱”字；任何人改变了该“爱”字，也构成侵权。日本字体协会的要求如果实现，在日本就会出现比卡拉 OK 收费更广泛的社会现象：“字体权利人”会向社会所有工商经营者收取字体费。由于同类字体之间差别比较小，日本的企业可能分不清谁是权利人，权利人之间也会互相指责侵权。取得支配地位的字体业者可以利用产品在市场上的优势，起诉他人演绎侵权，障碍字体的更新换代。这种结果是日本司法者所不愿意看到的，因此日本法院涉及字体的案例，坚持了正确的政策——对计算机用的描述性字体，即对容易辨认之字体的独创性，予以否定，认为不能与千千万万人所书写的字体有明显区别的，不构成作品。

笔者认为，日本最高法院的判决走了另一个极端。事实上本案原告字体作为整体，应当是有版权的；而被告的字体，应当被判为不侵权。对于单字体本身没有版权、不能阻止他人善意使用相同字体的原则，不同国家已有自己的法律思维方式、判决道路。但是结果应是一样的。

### （二）《字体保护及国际备案的维也纳协议》

《字体保护及国际备案的维也纳协议》于 1973 年签订，主要反映了欧洲国家的利益，是目前有关字体保护的唯一国际协议。由于生效需要 13 个国家签署，而自 1973 年至今，只有 11 个国家签字，所以目前仍未生效。

该协议第 7 条规定，字体受到保护的条件是具有新颖性，或具有原创性，或同时具有新颖性和原创性。字体的新颖性和原创性，由其风格和整体外观决定，如果需要应考虑相应专业的判断标准。这为缔约国提供了三种选择：或要求新颖性也就是与已有字体不相同、不相近似；或要求原创性即只要求是自己独立创作的；或既要求新颖性又要求原创性。以上条款说明，字体保护与书法保护不同，字体保护要由字体整体外观决定，在决定整体外观是否有新颖性、原创性时，不是采取用户即社会无关人的标准，而是字体业的专业标准，也就是对于字体设计者来说，某款字体是否有足够特点，达到版权保护标准。

该协议第 8 条规定，对字体的保护内容，包括“（1）字体保护赋予其所有人下列禁止权：（i）未经权利人同意，出于为制作文档提供工具之目的，使用任何图形技术，无论以任何技术手段或材料，对字体进行相同或微小修改之复制；（ii）未经权利人同意，对该复制品进行商业发行和进口；……（4）取得字体的人，在通常文档制作中，制作字体的要素，不构成第（1）条（i）项中的复制”。这进一步说明，字体作为一种版权法上的权利，只禁止为制作文档提供工具之目的，如为制作文档提供字库软件、打字机之目的，可以对字体进行相同或相似的复制。

针对本文开篇所述案例，若参照《字体保护及国际备案的维也纳协议》来判断，结论是：社会第三人合法购买了包含传、奇、火、锅 4 个字的招牌设计，并不构成“为制作字体工具之目的”，对书法字体的复制，故社会第三人使用该4个字，不构成复制字体侵权。

应当指出的是，《字体保护及国际备案的维也纳协议》成文于铅字年代，但是其保护的基本原则，即“字体的保护，仅涉及造字工具的生产，不干涉社会第三人的用字”，在今天对计算机字体软件仍然不会改变。

### （三）英国1988年《版权、工业设计和专利法》

英国版权法是世界上少有的、明确规定保护字体的版权法。其规定的方式是：在不构成侵权行为的内容中，间接规定了字体的保护。该法第54节规定，在通常文字和印刷过程中使用该字体，“（1）对字体设计所构成之艺术作品，下述行为不构成版权侵权：（a）在通常打字、作文、排版或印刷过程中使用该字体；（b）为上述使用而管控任何物品（如机械打字机——笔者注）；或（c）对上述使用所产生之文档、材料进行处置；上述物品即使侵犯了该艺术作品的版权，使用该文档、材料亦不构成版权侵权”。

针对本文开篇所述案例，若参照英国1988年《版权、工业设计和专利法》来判断，结论是：即使设计公司使用了盗版的字库软件，产生了“传奇火锅”等招牌设计，与字体软件使用无关之社会第三人，不构成版权侵权。

英国1988年《版权、工业设计和专利法》亦产生于铅字字体时代，而现代的计算机字体要按照计算机软件保护，两种保护效果是一样的，即字体的保护仅适用于造字工具，不干涉社会第三人对字体软件产生之单字的使用。

### （四）香港版权条例

香港版权条例沿用英国版权法，是理解英国版权法的最好注解。该版权条例第62节规定，在一般印刷过程中使用字体，“（1）以下的作为并不属侵犯由字体的设计所构成的艺术作品的版权：（a）在一般打字、作文、排版或印刷过程中使用该字体；（b）为该等用途而管有任何物品；或（c）就该等用途所产生的材料作出任何事情，而尽管某物品属该艺术作品的侵犯版权复制品，使用该物品亦不属侵犯该艺术作品的版权”。

## （五）美国的法规和实践

美国联邦民事规则第37章第202节之1规定，以下是版权不保护、不能进行版权登记之对象的举例：（a）语词和短语如姓名、标题、标语，家族标记或图形，印刷体装饰花边的单纯变体、笔法或色调，成分或内容的单纯表格；（b）从书面表达或描述的具体方法中，抽象出来的构思、计划、方法、系统或装置；（c）设计用来记录信息本身不传达信息的空白表格，如时间表、坐标纸、账目表、日记本、银行支票、记分表、地址簿、报告表、订单表等；（d）完全由共同财产性质信息构成的作品，如标准日历、身高体重对照表、尺子、卷尺、赛事表，以及从公共文件或其他公共资源整理的清单或目录；（e）字体本身。

这一规定说明，美国对于字体不赋予版权法上的抽象的复制权、演绎权。但是在美国，字体软件、字体外观设计是完全受版权法、专利法保护的。美国版权局也明确指出，字体可以受反不正当竞争法保护，同时字体名称在美国受商标法保护。下面用一个15年前美国的经典历史案例来说明美国字体版权保护的历程。

本案原告是著名的Adobe Systems Incorporated公司（Adobe），被告之一为Southern Software, Inc.（SSI），另一个被告是自然人Paul King（King）。前者SSI是后者King开设之一人公司，他既是雇主，又是雇员。本案的起因是SSI及King在第三人协助下使用字体编辑软件“再造”Adobe字体，制作出SSI公司的3款字体，许可他人使用，收取软件使用费。King采用的技术方法是：将Adobe计算机字体（字库），下载到自己计算机中；然后由字体编辑软件FontMonger、Fontographer打开字库，用调整字体视觉的X轴或Y轴，以及改变横向笔画粗细的方法，使Adobe字体变形从而产生视觉差异，“创作”出SSI公司3款新字体即Key Fonts Pro product 1555、KeyFonts Pro product 2002、Key Fonts Pro product 3003。原告于1995年8月提起诉讼，指控被告上述行为侵犯字体软件的版权等。被告认为，美国版权法不保护字体，而原告的字体软件只不过是其字体的数字化表现形式，同样不属于版权保护对象，因而否认构成侵权。

本案的难点在于认定原告是否存在版权。本案受诉法院首先肯定了计算机软件受美国版权法保护，接下来根据权威文件并结合自己的判断，说明了计算机字库属于计算机软件，是创作的独立对象，而非字体的简单数字化影像。受诉法院指出：1988 年美国版权局有关《政策决定》认定“电子字体没有版权”，因为其数据由字体直接决定，人工进行选择和安排的余地很小，不属于计算机程序。1992 年美国版权局《最终规则》改变了观点，因为自《政策决定》问世 6 年以来，字体企业技术迅速进步，大量情况是在字体数字化后来生产矢量字体软件。对于描述曲线、字体精确提示点的处理，需要智力投入；而编程水平高低，对于字体的显示、打印质量等有很大影响，美国版权局认为矢量字体存在创造性劳动，因而是版权保护的单独对象。法院认定，被告字体软件与原告的程序表达高度相似，同时被告也认可其直接使用了原告的字体软件，这些已经满足了“接触 + 相似”的版权侵权构成。出于以上理由，法院认定被告侵犯了原告字体软件的版权，使本案成为美国字体作为软件保护历史上的重要案件。

## 九　字体专利保护的国际公约及相关国家法律

字体用于生产字库软件，享有版权法上软件的保护；字体用于铅字、铸字，可以申请外观设计专利保护，这些是发达国家基本的做法。笔者梳理了有关字体专利保护的国际公约和有关国家的立法情况。

### （一）《欧共体外观设计专利条例》

《欧共体外观设计专利条例》是以德国外观设计专利法为蓝本设计的，其保护对象是“产品”。虽然其中明确规定包括“印刷字体”，但实际上是指铅字、铸字，不包括计算机软件。该条例第 3 条规定，本条例中的“产品”指所有工业或手工制品，包括可组装进复杂产品的部件，以及包装、装潢、图形标记和印刷字体，但是不包括计算机软件。第 19 条规定，共同体外观设计的权利包括赋予权利人使用和禁止他人未经许可使用的排他权。使用是指包括尤其是制造、许诺销售、向市场提供、进口、出口外观设计产品；或使用产品，其体现、应用了外观设计专利；或为使用目的进行仓储。运用到字体的保护上，可以举个例子：某经营者购买了一台打字机，打字机使用了正版字体。根据本条规定，字体外观设计专利权人看起来有权越过打字机的生产者，直接要求某经营者使用这台打字机，但其实要经过字体外观设计专利权人的同意，否则就可禁止其使用。然而，该条例第 21 条规定，共同体外观设计专利赋予的权利，不及于经外观设计专利权人或其许可，已经在共同体市场上市之产品，其体现、应用了外观设计专利。这是典型的权利用尽条款规定。这就是说，第一个经营者在经营中使用了合法购买的字体载体，如打字机或字库软件；第一个经营者用打字机或字库软件进行操作，得到了某种结果，即他们的特定作品上出现了受外观设计专利保护的字体。第二个经营者使用了该特定作品，不会构成侵权，因为字体外观设计专利权人的权利，通过第一个经营者的销售，已经用尽。

### （二）中国外观设计专利法与《欧共体外观设计专利条例》

我国《专利法》第 11 条对发明、实用新型专利与外观设计专利保护范围，在有关经营性使用方面作出了不同规定。其中，对发明和实用新型专利权赋予“不得为生产经营目的制造、使用、许诺销售、销售、进口其专利产品，或者使用其专利方法以及使用、许诺销售、销售、进口依照该专利方法直接获得的产品”，对外观设计专利权则是“不得为生产经营目的制造、销售、进口其外观设计专利产品”。可以看出，外观设计专利不干涉外观设计产品的经营性使用。也就是说我国专利法比《欧共体外观设计专利条例》要宽松：欧共体外观设计专利权人有权禁止他人在生产、经营中使用侵权的外观设计产品。而在中国，外观设计专利权人不能禁止他人在生产、经营中使用外观设计产品；即使是侵权产品，也不能禁止。

### （三）与贸易有关的知识产权协议

TRIPs 第 26 条规定，受保护的工业品外观设计所有人，应有权制止第三方未经许可而为商业目的制造、销售或进口带有或体现有受保护设计的复制品或实质性复制品之物品。可以看出，TRIPs 也不干涉外观设计专利产品的经营性使用，无论是否属于侵权产品。显然，我国对外观设计专利的保护方式与 TRIPs 完全吻合。

（本文原载于《科技与法律》2011 年第 2 期）

# 与微信平台有关的著作权问题研究

杨延超*

## 一　问题的提出

腾讯公司于2011年1月21日推出微信平台（wechat）。据英国《金融时报》3月19日报道，2014年底，微信用户数量同比增长41%，至5亿人。微信2015年数据研究报告显示：55.2%用户每天打开10次以上。[①]可以说，微信用户正在充分享受着“表达的自由”——任何时候、任何地方，作何方式（上传、转发等）来彰显表达自由。然而，这一切来得太快，快得像“朋友圈”的转发速度，由此所产生的版权问题致使传统版权法还无法完全应对。微信平台相继出现了由于版权争议而引起的“道歉事件”：《罗辑思维》因涉嫌“盗版”原创者的稿件而道歉；《中国企业家》杂志未经《财新》杂志许可而使用其作品，最终也向版权人表示歉意。微信更是引发了一系列诉讼案件，2014年6月广东省中山市第一人民法院开庭审理了一起涉微信公众号知识产权侵权案件。在该案中，原告中山商房网科技公司诉称，被告中山暴风科技公司的微信公众号擅自转载其作品，故请求确认被告中山暴风科技公司侵犯其著作权，并请求赔礼道歉及赔偿1元钱。最终，广东中山法院判决原告中山商房网科技公司胜诉。与此同时，深圳花边阅读传媒有限公司、北京优势零壹广告有限公司作为原告，

---

* 杨延超，中国社科院法学研究所副研究员。

① 2015年微信平台首次发布《数据研究报告》，源自 www.qq.com。

起诉南京驫马文化传媒有限公司旗下的公众号“文字撰稿人”和深圳市酿名斋咨询有限公司旗下的公众号“酿名斋”在没有告知的情况下，分别对《谈恋爱好难，我都不想干了》、《我执着，因为你值得》、《谁将成为第五座直辖市》等文章进行公然抄袭，除了删除稿件、公开道歉，原告方分别提出了一万元和两千元的经济赔偿。微信平台给版权保护带来了前所未有的挑战，其中包括：微信作品是否享有版权；微信转发又是否侵犯版权；如果侵权，又会具体涉及哪些权利等，这些都将成为本文研究的重点。

## 二 有关微信作品的版权问题

与普通作品相比，微信内容有长有短，并且呈现文字、图片、声音或者视频等多样化表现形式。从版权法意义上解读微信作品，仍应从它的两个必要条件出发：第一，独创性；第二，可复制性。微信内容是否属于作品，还主要取决于它是否符合这两项条件。有关作品的独创性问题，两大法系同样有不同的规定。基于用户的使用习惯的需要，微信内容往往篇幅不长、言简意赅，很多“段子”甚至不到百字，上传“朋友图”的图片、视频很多也是即兴拍摄、很多内容甚至从原创动机上或者从其本意上并不在于艺术创造，而是即兴反映的生活内容，上述特征都决定了微信作品与普通作品存在重大区别。

首先，作品长短与独创性的关系。综观各国著作权法，并没有就作品的长短作出规定，一句话、一首诗或许只有三言两语，可能具有独创性；然而一大段表达如果只是流水账式的简单记录，同样可能会因为不具有独创性而被排除在作品保护范围之外。1992 年《法国知识产权法典》规定：“智力作品的标题表现出独创性的同时，与作品同样受到保护。”[①] 早在 1999 年国家版权局就在一份《复函》里也曾论述过表达的长短与独创性之间的关系。该份《复函》对小说和诗歌进行了对比，该份《复函》认为，小说中的某句话可能仅仅是普通的话，虽然这句话也能一定程度地体现作者的思想，却无法受到版权法的保护，原因在于这句话不具备独创性的要求，而且这句话也不是作品的实质性组成部分。只有当句子和句子之间相

① 参见《法国知识产权法典》第二章。

互关联并且共同能够彰显作者要表达的思想，才可能得到版权法保护。《复函》还专门对比了小说与诗歌在版权保护方面的区别，在诗歌中，每一句话，只要有独到之处，就可能会受到版权法的保护。因此，单独的一句话能否得到版权的保护，还主要取决于其是否以独特的方式彰显了作者的思想或者思想的实质部分。但是，总体而言，诗歌中的句子受到版权法保护的概率要远大于小说的句子。[①] 显然，微信上作品尽管内容短小，但同样不会降低对其独创性的评价。只要其内容充分彰显了作者创造性的想法或者思想，其内容理应受到版权法的保护，1996 年我国就有判例，判定广告语“横跨冬夏、直抵春秋”（用于空调）属于受版权法保护的作品，后来我国还陆续产生了系列与此案类似的案例。

其次，创作时间与独创性的关系。微信上的作品很多是作者即兴创作完成的，尤其是智能手机的出现，为即兴书写、即兴拍照提供便利。创作时间的长短是否影响独创性的判断呢？自 1709 年的安娜女王法到 1804 年的版权法都一直未对“独创性”与创作时间的关系作出规定，法院主要通过“技巧和劳动”即所谓“出汗原则”来决定是否享有版权。1916 年，帕特森（Paterson）法官在判决中曾对“独创性”作过详细而经典的解释，该解释也被认为是有关“独创性”问题的权威解释，他认为，独创性并不意味着作品必须要表达一个独创的思想，但是作品必须不是从其他作品中复制而来的。[②] 这和“流汗原则”其实是异曲同工之说。一直到今天，英国法院也倾向于根据作者在作品中投入的“才能、判断和劳动”来决定作品的独创性。[③] 直到 1991 年 Feist 案后，美国也开始重视作者的个性或者是精神在判断作品独创性时的作用，[④] 不过，独创性对个性化特色的要求程度是非常低的，正如德国小铜币理论中指出的“只需要有一枚硬币的厚度即可”，还有学说认为，在认定作品时，独创性标准要求作品必须具备一

---

① 1999 年 7 月 6 日国家版权局《关于某儿童歌曲标题的著作权纠纷的函》，版权司［1999］39 号。

② 参见 University of London Press Ltd V. University Tutorial Press Ltd［1916］2 Ch. 601。

③ 参见 Landbroke v William Hill 1W. L. R. 273HL. P. 282（1964）。

④ 自 1991 年 Feist 案后，美国法院提出作品应当具有最低限度的创造性要求，该案判决指出：“作为版权中使用的术语，独创性不仅意味着这件作品是由作者独立创作的（以区别于从其他作品复制而来），而且意味着它至少具有某种最低程度的创造性。”（李伟文：《论著作权客体之独创性》，《法学评论》2001 年第 1 期）

定的创作高度。但是在著作权法上，作品只要是作者的智力创活动成果即可，对于其个性和艺术性的高低并不作过多要求。

著作权法有一条原则叫“美学不歧视原则”（the principle of aesthetic non—discrimination），是由美国大法官霍姆斯在 Bleistein 案的审理中提出的。他认为，让一个仅受法律训练的人来判断艺术作品的价值是个危险的作业。一个专业摄影师花几个小时拍出来的照片和一个普通人用手机不到一秒钟拍出来的照片，哪一个个性更强，艺术水准更高，有时并不好判断。专业摄影师在摄影时都会加入自身的判断与思考，如光圈大小、拍摄角度等，普通人用手机拍照可能思考的时间、选择的时间更短，但是并不能够因为其时间短而排除其也在角度等方面进行过快速选择。因此，创作时间的长短，不应该作为判断独创性的标准。事实上，历史上很多著名的照片都是抓拍的，《最著名的吻》可以算是最著名的一张，这张照片就是在公共场合抢拍的，对于这张照片，恐怕没有人因为其完成时间的短暂而否认其独创性。据英国《每日邮报》2015 年 4 月 23 日报道，2015 年索尼世界摄影奖（Sony World Photography Award）获奖者名单日前在伦敦揭晓，获得头奖的是盖蒂图片社的摄影师约翰·摩尔抓拍的西非埃博拉疫情照片。因此，创作时间的长短和独创性之间并没有必然的联系，判断微信朋友圈的照片能否构成作品，还是要从独创性三要素入手，主要看照片是不是文学、艺术和科学作品领域所特有的，照片的拍摄是否加入了智力活动，如果照片仅仅是记录事实或者信息，没有经过作者的构图等智力活动，也没有任何文学、艺术和科学价值，就不受版权法的保护。

最后，口述作品与独创性的关系。微信不仅支持文字、图片、表情符号的传达，还支持语音发送。正是这个小小的便捷和更新，让微信迅速成为人们沟通的主要工具之一，一些作家还在微信公众号中推出语音读物，那么语音片段或者类似的语音读物，能否受到版权法的保护呢？我国《著作权法》规定了数种作品形式①中就包括口述作品，包括即兴的演说、授课、法庭辩论等各种形式的口述作品，可见口述作品已被纳入版权法的保护范畴。与文字作品相比，语音中还包含了作者的语气、音量、口吻等信息，这些信息集中反映了作者的人格特征，而这里的问题依然在于，如何

---

① 参见《著作权法实施条例》第 4 条。

判断语音的独创性问题?

在大陆法系版权法以人格价值观为理论基础。法国著作权法认为作品应当表现或显示作者的[①]个性，即独创性源自作者在创作过程中有创造性的选择，这与美国 Feist 案所确立的“最低限度的创造性”要求相比，立足点不在于作品创作的本身，而在于作品和作者的人格联系。[②] 德国著作权法对独创性提出了更高的要求，它甚至认为作品应当具有“一定的”创作高度，缺少创作高度的作品不具有独创性,[③] 德国著作权法对于独创性的要求经历了“创造高度”和“小铜币”理论两个阶段。1993 年之前，德国著作权法还要求作品必须体现作者的思想感情并达到一定的创作高度，而不仅仅是包含作者的个性和创造性。1993 年之后，关于创作高度形成了“小铜币”原则，即创作高度只要达到小铜币的厚度即可，实际上确立了较低的创作高度判断标准。[④] 对于独创性，我国《著作权法实施条例》第 3 条规定也进行了规定，根据该条规定，版权法意义上的创作，是指直接产生文学、艺术和科学作品的智力活动。为他人创作进行组织工作，提供咨询意见、物质条件，或者进行其他辅助工作，均不视为创作。因此，基于著作人格权理论来判断语音的独创性，其关键还在于，语音本身是否属于文学、艺术和科学作品的智力活动的范畴，无论如何，那些简单的聊天性质的语音，都无法受到版权法的保护。

## 三　微信平台的版权侵权及例外

### （一）微信平台的版权侵权

我国《著作权法》一共规定了署名权、发表权等十七项具体权利。在微信及朋友圈信息转发的案件中，一般会涉及如下版权内容。

---

① 参见 Elizabeth F. , Judge & Dalliel Gervais, Of Silos and Constellations: Comparing Notions of Originality in Copyright Law, 27 Cardozo Arts & Ent L. J. , 2009, p. 380。

② 叶菁:《论作品的独创性标准》,《法制与社会》(2007 年合订本) 2007 年第 2 期。

③ 参见 Elizabeth F. Judge & Dalliel Gervais, Of Silos and Constellations: Comparing Notions of O-riginality in Copyright Law, 27 Cardozo Arts & Ent L. J. , 2009, p. 383。

④ 参见雷炳德《著作权法》，张恩民译，法律出版社，2005，第 48—140 页。

1. 微信作品的署名权

署名权是作者在作品上署上自己的名字，以表明作者身份的权利。同样的道理，作者在作品上发布作品，同样也享有署名权；同样的道理，微信用户在发布作品时，同样享有在作品上署名的权利。事实上，微信用户在朋友圈发布作品时的署名方式大致有两种形式：第一，在作品当中署名，如在作品的标题下方或者作品结束地方署名；第二，未在作品上署名，而是通过微信名来识别作者身份。微信朋友圈发布后，其他用户可以通过微信名识别发布者身份，微信名或为真名或为假名，但其都能起到识别作者身份的目的。微信用户无论通过上述哪种方式来完成微信署名，均可视为行使署名权。其他用户在转发他人朋友圈的作品时，原则上也应当署上原作作者的姓名，尤其是作者未在作品上署名的，转发者应当特别注明作品的来源和作者身份，否则就可能侵犯作者的署名权。

2. 微信作品发表权

发表权是指作者将作品公之于众的权利。微信用户将作品首次发布在朋友圈中才被视为行使发表权。微信用户有权决定发表的时间、方式和范围，这些都属于发表权的当然内容，具体而言，微信用户在发表作品时，可以选择将作品发给其中一个朋友或者几个朋友，当然，他也可以选择将作品放在朋友圈中争取最大范畴发表作品。即便是通过朋友圈发表作品，微信用户依然可以通过微信设置再次选择朋友圈发表作品的范围。根据发表权“一次用尽”的原则，一旦作品在朋友圈中发布，发表权则被视为“一次用尽”，作者对该作品再无发表权可言，转发者转发该作品，也就不存在发表权的侵权问题。

3. 微信作品的修改权（保护作品完整权）侵权

修改权是指作者有权修改作品或者授权他人修改作品的权利，保护作品完整权可视为修改权的反面规范，在他人篡改原作作品时，作者有权禁止他人篡改，保证作品完整性不受损害。微信用户一旦通过微信平台发布了作品，原则上朋友圈用户未经作者同意，不得擅自修改作品，更不得恶意篡改原作，甚至歪曲原作所要表达的想法，否则即有可能侵犯原作的修改权和保护作品完整权。实践中微信用户直接转发他人作品的情况居多，但在某些情况下也存在修改后再转发的情况，如果在转发过程中歪曲了原作的本意或者恶意篡改了原作作品，其行为即会侵犯微信作品的修改权

（保护作品完整权）。

4. 微信作品的复制权

根据版权法规定，复制权是指以打印、复印、录音、翻录、翻拍等方式将作品制作成一份或者多份的权利。复制权在版权中的地位举足轻重，大多数案件都与复制权息息相关。自有版权法以来，复制权这个术语的意思就如同其名（copyright）所示：针对某一特定的作品进行复制或者禁止他人复制的权利。[①] 在版权保护的历史上，复制权即作者自己复制和授权他人复制作品的权利，一直是版权人所享有的“核心”权利。[②] 在微信转发过程中，用户只需轻按手指，这种“数字化”的复制便可以在瞬间完成，为此，每时每刻微信朋友圈的海量“复制”都在进行。然而，微信作品的转发行为是否侵犯复制权则是一个特别值得讨论的问题。从版权法的侵权要件来看，转发者未经作者同意而擅自转发理应视为侵权行为，但版权法也同时作出了合理使用等侵权例外的规定，那么如何准确界定转发行为的版权性质，本文将详论，在此不赘述。

5. 微信作品的互联网络传播权

根据我国著作权法的相关规定，“互联网络传播权”是指以有线或者无线方式向公众提供作品，使公众可以在其个人选定的时间和地点获得作品的权利。互联网络传播权与其他版权法中的传播性权利相比较，其要点在于，“公众可以在其个人选定的时间和地点获得作品”，而用户利用朋友圈转发他人作品后，其好友就可以在其个人选定的时间和地点获得该作品，此种传播作品的方式也就属于典型的“互联网络传播”方式。原则上，转发者未经原作作者同意转发他人作品，则意味着对原作互联网络传播权的侵犯，除非转发者可以找到不侵权的抗辩事由。

### （二）微信平台的侵权例外

为了鼓励作品传播，版权特别设立合理使用、法定许可等制度。在微信平台的作品使用方面，如果属于合理使用或者法定许可等情况，自然为侵权之例外。

---

① 保罗·戈斯汀：《著作权之道：从谷登堡到数字点播机》，金海军译，北京大学出版社，2008，第1页。

② 朱莉·E. 科恩等：《全球信息化经济中的版权法》（英文版），中信出版社，2003。

我国《著作权法》第 22 条规定了 12 种有关著作权合理使用情形。据此，“为了学习、研究或者欣赏”使用他人作品的情况，理应属于合理使用的范畴。[1] 但通过微信平台转发他人作品，尤其是通过朋友圈转发他人作品，一般都超越了“学习、研究或者欣赏”目的范畴，使用者难以据此主张合理使用。

我国《著作权法》第 33 条还规定了“法定许可制度”，报刊单位之间相互转载已经刊登的作品，适用《著作权法》第 33 条第 2 款的规定，即作品刊登后，除著作权人声明不得转载、摘编的外，其他报刊可以转载或者作为文摘、资料刊登，但应当按照规定向著作权人支付报酬。“法定许可制度”允许使用者先行使用，只要事后付费，便不被视为侵权，然而，根据该条“法定许可制度”的主体却限于报刊之间，那么微信公众账号又是否可以主张法定许可呢？这里问题还在于网络媒体是否属于《著作权法》第 33 条所规定的报刊的范畴。对这一问题，一直都有争议，直到今年 4 月 27 日国家版权局在其制定的《关于规范网络转载版权秩序的通知》中明确规定，报刊单位与互联网媒体、互联网媒体之间相互转载已经发表的作品，不适用第 33 条法定许可的规定，应当经过著作权人许可并支付报酬。基于该条规定，微信公众账号同样无法主张法定许可制度而作出侵权例外的抗辩。

这是否意味着，微信转发的过程中，只要未经作者许可，就等同于侵权呢？如果是这样，无疑意味着微信的死亡或者是信息传播的死亡。如何在理论上正确界定微信转发的法律性质，则成为十分重要的问题。为此，有关默示许可理论的应用，值得重要研究。

知识产权领域最早关于默示许可的判例来自专利法，联邦最高法院在 De Forest Radio Tel. Co. v. United States 一案的判决中，阐明了专利法意义上的默示许可规则，即“并非只有明确的授权许可才能达到专利许可使用的效果，对于专利权人的任何语言或采取的任何行为，只要能够让他人正当地推定专利权人已经同意其从事制造、使用或销售等实施专利行为，仍然可以构成一种许可方式，并可以在专利侵权诉讼中用此作为抗辩”的理由。版权法中的默示许可规则在 20 世纪 90 年代通过 Effects Associates

---

① 参见我国《著作权法》第 22 条。

v. Cohen 一案得以确立。在 Effects Associates v. Cohen 案中，被告 Cohen 自编自导自制了一部电影，Cohen 聘请了 Effects Associates 一家小型特效公司给电影制作特殊效果镜头。后来 Cohen 对 Effects Associates 公司制作的爆炸场景镜头表示不满意，为此只付给该公司原先约定金额的一半。尽管如此，Cohen 最终还是在其电影中使用了 Effects Associates 公司制作的特效镜头并发行上市。后来，Effects Associates 将 Cohen 告上了法院，起诉其侵犯版权。该案焦点在于 Cohen 是否拥有权利使用原告制作的特效镜头。美国联邦第二巡回法院指出，即使被告 Cohen 只是支付给了事先约定报酬的一半，但仍然有权使用 Effects Associates 制作的相关电影特效。[①] 2004 年 4 月，作者 Field 向内华达州联邦地区法院起诉 Google 公司，指控 Google 公司将其 51 部作品存储于 Google 在线数据库并允许网络用户读取。原告方认为，Google 公司的上述行为未征得本人同意，故而其行为已侵犯作者的版权。对此，法院认为，原告在知道 Google 将如何使用版权作品及知晓可以采取保护措施阻止 Google 使用的情况下，仍然允许 Google 公司这样使用，最终，法院支持 Google 关于默示许可的抗辩。

微信朋友圈的作品发布，是否就意味着默示许可他人转发，这仍然是一个在理论上值得讨论的问题。有关版权的默示许可制度，在我国《著作权法》中并未明确规定，最早的体现是在最高人民法院《关于审理涉及计算机网络著作权纠纷案件适用法律若干问题的解释》第 3 条，该司法解释指出，凡是已经在报刊上刊登的作品或者网络上传播的作品，除非其作者在投稿时有声明或者报社、期刊社或者相关网络服务提供者根据著作权人的委托声明不允许他人进行转载外，网站对其转载不构成侵权行为，但超过转载范围的除外。然而，在《信息网络传播权保护条例》颁布后，又把网站默示许可转载、摘编作品的规定剔除在外，并在第 9 条首次规定了在

① 对此，Kozinski 法官评论道：“Effects Associates 在被告的邀请之下创作出一项作品并将其交给了被告，意在使其能够为被告复制及发行。如果说 Effects Associates 在将自己制作的特效片段交给 Cohen 的同时没有授权许可后者在电影中使用这些片段的话，那也就意味着 Effects Associates 对整部电影没有作出什么有价值的贡献，这与 Cohen 付出以及 Effects Associates 接受了将近 56000 美元的酬劳的事实是不相符的。因此，我们认为 Effects Associates 通过行为默示许可了 Cohen 将自己的作品加入到整部电影中去。”这个案件确立了适用默示许可的三步骤：一是被许可人需要作品；二是许可人创作了特定作品并交给被许可人；三是许可人意图被许可人复制和使用其作品。

向贫困地区免费提供特定作品时，著作权人如无异议则视为同意使用该作品，这被公认为默示许可的法律规定。在司法实践中，已经有一些关于默示许可的案例。[①]

在适用默示许可制度时，要参考交易习惯以及个案所处的具体情况而定，作者虽未明示其同意他人使用，但根据交易习惯或者公平原则，如果可以推定作者同意他人使用，则可以主张默示许可制度。就微信的使用习惯而言，用户在朋友圈发布信息，尽管其未明示其授权其他用户使用或者转发该信息，但就其使用习惯来看，可以推定其意思表示，即他愿意其他用户传播该信息；甚至可以反推，如果用户不愿意他人转发，它是不可能将作品发布在朋友圈中的。这样，默示许可理论可以在一定程度上适用于微信转发过程，并且可以推定出，作者将作品发布在朋友圈中也就意味着，他“默示”许可了其他用户有权转发，同样，转发者也可以依据“默示许可理论”为自己进行不侵权的抗辩。现实中，还有一些微信公众号转发他们微信作品而被起诉侵权的案例，类似的案例中，如果公众号以默示许可理论来为自己做不侵权抗辩，并非可以轻而易举地获得支持。微信公众号原则上只能由公司或者其他形式的团体才能申请，而公司等团体大都具有营利性质，其在公众号上使用作品一般也直接或者间接与营利目的有关，在这种情况下，适用默示许可理论上会存在障碍——作者一般不愿意他人将作品用于营利目的，即便作者已经在朋友圈中公示的作品，他仍然不愿意他人将其用于营利目的，所以微信公众号转发他人作品，原则上还是有必要征得作者的同意并向其支付费用的。

## 四 结语

就作者而言，微信是一把双刃剑，一方面它便捷了作品的传播；另一方面它也增强了侵权的风险。如何有效平衡作者与社会公众之间的利益，值得认真思考。微信平台本身也已经开始关注版权问题，发出了《微信公众平台关于抄袭行为处罚规则的公示》。这份公示指出，如果公众号运营者发现公众号有被抄袭等侵权情况，可以通过“侵权投诉”流程进行举

① 北大方正电子有限公司诉广州宝洁有限公司是我国著作权默示许可的第一个案件。

报。此外，微信公众平台也推出了“原创声明”功能，暂时开放给已认证的媒体公众号。根据新规定，对抄袭别人的微信公众号处罚方式，按认定侵权次数而定：如初犯则要求删除并警告，第 2 次要求封号 7 天，第 3 次封号 14 天，第 4 次封号 30 天，第 5 次则要永久封号。显然，微信平台上述自律规则，对于鼓励原创、打击盗版会发挥一定的积极作用。

然而，微信平台的版权问题最终还是要回归到版权法的范畴。我国版权法正历经第三次修订，本次修订恰逢微信等新兴通信工具的大发展时期，为此，正在修订的版权法内容也可以更好地诠释微信平台版权问题。版权法修订草案将“数字化”复制纳入“复制权”范畴，[①] 这就可以较好地诠释微信朋友圈转发的复制权问题。版权法修订草案（送审稿）还就合理使用问题进行全面修订，同时将“为个人学习、研究，复制他人已经发表的作品的片段”明确为“合理使用”，[②] 据此，用户基于学习、研究的目的，而复制他人朋友圈中的作品的片段，可被视为合理使用，那么如果将其整个作品转发到自己朋友圈中，该行为已经超越了合理使用的范畴，而同时具有了传播的意义，已经无法用“合理使用”为其进行不侵权抗辩。然而，版权法修改草案（送审稿）并未增设“默示许可理论”法律规定，微信朋友圈的转发问题依然无法从草案中找到明确法律依据，还只能从私法理论中寻求答案。最后需要指出，微信平台的版权问题，绝非微信所独有，它所反映的是通信技术大发展背景下版权问题的特殊性，而相关问题对版权制度的严峻挑战，真正值得我们认真研究和思考。

（本文原载于《知识产权》2015 年第 8 期）

---

① 我国《著作权法（修订草案送审稿）》第 13 条。

② 我国《著作权法（修订草案送审稿）》第 43 条第 1 款。

# 论信息时代的版权立法

## ——以追续权立法为例

周　林*

2013 年 3 月，在国家版权局提交国务院的《著作权法》修订草案送审稿中，包含了一项新的权利，即规定在某些艺术作品及手稿通过拍卖行再次转卖时，艺术家及其继承人、受遗赠人可从中分享收益。这项新规定与《伯尔尼公约》中所规定的“追续权”意思接近。送审稿附带的说明称，此举的目的是“鼓励创作，整合权利体系”。然而，追续权真的适合当下我国艺术品市场么？在信息技术飞速发展的当下，我们的版权立法应当如何进行？本文将对此进行深入分析。

## 一　追续权溯源

“追续权”诞生于 1920 年的法国。对于 90 多年前法国艺术市场的状况，我们可以通过一个生动的故事加以了解。

这个故事是由美国作家马克·吐温讲述的，作者借用了法国现实主义画家让·弗朗索瓦·米勒的名字。故事梗概是，米勒年轻时穷困潦倒，他的一幅名为《晚祷》的油画当时仅索价 8 法郎也没能卖出去。为维持生计，米勒的朋友卡尔想出了一个计划。卡尔发现一个市场规律，即每一个籍籍无名的艺术家往往会在他死后被人赏识。于是，米勒和他的朋友们就想出一个装死的办法，把“死者”的作品推向市场，从而卖出高价。这个

* 周林，中国社会科学院法学研究所副研究员。

计划需要抽签决定谁必须装死，结果米勒中签。果然，米勒“死后”，他的作品的卖价戏剧般地飙升。但是，米勒不得不隐姓埋名，孤独地度过后半生。[①]

法国著名素描画画家福兰曾描绘过一个艺术品拍卖场景：在一个拍卖会上，拍卖师将手中的木槌敲下，兴奋地喊道：“10 万法郎，成交!”站在场外的两个衣衫褴褛的孩子目睹眼前的一幕，不由得惊叫起来：“看呀，那可是爸爸的一张画!”这张画在 20 世纪初曾在法国媒体广为传播。[②]

艺术家笔下的法国艺术家的悲惨遭遇引起了法国艺术家团体、媒体记者和公众的关注，催生了一项“授予艺术家分享艺术作品公开销售利益权利的法律”，该法律于 1920 年 5 月 20 日由法国总统签字生效，该法律使用的名称是“授予艺术家分享艺术作品公开销售利益权利的法律”，即“追续权”。其实较简明易懂的译名应是“艺术品转卖提成费”。给谁提成？当然是给艺术家。为什么提成？因为艺术家穷困潦倒亟须补偿。

## 二　改革开放前中国艺术市场状况

卖画为生，这只有在市场经济环境下才能实现。在中国改革开放初期，那时国家刚刚结束动荡，传统上主要作为宣传工具的艺术作品，由于市场不张，并没有找到合适的去处，艺术家面对的最大难题是：“我画的画究竟有什么用处?”

我们看到，一些中国当代艺术大师，诸如齐白石、徐悲鸿、潘天寿、李可染等，他们的画作早先的卖价和当下市场上的卖价相比较，简直天壤之别。我们还看到国画家黄秋园、陈子庄作品在生前和死后的遭遇。黄、陈二人生前籍籍无名，虽然画技精湛，但是所出售者寥寥无几，并且价格低廉，乃至其家庭生活潦倒，甚至有时连购买作画的纸钱都没有，很多传世作品竟然是在卷烟纸、马粪纸上完成的。

但是，拿这些中国艺术大师和马克·吐温笔下的米勒比较，表面上看

① 参见马克·吐温《他是否还在人间——马克·吐温短篇小说选》，樊智强译，复旦大学出版社，2013。

② 参见法国艺术家版权集体组织网站相关信息：www. adagp. fr。

很相似，但其背后的社会现实却有较大差异。例如，齐白石等人的画作，用今天的“天价”看当时的卖价，确实十分低微。其中巨大差价，均为藏家或者画商所得，与画家再无关系。如果仿照法国的“追续权”制度，从其增值的部分，提取一小部分，交付给画家或其继承人，岂不公平合理？齐白石老人的作品当初卖价确实不高，但按照新中国成立初期一平尺收4元至6元计算，维持小康生活不成问题。不能简单地用今天的高价反观当时的低价。

再如陈子庄，他十五六岁即浪迹江湖，开始卖画糊口生涯。20世纪40年代，他常往返于重庆，参加民盟和农工民主党，结交各层人士，阅历丰富。1949年底，他受党委派赴成都策应和平解放，继在西南军政大学高级研究班学习，参加合川土地改革等。1954年调四川省文史研究馆，定居成都，潜心研究绘事。1963年被选为四川省政协委员。“文革”期间，遭遇维艰，抄家批斗，病魔缠身，老妻气疯，儿子下放，困厄已极。正当他画艺进入巅峰，佳作涌现之际，因心脏病不治，于1976年7月逝世于成都，时年63岁。

陈子庄的遭遇有两方面原因：一是在其创作盛年，适逢国内政治运动连连，其精妙艺术，非但得不到应有的尊敬和重视，反而为其所累；二是与此相关联，在举国大搞各类政治运动之时，市场不兴，艺术沦为阶级斗争工具。凡此种种，皆跟后来其声名鹊起、画作大卖、屡创高价的当下艺术品市场几无必然联系。如果现在通过立法，授予艺术家或其继承人、受遗赠人从艺术品转卖增值的价款中提成一小部分的权利，能够对其遗属有些微补偿，或对其后的艺术家免遭被埋没、被迫害的命运有些帮助，则该项立法功大莫焉。

## 三　新时期中国艺术家提出要研究追续权

在中国，最早提出追续权的，是曾任中国美术家协会主席的吴作人。1990年9月版权法颁布后，在由国家版权局组织的一次座谈会上，吴作人郑重提出要对追续权进行研究。[①]

① 关于此次座谈会及吴先生发言内容，详见《法制日报》1990年10月3日，第3版。

中国人民大学法学院教授郭寿康曾就追续权问题撰文，他认为，由于《伯尔尼公约》中关于追续权的规定是非限定性的，服从于互惠原则，这对尚未规定这项权利的我国艺术家不利："不论价格如何飞涨，也只能眼睁睁地看着国外艺术商大发其财而不能得到按照该国法律本可以取得的求偿，这显然对维护我国艺术作品作者的合法权益大为不利。"①

时光荏苒，从吴作人提出追续权问题，到国家版权局提交修法建议稿，二十多年很快就过去了。在不太长的时间里，中国艺术品市场从几乎零起点，到占据世界艺术品市场份额前列位置，整个世界的艺术品市场格局发生了巨大变化。在充斥着资本家、投机商、艺术冒险者的艺术市场，福兰笔下贫困潦倒的"画家"几乎绝迹，通过从转卖艺术品利润中提成一定比例，用来给艺术家扶贫济困的理由已不复存在。事实上，那点为数不多的提成费在补偿和奖励艺术创作方面，也暴露出些许寒酸与尴尬。如果说近100年前法国在全世界率先通过旨在帮助陷于困顿的艺术家的"追续权"立法势在必行的话，那么，今天我们要引入这项制度，就需要有新的更充分的理由。

## 四 追续权制度的法理基础和要解决的主要问题是什么?

在这个问题上，国内外已有的研究文章曾提出了若干种解说，例如，人格权说、财产权说、"人格权 + 财产权"说、报酬请求权说、债权说等。② 但这些说法都值得进一步商榷。归根结底，版权是基于复制产生的，无复制即无版权。但追续权仅涉及作品载体（物）的转卖，与复制无关。一些国家把它纳入版权法保护范围，纯粹是国家的一种政策选择，其本身仅具有政策基础。

追续权原初的合理性在于"扶贫"，即针对20世纪初法国艺术家穷困潦倒的社会现实。那么，在将近100年后的今天，这种状况已经发生较大变化。对进入艺术市场，其作品具备被转卖条件的中国艺术家而言，他们

---

① 参见郭寿康《谈美术作品的追续权》，载《郭寿康文集》，知识产权出版社，2005，第127—129页。

② 参见 Liliane de Pierredon-Fawcett, *The Droit de Suite in Literary and Artistic Property*, Center for Law and the Arts Columbia University School of Law, 1991。

中的相当一部分已经“脱贫”致富。也就是说，“扶贫”对那些在市场上已经取得成功的艺术家来说已无必要。

因此，这项政策要解决的主要问题是：能否通过奖励（规定艺术家及其继承人、受遗赠人从艺术品转卖中获得提成费）刺激优秀艺术作品创作。而要解决这个问题，就需要确保提成费不过地多干扰艺术市场发展，让尽可能多的艺术家而不仅仅是少数几位“大腕”从中得到好处，并且这项制度能够获得大多数市场参与者的理解和支持。

《伯尔尼公约》第 14 条之三（一）规定了追续权：对于作家和作曲家的艺术原著和原稿，作者或作者死后由国家法律授权人或机构，享有从作者第一次转让作品之后对作品的每次销售中分取盈利的不可剥夺的权利。公约第 14 条之三（二）规定：只有在作者国籍所属国法律允许的情况下，才可对本联盟某一成员国要求上款所规定的保护，而且保护的程度应限于向之提出保护要求的国家的法律所规定的程度。就是说，这项权利具有可选择性。追续权为什么是“可选择”权利？比较接近合理的解释是，这项权利不具有“普适性”。

## 五　追续权在当下欧洲的困局

关于追续权实施的效果，站在不同立场，答案是截然对立的。[①] 但最新的一个司法事件表明，追续权的实施的确给相关从业者带来压力。2017 年 4 月 7 日《artnet 新闻》发表一则信息：《拍卖成交后艺术家的转售版权费谁承担？佳士得法国上诉巴黎法院新裁决》，该信息披露，针对巴黎法院就艺术品转卖提成费该如何支付给艺术家或其后人的问题进行的裁定，佳士得公开表达不满并选择上诉。根据《artnet 新闻》信息，巴黎法院的裁决认定佳士得在法国从事拍卖活动的合同条款违反《法国知识财产法

① 例如，美国艺术家权利协会（ARS）主席承认，欧洲艺术品市场在全球的份额的确在下降，但是，这些变化跟实施追续权无关。而欧盟法律事务委员会则说，欧盟在世艺术家作品的全球市场份额下降很快。Marielle Gallo：Report on the Implementation and Effect of the resale Right Directive（2001/84/EC）（2012/2038（INI）. 例如，在艺术市场上，现代艺术部分，在 2006—2012 年，欧盟丢失了 12% 的全球份额。并请参阅 Dr. Clare McAndrew：《艺术家追续权经济学研究》，此文曾编入中国版权协会 2013 年 7 月 16 日“追续权研讨会”会议资料。

典》，该合同条款“将转卖作品的提成费从出售者转移到了买家身上”，这违反了相关规定。根据法院的最新判决，艺术作品卖家/出售者（而不是买家）有义务将出售作品所得的相当一部分支付给艺术家或艺术家基金会。

佳士得认为，这项裁决对艺术品拍卖构成一项附加条件，给佳士得在法国开展相关艺术品拍卖活动造成压力，也许会迫使许多卖家转投其他国家的拍卖行，从而避免支付转卖提成费，跟艺术家分享其艺术品转卖收益。

《法国知识财产法典》第 L. 122 – 8 条第 3 款明确规定：“追续权由转售者履行。付款的责任归于参与转售的专业人员，如果转售行为在两个专业人员间进行，则归于转售者。”欧盟《追续权指令》（Directive 2001/84/EC）前序第 25 项规定：“（艺术品转卖）提成费原则上应当由卖家支付，各成员国应当根据此原则规定付款责任的递减阶梯。销售结束后卖家是（该提成费）付款人。”

由此可见，不论是《法国知识财产法典》，还是欧盟《追续权指令》对于艺术品转卖提成费应当由谁来承担的规定非常明确，佳士得在其拍卖合同条款中单方面要求提成费由买家承担的约定显属违法，应当根据法院的裁决加以修改。佳士得即使上诉到法国最高法院，其诉求也极有可能被驳回。

## 六　在中国实施追续权可行性调研结果及分析①

### （一）对北京部分艺术家的调研及分析

（1）艺术家基本状况。从调研情况看，70 后年轻艺术家（年龄 43 岁以下）的比例超过一半（54%），老艺术家（年龄在 64 岁及以上）的比例占 16%。性别比例方面，男性居多为 78%，女性为 22%。有大约 60% 的艺术家作品的现卖价（第一手）跟初次卖价比较，上涨 1—2 倍，涨幅超过 2 倍的不到 10%。艺术家年收入方面，年收入在 10 万元以下的艺术家占比约为 31%，年收入 10 万元以上占比约为 69%，20 万元以上占比约为

① 关于此次调研的详细数据、图表和分析，请参见周林《追续权立法及实施可行性调研报告》，《中国知识产权》2014 年 3 月（总第 85 期）。

46%，在社会平均年收入之上。艺术家年总收入与实际卖画收入大致相似。说明占多数的艺术家主要以卖画为生。

（2）对作品转卖的知晓和认知程度。知道作品被转卖的占比70%，不知道的占比30%。据艺术家自己的观察，其作品的转卖差价普遍在2倍以上，并且转手时间很短，主要集中在3个月之内。艺术家普遍认为，画价增值部分不归己所有合理，能够接受。认为这是市场各司其职的结果。多数画家认为，作品已经卖出去，转卖及转卖价格跟自己无关。市场有自身发展规律，画廊、画商、批评家、策展人等各司其事。不太关心转卖的价格事宜。但是有些艺术家会关心自己的作品被哪些藏家所购买。

（3）对追续权的了解。艺术家普遍对“追续权”不了解，听说过的占比34%，从不知晓的占比66%。绝大多数艺术家没有遇到过立法机构向其征询意见。对追续权的认可程度方面，实际卖画年收入在20万—50万元的艺术家，认为提成费对自己的作用最低。对于实际卖画年收入不足20万元的艺术家而言，随着年收入的上升，对提成费作用的认可度同比上升。高收入艺术家同样也认可提成费的作用。

（4）对追续权立法的意见。艺术家普遍对追续权持比较认可态度。有艺术家认为，追续权的建立很有道理。真正的艺术家不会因为有没有这样的提成费而对自己的创作产生或正面或负面的影响。但从理论上而言，这是艺术家应该享有的权利，就如劳动报酬权等一样。从短期看，追续权的实施对艺术市场的影响将弊大于利；但从长期来看，是好的。也有一部分艺术家不支持追续权立法，原因在于艺术家对我国现有法律体制的质疑，尤其是对执法环节的质疑。认为应在有健全的法律体系的前提之下，再进行追续权的设立。另一部分原因在于目前中国的艺术市场太混乱，还不是实施追续权的适当时机。

### （二）对北京部分画廊的调研及分析

（1）画廊基本状况。80%以上的画廊经营时间超过3年，但只有不到30%的画廊经营时间在10年以上。在画廊实际经营中，对艺术品代销（51%）与转卖（48%）各占一半。转卖艺术品份额较高，这说明画廊通过先行买断作品，然后转手出售，也有利可图。不过，在回答交易偏好时，画廊更偏好于代销（71%），选择转卖的只占29%。关于转卖时间，大多画廊转卖艺术品时间是在5年以内，有超过1/3的画廊有利即抛，只有不到10%的画廊转卖艺术品时间超过10年。艺术品转卖期短，甚至有利即抛，说明市场心态不够稳定，跟欧洲艺术市场长线投资以期获利的情况很不一样。

（2）市场经营情况。画廊艺术品转卖价格涨幅，多集中于0.5—1倍（70%），涨幅超过3倍的不到10%。在画廊经营中，营利画廊占87%，有13%亏损。转卖作品多集中于当代作品，比重高达91%，现代作品为6%，古代作品为3%。

（3）对追续权了解程度。大多画廊（53%）对追续权不了解，少部分（35%）听说过，很了解的画廊仅占12%。在调研的10家画廊中，无一被立法机构征询过追续权事宜。画廊对追续权影响作品价格的担心程度，正负两面都占有一定比重。总体而言，不担心的占41%，担心的占35%。有超过一半的画廊（53%）认为追续权立法对艺术市场有负面影响，认为影响正面的只有29%，有18%的画廊持一般态度。

（4）对“追续权”立法的意见。有53%支持，反对的占35%，持一般态度的占12%，支持的比例大于反对的。

### （三）对全国部分拍卖企业的调研及分析

（1）艺术品拍卖市场状况。成交艺术作品的创造年代，古代作品占比19%，现代作品占比49%，当代作品占比32%。在拍卖成交的艺术品中，在世艺术家为30—50岁的占比23.68%，50—80岁的占比73.68%，80岁以上的占比2.63%。

（2）对追续权的了解程度。大多数拍卖企业听说过追续权，占比72%，很了解的跟一无所知的占比一样，为14%。没有一家拍卖企业接受过相关立法机关的意见征询。

（3）追续权对拍卖市场的影响程度。当被询问：追续权意味着增加了买家/藏家的成本，或减少了买家/藏家转卖的收益，以及对拍卖企业的信息公开提出了更高的要求，您会不会担心因此会对艺术品拍卖有一定消极影响？表示担心和很担心的占比71.43%，表示一般及不担心的占比28.57%，说明拍卖企业对实行追续权给拍卖市场带来负面影响的担心程度较大。在回答追续权对中国艺术市场的影响程度问题时，选择正面的比例为28.57%，选择没什么影响的占比 19.05%，选择负面的占比 52.38%，多数拍卖企业认为实行追续权会给中国艺术市场带来一些负面影响。

（4）对追续权立法的意见。表示支持的占比 14.28%，选择一般的占比 28.57%，表示反对的占比超过一半，占比 57.15%。

## （四）艺术品转卖价的上涨跟艺术家创作的关系

2013 年 7 月，中国版权协会组织了一次追续权立法专题研讨会。在这次研讨会上，笔者和来自英格兰的一位艺术市场专家分别介绍了各自国家艺术市场的情况和对中国版权法引入追续权制度的观点。来自全国人大法工委的官员提出了一个问题，即艺术品转卖价的上涨跟艺术家的创作（作品）有无关系。笔者认为，对这个问题的回答非常重要，将直接影响到追续权立法。创作如果跟价格无关，什么都不用说了。如果创作跟价格有关，则要弄清楚是什么关系，这种关系跟版权主要调整的对作品的复制利用有怎样的联系。

一般来说，版权是对创作（作品）加以利用的控制权。这里说的利用，主要是借助复制技术，将作品制作成一份或者多份；无创作即无版权，无复制，版权也无从产生。但是，在作品第一次卖出后，在随后的转卖中，作品有可能升值，价格上涨，这个新的价格的确离不开作品，但是确实跟复制无关。因此，从作品转卖不涉及复制这个角度谈，也可以说，艺术品转卖价的上涨跟艺术家的创作没有关系。

实际上，艺术品价格上涨，跟艺术品进入市场后的宣传、推销、包装诸多因素有关，跟该创作作品之上所凝结的历史、艺术内涵有关，跟该作品所处的社会环境、法治状况、文化氛围、整体社会财富水平等有关。因此，艺术作品转卖时价格上涨不能都归功于艺术家一己之身和来自艺术创作（作品）一个方面。如果说，艺术家为该财富的增长作出的贡献需要补偿，那么，同样作出贡献的藏家、买家甚至拍卖企业，也应当有份。

从有关调研收集整理的信息来看，第一，大多数艺术家的收入已经处于全社会的平均收入之上，追续权产生时艺术家所处的穷困潦倒亟须救济的情况已不复存在；第二，艺术家普遍不缴税，作品首次出售极不规范，转售提成无以为据；第三，画廊经营有利即抛的策略，使得艺术作品转卖过于频繁，追续权报酬提取殊为不易；第四，艺术市场冒名伪作较多，艺术家及其继承人躲避唯恐不及，更不必说接收来路不明的“追续权”提成费；第五，欧盟实施追续权之后，欧洲艺术品市场在全球份额占比开始下降，这项权利没有给欧洲艺术家带来多少实惠，反而有负面影响，在欧洲尚且看不到实施追续权的好处，在中国更不宜匆忙引入追续权。

## 结语：信息时代的艺术版权立法应贯彻“信息法治三原则”

在中国艺术市场大发展的新的背景下，国家有关机关在立法草案中提出追续权似乎是顺理成章的，当年吴作人先生提出版权立法要研究追续权似乎也修成正果。但是，我们从送审稿附带说明中只能获知，此举的目的是“鼓励创作，整合权利体系”，而相应地对该权利（或制度）所涉及人群的调研结果，对国内外相关立法及执法情况的信息分析，却几乎没有拿出多少有重要参考价值的结论，用来说明该项立法必要且迫切的理由。一如 20 多年前，我们还是更多地为了追续权那个充满理想和浪漫色彩的理念所驱使。

版权的合理性不在于教科书上那么多的美好理念，而在于国家出于激励艺术创作、作品传播和利用——确保信息自由流动的政策选择。版权制度是为发展本国经济和提供民众福祉而制定的。在信息时代，保护艺术家权益的版权立法，也应当贯彻信息公开、信息自由、信息参与“信息法治三原则”。[①] 从表面上看，追续权仅仅涉及“通过拍卖方式转售”的“美术、摄影作品的原件或者文字、音乐作品的手稿”，获益人仅仅限于“作者或者其继承人、受遗赠人对原件或者手稿的所有人”，这项让艺术家也能够分享艺术品转卖红利的制度，看似只要能够颁布，就能够顺利实施，并且使各方都能够从中获益。然而，正如上面详细分析的那样，匆忙在立法中规定追续权，结果可能难以预料。

① 信息自由的含义是，信息一经生成，任何力量都难以阻挡（它的公开）；信息应当自由流通——自由流通不意味着获得信息的代价是零；合理补偿是确保信息自由的必要条件。信息公开所针对的是信息垄断和信息封闭。历史经验告诉我们，任何一个公民、企业、国家要想得到发展，信息公开是必不可少的条件之一。凡是可以公开的信息都应该公开，对不予公开的信息都应当由法律规定之。信息参与指的是民众对于国家政策的参与和影响。每个人心目中都有着对于法/公平/正义的理解，（民众）信息参与是社会公正最重要的保障。

从追续权的立法实践获得的经验是，中国的版权立法，仅仅怀抱美好的理想是不够的，不能认为某项在国外实施取得成功或者部分成功的法律条款或者法律制度，就一定对中国艺术市场有利。立法首先要考虑的，应当是国家的政策取向和选择，而相关政策的制定，应当确保有关立法信息公开，确保信息自由流动，利用现代信息技术，特别是互联网技术的便利条件，征集相关利益群体和业界意见、开展相应的调研活动、充分收集民意、反映民众心声。版权立法绝不应当是少数法律专家的专利，而应当是一个开放、自由、参与的过程。没有人否定追续权的美好理念，包括笔者在内的许多人都相信，在具备了一定条件之后，这项让艺术家也能够分享市场红利的制度，也会被纳入中国法律当中。但是，目前这项立法尚待时日，将来也需要依靠“信息法治三原则”才能够很好地实施。

（本文原载于《美术研究》2018 年第 1 期）

# 信息自由与版权保护

周　林*

## 一　信息社会的一个重要发现
### ——网络生存定律

中国“首届七十二小时网络生存测试”[①] 活动，曾于 1999 年 9 月在北京、广州、上海三地同时举行。12 位志愿者需要在一个完全封闭、只能以互联网作为唯一与外部沟通渠道的环境中生活 72 小时。

志愿者将没有饮用水、没有食物、没有电话，唯一跟外界联络的工具就是一台可以上网的电脑。他们需要在一个完全陌生的环境中，靠着主办机构发给的一千五百元人民币现金及一千五百元人民币电子货币，并依靠网络所提供的一切进行一次生存测试。网络所能提供的社群关系、购物交易，甚至休闲娱乐及精神文化等功能都将在这 72 小时内受到检验。

这次网络生存测试的结果是：来自北京、上海和广州的 12 名为“生存”而在网络奋战的测试者，除 1 人在经受了近 26 小时的饥寒交迫后不得不中途离场外，其余 11 人均扛住了 72 小时的网络生存考验。当 72 小时网络生存测试进行到第 25 小时 40 分钟的时候，5077 号测试者宣布退出比赛。这位北京男孩的网龄为零，在过去的近 26 个小时里，他一直没有在网络上买到任何东西，因此在这段时间里他也未进食。忍饥挨渴坚持了一昼

---

* 周林，中国社会科学院法学研究所副研究员。

① 参见 http://news.sina.com.cn/china/1999-9-7/12167.html，最后访问时间：2007 年 6 月 20 日。

夜后，最后不得不选择放弃。他说，“中国的网络不符合零网络时间的人”。

这次测试验证了两种必然结果：生存，或者，死亡。一个残酷却真实的情况是，面对一个“网络空间”，能否驾驭信息，如何驾驭信息，决定了一个人的生与死。如果我们把这个测试放大到整个“信息社会”，在生与死之外，不会有第三个结果。

这次测试迫使人们作出选择：信息，或者，金钱。一般认为，人的生存离不开一定的物质条件，如水、面包以及用于交换生活必需品的金钱。在信息社会之前的农业社会和工业社会，有形财产的占有与使用对人的生存起着至关重要的作用；而在信息社会里，这种情况发生了根本变化，无形财产的重要作用更加凸显。网络生存测试证明：在那个特定环境下，信息（包括获取信息、使用信息）比金钱重要。

信息如此重要，是否任何对此予以承认的个人、团体乃至国家都必然地能够获得其生存的可能性呢？回答是否定的。网络生存离不开两个必要条件：信息公开与信息自由。试想本次测试获胜的那十一个人面对的是一个受到不适当的信息垄断和信息限制的环境，他们既不能流畅地与外部进行信息沟通，也不能及时地获得所需要的信息，其命运将与那个“逃兵”无异。网络生存必须排除两个负面因素——信息垄断与信息限制。

由此，我们可以得出一个结论，即“网络生存定律”：信息社会离不开信息公开与信息自由。该“定律”还可以通俗地表述为：在一个信息公开与信息自由的社会，信息比面包重要，信息比金钱重要。

## 二　中国的变化验证了“网络生存定律”

追溯当代中国的历史，人们很容易发现，以 1978 年为界，之前是一个相对来说信息封闭、物质匮乏、缺少活力的社会，“国民经济到了一个濒临崩溃的边缘”（官方语）；之后是一个逐渐信息开放、物质丰富、充满活力的社会，国民总收入连续多年以两位数的百分比增长，被公认为全球最有投资吸引力的国家之一。

通过简单的历史回顾可以发现，中国自 1978 年以来的两个趋势，那就是“开放”和“自由”。“开放”，就是打开国门，向全世界开放，让国民走出去，把外国人请进来。这种开放促进了中外信息的流通和融合，开阔了人的视野，解放了人的思想。“自由”，就是要承认信息创造者的价值，宣布给予知识财产以法律保护，建设必要的信息基础设施，确保信息的自由流通。

当今中国所发生的所有变化的始源，不是别的，是信息。有些信息被公开了，有些信息被保护起来；由于信息公开，在中国生活的人们和那些与中国交往的人们获得了他们所需的信息，因而能够更好地把握其现状和未来；由于需要保护的个人信息或企业信息获得了适当的处置，社会生活变得更加稳定和安全；信息的自由流动使得这个曾经封闭的社会变得开放，使得这个国家开始充满活力。迄今为止中国所发生的所有变化都可归因为信息公开与信息自由。

## 三 信息自由与版权保护

信息应当是自由的，但是，自由是需要付出代价的。信息自由不意味着获得信息的代价是零；合理补偿是确保信息（生产和需求）自由的必要条件。如果信息都是无偿的，其结果将必然导致信息生产的停滞，那时候，将无所谓信息公开与信息自由。

知识财产所包含的全部内容，版权、专利、商标等，这些受法律所保护、为人类所创造、为人类所支配的知识财富，其本质不是别的而是信息。知识财产也可以被称作信息财产。版权是信息财产的一个重要组成部分，它所关注的是“创作投入”。版权制度就是通过对“创作投入”的保护，鼓励信息生产，造福社会。

信息有各种分类。在版权框架内，按照有关法律规定，信息可以分为有版权信息和无版权信息。无版权信息是指那些超过版权保护期，任何人均可自由使用的信息；有版权信息是指那些仍然在版权保护期内，由有关权利人支配的信息。对有版权信息的使用，根据法律规定，使用人一般应当事先征得权利人许可，应当向权利人支付报酬。版权制度就是通过赋予信息生产者一定期限内对其所创造的信息的支配权，使权利人从该支配权中获得承认和经济回报，鼓励信息生产，提高信息质量和增加数量，使全社会都能够享受到更多更好的信息。

数字化和互联网技术为信息的复制和传播提供了极大的方便。我们不必担心网络经营者缺少可传播的信息，因为，除了大量无版权信息以外，还有许多版权持有人自愿放弃版权，放弃对他们手中所持有的信息的控制，也有许多网络经营者通过签约，从版权持有人手中获得版权使用许可。当下最大的问题是对信息生产者和创造者保护不力。

大约一年前，一个被称作“知识共享协议”（“CC”协议）的事物传到中国，该组织声称以知识共享为理念，遵从现有的法律框架，利用互联网的技术手段，力图克服传统版权保护方式的不足，通过向公众免费提供一系列独特的许可协议，为创造性成果提供一种更加灵活并且行之有效的保护与使用方法。① 该系列协议有六种，有不同的授权条件，这些授权条件由严到松，作者可以根据自己的情形和需求自由地选择协议内容与他人“共享”。② 简单地说，该组织是想通过使用该协议，将现存版权制度“所有权利保留”，改变为“部分权利保留”。③ 而要实现这一点，就需要在发表或传播作品同时，权利人自愿签署一份与潜在使用者的“共享协议”，在该协议中，权利人需要说明自己保留的权利是哪些。

这个理念看起来很美妙，却并不适用当下中国。我们用图 1 说明理由。

如图 1 所示，新中国成立初期至 2004 年的大约 50 年的时间里，文字作者的稿酬标准，虽然经历过一次大的起伏，但到 1999 年一直呈增长态势，近几年似乎保持在平稳水平。单从稿酬标准看，作者的可能收入的增长的确很快，且近几年一直保持在较高的水平。然而，将作者稿酬换算成实际购买力之后，虽然自 1980 年以来持续上升，至 1990 年左右达到顶点，但是自 1990 年开始，出现了迅速的、明显的下降。也就是说，自 1990 年左右开始，中国作者的稿酬收入实际上是在急剧下降的。

中国的现实情况是，版权法的实施虽然已经有近 16 年，但是广大作者并没有享受到预期的那样多的好处，广大信息生产者没有得到充分的尊重和保护；相反，作者的收入在下降，信息自由受到阻碍。在目前的情况下引入“知识共享协议”，并非中国的当务之急。在法定利益难以实现、创作难以为继的情况下，拿什么去跟别人共享呢？在当下连强制性授权许可

① 参见 http://cn.creativecommons.org/press-releases/entry/0603291.php。

② 参见《知识共享许可与新媒体》，http://money.163.com/07/0530/17/3FOQGMUC002525S4.html，最后访问时间：2007 年 6 月 20 日。

③ 参见《知识共享在中国：从理念到现实》，http://www.civillaw.com.cn/article/default.asp?id=25797，最后访问时间：2007 年 6 月 20 日。

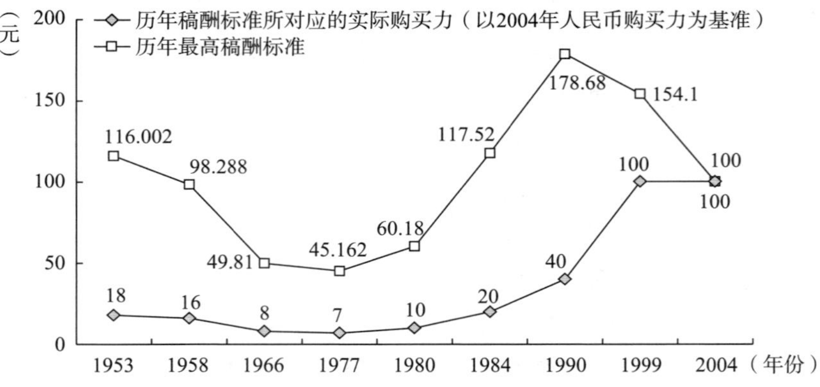


**图 1　历年稿酬标准与实际购买力水平的比较**

资料来源：数据采自国家版权局办公室编《中国著作权实用全书》，辽宁人民出版社，1996；周林、李明山编《中国版权史研究文献》，中国方正出版社，1999；陈明远：《知识分子与人民币时代》，文汇出版社，2006；《中国统计年鉴 2006》，中国统计出版社，2006。

协议都存在诸多困难和障碍的情况下，推广那种非商业用途的自愿授权协议有多少实际意义呢？

## 小　结

“网络生存定律”是信息社会的一个重要发现。信息公开、信息自由是我们所处的这个时代的重要特征，但是，这个重要特征尚未引起法律界的足够重视。

版权保护应当符合信息公开、信息自由这个世界性的潮流。版权是一种知识财产，版权是一种信息财产。版权制度的目的就是鼓励人们创造更多更好的知识财富，从而造福于全社会。

版权制度为信息生产者和创造者提供了一种制度保障，使他们能够利用这个制度获得收益，而这个收益能够用来帮助解决或者部分解决信息创造者们独立、自由地创作和传播。

（本文原载于《电子知识产权》2007 年第 8 期）

# 商标与反不正当竞争制度研究

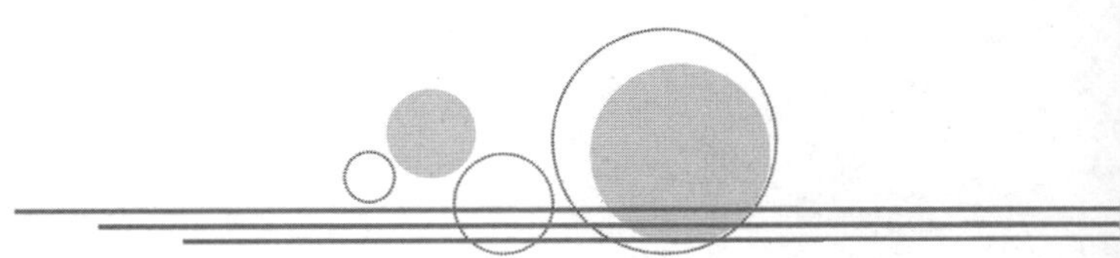

# 注册商标不使用问题研究

李明德*

## 一　商标注册制度与注册商标的不使用

商标是使用在商品或者服务上的标记，可以起到指示商品或者服务来源的作用。汉字的“商标”一词，其含义是“商业”中使用的“标记”。英文中的“trademark”，其含义是使用在“trade”之中的“mark”。与此相应，只有那些在商业活动中使用的，或者与商品或者服务相关联的标记，才可以称之为商标。这些商标，如果获得相关国家主管部门的注册，可以作为“注册商标”获得保护。如果没有申请商标注册，或者没有获得相关国家主管部门的注册，则可以作为未注册商标获得反不正当竞争法的保护。

依据“商标”的概念，即使是获准注册的商标，也应当是商业活动中使用的商标，或者是与商品或者服务相关联的商标。如果某一商标获准注册之后一直没有使用，则应当从相关国家的注册系统中排除。如果某一注册商标经过一段时间的使用后，相关的市场主体停止在商业活动中的使用，也应当从相关国家的注册商标系统中排除。因为在这两种情况下，相关的“注册商标”已经不再属于“商标”，对其提供“注册保护”也就丧失了意义。正是从这个意义上说，“注册商标的不使用”，是一个与商标注册制度相伴随的问题。

从历史的发展来看，早在商标注册制度产生以前，就有了其他法律对

---

* 李明德，中国社会科学院知识产权中心教授。

于商标的保护。在这方面，英国早期曾经以侵权责任法（tort），或者其中的制止欺诈的规则，提供了对于商标的保护。例如，英国法院在1618年的一个判例中裁定，一个布匹商冒用另一个布匹商的商标，不仅损害了原告商标的商誉，而且属于商业欺诈行为。[①] 以制止商业欺诈为由，保护商标及其相关的权利，也成了英美法系商标保护制度的一个鲜明特征。正是在制止欺诈法律规则的基础之上，英国法院逐渐发展出了制止商业标识的仿冒法（passing off），也即英国的反不正当竞争法。到了1875年，英国国会又在仿冒法的基础上，制定了商标注册法律。同属英美法系的美国，在其独立后接受了英国制止欺诈的法律规则和制止商业标识仿冒的规则，提供了对于商业标识及其相关权利的保护。这就是美国各州的和联邦的反不正当竞争法。同样，美国很多州的“商标注册法”和后来的联邦商标注册法“兰哈姆法”，也是在仿冒法和反不正当竞争法的基础上制定的。

在欧洲大陆方面，法国早在1803年的《刑法》中规定，假冒他人商标属于伪造公文，假冒者应当罚为苦役。[②] 这是以刑事制裁的手段保护商标及其相关的权利。到了1804年的《法国民法典》，则在第1382条规定，任何人以自己的行为致使他人受到损害时，应当因为自己的过失而对该他人承担赔偿责任。[③] 这是关于侵权责任法的一般性规定。正是在这样一个有关侵权责任法的一般性规定的基础之上，法国法院提供了对于商标及其相关权利的保护。后来，法国议会还依据这一规定制定了法国的注册商标法和反不正当竞争法。除了法国，德国、瑞士、西班牙等欧洲大陆国家，也在同一历史时期依据侵权责任法提供了对于商标及其相关权利的保护。

显然，在以侵权责任法和反不正当竞争法保护商标的情况下（英美法系），或者在以刑法和侵权责任法保护商标的情况下（欧洲大陆法系），不存在注册商标不使用或者商标不使用的问题。因为，所有的“商标”，都是商业活动中使用的“商标”。如果某一商标曾经被使用，后来停止了使用，则不再成为商标。与此相应，无论是受到他人假冒还是仿冒的商标，都是商业活动中使用的商标。而在另一方面，如果商标所有人提起制止假

① Southern v. How, *Intellectual Property: Patents, Copyright, Trade Marks and Allied Rights*, Cornish & Llewelyn, 2007, p. 606.

② 参见法国共和11年芽月25日法，以及黄晖《商标法》，法律出版社，2004，第7页。

③ 参见《法国民法典》第1382条。

冒或者仿冒的诉讼，也必须证明自己长期使用了某一商标，以及自己的商标遭到了他人的假冒或者仿冒。或者说，商标所有人提起制止假冒或者仿冒诉讼的前提，是自己使用了相关的商标。

大体说来，以侵权责任法、反不正当竞争法，甚至以刑法保护商标，适应了早期市场经济条件下对于商标保护的需要。因为在那个时代，商品交易市场通常处于相对分割的状态，各个区域市场不甚关联。与此相应，市场主体通过使用而获得有关商标的权利，也在相关的区域之内发生效力。这样，通过侵权责任法、反不正当竞争法，甚至通过刑法提供对于商标的保护，通常不会发生问题。然而，随着商品经济的发展和国内市场的一体化，商品交易市场逐步贯通，在某一个地方生产或者提供的商品，有可能销售到全国各地，甚至出口到国外。在这种情况下，仅仅依据使用而获得有关商标的权利，就有可能发生问题。因为，各个地区不同商家所使用的相同或者近似商标，有可能在日趋统一的国内市场上发生碰撞，造成消费者的混淆。为了防止消费者的混淆，一些国家甚至要求相同或者近似商标的所有人，划定各自的经营范围，并且不得进入对方的经营范围。例如在美国 1916 年的“汉诺威”一案中，[①] 原告在面粉上使用了“tea rose”的商标，销售范围主要在俄亥俄州，而被告在全然不知的情况下，也在面粉上使用了相同的商标。法院裁定双方当事人应当在各自的商业范围内继续使用“tea rose”的商标，并且不得进入对方的销售区域。

为了适应国内市场一体化的要求，同时也是为了避免相同或者近似商标在国内市场上的碰撞，商标注册制度应运而生。1857 年，法国依据《民法典》第 1382 条，颁布了世界上的第一部商标注册法。在此之后，同属欧洲大陆的德国于 1874 年颁布了注册商标法，瑞士于 1890 年颁布了注册商标法。在英美法系国家，英国在制止仿冒法律和相关判例的基础上，于 1875 年制定了《商标注册法》（Trademark Registration Act），对商标提供了注册保护。至于美国，虽然在 1870 年制定了联邦的注册商标法，但在 1879 年被美国最高法院宣布为违反宪法。直到 1946 年，美国才制定了联邦一级的商标注册法律《兰哈姆法》，为商标提供了注册保护。

毫无疑问，商标注册制度的产生，不仅减少了商标冲突的风险，而且

① Hanover Star Milling Co. v. Metcalf, 240 U. S. 90 (1916).

为商标所有人节约了投资。因为，市场主体在使用或者申请注册某一商标的时候，可以查阅已经公开的商标注册簿，避免采用相同或者近似的商标。同时，在充分了解市场上商标注册和商标使用状况的基础之上，市场主体也可以放心大胆地对自己注册和使用的商标进行必要的投资，使得相关的权利建立在更为坚实的基础之上。正是由于这样的原因，商标注册制度一经产生，就在全世界的范围内迅速普及。时至今日，世界上的绝大多数国家都实施了商标注册和保护注册商标的法律。

然而在另一方面，随着商标注册制度的运行，也逐步产生了注册商标不使用的问题。在商标注册制度产生伊始，进入主管部门注册体系的商标，基本上是已经使用或者正在使用的商标。然而，随着时间的推移，至少发生了两方面的情况。一方面，某些已经使用的注册商标，因为商标所有人的破产、死亡、转产或者其他原因而不再使用。与此相应，这些不再使用的“注册商标”就有可能在相当长的一段时间里，停留在主管部门的注册体系或者注册簿上。另一方面，由于注册制度允许尚未使用的商标获得注册，一些市场主体为了保障自己在不远的将来可以使用心仪的商标，因而预选申请注册了相应的商标，以防止他人的抢先注册或者抢先使用。这类“意图使用的商标”，如果真的在未来的数年之内予以真实使用，也不会发生太大的问题。但是，如果“意图使用的商标”的所有人，因为种种原因而未能予以真实使用的话，也会造成相关的“注册商标”停留在主管部门的注册体系或者注册簿上。

为了将这些已经死亡的“注册商标”从主管部门的注册体系或者注册簿上清理出来，同时也是为了方便其他市场主体选择和使用相应的标记资源，世界各国的注册商标法律都设立了注册商标不使用的撤销制度。按照这种制度，相关的注册商标，如果在一定期限之内连续不使用，其他市场主体可以提出请求，要求法院或者商标主管部门撤销该“注册商标”。通常，提出这类要求的都是打算使用相关“商标”的市场主体。法院或者商标主管部门经过审理或者审查，如果认定相关的注册商标确实在法定的期间内没有使用，则会作出撤销注册的决定。随后，申请撤销的市场主体就可以或者申请注册，或者直接使用相关的商标。

按照欧洲大陆国家的做法，注册商标连续5年不使用，可以撤销注册。例如，法国《商标法》规定，如果没有正当理由，连续5年未在指定使用的商品或者服务上实际使用注册商标的，注册商标所有人丧失商标权利。根据规定，任何利害关系人都可以向法院提起诉讼，主张商标注册失效。[①]又如，德国《商标法》规定，自商标注册之日起的5年之内，如果没有在指定的商品或者服务上使用，应当予以撤销。[②] 根据规定，利害关系人应当向法院提起撤销诉讼。当法院作出撤销决定之后，利害关系人应当将法院的判决转给专利商标局，由专利商标局注销相关的注册商标。[③] 与欧洲大陆国家的上述做法相一致，欧盟也在有关商标的指令和条例中，规定了注册商标连续5年不使用，应当予以撤销。例如，1988年发布的《协调成员国商标立法指令》规定，如果没有正当理由，自商标注册之日起5年，或者在注册以后连续5年，没有在相关的商品或者服务上使用获准注册的商标，相关的商标应当予以撤销。[④] 又如，1993年的《共同体商标条例》也规定，如果没有正当理由，共同体商标自注册之日起5年，或者在注册有效期间内，连续5年没有在相关的商品或者服务上使用，则相关的商标应当予以撤销。[⑤]

至于英美法系中的美国，则规定了商标连续3年不使用，属于放弃商标。根据规定，商标所有人停止使用其商标，并且不再有重新使用的意图，属于商标的放弃。连续3年不使用，可以推定为放弃了自己的商标。[⑥]值得注意的是，这里所说的放弃，不仅是指注册商标的放弃，而且是指未注册商标的放弃。至于使用“商标放弃”的术语，而非“撤销商标注册”的术语，也反映了美国关于商标权利来源的理念。具体说来，有关商标的权利来自商标的实际使用，而非商标的注册。商标注册不过是对于相关商标的公示而已，并不产生财产性的权利。

在国际公约的层面上，《保护工业产权巴黎公约》（以下简称《巴黎公约》）没有关于注册商标连续若干年不使用应当予以撤销的条款。似乎《巴黎公约》的制定者们认为，这是一个应当由成员国法律规定的问题。到了世界贸易组织的TRIPs，则规定了注册商标不使用应当予以撤销的问题。根据规定，如果要求以使用作为维持商标注册的条件，只有在至少连

---

① 参见《法国知识产权法典》L. 714－5条。

② 参见《德国商标法》第49条和第25条、第26条。

③ 参见《德国商标法》第52条和第55条。

④ 参见《欧共体理事会协调成员国商标立法指令》，1988年12月，第10条和第12条。

⑤ 参见《共同体商标条例》，1993年12月，第15条和第50条。

⑥ 参见美国《兰哈姆法》第45条关于商标放弃的定义。

续3年不使用之后，才可以撤销商标注册。[①] 显然，“连续3年不使用”的期间，多少受到了美国《兰哈姆法》的影响。当然，TRIPs关于这个问题的规定是，“至少”连续3年不使用才构成撤销注册的条件。这表明，成员也可以规定更长的连续不使用的期间，例如连续5年不使用，构成撤销注册的条件。

中国现代的《商标法》制定于1982年，于1983年开始实施。根据规定，注册商标连续三年不使用，商标局可以撤销注册。[②] 随后，1993年修订的《商标法》第30条、2001年修订的《商标法》第44条，都沿袭了1982年《商标法》的规定，即注册商标连续三年不使用，商标局可以撤销注册。[③] 到了2014年修订的《商标法》，则在文字上略作修改：“注册商标成为其核定使用的商品的通用名称或者没有正当理由连续三年不使用的，任何单位或者个人可以向商标局申请撤销该注册商标。”[④] 上述规定表明，中国现代的《商标法》自其制定之时，就规定了注册商标不使用的撤销。不过，中国在这个问题上没有跟随欧洲大陆国家关于连续5年不使用就可以撤销注册的规定，而是作了类似于美国的规定，即注册商标连续3年不使用的，可以撤销注册。不同之处在于，美国叫作“商标放弃”，中国仍然称之为“撤销注册”。

另外一个值得注意的现象是，在欧美发达国家，注册商标的撤销或者放弃，都是向法院提起诉讼。而依据中国《商标法》的相关规定，撤销注册商标，则是向行政管理部门商标局提起。在商标局作出撤销或者不撤销的决定之后，如果一方或者双方当事人不服，可以向商标评审委员会提起复审。如果仍然不服商标评审委员会的决定，则可以向法院提起诉讼。[⑤] 不过，在向法院提起诉讼的时候，不是以对方当事人作为被告，而是以商标评审委员会作为被告。对方当事人则作为“第三方”进入诉讼程序。这称之为行政诉讼，而非民事诉讼。[⑥]

下面，本文将从商标注册与商标抢注、商标注册与“刻意注册”、注

---

① 参见TRIPs第19条。

② 参见1982年《商标法》第30条。

③ 参见1993年《商标法》第30条，2001年《商标法》第44条。

④ 参见2013年《商标法》第49条。

⑤ 参见2013年《商标法》第54条。

⑥ 了解这个程序性的规定，有助于读者理解下文讨论的相关的案件。

册商标连续3年不使用的撤销等三个方面，讨论中国的注册商标不使用的问题，以及相应的对策。

## 二　商标注册与商标抢注

从某种意义上说，中国关于注册商标不使用的问题，远比欧美等发达国家严重得多。如前所述，英美和欧洲大陆的很多国家，先有侵权责任法和反不正当竞争法对于商标的保护，然后才有了注册商标法对于商标的保护。然而在中国，先是在1982年制定了现代的《商标法》，然后于1986年制定了《民法通则》，于1993年制定了《反不正当竞争法》，直到2009年才制定了《侵权责任法》。与这样一个立法状况相对应，当人们说到对于商标的保护，首先想到的就是《商标法》对于商标的保护，或多或少地忽略了《反不正当竞争法》和《侵权责任法》对于商标的保护。在很多人的认识中，商标就是指获准注册的商标。这样，中国对于"商标"和"商标保护"的理解，就产生了一定的偏差。

除此之外，受到欧洲大陆法系的影响，中国的理论界和实务界通常都把商标注册当作了商标权利的获得途径。在这样一个理念的指导之下，一些市场主体积极申请注册商标，包括申请注册了一些从来不打算使用的"商标"。近年来，在工商行政管理部门的积极推动下，在追求商标注册申请量和有效注册保有量的政策指引下，申请和注册大量"商标"的现象更有不断加剧的趋势。按照国家工商行政管理总局的数据，2015年中国的商标注册申请量是287.6万件，连续14年位居世界第一。截至2016年第一季度，中国商标注册申请量累计达到1913.7万件，有效注册商标量达到1074.55万件。中国的年度商标注册申请量占到全球的三分之一。[①] 另据估计，2016年的商标注册达到了369万件。

在此应当提出的质疑是，关于这样一个巨大的商标注册申请量和有效商标注册保有量，究竟有多少件是商业活动中使用的，又有多少件是没有使用的"注册商标"。根据估计，在每年新增的200万件到300万件的商标注册申请中，有50%以上是从来不打算使用的"商标"。而这类"商

① 国务院新闻办公室：《2015年中国知识产权发展状况新闻发布会》，2016年4月19日。

标”一旦获准注册，又会进入有效注册的保有量之中。与此相应，在一千多万件的“有效注册商标”中，粗略估计下来有50%以上属于没有使用的“注册商标”。这表明，注册商标不使用的问题，在中国是非常严重的。

大体说来，大量的商标注册申请和由此而产生的“注册商标”的不使用，主要有两个方面的原因：一是抢注他人的商标而不使用，二是刻意申请注册一些从来就没有打算使用的商标。这里先论述商标抢注的问题，刻意申请注册从来不打算使用的“商标”，则留待下一部分论述。

抢注他人的商标，具有非常广泛的含义，既包括在同类商品上抢注与他人商标相同或者近似的商标，也包括在类似商品上抢注与他人商标相同或者近似的商标。按照商标法律制度，针对他人的抢注行为，商标所有人可以提出一系列的抗辩，例如自己的未注册商标属于驰名商标，或者自己就相关的商标享有在先权利。在这方面，中国1982年《商标法》既没有规定在先权利的抗辩，也没有规定驰名商标的抗辩，直到1993年《商标法》及《商标法实施细则》（以下简称《实施细则》），才有了关于驰名商标和在先权利的规定。

先来看关于驰名商标的规定。1993年《商标法》第27条规定了“不正当注册”的撤销问题。根据规定，已经注册的商标，是以欺骗手段或者其他不正当手段获得注册的，由商标局撤销该注册商标。其他单位或者个人可以请求商标评审委员会裁定撤销该注册商标。① 依据这一规定，1993年《实施细则》第25条规定，“违反诚实信用原则，以复制、模仿、翻译等方式，将他人已为公众熟知的商标进行注册的”，属于《商标法》规定的“以欺骗手段或者其他不正当手段获得注册”，应当予以撤销。② 到了2001年修订《商标法》，则在第13条规定：“就相同或者类似商品申请注册的商标是复制、摹仿或者翻译他人未在中国注册的驰名商标，容易导致混淆的，不予注册并禁止使用”；“就不相同或者不相类似商品申请注册的商标是复制、摹仿或者翻译他人已经在中国注册的驰名商标，误导公众，致使该驰名商标注册人的利益可能受到损害的，不予注册并禁止使用”。③

① 参见1993年《商标法》第27条。

② 参见1993年《实施细则》第25条；此外，第48条还提到了“公众熟知的服务商标”。

③ 参见2001年《商标法》第13条。其中的第1款是对于未注册驰名商标的保护，第2款则是对于注册的驰名商标的反淡化保护。

到了2013年修订的《商标法》，又沿用了上述两方面的规定。[①]

再来看关于在先权利的规定。同样是依据1993年《商标法》第27条关于"不正当注册"的规定，1993年《实施细则》第25条规定，"侵犯他人合法的在先权利进行注册的"，"以其他不正当手段取得注册的"，属于《商标法》规定的"以欺骗手段或者其他不正当手段获得注册"，应当予以撤销。[②] 到了2001年修订《商标法》，则将上述规定上升到了《商标法》中。根据2001年《商标法》第31条："申请商标注册不得损害他人现有的在先权利，也不得以不正当手段抢先注册他人已经使用并有一定影响的商标。"[③] 从文字上看，这个规定具有两方面的含义，前半段是指姓名、肖像、企业名称、著作权、外观设计权等在先的权利，而后半段则专指具有一定影响的商标。2014年修订的《商标法》，仍然沿用了这个规定，只是在序号上发生了变化，成为第32条。

从上述论述可以看出，中国商标保护中的"驰名商标"和"在先权利"，都是来自1993年《商标法》第27条关于"不正当注册"的规定。似乎在对抗他人的商标抢注行为时，在先的商标所有人既可以提出"在先权利"的主张，也可以提出"驰名商标"的主张。毕竟"驰名商标"的本意是公众知悉的商标（well known），或者具有一定声誉的商标。然而在实践中，中国的理论界和实务界对于"驰名商标"赋予太高的期望，似乎只有全国性驰名的未注册商标，才可以称之为驰名商标。这与日本对于"著名商标"和"周知商标"的区别，似乎有相同之处。这样，在很多情况下，在先商标的所有人只能依据"在先权利"的规定，尤其是第32条的后半段，"也不得以不正当手段抢先注册他人已经使用并有一定影响的商标"，来主张自己的权利和对抗他人的抢注行为。当然在笔者看来，他人已经使用"并有一定影响的商标"，具体所指就是《巴黎公约》所说的"驰名商标"（well known）。

应该说，自1993年《商标法》引入"不正当注册"的撤销以后，尤其是2001年《商标法》引入了"在先权利"的抗辩以后，在先商标的所有人经常依据相关的规定，或者对于他人的注册申请提出异议，或者要求

---

① 参见2013年《商标法》第13条。

② 参见1993年《实施细则》第25条；此外，第48条还提到了"公众熟知的服务商标"。

③ 参见2001年《商标法》第31条。

撤销他人不当注册的商标，极大地遏制了商标抢注的现象。事实上，只要在先商标的所有人具有一定的警惕性，就可以在很多个环节上，例如异议阶段、注册无效阶段，阻止他人的抢注，保护自己的权利。

不过，有关抢注他人商标的纠纷中，商标行政管理部门和法院，似乎把注意力更多地放在了商标的相同或者近似、商品的同类或者类似的比较上。在某些特殊的案件中，这种相同、近似和同类、类似的比较，有可能让一些抢注的行为获得成功。例如在"iPhone"商标注册纠纷一案中，原告苹果公司于2002年10月申请注册了"iPhone"商标，于2003年11月获准注册，指定使用于第9类计算机硬件和计算机软件产品上。值得注意的是，早在原告提出注册申请以前，就已经在美国和很多国家使用了"iPhone"的商标，并且有相关的宣传资料。本案的第三人于2007年9月提出了"iPhone"商标的注册，指定使用于第18类的箱包等皮革制品上。当商标局初审公告之后，苹果公司在法定期间内提出了异议。商标局认为，两件商标虽然相同，但是使用在不同类别的产品之上，不会造成消费者的混淆。而且，当第三人申请注册时，苹果公司的"iPhone"商标尚未在中国大量使用，不存在其注册商标已经驰名的问题。苹果公司不服商标局的决定，向国家工商行政管理总局商标评审委员会提起复审，后者维持了商标局的决定。随后，苹果公司向北京市第一中级人民法院提起诉讼，向北京市高级人民法院提起上诉。两审法院都维持了商标局准许第三人注册的决定。其中，北京市高级人民法院的判决认为，第三方申请注册的商标未对中国政治、经济、文化、宗教、民族等社会公共利益和公共秩序产生消极、负面影响，不属于《商标法》第10条第1款第8项所规定有害道德风尚和具有不良影响；第三方于2007年申请注册涉案商标，但苹果公司直到2009年才开始销售"iPhone"产品，所以第三方没有利用其商誉。[①] 2016年10月，原告苹果公司向最高人民法院提出了再审申请，目前尚无最终结果。

显然，在这个案件中，无论是商标局和商标评审委员会，还是一审和

---

① 参见商标局〔2012〕商标异字第36529号"iPhone"商标异议裁定书；商评字〔2013〕第135654号关于第36529号"iPhone"商标异议的复审裁定书；北京市第一中级人民法院〔2014〕一中行（知）初字第7394号行政判决书；北京市高级人民法院〔2016〕京行终1630号行政判决书。

二审法院，都过多地强调了商品类别的不同，以及不会产生消费者混淆的可能性。然而，从商标保护的基本原理来看，第三人对于“iPhone”商标的注册及其使用，必然会利用原告苹果公司的商誉。或许，当第三人于2007年申请“iPhone”商标注册的时候，苹果公司的“iPhone”产品尚未进入中国，不存在利用他人商誉的问题。但是，当苹果公司于初审公告之后提出异议的时候，当商标评审委员会于2013年作出复审裁定书的时候，当北京市第一中级人民法院于2014年作出判决的时候，当北京市高级人民法院于2016年作出判决的时候，应当清醒地意识到，原告的“iPhone”产品已经在中国家喻户晓，允许第三人注册和使用“iPhone”商标，必然会损害原告的商誉，并且有可能造成消费者的混淆。与此相应，仅仅考虑第三人申请商标注册的时间节点就是有问题的。

值得注意的是，《商标法》有关在先商标的规定是，申请注册的商标，“不得以不正当手段抢先注册他人已经使用并有一定影响的商标”。按照商标保护的地域性原则，通常将“他人已经使用”理解为已经在中国使用，通常将“有一定影响的商标”理解为在中国有一定影响力的商标。与此相应，如果相关的商标没有在中国市场上使用，没有在中国具有一定的影响力，则很难依据《商标法》第32条对抗他人的商标注册。事实上，在上述“iPhone”一案中，当第三人申请注册“iPhone”商标时，苹果公司的相关产品尚未进入中国，因而也就不符合“他人已经使用并有一定影响”的条件。

在这方面，日本东京高等法院于平成11年（1999年）判决的“DUCERAM”一案，[①] 具有启发意义。在这个案件中，申请人就“人工牙齿使用的材料和类似商品”申请注册了“DUCERAM”的片假名和英文的商标，并且获准注册。本案的被告是一家德国公司，一直使用“DUCERAM”的商标，制造和销售人工牙齿使用的材料，并且出口到很多国家。事实上，注册申请人就是在与德国公司接触之后，了解到了德国公司的商标之后，才在日本申请了相关商标的注册。当德国公司提起复审后，特许厅的审判部作出了驳回注册的决定。在申请人向东京高等法院提起的诉讼中，法院又维持了审判部的决定。在相关纠纷的处理中，无论是特许厅审判部的决

① 东京高等法院：“DUCERAM”案，平成11.12.22，判时1710号147页。

定，还是东京高等法院的判决，都认为原告申请注册“DUCERAM”商标，违反了《商标法》第4条第1款第7项，扰乱了公共秩序，违背了国际信义，因而应当予以制止。

“DUCERAM”一案的事实值得我们注意。因为在这个案件中，德国公司虽然已经在德国之外的一些国家开展了业务活动，但并未进入日本市场。与此相应，本案不能适用有关驰名商标的规定，也不能适用诸如中国《商标法》所规定的“已经使用并有一定影响的商标”。同时，日本的商标注册申请人也不是德国公司的代理人，与德国公司没有任何业务关系。日本的商标注册申请人仅仅是访问了德国公司，了解了德国公司的相关业务活动。在这种情况下，本案也不能适用《巴黎公约》第6条之七关于“未经商标所有人同意而以代理人或者代表人名义进行的注册”。[①] 然而，在既不能适用关于未注册驰名商标的规定，又不能适用关于代理人、代表人抢注他人商标规定的情形下，日本特许厅和东京高等法院以扰乱公共秩序和违背国际信义为由，撤销了抢注的商标。这个思路值得中国的商标注册部门和法院借鉴。

## 三　商标注册与“刻意注册”

如前所述，在中国特定的背景之下，很多人认为商标就是注册商标，商标注册就是获得商标权。与这种认识相对应，很多企业和个人不断向国家工商行政管理总局商标局提交各种各样的商标注册申请。另一方面，中国的商标注册审查既不要求申请人提供实际使用的证据，又不要求申请人具有真实使用的意图，大量的从来没有使用过的，甚至从来不打算使用的注册申请，就会顺利通过审查并获准注册。同样是按照“注册就是授权”的理念，相关的申请人一旦拿到商标注册证书，就认为自己获得了相关的“商标权”。个别所谓“注册商标”所有人，甚至以“维权”的方式干扰他人正常的经营，声称他人正在使用的商标侵犯了自己的“注册商标权”；还有一些所谓“注册商标”所有人，或者以公开销售的方式，或者以侵权

① 参见《巴黎公约》第6条之七，以及日本《不正当竞争防止法》第2条第1款第16项，中国《商标法》第15条。

相要挟，在市场上出售自己的“注册商标”，并美其名曰“商标权转让”。在这种情况下，商标注册和注册商标的转让，已经成了一个“产业”，成了某些人所从事的经营活动和获得利润的途径。

随着这类“注册商标”转让业务的发展和扩大，还出现了所谓“商标转让超市”。例如，通过“百度”搜索引擎（www.baidu.com），输入“商标转让超市”的关键词，就会发现有几十家的“商标超市”或者“商标转让超市”。其中规模较大的有“华唯商标转让网”（www.bt.com），“中华商标超市”（www.gbicom.cn），“好标网”（www.haotm.com）和“尚标网”（www.86sb.com）等。一些商标转让网站，甚至声称自己是“商标交易的领导品牌”，“从事商标交易十五年”，等等。打开这些网站的首页，就会发现可以交易的“注册商标”，甚至按照国际分类表进行了分类。如果访问者对其中的某一个类别有兴趣，一旦点击进入就会有成百上千的“注册商标”图案呈现在眼前。如果访问者对其中的某一个“注册商标”感兴趣，还可以在进一步点击之后，了解该“注册商标”的具体情形，例如注册申请日期、初审公告日期、获准注册日期、注册到期日等。如果访问者想购买，则可以在办理登录手续后了解具体的价格。①

看到这类“商标转让”网站或者“商标转让超市”，看到其中琳琅满目的“注册商标”，真的令人感到震惊。那些从来不打算使用的“注册商标”，已经在这里成为可以销售、赚钱的商品。假如这里所销售的是商标图案，或者提供各种设计良好的标记，供企业选择、购买，然后使用在相应的商品或者服务上，则这种做法无可指责。我们甚至可以说，为企业或者市场主体提供这样的服务是正常的。然而不幸的是，这里所销售和转让的，不是商标设计图案，而是“注册商标”，是带有“R”或者“注”的标记的“商标”。在这些“注册商标”的所有人看来，在网站或者“超市”的所有人看来，在这类“注册商标”的购买者看来，这就是“注册商标”的转让，这就是“注册商标专用权”的转让。恐怕，这不会是商标注册制度的本意吧！

应该说，在市场上出售所谓“注册商标”，或者在互联网络上开设所

① 为了撰写这个研究报告，笔者特意于2017年1月10日通过“百度”搜索引擎浏览了上述几个网站。

谓“商标超市”，还没有对于正常的市场经济秩序构成严重的干扰。在这方面，真正对于他人的经营活动，甚至对于正常的市场经济秩序造成严重干扰的是，某些所谓“注册商标”所有人，以他人侵犯自己的“注册商标”相要挟，要求他人向自己支付一定数额的价金，或者购买自己的“注册商标”，或者获得许可使用自己的“注册商标”。一些大的市场主体，为了消除不必要的麻烦，通常也会在支付一定数额的金钱之后，使得“注册商标”的所有人撤诉，并将相关的“注册商标”转让给自己。在极端的情况下，个别的“注册商标”所有人，还会行使自己的“权利”，将正常的市场经营者告上法庭。

例如，在2010年到2012年的“iPad”一案中，台湾唯冠公司在电子类产品上注册了“iPad”商标，但从来没有使用过。苹果公司在将自己的“iPad”平板电脑推向市场以前，向台湾唯冠公司购买了其注册的“iPad”商标，并且将自己的平板电脑推向了市场。尽管如此，台湾唯冠旗下的另一家深圳唯冠公司，以“iPad”注册商标归属于自己为由，提起了针对苹果公司的侵权诉讼。审理此案的深圳市中级人民法院作出一审判决，认为苹果公司的“iPad”平板电脑侵犯了深圳唯冠的注册商标权。随后，一些工商行政管理部门责令苹果公司下架相关的商品。显然，深圳中院关于苹果公司侵犯深圳唯冠“注册商标”的判决有违商标保护的基本理论。同时，工商行政管理部门要求苹果公司下架相关平板电脑的做法也激起了社会舆论的反对。最后，这个案件以双方的和解告终。其中，苹果公司向深圳唯冠公司支付6000万美元，买下了所谓“注册商标”。①

显然，“iPad”一案凸显了中国商标注册制度的困境。台湾唯冠公司注册了很多类似于“iPad”的商标，但是从来没有使用过。目前，工商行政管理部门、司法机关和商标理论界普遍认为，该公司通过注册获得了“商标权”。另一方面，真实使用这个商标的苹果公司，却不得不向台湾唯冠公司寻求转让，支付一定的价金。应该说，苹果公司购买台湾唯冠的“注册商标”，本身就是一件值得反思的事情。当深圳唯冠提起侵权诉讼后，苹果公司才发现，所谓“注册商标”所有人是深圳唯冠而非台湾唯冠。在

---

① 关于本案的详细报道，参见“搜狗百科—iPad商标侵权案”词条，http://baike.sogou.com，最后访问时间：2017年1月11日。

此之后，从事正常经营的苹果公司先是被判定侵权，后来又支付6000万美元才平息了所有的纠纷。这个案件的和解也很有意思。一方面，法院不能判决深圳唯冠的“注册商标”无效，另一方面又不能继续判决苹果公司侵权。于是，只能由双方当事人达成和解协议，由苹果公司支付6000万美元买下一个商标注册证书。

2013年到2016年的“非诚勿扰”一案，则更进一步说明了所谓“注册商标”是如何干扰正常的市场经营活动的。根据案情，第三方“华谊公司”因其电影《非诚勿扰》而注册了“非诚勿扰”的商标，指定服务是电视节目制作和播放。本案的被告是江苏卫视，在获得“华谊公司”的许可之后，打造了一台在中国具有相当影响力的电视娱乐节目“非诚勿扰”。本案的原告是浙江省的一个个体工商户，申请注册了“非诚勿扰”的商标，指定使用的服务是“交友服务和婚姻介绍”。根据相关的证据，原告将“华谊公司”的电影名称和电影广告中的设计要素申请注册为商标，本身就是有问题的。而且，原告仅仅是象征性地使用过所谓“注册商标”。不过，从商标注册证书来看，原告“商标”指定的服务是交友和婚姻介绍，而江苏卫视制作和播放的电视节目中也有交友和婚姻介绍的内容。于是，原告向深圳市南山区提起诉讼，主张江苏卫视侵犯了自己的“注册商标权”。

一审法院经过审理，以各种理由认定被告没有侵犯原告的注册商标“非诚勿扰”。但是在原告提起的上诉中，深圳市中级人民法院则认定，被告江苏卫视的“非诚勿扰”电视节目，具有交友和婚姻介绍的内容，侵犯了原告的注册商标权，应当立即停止侵权。随着这样一个判决的生效，江苏卫视就面临着两难的境地。一方面，这是一个广受海内外观众喜爱的节目，而且很多期节目都完成了先期的制作；另一方面，如果继续使用“非诚勿扰”的名称，则不免有藐视司法的嫌疑。在这种情况下，江苏卫视使用了“原来的非诚勿扰”的栏目名称。还好，在江苏卫视提起的再审中，广东省高级人民法院于2016年12月26日作出判决，推翻了二审判决，维持了一审判决。[①] 这样，江苏卫视就可以恢复原来的节目名称“非诚勿

① 关于本案，参见深圳市南山区法院〔2013〕深南法知民初字第208号，2014年9月29日；深圳市中级人民法院〔2015〕深中法知民终字第927号，2015年12月11日；广东省高级人民法院〔2016〕粤民再447号，2016年12月26日。

扰”了。

事实上，在现实生活中，抢注他人的商标和刻意注册从来不打算使用的商标，在很多情况下难以截然分开。例如在前述“非诚勿扰”一案中，原告注册了“非诚勿扰”的商标，指定服务为“交友和婚姻介绍”。从原告没有真实使用“非诚勿扰”的“注册商标”来说，这是刻意注册了没有打算使用的商标。然而在另一方面，原告使用《非诚勿扰》的电影名称，以及广告宣传画上的图形，申请和注册了自己的商标，又属于抢注他人商标的行为。当然，最为重要的是，原告利用所谓“注册商标”，干扰了被告江苏卫视的正常商业活动。

最近由最高人民法院判决的“乔丹”一案，也属于抢注商标和刻意注册商标的典型案例。当然在这个案件中，遭到抢注的不是原告已经使用的商标，而是原告的姓名。[①] 本案的原告是美国著名的篮球运动员迈克尔·乔丹（Michael Jordan），他曾经效力于芝加哥公牛队，球衣上印有“23”号的标记。本案的第三人是福建省晋江市的“乔丹体育股份公司”。显然，在迈克尔·乔丹在中国家喻户晓的情况下，成立“乔丹体育”公司，从事体育服装、鞋帽和其他运动器械的生产经营活动，已经带有了利用迈克尔·乔丹声誉的意味。根据案情，第三人于2007年4月申请注册“乔丹”及其拼音“QIAODAN”商标，指定使用于第28类的“体育运动器械”等商品上，并且于2012年3月获准注册。2012年10月，迈克尔·乔丹向商标评审委员会提出申请，要求撤销“乔丹”注册商标。但是商标评审委员会认为，乔丹是一个常见的姓名，并非唯一指向申请人；同时，第三人经过长期使用其商标，已经形成了一定的声誉。与此相应，商标评审委员会驳回了撤销申请。随后，迈克尔·乔丹向北京市第一中级人民法院提起了诉讼，又向北京市高级人民法院提起了上诉，都被法院判决败诉。最后，最高人民法院接受了迈克尔·乔丹的再审请求，并在2016年4月26日世界知识产权日开庭审理了本案。由于这个案件的庭审通过电视、广播和网络进行直播，也引起了社会公众的广泛关注。到了2016年12月8日，最高人民法院作出判决，推翻了北京市高级人民法院、北京市第一中级人民法院

---

① 笔者认为，如果对于“商标”加以最宽泛的解释，名人的姓名、肖像等，也可以视为“商标”。例如，当乔丹为耐克公司的体育器械做广告时，乔丹就是“认可”了相关的商品。

的判决，以及商标评审委员会的决定，认为应当撤销“乔丹”注册商标。但是很有意思的是，最高人民法院认为第三方可以继续使用拼音“QIAODAN”的商标。[①]

根据案情，第三方公司不仅在体育用品上申请注册了“乔丹”及其拼音的商标，以及迈克尔·乔丹典型的飞身上篮的形象（飞人图形），而且申请注册了一系列与迈克尔·乔丹相关的商标。例如，第三方公司还将迈克尔·乔丹的两个孩子的姓名“杰夫里·乔丹”和“马库斯·乔丹”及其拼音，申请注册了16件商标。第三方的一家控股公司，也就杰夫里、马库斯及其英文“Jiefuli”“Makusi”分别申请注册了16件商标；第三方的一家关联公司还就“湖人队HURENDUI”和“LAKERS TEAM”申请注册了6件商标；除此之外，第三方公司还就迈克尔·乔丹的球衣号码“23号”，以及他所在的芝加哥公牛队的“公牛”等标记，申请注册了若干件商标。[②]其中，“乔丹”及其拼音“QIAODAN”的注册商标，以及与“飞人图形”相关的注册商标，属于在商业活动中加以使用的商标。至于就“杰夫里·乔丹”和“马库斯·乔丹”及其拼音申请注册的商标，以及就“23号”和“公牛”申请注册的商标，则是没有予以实际使用的商标。这表明，第三方公司还申请注册了一系列尚未实际使用，甚至从来没有打算使用的商标。

笔者曾经参加过若干个有关“乔丹”一案的专家研讨会，也曾经一再表明，第三方公司申请注册一系列与迈克尔·乔丹有关的商标，在实际的商业活动中使用“乔丹”及其拼音“QIAODAN”的注册商标，以及与“飞人图形”相关的注册商标，是一种利用他人声誉的行为，应当予以制止。然而令人遗憾的是，就是这样的一家恶意注册和使用商标的公司，竟然通过了商标局的注册审查，竟然在商标评审委员会、北京市第一中级人民法院和北京市高级人民法院连连胜诉。显然，中国的商标理论界和实务界，应当借助“乔丹”一案，认真思考什么是“商标”，什么是“注册商标”，以及商标注册制度的作用究竟是什么。

当然，“乔丹”一案也凸显了中国《反不正当竞争法》的另一个问题，即没有关于“形象权”（right of publicity）的保护。在“乔丹”一案中，

---

① 最高人民法院〔2016〕最高法行再15、26、27号。

② 以上事实，参见最高人民法院〔2016〕最高法行再15、26、27号。大体说来，在浙江、福建等省份，一些市场主体具有申请注册大量“注册商标”的嗜好。

无论是商标评审委员会，还是一审、二审和再审法院，都是从姓名权的角度来讨论是否应当注册的。最后，最高人民法院认为“乔丹”及其飞人图形，与迈克尔·乔丹相关，因而应当撤销注册并且不得使用。但在同时又认为，拼音“QIAODAN”并非指向迈克尔·乔丹，因而可以继续使用。然而，按照“形象权”的保护宗旨，所有的指向相关权利人的要素，包括图形、肖像、文字、字母、声音等，都应当获得保护。按照“形象权”的保护宗旨，注册和使用与迈克尔·乔丹相关的所有要素，例如“乔丹”及其拼音，“杰夫里·乔丹”和“马库斯·乔丹”及其拼音，典型的飞人图形，以及“23 号”、“公牛”等，都属于侵犯他人形象权的行为，都属于不正当竞争的行为。

## 四　注册商标连续三年不使用的撤销

严格说来，“注册商标不使用”的撤销，应当是指曾经使用过的“注册商标”，由于停止使用而被撤销。因为，“商标”是商业活动中使用的，可以指示商品或者服务来源的标记。与此相应，“注册商标”，也应当是指实际使用的和意图使用的商标。从这个意义上说，本文前面讨论过的两个问题，抢注他人的商标而不使用，刻意注册从来不打算使用的“商标”，都不属于“注册商标的不使用”以及相应的撤销注册。解决那两类“注册商标”问题，主要应当采取其他的措施，而非简单的“撤销注册”。

事实上，连续三年或者五年不再使用的“注册商标”，也不应当称之为“商标”。因为，“注册商标”连续三年或者五年的不再使用，已经丧失了指示商品或者服务来源的功能。在遭到撤销之前，它们不过是停留在商标注册簿上的“标记”。与此相应，撤销连续三年或者五年不使用的“注册商标”，其含义不过是说，应当将这类“标记”从商标注册簿上剔除出来，供他人选择注册和使用。如前所述，让一些不再使用的“商标”停留在商标注册簿上或者商标注册体系中，是商标注册制度的一个必然产物。而撤销连续三年或者五年不使用的“注册商标”，则是注册商标制度净化自身的一个措施。

在这方面，中国自 1982 年《商标法》以来的规定一直是，注册商标连续三年不使用，应当予以撤销。不过，依据 1982 年《商标法》第 30

条，1993 年《商标法》第 30 条和 2001 年《商标法》第 44 条，注册商标连续三年不使用，由商标局撤销注册。[①] 从表面上看，似乎是商标局依据其职权，主动撤销连续三年不使用的注册商标。然而在实践中，总是利害关系人向商标局提出请求，商标局才会依据相关的证据，撤销相关的“注册商标”。所以，到了 2013 年修订《商标法》，则在第 49 条明确规定，注册商标没有正当理由连续三年不使用的，任何单位或者个人可以向商标局申请撤销该注册商标。同时还规定，商标局应当在收到申请之日起九个月内作出决定。有特殊情况需要延长的，经国务院工商行政管理部门批准，可以延长三个月。[②] 显然，这样的规定，尤其是关于时限的规定，有利于提出撤销申请的利害关系人，使得不再使用的“注册商标”脱离注册体系。

关于注册商标连续三年不使用应当予以撤销的规定，关键在于注册商标的“不使用”。至少，在这样一个规定中，“注册商标”、“连续三年”和“撤销”都是容易把握的。事实上，在很多“撤三”案件中，无论是双方当事人争执的要点，还是商标局、商标评审委员会和法院讨论的要点，都是注册商标是否使用，以及以何种方式使用的问题。从这个意义上说，“不使用”的问题，又是与“使用”密切相关的。在相关的案件中，只要证明了有“使用”或者没有“使用”，相关的问题也就是明确的了。

关于注册商标使用的问题，1982 年《商标法》、1993 年《商标法》和 2001 年《商标法》都没有规定“使用”的定义。应该说，在当时的历史条件下，不在法律条文中规定“使用”的定义，应当是没有问题的。顾名思义，按照“商标”的含义，无论是申请注册的“商标”还是获准注册的“商标”，都应当是商业活动中使用的商标，至少应当是意图使用的“商标”。例如，1982 年《商标法》第 4 条规定：“企业、事业单位和个体工商业者，对其生产、制造、加工、拣选或者经销的商品，需要取得商标专用权的，应当向商标局申请注册。”显然，按照这个规定，申请注册的商标，应当是与申请者生产、经销的“商品”相关联的商标。到了 1993 年《商标法》第 4 条，又增加了关于服务商标的规定：“企业、事业单位和个体工商业者，对其提供的服务，需要取得商标专用权的，应当向商标局申

---

① 参见 1982 年《商标法》第 30 条，1993 年《商标法》第 30 条，2001 年《商标法》第 44 条。

② 参见 2013 年《商标法》第 49 条。

请服务商标注册。”2001 年《商标法》第 4 条，基本延续了上述两个方面的规定，只是在文字上略有变化。[①] 这表明，申请注册的商标，应当与商品或者服务相关联，同时也意味着应当已经使用或者准备使用。

随着商标注册申请量和注册保有量的持续增加，出现了大量的“注册商标”不使用的问题。为了应对这种状况，立法机关认为有必要在商标法律中明确规定“使用”的定义。这样，在 2002 年颁布实施的《商标法实施条例》中，就有了一个专门的关于商标使用的条文。其第 3 条规定：“商标法和本条例所称商标的使用，包括将商标用于商品、商品包装或者容器以及商品交易文书上，或者将商标用于广告宣传、展览以及其他商业活动中。”[②] 显然，这个规定强调了在商品服务上的使用，强调了商业活动中的使用。到了 2013 年修订《商标法》，则将上述规定上升到了《商标法》中。根据现行《商标法》第 48 条：“本法所称商标的使用，是指将商标用于商品、商品包装或者容器以及商品交易文书上，或者将商标用于广告宣传、展览以及其他商业活动中，用于识别商品来源的行为。”[③] 细心的读者可能会发现，这个规定多了几个字“用于识别商品来源的行为”。据说，这是在《商标法》修订的最后阶段，由最高人民法院建议加上的。按照“用于识别商品来源的行为”，相关的注册商标，只有在一定的商业规模的意义上加以使用，才会起到识别商品或者服务来源的作用。至于象征性地使用，包括零零散散地使用，由于不能起到识别商品或者服务来源的作用，显然不属于“商标使用”。

按照现行《商标法》的规定，对于连续三年不使用的注册商标，利害关系人可以向商标局申请撤销。在这方面，2014 年颁布的《商标法实施条例》第 66 条进一步规定，对于连续三年不使用的注册商标，任何单位和个人都可以向商标局申请撤销，并且说明相关情况。其中的“说明相关情况”，也包括提出相关的证据。商标局受理撤销申请后，应当通知注册商标所有人，限其自收到通知之日起两个月内，提交该商标在撤销申请提出前使用的证据材料，或者说明不使用的正当理由。期满未提供使用的证据材料，或者证据材料无效，并没有正当理由的，由商标局撤销其商标注

① 参见 1982 年《商标法》第 4 条，1993 年《商标法》第 4 条，2001 年《商标法》的 4 条。
② 参见 2002 年《商标法实施条例》。
③ 参见 2013 年《商标法》第 48 条。

册。其中的证据材料，包括商标注册人使用的证据材料，或者许可他人使用注册商标的证据材料。在这个问题上，《商标法实施条例》第 66 条还规定："以无正当理由连续 3 年不使用为由申请撤销注册商标的，应当自该注册商标注册公告之日起满 3 年后提出申请。"[①]

对于商标局撤销与否的决定，双方当事人或者一方当事人不服的，可以向商标评审委员会提起复审。如果不服商标评审委员会的决定，还可以向北京市第一中级人民法院（2014 年 11 月以前）或者北京知识产权法院（2014 年 11 月以后）提起诉讼，[②] 并且向北京市高级人民法院提起上诉。在必要的时候，当事人还可以向最高人民法院申请再审。事实上，这不仅是注册商标的撤销程序，也是商标注册的异议程序。例如，前面讨论过的"乔丹"一案，就是从商标局的异议程序开始，最后走到了最高人民法院的再审。

在注册商标撤销的案件中，商标行政部门和法院主要讨论的问题是，涉案的注册商标是否"使用"，是否具有商标意义上的使用和真实、善意的使用。例如在 2011 年的"桃桃"一案中，[③] 辽宁海城的东洲箱包厂申请注册了"桃桃"商标，核准注册的时间是 2002 年 11 月 7 日，核定使用的商品是第 18 类的箱包产品。浙江的奥康公司于 2007 年向商标局提出申请，要求撤销注册商标"桃桃"，理由是东洲箱包厂连续三年没有使用其注册商标。被申请人则提交了一个笔袋，证明自己实际使用了注册商标"桃桃"。于是，商标局作出决定，认定被申请人使用了涉案的注册商标。奥康公司不服商标局的决定，向商标复审委员会提起了复审。商标评审委员会认为，本案的关键在于，被申请人是否在法定的时间之内（2004 年 4 月 17 日至 2007 年 4 月 16 日），在指定的商品上公开、真实、合法地使用了涉案的商标。商标评审委员会认为，本案的被申请人仅仅提供了一件证据，即在笔袋上使用了"桃桃"商标。这表明，被申请人没有公开、真实、合法地使用其注册商标。于是，商标评审委员会作出决定，撤销被申请人的注册商标。被申请人不服商标评审委员会的裁定，向北京市第一中级人民法院提起诉讼。

---

① 参见《商标法实施条例》第 66 条。

② 北京知识产权法院于 2014 年 11 月成立后，成为不服商标评审委员会和专利复审委员会决定的诉讼案件的一审法院。同时，北京市第一中级人民法院不再受理这类案件。

③ 北京市第一中级人民法院〔2011〕一中知行初字第 1776 号。

北京市第一中级人民法院首先讨论了“商标意义上的使用行为”。法院论证说，商标的本质功能为其识别功能，即通过商标的使用使消费者得以区分商品或服务的不同提供者，故只有能够产生该种识别功能的商标使用行为才属于“商标意义上的使用行为”。由于商标的识别主体为消费者，而消费者只有在能够接触到相关商标时，才可能对不同商品或服务的提供者予以识别。所以在通常情况下，只有消费者能够接触到的商标使用行为（如销售行为，广告行为等），才能够产生商标的识别作用，才属于“商标意义上的使用行为”。

其次，法院讨论了“真实的、善意的商标使用”。法院在判决中说，《商标法》规定注册商标连续三年不使用应当予以撤销，其目的在于发挥注册商标的识别功能，避免商标资源的闲置及浪费。所以，商标注册人不仅要具有“商标意义上的使用行为”，而且还要证明其使用行为属于“真实的、善意的商标使用行为”，而非“象征意义的使用行为”。“真实的、善意的商标使用行为”系指商标注册人为发挥商标的识别作用而进行的使用行为，“象征意义的使用行为”系指商标注册人为了维持该商标的有效性，避免因连续三年未使用被撤销而进行的商标使用行为，后一种使用行为并非为了发挥该商标的识别作用。法院进一步指出，通常而言，如果商标注册人所实施的“商标意义上的使用行为”具有一定的规模，应当推定此种使用行为系“真实的、善意的商标使用行为”。反之，如果商标注册人虽然实施了“商标意义上的使用行为”，但仅仅是偶发的使用，没有达到一定规模的使用，则在无其他证据佐证的情况下，应当认定此种使用行为并非“真实的、善意的商标使用行为”。

基于以上的讨论，法院认为原告仅仅提交一件使用了注册商标“桃桃”的笔袋，不能证明其具有“商标意义上的使用行为”和“真实的、善意的商标使用”。不过，就这个案件来说，原告在提起诉讼之后，又提交了一系列真实使用“桃桃”注册商标的证据。基于这些证据，法院认定原告对于注册商标“桃桃”的使用，属于“商标意义上的使用”和“真实的、善意的商标使用”。与此相应，原告的注册商标“桃桃”应当维持有效。①

① 在“桃桃”一案中，注册商标的所有人在向法院提起诉讼后，又提交了一系列实际使用其注册商标的证据。按照中国的民事诉讼制度，无论是在哪个环节上所提交的证据，行政机关和法院都应当考虑。

值得注意的是，在“桃桃”一案中，商标局、商标评审委员会和法院，讨论了注册商标撤销中的一系列要素。例如，注册商标所有人是否在法定的三年期间（2004 年 4 月 17 日至 2007 年 4 月 16 日）真实使用了相关的注册商标。又如，注册商标所有人是否具有“商标意义上的使用行为”。再如，注册商标所有人是否具有“真实的、善意的商标使用行为”。至于象征意义的使用和偶发的使用，由于不具有商业规模，因而不属于真实的、善意的商标使用行为。除此之外，法院还在判决中一再强调，商标的功能是识别，并由此而使得消费者可以区分不同的商品或者服务的提供者。只有产生识别意义的商标使用，只有发挥区别功能的商标使用，才属于“商标意义上的使用行为”。

在注册商标连续三年不使用的案件中，注册商标的所有人是否具有“商标意义上的使用行为”，主要是依据相关的证据作出判断。例如，在“桃桃”一案中，注册商标所有人在商标局和商标评审委员的阶段，仅仅提交了一件在笔袋上使用其注册商标的证据。到了北京市第一中级人民法院的阶段，注册商标所有人又提交了一系列在法定三年期间使用其注册商标的证据，所以使得法院作出了维持注册商标有效的判决。但是在某些案件中，注册商标的所有人可能提供伪证，干扰行政机关和法院的正常判断。如果行政机关和法院认定注册商标所有人提供了伪证，也会作出撤销注册的决定或者判决。

例如在 2006 年的“康王”一案中，[①] 一家名为“康利雅”的公司于 1995 年获准注册了“康王”商标，核定使用的商品是第 3 类的化妆品。到了 2003 年 5 月，“康王”注册商标转让给了云南滇红公司。在此之前的 2002 年 10 月 18 日，位于广东省的“康王精细化工公司”以连续三年停止使用为由，向商标局申请撤销“康王”注册商标。这样，相关的问题就是，在 1999 年 10 月 18 日到 2002 年 10 月 17 日的期间内，“康王”注册商标是否真实使用。由于原来的注册商标所有人“康丽雅”已经解散，难以证明在此期间使用了涉案的商标，商标局于 2003 年 12 月作出决定，撤销“康王”注册商标。已经受让“康王”注册商标的云南滇红公司不服决定，向商标评审委员会提起复审。在提起复审的同时，云南滇红公司还提交了

① 北京市第一中级人民法院〔2006〕一中行初字第 1052 号。

“康丽雅公司”与自己订立的商标许可合同，以及一系列使用“康王”注册商标的证据，例如“康王护肤霜”、“康王洗剂”等。于是，商标评审委员会作出决定，维持“康王”注册商标。然而，在“康王精细化工公司”提起的诉讼中，北京市第一中级人民法院经过审理发现，注册商标所有人提交的“康王护肤霜”和“康王洗剂”的证据是伪造的。于是，法院最终作出判决，撤销云南滇红公司的“康王”注册商标。

## 五 应对注册商标不使用的措施

本文在以上几个部分中，分别论述了抢注他人商标而不使用、刻意注册一些不打算使用的商标，以及注册商标连续三年不使用的撤销。在笔者看来，只有那些曾经使用过的注册商标，或者至少是打算使用的注册商标，才有连续三年不使用而予以撤销的问题。至于前两个问题，抢注他人商标而不使用、刻意注册一些不打算使用的商标，应当采取其他措施，或者主要采取其他措施予以解决。

关于抢注他人商标，可以采取让申请人依据诚实信用原则作出声明的方式加以解决。在这方面，美国联邦商标法《兰哈姆法》第 1 条第 1 款第 3 项的规定值得借鉴。根据规定，商标注册申请人应当在申请文件中宣誓，申请人确信申请注册的商标是其本人的或者被代表人的；申请注册的商标是商业活动中实际使用的商标；就申请人所知，他人无权在商业活动中使用与申请注册的商标相同或者近似的商标，并且有可能造成混淆、误导、欺骗。《兰哈姆法》第 1 条第 1 款是关于实际使用的商标申请注册，所以规定了申请人应当声明申请注册的商标是已经使用的商标。至于第 1 条第 2 款，则是关于意图使用商标的注册，也要求商标注册申请人在申请文件中作出基本相同的声明。其中的不同之处在于，申请人应当声明，申请注册的商标是准备真诚使用的商标。

参考美国联邦商标法的做法，中国也应当要求申请人在申请文件中作出声明：申请注册的商标是自己的而非他人的，申请注册的商标不与他人已经注册和使用的商标相同或者近似，不会造成消费者在商品或者服务来源上的混淆。申请人还应当声明，申请注册的商标是已经实际使用的商标，或者是真诚准备使用的商标。申请人依据诚实信用的原则填写和提交商标注册申请文件，并愿意承担弄虚作假而产生的一切后果。在笔者看来，这样的声明或者宣誓，一方面可以让申请人有一个机会检视自己的申请行为，另一方面也可以让商标行政部门和法院在发生问题时，例如抢注他人商标、刻意注册近似商标时，依据申请人的声明或者宣誓判定申请人违反了诚实信用原则。在必要的时候，商标行政部门和法院还可以对作出虚假声明或者誓词的申请人予以惩戒，包括给予行政处罚，甚至追究刑事责任。

关于刻意注册没有使用意图的商标，除了要求申请人作出具有真诚使用意图的声明，还可以在程序上严防没有实际使用的商标获准注册。在这方面，美国联邦商标法《兰哈姆法》第 1 条第 2 款的规定，同样值得借鉴。根据规定，对于意图使用的商标，商标局经过审查、公告、异议的程序之后，对于符合法律要求的可以发给“允许通知”（a notice of allowance），而非注册证书。申请人在获得“允许通知”后的 6 个月内，应当提交真实使用相关商标的证据。如果申请人有正当理由，可以延期 6 个月提交真实使用的证据，但最多不超过 36 个月。又据规定，商标局在收到实际使用相关商标的证据以后，还要进行真实性的审查，并在符合法律规定的情况下颁发商标注册证书。

中国在商标注册程序方面，也可以参考美国的做法，要求申请人在申请商标注册的时候，提供使用该商标的证据或者文件。这可以分为两个方面：就申请注册的已经实际使用的商标而言，申请人可以提供实际使用的证据；如果申请注册的商标尚未实际使用，申请人应当提供准备使用的文件，并在三年内提供真实使用的证据。对于这类商标注册申请，可以在初步审查之后予以公告，但不予注册。只有在申请人提供了真实使用的证据，商标局审查了真实使用的证据之后，才予以注册和颁发商标注册证书。如果申请人在三年内没有提交真实使用的证据，则视为申请案自动撤回。

应该说，要求商标注册申请人在初审公告之后的三年内提交真实使用相关商标的证据，也符合注册商标连续三年不使用应当予以撤销的规定精神。一方面，相关的商标注册申请已经公告，申请人不必担心其后的重复注册申请，或者近似商标的注册申请。另一方面，在申请人提交了真实使用的证据，并且经过真实性的审查之后，再颁发商标注册证书，也可以保证获准注册的绝大多数商标，都是实际使用的商标。这样，不仅避免了一些市场主体占有商标资源，让他人难以选择自己心仪的商标，而且也防止了某些市场主体囤积甚至出售所谓“注册商标”。类似于前面说过的“商标超市”和“注册商标”的网站，恐怕就难以存在了。

如果中国的商标注册制度能够成功地解决抢注他人商标而不使用的问题，能够成功地解决刻意申请注册没有使用意图的商标的问题，那么所谓注册商标不使用的问题，以及连续三年不使用而撤销的规定，就应当是针对那些曾经使用过的注册商标，以及少量的意图使用而没有真实使用的注册商标。关于这些注册商标，除了连续三年不使用而撤销的制度，还有两项制度，注册商标续展和不判给损害赔偿的制度，也能够起到将其中的相当一部分剔除出注册体系的作用。

先来看注册商标续展制度。世界各国的注册商标制度，都规定了注册商标的续展制度。根据规定，获准注册的商标具有一定的有效期限，例如7年或者10年。有效期限届满，注册商标的所有人应当向商标主管部门申请续展，并缴纳一定的费用。如果没有申请续展和缴纳相应的费用，商标主管部门就会注销相关的注册商标。这样，很多曾经使用过的“注册商标”、很多已经被放弃的“注册商标”，就会因为无人办理续展手续而被注销，脱离商标注册体系。在这方面，中国《商标法》第39条规定，注册商标的有效期限为10年，自核准注册之日起算。按照第40条，注册商标有效期满，商标注册人应当在期满前12个月办理续展手续；在此期间未能办理的，可以给予6个月的宽展期。期满未办理续展手续的，注销其注册商标。①

为了防止某些不使用的“注册商标”获得续展，商标行政管理部门还应当要求续展申请人，依据诚实信用的原则作出真实使用了相关注册商标的声明，并提交相关证据。如果续展申请人不能提供真实使用的证据，则应当驳回续展申请，注销其注册商标。而且，即使续展申请人提交了在商业活动中使用相关注册商标的证据，商标行政管理部门也应当进行必要的审查，防止申请人提供虚假证据。显然，这与商标注册申请时应当依据诚实信用原则作出声明和提交真实使用相关商标的证据，是一致的。

再来看不判给损害赔偿的制度。根据商标保护的基本理论，只有商业

---

① 参见《商标法》第39条、第40条。

活动中使用的商标，才能够建立起商标与消费者之间的联系，才能够产生商标所承载的商誉。商标权作为一项财产权，就是商标所有人就商标所承载的商誉而享有的权利。如果某一注册商标从来没有使用过，或者连续若干年不再使用，就不会产生应当受到保护的财产性利益。在这方面，中国2014年修订的《商标法》第64条规定，如果注册商标所有人请求赔偿，被控侵权人可以提出原告的注册商标未使用的抗辩。在此情形下，法院可以要求注册商标所有人提供此前三年内实际使用该注册商标的证据。如果注册商标所有人不能证明此前三年内曾经实际使用过该注册商标，也不能证明因侵权行为受到其他损失的，被控侵权人不承担赔偿责任。[①] 显然，如果“注册商标”的所有人不能获得损害赔偿，则相关的注册商标也就失去了存在的意义。在这种情况下，被控侵权人还可以另行提出申请，要求撤销相关的注册商标。这表明，不判给损害赔偿的制度，不仅符合商标保护的基本原理，而且有助于清除某些连续三年不使用的“注册商标”。

以上讨论了解决注册商标不使用的五项措施，即诚实信用的声明、对于实际使用的商标颁发注册证书、连续三年不使用予以撤销、注册商标续展时提供真实使用的证据，以及“注册商标”不使用就没有损害赔偿。如果中国的商标行政部门和司法部门，能够严格执行上述五项制度，我们完全有理由相信，中国将在很大的程度上解决注册商标不使用的问题。

（本文原载于《知的財産に関する日中共同研究報告書》，日本知识产权研究教育财团知识产权研究所，2016，电子书图书编码：ISBN 978-4-924561-13-4）

① 参见2014年《商标法》第64条。

# 我国未注册商标效力的体系化解读

张　鹏*

在比较法上采用注册主义模式的国家，一般认为除非依据《反不正当竞争法》赋予未注册商标排他性权益，在《商标法》上并不存在未注册商标效力的规范基础。① 但是通过对我国《商标法》第13条第2款、第32条后段以及我国《反不正当竞争法》（以下简称《反法》）第5条第2款三个条文的分析可以发现，三者间应存在体系化理解，共同构成未注册商标效力的规范基础。如何理解我国法律上未注册商标效力的规范地位，具有理论上和实践上的重大意义。考虑到这一问题的解决涉及未注册商标在注册主义与使用主义下的不同定位，本文旨在论及未注册商标在注册主义下规范模式的基础上，结合商标法上注册主义与使用主义的制度初衷，对我国未注册商标效力相关规范作出体系化解读，从而具体解决在商标未注册条件下的侵权救济与注册阻却问题。

## 一　注册主义下未注册商标的效力

从法律保护商业标识的宗旨来看，某一商品或服务（以下简称“商品”）提供者通过对商品质量的改善，在相关公众间实现了对商品质量的

* 张鹏，法学博士，中国社会科学院法学研究所助理研究员，中国社会科学院知识产权中心研究员。

① 例如日本《商标法》中仅规定了未注册商标可以阻却他人在后注册的效力，并没有规定未注册商标排除他人在后使用的效力，后者的效力规范体现在日本《反不正当竞争法》中有关知名和著名未注册标识的保护之中。

恒常性期待，而这一凝结为“信用”的期待对经营者来说意味着可以在市场竞争中占有一席之地。因此为了维持及扩大“信用”范围，附加区分商品来源识别标记，成为经营者提高商品质量的激励。但是如果允许他人未经许可使用该商业标识的话，相关公众可能在混淆商品来源的情况下购买他人商品，这直接导致了原经营者的损失。特别是他人提供的商品在质量低劣的情况下，还会伤害原经营者积蓄的具体信用。因此如果不对这种行为予以规制的话，将使得标识区别商品来源的功能无法发挥，进而损害通过标识凝结信用的激励机制。①

普遍认为针对上述行为的规制模式存在注册主义与使用主义的界分。在注册主义保护模式下，即使某一商业标识尚未通过使用形成具体信用，只要其通过商标注册制度最先就某一标识进行注册的话，就享有在全国范围内禁止他人混淆性使用该标识的权利。从法律保护商业标识的宗旨来看，注册主义对未使用标识进行保护的做法似乎与法律保护商业标识的逻辑相悖。但是从比较法来看，不但大量存在商标制度立法之初就选择注册主义的实践（德国、日本、中国），即使是原先采用使用主义模式的国家也逐渐通过立法确立了注册商标制度（英国、法国）。② 其理由就在于相比于使用主义，注册主义具备独特的制度优势，③ 具体体现为以下三个方面：其一是注册主义有助于实现权利成立上的客观性，即权利的取得并不单纯依据主体的主观意思，还应该通过外部可视的途径予以表彰，注册主义就是通过设立商标局这一行政机关实现对注册行为的公示公告，而在使用主义下却很难形成权利成立上的客观性；其二是注册主义有助于实现权利归属关系上的客观性，即由于注册主义一般均与先申请主义相结合，通过对申请日前后关系的客观判断，不会出现多数主体主张同一权利的现象，而使用主义下使用的先后关系判断往往存在较大困难，不利于归属上稳定性的维持；其三是注册主义有助于实现权利获得要件上的客观性，也就是说只要通过注册，即使尚未进行使用也可以获得注册商标，而使用主义下，

---

① 〔日〕田村善之：《商標法概説》，有斐閣，2000，第1页。

② 〔日〕渋谷達紀：《商標法の理論》，东京大学出版社，1973，第12页。

③ 李明德教授将这些注册主义下注册商标的地位与作用统称为“程序性权利”，这一提法极其具有启发意义。详见李明德《商标注册在商标保护中的地位与作用》，《知识产权》2014年第5期。

不但需要使用，而且效力范围往往寓于知名程度的大小。其中标识的知名性取决于相关公众的心理认知，使得使用主义下的效力范围可能陷于不确定与随意性之中。①

除了在理论上注册主义相比于使用主义具备优势外，注册主义尚具备促进商誉凝结于商标的功能。通过权利的安定化以及在实际使用前便能获得效力，就可以更好地服务于现代商业流通秩序的建立。在商标的选择阶段，商标权人需要对消费者的癖好进行调查，而在商品投放市场后，又需要通过广告等投入大量资金。如果以使用作为注册商标权利的生成要件，假设已经进行投资的商标，事实上是他人在先使用的标识的话，在后使用人将不能得到保护，从而使先期投入的资金付之东流。因此根据注册主义，即使尚未投入使用，也可以获得商标注册，使得商标权人可以安心地进行商标商誉凝结上的投资，实现法律保护商业标识的功能。在重视注册主义功能，并采用了这一制度的基础上，对未注册商标效力的理解就应该寓于注册主义制度模式之下，在不减损注册主义功能的基础上探寻未注册商标的效力。

未注册商标是通过使用获得具体信用的，从法律保护商业标识的宗旨来看，注册主义的终极目标也是促进具体信用的形成，因此二者不存在冲突。但是在具体制度设计上，由于与通过注册获得全国统一效力的注册商标制度不同，未注册商标应通过所产生的具体信用的不同而设定不同效力范围，因此在未注册商标不同具体信用区间上可能会产生对在后注册商标不同的处理态度。以注册商标的申请日为基准，在其前后都会形成未注册商标不同的具体信用程度。其中在申请日前涉及的是未注册商标的积极效力，即可能排除注册商标使用的效力与阻却注册商标注册的效力（当然在先未注册商标也具有在先使用抗辩权，这一抗辩权是消极的效力）；在申请日之后涉及的是未注册商标的消极效力，如对于在申请日之后形成驰名状态的未注册商标是否赋予其针对未使用在先注册商标的权利滥用抗辩。②

在处理申请日前就已形成具体信用的未注册商标与在后商标注册与使用的关系上，应依据三个原则处理相关解释问题：其一是阻却在后商标注

① 〔日〕渋谷達紀：《商標法の理論》，东京大学出版社，1973，第 246 页。

② 在再审申请人歌力思公司、王碎永及一审被告杭州银泰公司侵害商标权纠纷案（最高人民法院民事判决书〔2014〕民提字第 24 号）中也体现了这种思路。

册时应维护注册主义的制度优势，只有在先未注册商标达到一定影响下才能承认这一效力；其二是排除在后注册商标使用时应重视具体信用的形成，只有当具体信用的存在导致混淆状态时才能承认排他权的行使；其三是坚持未注册商标效力法定主义原则，只有在存在明确请求权基础时才可以主张其效力，不应针对未注册商标在效力上设置开放性解释，以防抵消注册主义的制度功能。以下就将以这三个原则为基础，具体探讨未注册商标效力的体系化解释。

## 二　未注册商标排除他人使用效力的体系化解读

就排除他人对未注册商标的使用问题，现有规范提供了《商标法》第13条第2款与《反法》第5条第2款两种请求权基础。首先从《商标法》第13条第2款规定的保护要件来看，要求未注册商标达到“驰名”程度。对注册商标来说，即使在某一地域范围内未通过使用而形成具体信用，也会因注册主义而享有在该地域范围内的排他效力。尽管这与商标保护宗旨相悖，但这是注册主义制度使然，具有其合理性。但对未注册商标来说，由于不享受注册主义的庇护，因此在其未通过使用形成具体信用的地域范围就不应享受排他效力，故而未注册驰名商标若需达到与注册商标相同的效力范围，应该至少在全国境内达到相关公众熟知的程度。从司法实践来看，对于“驰名”的判断也是十分严格的，[①] 从而印证了上述判断。

在达到未注册驰名商标的保护要求后，需要通过与注册商标的保护范围进行对比，进而界定未注册驰名商标的保护范围。根据《商标法》第57条的规定，对于双同一（商标相同，商品相同）的情况并不需要混淆可能性要件，而在其他三种情况下（即商品相同，商标相似；商品相似，商标相同；商品相似，商标相似）要求存在混淆可能性要件。其中在处理混淆

① 例如上海好记星数码科技有限公司与邓为平（贵州省贵阳市中级人民法院民事判决书〔2008〕筑民三初字第3号）案中对于“好记星”构成驰名的认定参考了其在全国范围内的宣传与销售状况；而在（英国）苏富比拍卖行与四川苏富比拍卖行有限公司（最高人民法院民事裁定书〔2010〕民申字第1182号）案中认定苏富比拍卖行虽然因为我国拍卖法、文物保护法等法律的限制未在我国大陆实际从事商业性拍卖活动，但是通过义卖、慈善性拍卖、预展、广告宣传等活动已经能够使相关公众知晓其为拍卖服务的提供者，因此足以认定苏富比拍卖行在我国大陆已经实际使用“苏富比”商标。

可能性要件与商标近似要件的关系问题时存在三种观点：[①] 其一是商标近似性与混淆可能性为两个独立要件，混淆可能性作为限定性因素，起到排除两个商标近似但不混淆的侵权构成，而如果承认相似性作为独立的判断要件，并从两个标识的外观、称呼，以及观念出发的印象、记忆及联想判断是否相似的话，可能导致即使构成混淆，由于两个标识在形式上不相似，从而否定侵权效果；其二是以混淆可能性为主要判断依据，两商标近似与否的判断作为混淆可能性判断的要素，对于不近似的两商标不排除依旧构成混淆可能性；其三是以近似性为主要判断依据，混淆可能性内涵于近似与否的判断之中。[②]

从法的效果上看，第一种解释限缩了在双同一之外构成注册商标侵权的可能性，而第二、第三种解释在效果上基本一致，也就是扩大了形式上不近似的商标构成混淆，并进而追及侵权责任的可能性。对注册商标的侵权判断来说，采用第一种解释具有一定合理性（但也不是必然的），其理由在于：由于采用注册主义，对尚未使用的商标依旧可以注册并享受全国范围内的排他权保护；而针对他人相近似的商标使用行为，由于在注册商标上并未积累具体信用，因此需要通过混淆可能性要件排除这部分未积累具体信用的商标，从而回归商业标识保护的本质，弥补注册主义的弊端。但是对已经通过使用并达到驰名程度的未注册商标来说，市场上已经积累了具体信用，甚至在商标不相近似的范围内也存在混淆可能性。因此对未注册驰名商标，在客观保护范围上应该设置与注册商标相区别的要件。

从《商标法》第 13 条第 2 款的构成上看，使用了“复制、摹仿或者翻译”用语而未使用商标近似的用语。这里的“复制、摹仿或者翻译”的用语是直接来自《巴黎公约》，其目的是通过这些行为的列举表达遏制他人抢注驰名商标的立法目的，但是驰名未注册商标的保护涉及的是注册主义下通过使用产生的商誉如何保护的问题，并不涉及诚实信用原则在注册

---

① 王太平：《商标侵权的判断标准：相似性与混淆可能性之关系》，《法学研究》2014 年第 6 期。

② 在 2013 年商标法修改之前，在《关于审理商标民事纠纷案件适用法律若干问题的解释》（法释〔2002〕32 号）第 9 条第 2 款中规定“商标近似是指被控侵权的商标与原告的注册商标相比较，其文字的字形、读音、含义或者图形的构图及颜色，或者其各要素组合后的整体结构相似，或者其立体形状、颜色组合近似，易使相关公众对商品的来源产生误认或者认为其来源与原告注册商标的商品有特定的联系”。

主义下的适用，除了在《商标法》第45条撤销他人抢注驰名商标是否涉及除斥期间问题上存在恶意的判断，其他要件的判断都应从未注册商标在注册主义下的地位角度予以理解。单从“翻译”来看，其判断明显与近似的判断不相一致，在采用音译的情况下构成近似与否的普通判断，而在采取意译的情况下，由于中外对译可能并不存在一一对应关系，在并不形成翻译惯例或一一对应下就应判断不构成近似，但事实上也有可能构成混淆。因此如果过分强调外文名称和中文译名的一一对应，将会不当限缩外文名称的保护范围。从原理上看，在造成混淆的情况下，如果仅仅是因为形式上的不相似而放置混淆状态的话，将有悖于商标法排除混淆状态，进而激励具体信用凝结的宗旨。也就是说在理解第13条第2款中的容易造成混淆时，“复制、摹仿或者翻译”与否仅是判断是否构成混淆可能性的要素，在“复制、摹仿或者翻译”的情况下很可能径行认定混淆可能性，而在不存在“复制、摹仿或者翻译”的情况下，如果存在包括广义混淆在内的混淆可能性的话，就应该承认未注册驰名商标的排他性效果，例如对于“白人”牙膏与“黑人”牙膏，如果从形式性近似来看，明显不近似。但是从混淆可能性的角度来看，足以使相关公众认为两者的经营者之间具有许可使用、关联企业关系等特定联系（广义混淆）的话，仍应该判断构成侵权。

《反法》第5条第2款作为未注册商标排他效力的规范基础，其理由在于通过《反法》对已经形成的具体信用提供保护。如果放任他人使用与知名标识具有混淆可能性的标识，知名标识使用人的具体信用就会被他人“搭便车”而获取利益，这样将会使得经营者丧失通过改善商品质量将其信用凝结于标识的激励机制。与《商标法》通过注册主义保护这一机制不同，《反法》直接对具体信用进行保护，不需要使用人对标识进行注册，且仅在知名地域范围内提供排他权保护。因此根据商品经营所在行业特点，只要在其营业所能正常进行的最小地域范围内形成具体信用，就可以承认该地域内《反法》上的保护。例如湘西一个小镇有一个经过工商登记的名叫“西施豆腐”的豆腐店，而且在这个镇上很有名气的话，在该小镇“西施豆腐”就享有《反法》上的排他权。[①] 在《最高人民法院关于审理不正当竞争民事案件应用法律若

① 王太平：《商标侵权的判断标准：相似性与混淆可能性之关系》，《法学研究》2014年第6期。

干问题的解释》[①]（以下简称《反法解释》）第 1 条中规定“不同地域范围内达到知名的标识，在后使用者能够证明其善意使用的，不构成《反法》上的不正当竞争行为”。其中对善意使用要件的设置应该作限缩性解释，其理由在于《反法》上对未注册商标的保护本来就仅及于知名地域范围内，对该范围外他人标识的使用不享有排他权，否则将使得注册商标制度设立的初衷落空。不同地域可以自由使用是《反法》第 5 条第 2 款保护的应有之义，因此不应再由被告证明其商业标识的使用行为是善意的，而应要求原告证明被告具有不正当竞争目的为限。[②]

对使用的地域范围，还有一个重要的理论问题就是如何处理其与在后注册商标专用权行使的关系。由于《反法》第 5 条第 2 款中的“知名商品特有名称等”[③] 与《商标法》第 59 条第 3 款中的“一定影响”作相同解释，故而对他人在后注册商标权在全国范围内的行使，未注册商标使用人

① 法释〔2007〕2 号。

② 同样的问题还出现在对《商标法》第 59 条第 3 款中在先使用抗辩到底是否以“双重在先”为要件之上，即要求在先使用人的使用既要在“商标注册人申请商标注册日之前”，也要在“商标注册人实际使用之前”。如果商标注册人的使用行为仅在某一狭小地域发生，而在先使用人的使用行为发生在不与商标注册人使用地域相交叉的范围的话，在《反法》上两者互不侵犯，除非在后使用的主体具有不正当竞争目的。如果在先使用人的使用行为晚于商标注册人的使用时点，却早于商标注册人的注册时点，仅仅因为商标注册人在后的注册行为就排除了在先使用人主张在先使用抗辩权的话，将会使得在先使用人在原有范围内建立的商誉付之东流，有违设立在先使用抗辩权的宗旨。当然对于在先使用人施加善意要件不失为一种可行的方法（在权威部门对本条款的释义中提及在先使用人出于“善意”或者“没有过错”。参见郎胜主编《中华人民共和国商标法释义》，法律出版社，2014，第 113 页；袁曙宏主编《商标法与商标法实施条例修改条文释义》，中国法制出版社，2014，第 72 页），但是从《反法》保护未注册商标的宗旨来看，即使某一主体知道或应知某一未注册商标在某一地域使用，并在与该地域不相干扰的地域使用的话，只要不是出于不正当竞争目的，在不同地域自由使用应该是《反法》保护未注册商标的应有之义。因此笔者认为此处施加“善意”等要件的证明责任应该在商标注册人，当在先使用人证明了其使用先于商标注册时点时，只有注册商标人证明了在先使用人的使用在注册商标人的使用之后，且具有不正当竞争目的时才可以否定在先使用人的抗辩权。此处的不正当竞争目的的证明要求高于明知或应知的标准，而是具体存在妨害竞争的行为或恶意。

③ 《反法》第 5 条第 2 款上的“知名”到底是指商品知名还是标识知名存在一定争议。在近期“加多宝案”（广东省高级人民法院民事判决书〔2013〕粤高法民三初字第 2 号）中是指知名商品，进而认定在加多宝经营之前，红罐凉茶已经构成知名商品，因此广药集团应该享有红罐凉茶在包装上《反法》权益。有学者对这一判断持不同观点，并认为《反法》第 5 条第 2 款中的知名是指标识的知名。参见王太平《我国知名商品特有名称法律保护制度之完善——基于我国反不正当竞争法第 5 条第 2 项的分析》，《法商研究》2015 年第 6 期。

可以主张《商标法》第59条第3款的在先使用抗辩，并在原有范围内继续使用，同时注册商标权人有权要求未注册商标使用人加注区别标识。但是在该知名地域内未注册商标使用人同样也可以对注册商标权人行使《反法》上的请求权。举例来说他人将“西施豆腐”在相同商品上注册为商标并在全国连锁经营，并在小镇上进行连锁经营。原“西施豆腐”未注册商标使用人可以主张其在《反法》上的权益，要求注册商标权人在该小镇内不得使用注册商标。由于《反法》上没有类似《商标法》上的未注册商标使用人在先使用抗辩，商标权人对这一请求权没有抗辩权的规范基础，因此可能导致在全国范围内展开经营活动的注册商标权人不得不在该小镇内放弃经营。从解释论上看，尽管没有通过立法赋予注册商标权人的抗辩权，但是应该在相互加注防混淆区别标志的基础上允许二者共存。① 如果不这样解释的话，注册商标权人可能减少在全国范围内开展经营活动的激励，或者由于存在不能行使注册商标权的区域造成交易的不便。②

对《反法》第5条第2款的保护范围，规范上要求“与标识近似”及“使购买人误认”。在《反法解释》第4条中又规定在相同商品上使用相同或者视觉上基本无差别的商品名称等，应当视为足以造成和他人知名商品相混淆。也就是说不同于未注册驰名商标的规范构成，在《反法》上未注册知名商标的排他权效力判断上要求“商标相似性”作为独立的要件。对该相似性的要求，可能导致在造成来源混淆的情况下，仅仅是因为形式上的不相似而放置混淆状态，这将有悖于商标法排除混淆状态，进而激励具体信用凝结的宗旨。因此对《反法》第5条第2款的“近似”要求应该限缩其适用范围。司法实践中在“清泉纯水案”③ 中就指出：“即使如被告辩称，‘清泉水秀’命名含义来源是山清水秀，清泉是清澈的泉水，水秀是对女人的赞美词，是指外貌清秀长得灵气，进而认为与原告‘清泉纯水’含义不同，整体标识存在差异。名称近似同样是一种混淆性近似，即使名称整体上对比有差异，但因主要部分相同或近似，足以引起市场混淆的，同样构成

① 《反法解释》第1条对于因后来的经营活动进入相同地域范围而使其商品来源足以产生混淆的，在先使用者得请求责令在后使用者附加足以区别商品来源的其他标识。因此两者可以互为请求对方加注防混淆区别标志，而实现标识的共存。

② 〔日〕田村善之：《商標法概説》，有斐閣，2000，第92页。

③ 江苏省南通市中级人民法院民事判决书〔2014〕通中知民终字第0001号。

名称近似。"而对即使近似的商标，在未造成混淆的情况下也排除侵权责任追及。在"星河湾案"[①] 中即使"星河湾"与"星河湾畔"明显近似，但如果不足以造成购房者认为双方的商品可能会存在特定联系的话，也不应适用《反法》第5条第2款的规范。[②] 对使购买者误认的对象问题，购买者误认的可能是与他人商业标识的混淆（标识混淆），也可能是与他人商品经营的混淆（商品经营混淆），还可能是对于他人商品经营来源的混淆（来源混淆）。从原理上看，如果购买者对商品经营的来源产生混淆的话，同样会引起他人"搭便车"，因此应从相比于标志混淆和营业混淆更为广义的来源混淆来理解误认的对象。对于来源混淆进一步可以区分为狭义来源混淆（来源同一）与广义来源混淆（来源有一定关联）。因此误认的对象应从广义来源混淆的角度进行解读。这点上与未注册驰名商标在混淆要件的解读不存在区别。

对上述体系化解读的两种请求权基础，另一个共通问题就是上述请求权地位是否可以转移。未注册商标区别于注册商标的特点在于注册商标通过注册登记这一公告程序获得了公示公信的效力，成为权利而不是权益。而未注册商标的积极效力只是一个消极性的权益，不具有积极意义的权能，不能转让或许可他人行使。如果不考虑权利与权益在理论上的界分，即使从规范角度看，对未注册商标效力的转移可能产生如下问题：由于没有登记对抗效力的设置，仅仅通过合同转移未注册商标上的权益的话，可能会产生二重转移的现象，这样将导致在先缔约方取得未注册商标上的权益，而在后缔约方不得不停止使用商标，可能造成对在后缔约方的不公。从原理上看，对相关公众来说，是否认识到未注册商标达到知名是一个事实状态，而事实状态是无法用合同转移的。另一方面，对注册商标来说，由于形成了权利，因此转移的并不是事实状态而是权利。如果未注册商标使用人希望将事实状态转移的话，应该选择申请注册商标，进而将事实状

---

① 广东省江门市中级人民法院民事判决书〔2014〕江中法民再字第13号。

② 该案是否需要考虑购买后混淆现象仍有疑问之处，特别是即使购买该房产的消费者对于不动产这种产品会施加更为审慎的注意，因此不会产生混淆。但是如果实际购买者与该房产的实际使用者不同的情况下，实际使用者，比如承租人，可能将来会成为潜在的购买者，他在实际居住于"星湖湾畔"时可能误人其为"星湖湾"，并对于"星湖湾"作出否定性评价，进而可能在其成为购买者时放弃购买"星湖湾"地产。也就是说在购买时的混同判断，是否应该扩张到购买后的混同程度，仍是一个亟须探讨的问题，本文限于篇幅，不作过多赘述。

态转换成权利以便实现其经济价值。在未申请注册商标状态下，应该仅以是否达到《商标法》或《反法》上保护的事实状态为依据，确认转移未注册商标的效果。对未注册商标连同营业一并转移的，或者转移未注册商标后仍保持驰名或知名事实状态的，应该承认受让方继续受到规范的保护。除了转移未注册商标权益的行为，如果未注册商标使用人与他人缔结不行使积极排他权效果的合同的话，由于不同于事实状态的转移，而仅仅是放弃行使对他人未注册商标使用行为的积极排他效力，因此应该承认这种合同的效力。①

## 三　未注册商标阻却他人注册效力的体系化解读

尽管我国商标法采用了注册主义，但最终目的也是在于促进商品提供者具体信用的形成。因此在现实中已经通过使用形成的具体信用，如果轻易为使用人以外的主体注册的话，即使赋予未注册商标使用人对注册商标权利行使的抗辩权，也会造成市场上同时存在未注册商标的具体信用与注册商标共存的现象，进而产生相关公众对于二者的混淆。因此本着防止混淆现象产生的目的，应该赋予未注册商标使用人阻却他人注册的权利，而这种权利由于是出自公益目的，因此即使未注册商标使用人同意他人在后进行商标注册，也不能否定阻却他人注册的效果。对此笔者考虑通过《商标法》第 13 条第 2 款与第 32 条后段的体系化解释探寻其阻却效力。②

① 〔日〕田村善之：《商標法概説》，有斐閣，2000，第 198 页。

② 在阻却效力的规范选择上，李扬教授认为可以通过第 9 条第 1 款以及第 32 条前段中有关在先权利的解释探寻未注册商标阻却他人商标注册的可能性，即《商标法》第 32 条后半段所保护的在先使用并有一定影响的商标权益，实质上属于《商标法》第 32 条前半段所保护的在先权利的一种，同时认为应将第 32 条后段规范所保护的“一定影响”作全国范围解释（参见李扬《商标法中在先权利的知识产权法解释》，《法律科学》2006 年第 5 期）。这一解释进路在《最高人民法院关于审理商标授权确权行政案件若干问题的意见》（法发〔2010〕12 号）（以下简称《授权确权意见》）第 17 条中也得到了一定的支持，即对第 32 条前段所述在先权利的解释，《商标法》虽无特别规定，但根据民法通则和其他法律的规定属于应予保护的合法权益的，应当根据该概括性规定给予保护。但是从第 32 条前后段的立法沿革来看，前段出自与 1993 年《商标法》配套的《商标法实施细则》第 25 条对《商标法》第 27 条第 1 款所指的“以欺骗手段或者其他不正当手段取得注册的行为”的具体解释，因此在原理上应划入诚信原则在注册主义下的体现。而后段规定则是 2001 年《商标法》中新增的内容。笔者认为应该独立于前段的立法宗旨，而从未注册商标因使用而享有效力的角度予以理解。

作为阻却他人注册的事由，在未注册商标达到驰名状态下可以行使该权利。由于《商标法》第 13 条第 2 款规定属于同一条文的两种效果，对排除他人使用与阻却他人注册应该作相同解释，故而认为“驰名”与“混淆要件”在两种效力下具有统一含义，即对尚未达到驰名的未注册商标应该限缩其阻却效力的范围，而对因使用产生驰名效果的未注册商标，应该相应地扩充其在阻却效果上的范围。具体来说，即使在两商标并未达到令相关公众误认并拿错的近似程度，但是未注册商标的驰名性使得相关公众造成包括广义混淆在内的混淆可能性时，也应该扩大性承认阻却效果。例如在“索爱案”[①] 中对“索爱”与“索尼爱立信”的对比，尽管在形式上并不相似，但是可能令相关公众混淆二者来源的话，就应该认定“索尼爱立信”阻却他人就“索爱”的注册。[②]

由于违反第 32 条后段在效果上同样体现为异议事由（《商标法》第 33 条）和相对无效事由（《商标法》第 45 条），因此第 32 条后段也可以作为阻却他人注册的请求权基础。其中对于“一定影响”的理解，如果仅仅因为在某一地域知名，而不是较大区域或全国知名，就可以阻却他人商标注册的话，对商标注册人来说，由于无法对狭小地域内标识是否存在使用状态进行调查，且未注册标识不存在公示公告，因此可能大为阻碍他人选择营业标识的自由。

当然该条后段在狭小区域上的“一定影响”之外增加了“不正当手段”这一要件，但是何为“不正当手段”的判断寓于商标注册人的主观恶意。在《授权确权意见》第 18 条中将“不正当手段”解释为知道或应当知道这一在先未注册标识的存在。“知道或应当知道”事实上是恶性程度很低的主观要求。假设某一主体在景山附近经营一家名为“红墙”的宾馆，未经注册且影响力仅及于沙滩地区，他人到景山旅游得知“红墙”标识并注册的话，也构成“知道”要件，但是“红墙”并未达到“一定影响”的知名性，如果因此就阻却他人在后注册的话将极大地限制他人选择营业标识的自由。因此这一司法解释的制定者尽管认为对于有“一定影响”的认定标准可以视案情而定，总体上不易把握过高，但也提出了不能仅凭注册人事先知晓被抢注商标

① 北京市高级人民法院行政判决书〔2008〕高行终字第 717 号。

② 李扬：《我国商标抢注法律界限之重新划定》，《法商研究》2012 年第 3 期。

就当然认定其具有一定影响。[①] 也就是说对未在一定区域具有一定影响的未注册商标，即使他人具有不正当手段也不应排除他人在后商标注册。

此外，从第 32 条后段的立法沿革看，此规定并不属于与 1993 年《商标法》配套的《商标法实施细则》第 25 条对《商标法》第 27 条第 1 款所指的“以欺骗手段或者其他不正当手段取得注册的行为”的具体列举的情形。因此笔者认为此款规定并不是诚实信用原则在注册主义下的具体化，而应当是反映了使用在注册主义中的地位。[②] 因此在适用本规定时可以适当忽略对“不正当手段”要件的判断，当达到一定影响时就可以推定在后商标申请人具有“不正当手段”；而未达到一定影响时，即使未注册商标使用人证明了他人注册前“知道或应当知道”，也不能达到利用该规定阻却在后注册的规范效果。在先使用能够阻却商标注册的根本原因在于在先使用已经使得商标积累了一定的信誉，法律需要对这种实质意义上识别来源的标识加以保护。制止恶意注册人抢注并非第 32 条后段的制度功能，正如有学者所说赋予未注册驰名商标和在先使用并有一定影响的商标异议权和撤销权的根据是该商标的知名度和影响力，是法律对在先使用人富有成效的使用行为的肯定和保护，与他人的注册是否属于恶意抢注、手段是否正当无关。[③]

这时就需要进一步考察“一定影响”到底是指在多大范围内需要具备的要素。由于第 13 条第 2 款已经规定了“驰名”未注册商标具有阻却他人注册的效果，为了不使第 32 条仅仅成为确认性规范，而是具有排除性效果，那么“一定影响”必然是小于“驰名”所指的全国范围。[④] 那么就其

---

① 孔祥俊，夏君丽，周云川：《〈关于审理商标授权确权行政案件若干问题的意见〉理解与适用》，《人民司法》2010 年第 11 期。

② 实践中存在从诚实信用角度理解本规定的先例，在“无印良品”商标行政案（最高人民法院行政判决书〔2012〕行提字第 2 号）中尽管“无印良品”在诉争商标申请日之前未进入中国大陆市场，但仍旧适用了第 32 条后段的规定阻却了在后商标注册。事实上有证据证明他人恶意抢注，可以选择适用《商标法》第 44 条第 1 款规定，从不正当手段与排除妨害竞争等不正当目的角度阻却他人抢注行为。而此款所述不正当手段的恶意程度的证明要求要远高于“知道或应当知道”的程度，是从诚实信用原则出发的具体适用。

③ 张玉敏：《论使用在商标制度构建中的作用——写在商标法第三次修改之际》，《知识产权》2011 年第 9 期。

④ 在百威英博哈尔滨啤酒有限公司与国家工商行政管理总局商标评审委员会（北京市高级人民法院行政判决书〔2013〕高行终字第 667 号）中认定尽管“哈啤”经过了使用有一定知名度，能够起到表明商品来源的作用，但尚不足以证明其在相关公众中已经达到广为知晓的程度从而构成未注册的驰名商标。

下限来说，如果仅仅认为在某一狭小地域范围的影响就承认构成“一定影响”的话，对注册商标申请人来说，由于很难认识到这一商标使用的存在，因此也不应该阻碍其商标注册行为。对已经注册的商标通过异议或无效程序撤销的话，商标注册人取得注册商标并努力在商标上凝结具体信用的激励也付之东流，这将与注册主义的宗旨相违背。因此应对“一定影响”划定一个恰当的范围，特别是对于我国这样幅员辽阔的国家，如何划定“一定影响”的范围是比较棘手的问题。司法实践中在“北京鸭王案”[①] 中曾认为作为商号和商标在先使用的“北京鸭王”虽然仅在北京营业，影响主要及于北京，未达到驰名程度，但也属于具有“一定影响的商标”，有权阻止上海全聚德申请注册“上海鸭王”商标。也就是说至少是在北京这样核心商业中心城市以上具有影响力的未注册商标才可以阻却他人注册。如果具体明确的话，笔者提出32条后段的阻却效果至少应该在地域范围上达到相邻数省或较重要的经济圈内具有广泛知晓的程度。这样的话，《商标法》第32条后段和第59条第3款中均出现的“有一定影响”，在体系化解读的角度看应该具有不同含义，即阻却他人注册的“一定影响”需要达到相邻数省或较重要经济圈的程度，而先使用抗辩中的“一定影响”具有鲜明的地域性特征，作为阻却商标注册事由的先使用商标应该比在先使用抗辩中的先使用商标在影响程度上要强，在范围上更广。[②]

另一方面，由于《商标法》第32条后段没有就商品类别进行限制，也没有规定他人将与其近似的商标申请注册时是否需要混淆要件。从第32条后段与第13条第2款的关系来看，由于第13条第2款对未注册驰名商标并未赋予在跨类别上的排他权行使与阻却他人注册效果，因此对周知程度低于“驰名”的未注册商标理应不能赋予跨类保护的效力。对第32条后段是否要求近似性或混淆可能性的问题，应该考虑与第13条第2款的关系。在“驰名”下要求混淆的目的在于对形式上并不近似的商标，可以根据广义混淆可能性的理论排除他人使用或阻却他人注册，因此扩大了未注册驰名商标的积极效力范围。而对相关公众间认知程度低于“驰名”的“有一定影响”的未注册商标，其近似性判断应以抽象性判断为基础，即

① 北京市高级人民法院行政判决书〔2008〕高行终字第19号。

② 杜颖：《商标先使用权解读——〈商标法〉第59条第3款的理解与适用》，《中外法学》2014年第5期。

将附有两个标识的商品放置在一起，如果相关公众在并未施加极强注意力的情况下会由于误认而取错所欲商品的话，就应该认为满足相似性要件。例如“黑人”牙膏与“白人”牙膏对消费者来说一般是不会取错的，因此两者不具有近似性，故而否定未注册商标的阻却效果，而不再考察是否具有广义混淆可能性。在“约克墙纸公司案”[①] 中不应该仅仅依据“约克”商标与“YORK”商标是否形成了中英文唯一对应关系就判断是否构成相似，而应该通过相似性要件的规范判断得出相应的结论，即事实上“约克”与“YORK”在称呼尚几乎完全相同，假设交易一方通过电话发出邀约的话，足以令另一方拿错“约克”与“YORK”两种商品，因此应该认定为近似商标。相反即使证明了在中英文翻译上的一一对应关系，如果实际在形式上不相似的话也不该认定阻却效力的成立，例如在“费列罗案”[②] 中即使原告证明了“FERREROROCHER”是法语单词，本意为“天然黄金金块”，其尾音 CHER 的发音与中文“莎”字相近，因此费列罗公司选用了音译加意译相结合的“金莎”作为其中文商标，“金莎”与“FERREROROCHER”已形成一一对应的关系。但是“金莎”与“FERREROROCHER”事实上不构成近似。

此外，该条后段未注册商标的阻却效果需要以未注册商标使用人实际使用该商标为前提。如果未实际使用的话，无法形成具体信用，或者即使形成了具体信用，但是这一具体信用并不是归因于未注册商标使用人的努力而形成的，故而不应该赋予其在商标上的激励。因此在商标被动性使用上应持否定性观点。在近期的“广云贡饼案”[③] 中尽管原告使用的“中茶”与“广云贡饼”不具有近似性，且原告并未实际使用过“广云贡饼”商标，法院基于广东茶业公司的商业经营活动，以及广东茶业公司与其普洱饼茶商品之间通过“广云贡饼”已实际建立起稳固“联系”的客观商业实践，认定“广云贡饼”属于广东茶叶公司已经使用并有一定影响的商标，进而阻却了他人在后注册的行为。这一观点可能与第 32 条后段要求的通过主体可归因的使用形成具体信用的保护有所相悖。笔者认为对于该案较为妥当的法律适用可能是：在商标注册日之前，在消费者间广东茶业公

① 北京市高级人民法院行政判决书〔2013〕高行终字第 567 号。

② 北京市第一中级人民法院行政判决书〔2012〕一中知行初字第 107 号。

③ 最高人民法院行政裁定书〔2013〕知行字第 40 号。

司与其普洱饼茶商品之间通过“广云贡饼”已实际建立起稳固“联系”的客观商业实践，如果允许他人注册“广云贡饼”商标的话，将会使消费者业已形成的稳固认知受到损害，同时他人抢先注册市场上已经形成稳定联系的商标本身，就在很大程度上构成了对诚信原则的违反，因此可以适用《商标法》第 10 条第 1 款第 8 项中的“其他不良影响”阻却在后商标注册。[①] 这样的法律适用，在撤销在后注册的基础上，仍保留了广东茶叶公司继续注册“广云贡饼”的权利。如果发现在后注册人存在妨害他人正当经营活动等不正当目的的话，也可以适用《商标法》第 44 条第 1 款中的“其他不正当手段取得注册”规定。[②]

---

① “微信商标案”一审判决中适用了该理由（北京知识产权法院行政判决书〔2014〕京知行初字第 67 号），但与本案不同的是微信商标在注册日之前腾讯公司并未使消费者形成其与产品间的稳固“联系”。这种适用在学界引起了广泛争议，特别是有学者指出“不良影响”应仅仅限于标志或其构成要素本身，与标志的使用行为无关（参见邓宏光《商标授权确权程序中的公告利益与不良影响——以“微信”案为例》，《知识产权》2015 年第 4 期）。而以社会公众普遍将“微信”与腾讯相联系，是“社会公众的稳定认知利益”，但“稳定认知利益”并不是商标法体系承认的公共利益，不应适用“不良影响”条款的观点（参见马一德《商标注册“不良影响”条款的适用》，《中国法学》2016 年第 2 期）。对这一尚未形成定论的问题，从日本法经验来看，《日本商标法》第 4 条第 1 款第 15 项规定了“与他人业务所属商品或服务产生混淆之虞的商标”不能获得商标注册，因此在日本可以通过这一规定解决“广云贡饼案”所涉及的，尽管在先使用人并没有实际使用某一标识，但只要他人就这一标识的注册行为造成消费者对商品来源的混淆之虞，就可以阻却在后商标注册。由于在立法论上我国商标法中不存在这样的条款，因此笔者选择了仍处在争论中的“不良影响”条款，试图解决这一问题。从另一方面看，他人抢先注册市场上已经形成稳定联系的商标本身，就在很大程度上构成了对诚信原则的违反，而探寻《商标法》第 10 条第 1 款第 8 项“其他不良影响”与第 44 条第 1 款“其他不正当手段”之间在解释论上的关联性将是解决现有注册主义弊端的可行之路。事实上在日本司法实践中也存在扩大“公序良俗”条款（《日本商标法》第 4 条第 1 款第 7 项）的适用范围，将某些特定民事权益纳入其中（详细介绍参见〔日〕山田威一郎《商標法における公序良俗概念の拡大》，《知財管理》2001 年第 51 卷第 12 号）。

② 在“清样”商标异议复审行政纠纷案［北京市高级人民法院行政判决书〔2015〕高行（知）终字第 659 号］中明确了可以在异议复审程序中参照适用 2001 年《商标法》第 41 条第 1 款（即现行《商标法》第 44 条第 1 款）的规定。此外，对于本款规定也应将申请人基于进行不正当竞争、谋取非法利益之目的恶意申请商标注册的破坏市场秩序、损害他人合法权益的行为也应纳入规制范围的观点（参见臧宝清《新〈商标法〉第四十四条第一款“其他不正当手段”的适用》，《中国工商报》2016 年 6 月 21 日第 7 版）。对此种解释论，实践中存在较大争议，特别是有观点从诚实信用与公序良俗的区别出发，认为恶意抢注原则上属于侵害他人特定民事权益、违反诚实信用的行为，对于只是损害特定民事权益的情形不应适用《商标法》第 44 条第 1 款的规定（参见钟鸣、陈锦川《制止恶意抢注的商标法规范体系及其适用》，《法律适用》2012 年第 10 期）。尽管（转下页注）

对于第32条后段的解释还涉及《商标法》第44条与第45条有关绝对无效事由与相对无效事由在除斥期间规定上的区别。在第44条中除列举第10条、第11条、第12条外，尚规定了“以欺骗手段或者其他不正当手段取得注册的”作为绝对无效事由。[①]而第45条规定第13条第2款与第32条作为相对无效事由，在商标注册后五年内不主张的话，则丧失主张的权利。此外还规定了对恶意注册的驰名商标所有人不受五年的时间限制。其中第44条中的“不正当手段”并不意味着转致了《商标法》上不同法条中相同概念（不正当手段）的效果。两规定分别体现了使用与诚信两种不同原理在注册主义下发挥弥补注册主义弊端的功能。在《授权确权意见》第19条中指出该款所规定的“不正当手段”是作为禁止商标注册绝对事由的损害公共秩序或公共利益，或妨碍商标注册管理秩序的行为，对于仅涉及损害特定民事权益的情形则排除该条款之适用。但如果从诚实信用原则的角度出发，申请人基于进行不正当竞争、谋取非法利益之目的恶意申请商标注册的破坏市场秩序、损害他人合法权益的行为也应纳入规制范围。[②]此外，对第45条后段上的“恶意”应与第44条上的“以欺骗手段或者其他不正当手段”作相同解释，重点考察行为目的的恶意，有效弥补注册主义的弊端。

---

（接上页注②）有学者从民法的角度指出诚实信用与公序良俗在在适用范围、保护对象、标准设立、法律效果上有重大差异，并认为一个统一的诚信原则中，再区分两种实质不同的情况，从而使统一丧失了意义（参见于飞《公序良俗原则与诚实信用原则的区分》，《中国社会科学》2015年第11期）。但是考虑到《商标法》在原则规定中并未提及公序良俗，而是以第7条诚实信用原则统摄商标的申请注册与使用，因此笔者主张从诚信原则出发，构建统摄《商标法》第10条第1款第8项、第15条、第32条前段、第44条第1款以及权利滥用抗辩的解释论体系，限于篇幅，本文不作展开，将另撰一文详述。

① 全国人大常委会法制工作委员会编写的商标法释义指出：《商标法》第41条第1款规定了两种导致商标注册不当的情况，即一种是违反该法第10条、第11条、第12条的情况，另一种是以欺骗手段或者其他不正当手段取得注册的情况。参见全国人大常委会法制工作委员会编、卞耀武主编《中华人民共和国商标法释义》，法律出版社，2002，第103页。

② 对于恶意的具体判断可以参考《中国互联网络信息中心域名争议解决办法》第9条规定的类型，即被投诉的域名持有人具有下列情形之一的，其行为构成恶意注册或者使用域名：（1）注册或受让域名的目的是向作为民事权益所有人的投诉人或其竞争对手出售、出租或者以其他方式转让该域名，以获取不正当利益；（2）多次将他人享有合法权益的名称或者标志注册为自己的域名，以阻止他人以域名的形式在互联网上使用其享有合法权益的名称或者标志；（3）注册或者受让域名是为了损害投诉人的声誉，破坏投诉人正常的业务活动，或者混淆与投诉人之间的区别，误导公众；（4）其他恶意的情形。

## 四 结语

我国法律在未注册商标规范效力的制度构成上体现出依据使用所产生的影响力不同而构建体系化理解的特点。具体来说，在未注册商标达到“驰名”状态下，赋予其在全国范围内的排他性效力，因此未注册驰名商标使用人可以在相同或类似商品范围内针对类似商标在混淆范围内行使排他权，同时也可以阻却他人就未注册驰名商标的注册，且不受五年除斥期间的限制；在未达到“驰名”状态，而是在某个较大的经济圈或相邻数省内具有一定影响的情况下，仅赋予其阻却他人注册该商标，并保留自身就该商标进行注册的权利。阻却他人注册的权利在他人商标注册后五年内不行使的话将导致注册商标永续存在，未注册知名商标使用人仅能行使在先使用抗辩权。而未注册商标使用人在尚未注册前不享有针对超出该一定影响区域范围排除他人使用商标的权利；而《反法》上对于知名商品特有名称等的保护，其知名范围仅限于某一特定区域范围，在该范围内的未注册商标使用人不享有阻却他人就该商标注册的权利，仅可以在该地域范围内对他人商标使用行为行使排他权。《反法》上的保护范围应当与《商标法》第 59 条第 3 款上的“一定影响”进行相同理解，因此对于《商标法》上不同规范（第 32 条后段与第 59 条第 3 款）间相同的用语（“有一定影响”）应该作不同理解。此外，对《反法》下未注册商标使用人的排他权行使，尽管商标法中没有规定注册商标权人的注册商标使用抗辩，但是应该承认在双方加注区别标记的基础上，在该一定区域范围内两者的共存现象。

（本文原载于《法律科学》2016 年第 5 期，并被人大复印资料（民商法学）2017 年第 1 期全文转载）

# 日本商品化权的历史演变与理论探析

张　鹏[*]

## 一　问题的提出

日本有关商品化权的探讨最初滥觞于美国判例法理，伴随着伊藤正己[①]、阿部浩二[②]两教授于20世纪六七十年代将美国判例法理上既已定型的“形象公开权”[③]概念介绍到日本，并经由一系列下级法院判决及“赛马名称案”[④]、“粉红女郎肖像案”[⑤]等近期的最高法院判决发展出特有的“商品化权”概念，又逐渐对这一权利的主体、客体、存续期间、权利的

* 张鹏，法学博士，中国社会科学院法学研究所助理研究员。

① 东京大学名誉教授，其《隐私权研究》是日本最初研究隐私权的力作，其中介绍了美国公开权如何从隐私权中独立成为一类权利的历史沿革与学说争论。特别是对于公开权的介绍拉开了日本对于商品化现象及其权利体系研究的序幕。伊藤正己：《プライバシーの権利》，岩波書店，1963。

② 阿部教授的论文首次从学说角度探讨了商品化权的概念及其要件与效力范围。阿部浩二：《パブリシティの権利と不当利得》，载《注釈民法（18）》，有斐阁，1976，第554页。

③ 李明德教授主张将“right of publicity”翻译为“形象权”而不是“公开权”。并认为“形象权”的术语表达更能揭示该权利源于人格权，又有别于传统人格权的本质特征（李明德：《美国形象权法研究》，《环球法律评论》2003年冬季号）。同样的用法还可参见董炳和《论形象权》，《法律科学》1998年第4期；吴汉东《形象的商品化与商品化的形象权》，《法学》2004年第10期；杨立新、林旭霞《论形象权的独立地位及其基本内容》，《吉林大学社会科学学报》2006年第1期。事实上日本司法实践与学说上使用的通常是“right of publicity”的直接假名翻译，但是其内涵并不同于美国学说及判例实践。

④ 最判平成16年2月13日民集58卷2号311頁［ギャロップレーサー上告審］。

⑤ 最判平成24年2月2日民集66卷2号89頁［ピンク　レディー］。

转移与继承、侵权的判定与抗辩、权利救济等问题进行了颇为深入的探讨。特别是围绕商品化权是否仅限于自然人人格利益之保护，抑或从顾客吸引力之概念出发构建较为综合性的商品化权理论的争议不断，这些都极大地丰富了商品化权的理论化进程。

对于商品化权问题，我国下级法院曾较为普遍地依据人格权理论，将自然人姓名权或肖像权的商业化利用活动纳入人格权保护范围，① 而对于非自然人客体的商品化问题，近期在"功夫熊猫案"② 中首次在判决中将"商品化权"这一概念明确列为《商标法》第 32 条前段的"在先权利"范围，进而构成驳回注册的异议事由。我国司法实践中所使用的"商品化权"概念不同于美国学说上普遍承认的"形象公开权"概念，也不出自德国一般人格权之实践，是一个滥觞于日本学说及司法实践的概念体系。因此十分有必要追根溯源，探讨日本商品化权概念体系上的沿革与展开。但是遗憾的是我国学界除了少数文献③外，鲜见对日本商品化权历史演变与理论分歧的系统性介绍。故此本文尝试从日本商品化权概念体系的沿革入手，提炼出背后蕴藏的理论争执，并在此基础上对日本商品化权的要件与效果给予详尽展示，只有这样才能在满足我国实践借鉴需要的同时，从理论上呈现商品化权问题的全貌。

## 二 日本商品化权的实践发展与未竟议题

在司法实践中，日本商品化权概念的提出首先是为了应对演艺明星的姓名与肖像等被他人擅自商业性使用而展开的，之后又逐渐将议论扩展到

---

① 较为典型的案例包括王军霞案（辽宁省高级人民法院民事判决书〔2001〕辽民终字第 162 号），刘翔案（北京市第一中级人民法院民事判决书〔2005〕一中民终字第 8144 号），张柏芝案（江苏省高级人民法院民事判决书〔2006〕苏民终字第 109 号），姚明案（湖北省高级人民法院民事判决书〔2012〕鄂民三终字第 137 号）；对于死者的姓名与肖像利用的案例包括鲁迅案（载于《最高人民法院请示与答复（民事卷）》，中国法制出版社，2004，第 92—93 页），王金荣等诉松堂关怀医院案（北京市崇文区人民法院民事判决书〔1999〕崇民初字第 1189 号）。

② 北京市高级人民法院行政判决书〔2015〕高行（知）终字第 1969 号。

③ 朱槟：《关于角色的商品化权问题》，《中外法学》1998 年第 1 期。杜颖：《论商品化权》，载《民商法论丛》第 21 卷，法律出版社，1999；萩原有里：《日本法律对商业形象权的保护》，《知识产权》2003 年第 5 期。

物之影像和名称的商品化以及虚拟角色等的商品化问题之上，因此以下将围绕这三种可能成为商品化权客体的争议类型在司法实践中的应对，提炼出相关争点，以期呈现日本商品化权实践问题的全貌。

### （一）自然人姓名与肖像等的商品化权

以 1976 年的“马克莱斯特案”[①] 为契机，当演员等的姓名及肖像被擅自商业化使用时，一系列司法实践以损害姓名权或肖像权为由进行了判断。[②] 在“光 GENJI 案”[③] 中首次出现了“商品化权”的用语，之后就围绕这个概念发展出了独立的商品化权保护体系。起初对该权利的认识存在人格权说与财产权说的争论，[④] 但是 2012 年日本最高法院在“粉红女郎案”中对自然人姓名、肖像等商品化权由来于人格权的判断作出后，为这一争论画上了休止符。该案原告为以“粉红女郎”为组合艺名的女性演艺组合，自 1976 年出道以来拥有大批粉丝。被告为杂志出版公司，其未经原告许可，将 14 幅以原告演艺活动中进行舞蹈为主题的黑白照片进行剪辑，用以出版介绍各个时代流行的舞蹈姿势的画册。因此原告以被告侵犯其商品化权为由主张损害赔偿。该案全审级均驳回了原告主张，特别是最高法院指出：“自然人的姓名与肖像等是表征人格的象征，该自然人依据人格权享有使上述客体不为他人随意利用的权利。而当肖像等具有促进商品销售等的顾客吸引力时，这一根据顾客吸引力而具有的排他利用权能是因为肖像等而产生的，因此其权利性质可以归类为自然人人格权的一部分。另一方面，具有顾客吸引力的肖像等主体往往汇集社会之耳目，因此将肖像等用于时事报道、评论、演绎等使用行为，该主体也应对其负有容忍义务。”

在明确商品化权的属性与对抗利益后，最高法院进一步明确了商品化权的权利范围，即“对于肖像等的未经许可使用行为只有构成下述任何一种：（1）以肖像等本身作为独立鉴赏对象的商品等使用的；（2）以商品等

---

① 東京地判昭和 51 年 6 月 29 判時 817 号 23 頁［マーク　レスター］。

② 具体司法实践的详尽介绍请参见橋谷俊《ピンク　レディー事件评析》，《知识产权法政策学研究》2013 年第 42 号。

③ 東京地判平成元年 9 月 27 日判時 1326 号 137 頁［光 GENJI］。

④ 具体司法实践的详尽介绍请参见橋谷俊《ピンク　レディー事件评析》，《知识产权法政策学研究》2013 年第 42 号。

的差别化为目的附加肖像等的；（3）将肖像等用作商品等的广告予以使用的等行为，在满足仅以利用肖像等的顾客吸引力为目的的情况下，才构成对商品化权的侵害，从而在侵权行为法上评价为违法”。在上述论述中，最高法院首先通过类型化概括出了可能侵犯商品化权的三种行为类型，通过类似“排他权法定”的方式将行为规范固定，同时又对开放性的“等”作出了限定性，即仅以“搭便车”为目的的行为为限。以此为标准，该案中被告对原告肖像的利用是以介绍各个时代流行的舞姿为目的，且原告的篇幅仅占全画册200页中的3页，并在每幅引用原告肖像的照片下都对舞姿作出了解说，因此不满足侵犯商品化权的构成要件。此外在该案的附随意见中金築誠志法官指出：“在我国法令中并不存在商品化权的规定，由于承认了商品化权由来于人格权，对商品化权的损害是对人格利益的经济侧面的侵害，因此由于利用他人的姓名、肖像等而导致的名誉毁损、隐私权侵害等人格利益的侵害仍可以通过这些具体人格权进行救济。”

从上述判例法理来看，对于自然人姓名与肖像等的商品化权定性问题采取人格权理论已经成为既定共识，并且对于商品化权的保护范围问题，通过三种行为类型的界定予以明确。也正因为对人格权理论的依附，自然人的商品化权也由于一身专属性而无法转让及继承（民法第896条但书），且死者也不享有商品化权。该案中金築誠志法官的附随意见还明确了商品化权与肖像权、隐私权等一样都是由来于具体人格权的权利，将某一行为的评价为构成商品化权侵害的同时，也可能同时涉及对其他具体人格权的评价，因此商品化权的保护范围可能与隐私权等具体人格权有重合的部分。

### （二）物之影像和名称的商品化权

对于物之影像和名称的商品化权问题，日本司法实践早期曾尝试适用所有权理论解决物的所有权人对其物之影像和名称利用的保护问题。例如在“长尾鸡案”[①] 中，原告通过品种改良及特殊的饲养方法培育出了长尾鸡品种，被告对长尾鸡拍照后将照片制作成明信片销售，法院认为尽管长尾鸡本身不构成著作权保护对象，但是被告的行为构成了对原告所有权的

① 高知地判昭和59.10.29判タ559号291頁「長尾鶏事件」。

侵害。事实上该案中法院所强调的“长尾鸡所有权”的保护范围并不与被告对于“长尾鸡”影像的商业利用相冲突，因此也有学者主张该案是对于物之影像和名称商品化权的承认，即如果承认被告行为的合法性，那么将对原告开发新品种的激励带来损害。[①]

而在“颜真卿自书告身帖案”[②] 中最高法院否定了“所有权说”，尽管原告作为博物馆享有“颜真卿自书告身帖”的所有权，但是并不能依据该所有权阻止他人将该告身帖的影像进行商品化活动。对试图通过承认顾客吸引力的独立财产价值而认定物之影像和名称商品化权的尝试，在“赛马名称案”中最高法院也作出了否定性的判决。该案原告为知名赛马的所有权人，并为该马匹命名。被告为游戏软件开发公司，未经原告许可将该赛马之影像和名称纳入其开发的赛马游戏中，因此原告主张被告侵犯其商品化权。最高法院指出：“对赛马等物的所有权仅仅及于对该物有形侧面的支配，对该物的无形侧面不具有支配权能。在现行法上，对物的名称的使用行为，除非依据商标法、著作权法、反不正当竞争法等与知识产权相关的法律给予一定范围内的排他权保护，在上述法律中对于物的名称等权利发生原因、内容、范围、消灭原因等方面并未规定的情况下，如果给予其保护的话将会对于国民经济活动与文化活动的自由带来过大的制约。”从“赛马名称案”最高法院的上述判决中可以看出，即使赛马的名称具有顾客吸引力，如果不能够探寻到法定的权利发生理由的话，也不能通过司法创设新的排他权类型。[③]

因此从现阶段判例法理的发展来看，对物之影像和名称商品化权持较为消极的态度，不管是通过所有权理论，还是通过顾客吸引力学说都难以证成物之影像和名称商品化权的合理性。

### （三）虚拟角色等的商品化权

对于虚拟角色等的名称及形象的商品化使用问题，日本司法实践通过对于商业标识法理论的发展，从来源识别功能、品质保障功能以及宣传广告功能的发挥角度，在一定程度上给予了虚拟角色等商品化权的防止混淆

---

① 田村善之：《不正竞争法概说》，有斐阁，2003，第 525 页。

② 最判昭和 59. 1. 20 民集 38 卷 1 号 1 頁［顔真卿自書建中告身帖］。

③ 田村善之：《不正竞争法概说》，有斐阁，2003，第 522 页。

以及防止不正当利用等的保护。在“NFL 标识案”[①] 中原告是足协，它拥有联盟各球队名称及队标的商品化使用权，其通过商品化运营本部选定生产销售商经营特许商品，而被告擅自销售带有球队名称及队标的商品。最高法院指出：“商品化运营本部对使用球队名称及队标生产商品化产品的主体一般都进行严格的选择，并对商品的品质、宣传广告方法等进行严格的控制，因此对擅自使用该知名标识生产商品化产品的行为，违反了反不正当竞争法对知名标志的来源识别功能、品质保障功能以及顾客吸引力的保护。反不正当竞争法上所述对他人知名标识的混淆行为，不仅包括使他人误认为同一商品来源主体行为，还包括使他人误认同属于同一商品化事业运营团体授权之下的行为。”该案中通过承认广义的混淆概念，认定被告的行为将会使得消费者误认被告销售的商品也是经过原告特许授权而生产的商品，而消费者也一般会认定带有原告队名和队标的商品都是经过原告授权的，原告对于这些商品的品质与宣传广告施加了管理与控制，因此对于顾客吸引力的“搭便车”转化成了对于商誉的混淆与不当利用。在该案判决之后，该判例法理逐渐扩展到动漫角色的商品化开发活动中，对动漫角色的商品化管理主体承认其具有反不正当竞争法上对知名标识保护上的诉权。[②]

但是依据商业标识法理论，对于 CD 名称[③]、书籍名称[④]、电影作品名称[⑤]的保护问题，日本司法实践则给予了否定性评价。以书籍名称为例，在“夏目漱石小说集案”[⑥] 中，夏目漱石的遗族为了延续其对于已经罹于著作权保护期限的夏目漱石作品的排他性销售利润，因此将“夏目漱石小说集”进行商标注册，但是并未被商标局授权。对罹于著作权保护期间的作品，如果给予书名商标权注册的话，相当于延长了著作权的保护期间。对于他人将不同内容的作品冠以相同书名的情况，一般通过作者

---

① 最判昭和 59 年 5 月 29 日民集 38 巻 7 号 920 頁［フットボール　シンボルマーク上告審］。

② 最判平成 9 年 7 月 17 日民集 51 巻 6 号 2714 頁［ポパイネクタイ事件上告審］。

③ 東京地判平成 7 年 2 月 22 日判タ881 号 265 頁［Under TheSun 事件］。

④ 東京地判昭和 63 年 9 月 16 日無体集 20 巻 3 号 445 頁［POS 実践マニュアル事件］；東京地判平成 12 年 9 月 29 日判時 1733 号 108 頁［デール　カーネギー事件］。

⑤ 知財高判平成 17 年 10 月 27 日平成 17 年（ネ）10013 号［超時空要塞マクロス事件］。

⑥ 昭和 23 年抗告审判第 181－190 号审决。

名或出版社名就可以进行区分，因此特定的作品名称并不起到识别作品来源的功能。[①]

也有观点认为对于电影作品名称、游戏名称来说，由于电影作品与游戏作品都是众多作品的集合，个别作品与游戏或电影作品名称的关联度就会相应降低。这时游戏或电影作品名称作为商业标识代表商誉，并成为识别商品来源的标识的能力就会加强，因此有可能构成商业标识性使用。而一般来说书籍名称或CD名称仅仅表明作品的内容，故而不具有商品来源识别功能。

此外，对通过虚拟角色等进行的宣传广告活动，由于消费者都会对知名形象所代言的商品来源有着清晰的认识，知名形象的代言仅仅提高了另一产品的品牌形象，本身并不构成消费者识别商品来源的标记。即使在商品主体擅自使用形象宣传自身商品的情况下，消费者也并未对商品品质的决定主体存在误认。而作为被宣传对象的商品的品质决定方仍然是商品本身的主体，并不是知名形象等的主体，因此相较于商品化活动的使用，虚拟形象等的宣传广告活动的使用则很难以被纳入商业标识法体系之中。[②]

### （四）实践中尚未解决的焦点问题

对于商品化权的构成问题，日本实务界与学界达成共识的领域是：对在世的娱乐明星或体坛明星的姓名与肖像，如果被他人未经允许进行商品化活动或进行宣传广告活动的话，商品化权利主体可以请求他人停止侵害并承担损害赔偿责任。但是对以下七个问题则尚未达成共识：第一是对娱乐明星或体坛明星外的主体，比如作家或学者，抑或是一般的自然人，尽管他们可能对将自己的姓名或肖像用作商业使用感到不快，但是否也可以同样对其赋予商品化权，[③] 也就是说对商品权的主体是否限于以商品化为主要商业模式的主体范围之内；第二是商品化权的权利客体中是否包括物

---

① 田村善之：《商标法概说》，弘文堂，2000，第230页。

② 田村善之：《不正竞争法概说》，有斐阁，2003，第511页。田村教授的观点与英美学界对于商标制度功能的划分也有异曲同工之妙，即商业标志法是passingoff的体现，针对misrepresentation的行为；但对于利用标志中信息的价值之行为，即misappropriation的行为，非属商业标志法的关切范围。

③ 井上由里子：《パブリシティの権利の再構成》，载筑波大学大学院企業法学専攻10周年《現代企業法学の研究》，信山社，2001，第145页。

的名称或形象以及虚拟角色等的名称或形象，除此以外对自然人而言，除了姓名与肖像等人格表征之外，对身体的一部分、履历等个人信息、声音、姿态等可以表征个人人格的要素是否也纳入商品化权客体也不乏争议；第三是对权利的存续期间，到底是以自然人生命存续期限为界，还是通过立法或者借鉴著作邻接权规定一个固定期限；[①] 第四是自然人死后商品化权是否仍然存在，能否为遗族所继承，以及商品化权是否可以移转或交由集体管理的问题；第五是商品化权的效力范围问题，在“粉红女郎案”中明确了侵犯商品化权的三种商业利用行为之外，是否还存在其他侵权行为的类型；第六是被告得主张何种抗辩的问题，由于商品化权同样存在对抗利益，其中包括表达自由、商业活动自由等，因此如何设置非侵权抗辩也存在争议；第七是商品化权在商标确权程序中的地位问题。如果以人格权为理论基础的话，那么商品化权就构成商标确权中的在先权利，如果以商业标识法体系理解的话则构成在先的未注册商业标识，两者在处理他人将商品化要素注册为商标时的异议或无效理由上将适用不同规范，产生不同的要件与效果。

## 三　日本商品化权的理论构成

对于上述实践中尚未解决的焦点问题，解决之道基本上取决于论者采取何种理论构成，进而呈现较大的差异。举例来说，如果从人格权理论出发的话，那么就自然排除了物之影像和名称的商品化权及虚拟角色等的商品化权问题，在权利主体上自然人都可能因其姓名或肖像等被他人擅自使用在商业活动中而感到不快，从而构成人格权的侵害。而在权利主体上限于自然人本人，具有一身专属性，不可继承与转移。在保护范围上要协调与表达自由等对抗利益的平衡；如果将顾客吸引力作为财产权基础的话，那么客体范围则较为多元，防止对他人的顾客吸引力“搭便车”的行为而依据统一的规则处理相同的利益纠纷。因此日本商品化权在理论构成上存在分割性理解与统一化理解的分歧，并直接导致了商品化权在要件与效果

① 花本広志：《人格権の財産的側面——パブリシティ価値の保護に関する総論的考察》，《獨協法学》1997 年第 45 号。

上的学说林立、异彩纷呈。

## （一）分割化理解

分割化理解是指：对商品化权权利客体范围内可能包括的自然人的商品化权问题、物之影像和名称的商品化权问题以及虚拟角色等的商品化权问题分别依据不同的理论构成予以理解，而不试图通过统一化的理论根据将三者有机地联系起来。[①] 具体来说，对自然人的商品化权的权利属性问题，套用人格权理论予以理解，进而根据民法上人格权理论的发展进程构建自然人商品化权的构成要件与效力范围（以“粉红女郎案”为代表）；对虚拟角色等的商品化权问题，则套用商业标识法的一般理论，通过反不正当竞争法中关于知名标识的混淆保护与著名标识的宣传广告功能保护来解决虚拟角色名称、形象、作品名称、乐队名称、游戏名称等的商品化问题；而物之影像和名称的商品化权问题则介于自然人与角色商品化权问题之间，有学者试图以所有权作为权原，但伴随着“颜真卿自书告身帖案”与“赛马名称案”对于所有权理论的摈弃，因此现阶段尚未得出具有说服力的结论。而物之影像和名称的商品化权问题也只能寄希望于通过从顾客吸引力角度出发的财产权理论予以证成。

## （二）统一化理解

不同于分割化理解这种较为现实主义的做法，不少学者注意到了商品化权可能包含的三种客体间所具有的共性，特别是所面对的利益关系的一致性，因此试图以各种学说建立商品化权的统一化理解。在分割化理解下提供的可供选择的三种理论备选中，由于人格权理论天然的排除了自然人以外的客体作为商品化权保护客体的可能性，因此只有顾客吸引力学说与商业标识法体系可以提供可能的统一化选项。

### 1. 顾客吸引力学说下的商品化权统一化理解

从现实的利益关系看，不管是自然人的商品化权还是物或者虚拟角色等的商品化权都是通过对于顾客吸引力的保护，防止他人擅自“搭便车”

---

① 田村善之教授就是主张分割化理解的代表性人物。参见田村善之《不正竞争法概说》，有斐阁，2003，第 511 页。

行为的发生而设置的排他权。这一创设过程并不是通过立法而实现的，而是通过司法实践创设的。从请求权基础上看，但凡主张顾客吸引力学说的，在实践中都主张了民法第709条有关侵权行为的一般条款。由于日本民法典在侵权构成的限定性与非限定性问题上采取了非限定性的观点，对权利之外承认权益可以作为侵害要件，因此对不能在既有的知识产权法律体系内寻求保护的利益，一般均再次主张通过侵权行为法上的一般条款予以保护。但是在“赛马名称案”中最高法院对于一般条款在此种情况下的适用采取了限定性的解释方法，因此可以断定对非自然人的商品化权试图通过侵权行为一般条款下进行保护的做法很难得到支持。①

2. 商业标识法体系下的商品化权统一化理解

不管是对虚拟角色等的商品化权，还是对名人的姓名或肖像的商品化权，如果他人擅自将其用于商品化产品的开发与销售或作为宣传广告的手段代言其他产品，那么对上述主体以许可为基础的商业模式受到侵害，因此商品化权客体下的利益纠纷状况应该是相似的。而对应这种相似利益状况的调整模式，从商业标识法中的商业标识的功能角度出发，不管是从来源识别功能、品质保证功能，抑或是宣传广告功能出发，可以对统一化理解大有裨益。②

从法律保护商业标识的宗旨来看，某一商品提供者通过对商品质量的改善，在相关公众间实现了对商品质量的恒常性期待，而这一凝结为“信用”的期待对经营者来说意味着可以在市场竞争中占有一席之地。因此为了维持及扩大“信用”范围，附加区分商品来源识别标记，成为经营者提高商品质量的激励。但是如果允许他人未经许可使用该商业标识的话，相关公众可能在混淆商品来源的情况下购买他人商品，这直接导致了原经营者的损失。特别是他人提供的商品在质量低劣的情况下，还会伤害原经营者积蓄的具体信用。③ 因此如果不对这种行为予规制的话，将使得标识区

① 丁文杰：《知的財産権、不法行為、自由領域（2）—日韓両国における規範的解釈の試み—》，《知识产权法政策学研究》2015年第47号。

② 井上由里子：《パブリシティの権利の再構成》，载筑波大学大学院企業法学専攻10周年《現代企業法学の研究》，信山社，2001，第145页。

③ Akerlof G. A. , *The Market for Lemons: Quality Uncertainty and theMarket Mechanism*, 84 Quar. J. Econ. , 1970, 488.

别商品来源的功能无法发挥，进而损害通过标识凝结信用的激励机制。[①]从要件上看，以混淆防止为目的维护商业标识的来源识别与品质保证功能的商业标识法保护体系至少包括：商品等的标识与所指代的商品等存在一一对应的联系，这种联系构成了“知名”的程度；他人商业标识性使用了商业标识；引起了混淆之虞。

如果将上述要件分别对应于商品化权保护范围中的两种类型，即商品化活动与宣传广告活动的话，首先对商品化活动来说，不管是对于名人的姓名或形象等还是虚拟角色等，其主体都不是无条件的许可任何他人都可以自由开发商品化产品，一般都从品质保证角度施加相应程度的管制，而作为商业模式的一种，在消费者间也达成了相应的认识。他人对这些标识的擅自商业使用行为，使得消费者误认为商品化产品是经过原主体特许经营的，因此产生了广义的混淆状态；而对宣传广告活动来说，可能在某些情况下难以纳入混淆保护的范畴之内，但是随着商业标识法保护法益的变化，宣传广告功能逐渐使得某一标识成为超出仅仅作为识别来源的标识，使其本身具备脱离了商品及服务的独立财产价值的财产，[②] 而这也是晚近商标法领域争议最大，判断商标功能是否实现由“信息传达手段”到“独立财产价值”转变的分水岭。[③] 在宣传广告功能下对顾客吸引力的各种纳入方式可能使得商品化权更加易于纳入商业标识法体系。

## （三）日本商品化权理论构成的评价

从上述对于学说的梳理可以看出，分割化理解最为贴合司法实践的现状，在“粉红女郎案”作出之后，从财产权理论或者商业标识化理论角度建构统一的理解存在不少难度。在商品化权确立的早期，一般都是演艺明星或体坛明星的姓名或肖像被擅自商业利用的案例，因此从朴素的逻辑出发联系到人格权的商业化利用问题，特别是发现人格要素并不仅仅反映人格利益，还包含了对经济利益的反映，这对商品化权的定型有着格外重要

---

① 田村善之：《商標法概説》，有斐閣，2000，第 1 页。

② 田村善之：《商标法所保护的利益》，张鹏译，《法律适用》2012 年第 10 期；此外有关商标功能历史转变的详细介绍也可参见杜颖《社会进步与商标观念——商标法律制度的过去、现在和未来》，北京大学出版社，2012，第 12—26 页。

③ Lionel BENTLY：《伝達方法（コミュニケーション）からモノへ—商標の財産権としての概念化の史的側面—》，大友信秀译，《知的財産法政策学研究》2008 年第 19 号。

的意义。但是在人格权理论使得商品化权概念定型的同时，也不难发现人格权理论本身存在的众多教义并不能充分反映商业实践。特别是三种客体所表达的现实利益关系是一致的，却需要通过不同的理论予以调整，这种理论与现实的乖离是分割化理解最为受到诟病之处。因此脱离日本司法现实的理解，探寻理论上的一以贯之成为学者的使命。也就是在这种情况下统一化理解的学说才应运而生。

对顾客吸引力学说下的统一化尝试最大的质疑就是有违“知识产权法定主义”。对他人的智力成果或商业信用的“搭便车”行为原则上是并不予禁止的，人类社会也正是因为这种“搭便车”行为才逐渐走向了文明与进步。[①] 但是原则上的自由，不排除在某些情况下设置禁止他人“搭便车”的例外，比如为了确保创作活动的激励，使得文化的进步与科技的发展这些更为宏观的功利目的不会受到阻碍，因此当设置著作权与专利权的保护所带来的社会福利大于允许这些法定的垄断权带来的弊端时，才会允许上述排他权的设置。在设置程序上应该通过民主程序，特别是立法予以确定，以使得被限制“搭便车”自由的第三人可以提前预期其行为。在立法尚未达成一致的情况下，司法应该保持相当的谦抑，这也是所谓知识产权法定主义的初衷。就顾客吸引力学说下对商品化权的设权过程来看，大部分虚拟角色的形象等可能纳入著作权法的保护，而对虚拟人物的名称也可以在推向市场伊始就进行所欲商品化的商品类别的商标申请，将其转化为既有的、为立法所确认的法定权利。在商品化权益主体没有申请商标注册，或其客体无法寻求既有权利保护时，企图通过顾客吸引力这一学说创立一种排他权的做法都有损于法的安定性与可预见性。

对于商业标识法体系下的商品化权统一化尝试，其最大目的就是进一步推进顾客吸引力学说，使得既有的商业标识法保护体系可以得以适用，因此摆脱知识产权法定主义的桎梏。但对其最大的质疑就是：从现实上看，很多商品化活动中的实践很难套入商业标识性使用等具体要件。举例来说，对于商品化活动，如果某一主体销售 T 恤，并在其正面印制“功夫熊猫”四个字或某一明星的肖像，这一商品化活动中“功夫熊猫”四字并不是消费者识别来源的依据。消费者是因为觉得穿上有“功夫熊猫”四字

① A Ohly, *The Freedom of Imitation and its Limits-a European Perspective*, 2010, IIC 506, 518.

的衣服比较时尚等原因而购买T恤的。T恤之所以可以销售完全是因为“功夫熊猫”起到的顾客吸引力，消费者并不关心到底是哪个来源生产的T恤，只要是有这四个字的T恤就会购买。即使消费者可能信赖了生产这个T恤的主体是取得了商品化权主体的许可，但是这一品质保证的误认对消费者来说并没有实质性利益的损害；另一方面，由于角色名称与形象等不提供商品等品质的信息，即使企业通过努力改善商品等的品质也不构成对其凝结信用的激励，因此从消费者的混淆之虞与生产者的商誉积累两个角度都无法证成商业标识法体系下的商品化权保护。

对利用姓名或肖像等进行宣传广告目的使用的活动，消费者都会对名人或知名形象所代言的商品的来源有着清晰的认识，名人或知名形象的代言仅仅提高了另一产品的品牌形象，本身并不构成消费者识别商品来源的标记。即使在商品主体擅自使用形象宣传自身商品的情况下，消费者也并未对商品品质的决定主体存在误认，作为被宣传对象的商品品质决定方仍然是商品本身的主体，而不是名人或知名形象等的主体。[①] 因此相较于商品化活动的使用，宣传广告活动的使用更加难以被纳入商业标识法体系之中。[②]

## 四　日本商品化权的构成要件与效力范围

如果仅仅止步于上述日本学说对于商品化权的讨论的话，那么其比较法上的借鉴意义是有限的，更为重要的是探寻日本学说与实践如何将不同理论构成贯彻于商品化权具体要件与效力范围的刻画之上。事实上从商品化权的主体、客体、存续期间、权利的转移与继承、侵权的判定与抗辩、商标确权程序的地位等方面日本学说与判例都极大地丰富了商品化权议题的深化，极其具有启发意义。

---

① 其中也有观点认为名人姓名与肖像的宣传广告目的使用可能相比于虚拟角色等的名称与形象等的宣传广告目的使用更易于划入商业标识法的保护范围。井上由里子：《パブリシティの権利の再構成》，载筑波大学大学院企業法学専攻10周年《現代企業法学の研究》，信山社，2001，第160页。

② 田村善之：《不正竞争法概说》，有斐阁，2003，第511页。

### （一）商品化权的主体

在人格权理论下商品化权的主体仅限于自然人，且权利的原始归属也必然是自然人。而在财产权等理论的理解下，商品化权的主体则较为多元，既可以是自然人也可以是物或虚拟角色的所有权人或投资人，原始权利也可以归属于对演艺活动或体育活动进行投资的法人团体等。此外，在该理论下的自然人也仅限于有演艺明星或体坛明星等可以享有商品化权，而不同于人格权理论下任何自然人主体都可以享有。在“土井晚翠案”[①]中，原告是已故著名诗人土井晚翠的遗族，被告作为市政府为了促进途经晚翠故居“晚翠草堂”周边的旅游资源发展，而将故居周边的车站名改为“晚翠草堂站”。法院驳回了原告主张被告停止使用的请求，并指出：“与演艺明星通过商业化活动博取他人对其姓名肖像等的认知，并通过对姓名肖像的控制获得收益的商业模式不同，诗人往往是依据其创作活动获得社会评价与版税收益，而并不存在通过姓名、肖像的商品化商业模式获得收益，因此其姓名或肖像并不具有顾客吸引力。”但是也有学说认为对自然人著名与否的区分并不具有规范意义，且上述区分界限并不明确，即使非著名自然人也会因为未经其允许的商业化利用其姓名或肖像的行为而产生精神上的痛苦。[②] 在商业标识法体系下，对现阶段不以人格要素商品化获得收益为主要商业模式的作家、学者等来说，在将来也有可能从事宣传广告等活动，进而造成消费者广义的混淆状态存在。因此不应以职业属性为划分，应该以消费者视角，随着时代的变化判断某一职业是否可能形成对姓名、肖像等人格利用的商业模式。

对于商品化权的原始归属问题，由于明星的艺名、形象、姿态等可能是在演艺公司职务活动下塑造的形象而产生的顾客吸引力，因此是否可以认定演艺公司原始归属这些要素的商品化权成为事关演艺公司投资激励的重大问题。这一问题与商品化权是否可以转让的问题实质是表里一体的，唯原始归属问题更涉及演艺明星等在职务活动下获得的商品化权益分配问题。如果类比于著作权法上的相关制度的话，日本著作权法在坚持“创作

① 横滨地判平成4年6月4日判时1434号116页［土井晚翠事件］。

② 田村善之：《不正竞争法概说》，有斐阁，2003，第512页。

人主义”的同时，对于职务作品[①]与电影作品[②]设置了例外性规定，从而使得作为雇主的法人与电影作品的制片人可以成为著作权的原始归属者。由于在商品化问题上并不存在立法初始性分配权利归属的规则，因此这一问题则可能更多的需要从商品化权的继受取得角度予以理解。对于物的商品化权问题，因为否定了所有权理论作为支持权原的依据，因此物的所有权人并不自然地享有物的商品化权，而是依据物所能具有的顾客吸引力，或商业标识识别性的贡献主体享有该权利。对于恶性犯罪人将其肖像商业使用而产生的顾客吸引力问题，日本学说往往依据公序良俗否定该罪犯可以作为主体享有商品化权。[③]

### （二）商品化权的客体

商品化权的客体中包含自然人的姓名与肖像，几乎是毫无争议的，但对两者之外的人格要素，如声音、姿态、身体的一部分等是否包含在内，则仍有疑问，特别是在人格权理论下由于上述人格要素并未像姓名或肖像那样凝结成具体人格权之一的姓名权或肖像权，因此在多大程度上法定化具体人格权的类别，抑或是通过一般人格权包含这些人格要素的人格利益或财产利益，上述问题的解决仍是仅靠商品化权理论的进步难以达成的，只有依附于人格权理论的发展才有望得以解决。如果脱离人格权理论，那么声音、姿态等只要能够被识别为某一主体的信息，该信息具有的顾客吸引力又可以归因于主体的知名度的话，那么将其纳入商品化权客体范围是

---

① 根据《著作权法》第15条规定“法人作品”需要满足：由法人或其他雇主提议从事法人业务范围内工作的雇员；依据职务上的任务做成；依法人等的自己的名义进行发表。在上述情况都得到满足的情况下，作品的作者不是直接创作该作品的雇员，而是该法人主体。

② 对于电影作品的原始归属问题，在日本著作权法理论上存在“现代作者”（modern author）与“传统作者”（classic author）的分类，其中只有“现代作者”才构成电影作品的作者。而“现代作者”一般是指对于电影作品的产生作出创造性贡献的制片、导演、演出、摄影、美术等主体。而“传统作者”一般是指小说、剧本、音乐等的作者。这些作者并不是整体性的对于电影作品的产生作出创造性贡献。根据日本《著作权法》第16条的规定：电影作品的作者是指除去依据小说、剧本、音乐而改编或复制的作品的原作者以外的，对于电影作品的产生作出创造性贡献的制片、导演、演出、摄影、美术等主体。尽管该条中列举了参与电影作品的制作、导演、演出、摄影、美术等，但是并不是穷尽性质的，最终的判断标准是是否对于电影作品在整体上作出了创作性的贡献，而不仅仅是在某一构成电影作品一部分的元素上作出创作性贡献。

③ 内藤笃、田代贞之：《パブリシティ权概说》，木铎社，2014，第316页。

不存在任何困难的。当然易于识别性如果凝结成商业信誉的话，通过商业标识法体系进行防止混淆或淡化性质的保护也是顺理成章的。

对人格权理论所排除的自然人姓名、肖像等以外的客体作为商品化权对象的问题，在商业标识法体系下的解释论则稍显复杂。是否能够得到保护往往取决于对物之影像或虚拟角色等的商业使用活动是否可以令消费者产生该种商业使用活动是在获得特定主体许可后进行的，而消费者又对经过许可后的商品化产品的品质或商誉存在信赖。就虚拟角色形象来说，由于大部分虚拟角色形象都可能构成著作权法下的作品，通过复制权等排他权项的控制著作权人往往可以垄断性地控制角色形象的商业利用，而这一控制对消费者而言也是形成共识的信赖来源，因此他人擅自商业活动的使用很容易使得消费者误认为是经过著作权人许可后进行的，因此在广义上混淆了商品来源。但是对物之影像的商业利用，由于很难找到类似著作权等促进消费者形成对许可关系认识的权原，因此除非马的所有权人对马的名称与影像的垄断性利用作为商业模式的一种，在消费者间形成了较为固定的认识，否则很难证明他人的擅自使用行为构成了对商誉的混淆。[①]

### （三）商品化权的存续期间

对商品化权存续期间的解释也取决于对理论的见解。在人格权理论下自然人死亡后人格权即消失，但是并不意味着顾客吸引力的消失。而在顾客吸引力理论下，自然人生存期间也不意味顾客吸引力能够持续存在。人格之存在取决于自然人之存活，顾客吸引力及其引申出的商业标识与商誉间的一一对应关系则取决于商业活动的持续存在。有观点认为对自然人死后的商品化权应该借鉴著作人格权的处理方式，对著作人格权所产生的利益，在作者死后其配偶或二亲等以内的遗族在世之内可以请求人格利益（《日本著作权法》第 60 条、第 116 条）。[②] 也有观点主张类推适用著作邻接权保护期限的规定，以自然人死后 50 年设置固定的保护期限。[③] 当然上

---

① 井上由里子：《パブリシティの権利の再構成》，载筑波大学大学院企業法学専攻 10 周年《現代企業法学の研究》，信山社，2001，第 176 页。

② 内藤笃、田代贞之：《パブリシティ权概说》，木铎社，2014，第 326 页。

③ 阿部浩二：《パブリシティの権利と不当利得》，载《注釈民法（18）》，有斐阁，1976，第 554 页。

述对于商品化权固定期限的保护只能寄希望于立法，而不可能依据判例法理得出划一的结论。

从商业活动的持续性角度，也有观点指出只要商品化使用活动持续存在，商品化权就不罹于期限。[①] 但是此种观点并未说明为何商品化活动存在就需要持续保护的积极理由。如果是商品化活动持续存在可以证明顾客吸引力的持续存在，则转移到了顾客吸引力学说在存续期间上的应用；如果商品化活动的持续存在使得商誉形成，则转移到了商业标识法体系的论证范畴。而从商业标识法体系出发的话，事实上已故的名人需要继续使得其姓名、肖像等受到保护的难度是很高的，名人在世时消费者对其从事商品化许可活动存在普遍共识，并因这一共识可能产生广义混淆状态。但是名人死后消费者则不容易误认某一主体仍旧对许可商品化活动进行某种品质等的控制。除非随着死者姓名、肖像等死后管理组织大量出现，使得由遗族或经纪人继续使用死者生前姓名或肖像等的商业模式形成共识，才可能在商业标识法体系下承认其继续存续。而对历史上的名人、伟人等从某种角度已经进入了公有性范畴，成为传达某种信息、文化、情感的代称，因此在解释论上通过商业标识性使用，疑惑普通名称的规律应该可以排除对其继续给予保护。[②]

### （四）商品化权的转移与承继

商品化权的转移问题主要是解决主体可否通过合同向第三者转移商品化权的问题。而承继的问题主要涉及自然人死后人格利益的处理问题，往往是人格权理论下派生出的特殊问题。因此以下论述主要集中于前者，并从涵盖全部客体范围的角度探寻一般性的规律。如果从财产权角度出发的话，那么自然人的姓名与肖像等所具有的经济价值可以和该主体相分离，这些财产权益的行使主体并不必限于自然人本身。对于该自然人的演艺活动或体育活动付出投资的经纪公司等也可以继受享有商品化权。[③] 但如果

① 牛木理一：《パブリシティの権利の相続性——特に存続期間について》，《工業所有権法研究》第104号，第17页。

② 井上由里子：《パブリシティの権利の再構成》，载筑波大学大学院企業法学専攻10周年《現代企業法学の研究》，信山社，2001，第174页。

③ 齐藤博：《氏名、肖像の商業的利用に関する権利》，《特許研究》1993年第15号。

从人格权角度出发的话，受制于一身专属性的教义，经纪公司等则不可能继受成为商品化权的主体。也有学说在借鉴著作人格权与财产权一元论的基础上，提出对于人格权理解下的商品化权可以通过“设定性转移”而不是“承继性转移”实现一定程度的让渡人格要素的财产利益。[①] 前者主要是指作为母权的人格权仍旧在自然人主体所辖之下，而由母权派生的财产利益可以转移给其他主体。前者相比于后者又具有以下区别：当财产权益的受让人死亡后，且无继承人的情况下，该财产权并不归于国库，而是复归人格权主体；所转让的财产权以受让人的使用目的为限，且不包含转让时尚不存在的将来被开发出来的利用方式；第三者侵害商品化权的商业利用时，人格权主体同样可以请求救济；财产利益的受让人再次转让财产利益的权利受到限制。

从财产权利与权益的区隔来看，专利法与著作权法等上的权利由于采取了类似物权的构成，因此在二重转让与权利担保上设置了更为易于财产流转的规律与制度保障。而对反不正当竞争法或民法一般条款中的权益，由于采取的是行为规范模式，在财产流转上缺少防止二重转让等的制度保障，因此原则上对其“转让”是不予承认的。[②] 因而由判例法理形成的商品化权，因不存在登记等公示公告制度设计，故其转让问题也很难从物权构成出发予以探讨。

同样如果从商业标识法体系出发的话，如果承认了排他权地位的转让性的话，那么可能与既有的通过注册而产生公示效果的注册商标制度相抵触。未注册商标标识区别于注册商标的特点在于注册商标通过注册登记这一公告程序获得了公示公信的效力，成为权利而不是权益，而未注册商标的效力只是一个消极性的权益，不具有积极意义的权能，不能转让或许可他人行使。由于没有登记对抗效力的设置，仅仅通过合同转移未注册商标上的权益的话，可能会产生二重转移的现象，这样的话将导致在先缔约方取得未注册商标上的权益，而在后缔约方不得不停止使用商标，可能造成对在后缔约方的不公平现象。从原理上看，对于相关公众来说是否认识到

---

① 渡辺修：《人格メルクマークの利用権/人格権の一元的構成に関する覚え書き》，《法学》1996 年第 60 卷第 6 号。

② 中山信弘：《不正競争防止法上の保護を受ける地位の譲渡可能性》，载小野昌延先生還暦記念《判例不正競業法》，発明協会，1992，第 41 页。

未注册商标达到知名是一个事实状态，而事实状态是无法用合同转移的。[①]对于未注册商标标识连同“营业”一并转移的，由于商誉来源于“营业”本身，而转让人与受让人并不是依据合同将标识进行转移，而是连同营业本身进行转移的。对消费者的混淆认知来说，只要认识到“营业”的同一性的话，就没有产生误认效果，因此应该承认受让方继续受到规范的保护。对于名人人格利益的商业化利用来说，由于人格与主体之间存在密不可分的联系，因此使得消费者认识到商誉与营业一并转让给他人的状态是很难达到的，因此原则上很难承认名人人格利益的转让行为。在“加势大周案”[②] 中，原演艺公司起诉跳槽艺人不能在新东家使用原有艺名，法院支持了原告的诉讼请求。也有学者对该案的判决提出了不同意见：对消费者而言，“加势大周”这一艺名的信用凝结在该艺人之上，如果在其跳槽后禁止其使用，而是另一个新的主体使用的话，将会使消费者的认识产生混乱。[③]

作为例外，由于经纪人往往使得消费者认识到其运营是以名人为中心开展的许可商业模式，因此学说上承认了经纪公司也享有诉权，但这一诉权区别于通过合同转让而来的权益，而是来源于名人顾客吸引力本身。[④]另一方面对相扑、歌舞伎行业存在的世代流传使用的艺名，往往将其视为某一门派的商誉表达，并不将权益归属于某一代具体主体，因此某一表演门派的继承人在继承“营业”的同时可以享有对于艺名的承继。

### （五）商品化权的侵权判定与抗辩

通过上述“粉红女郎案”判决中明确列举的三种构成侵犯商品化权的行为类型可以看出：在商品化权的侵权判定上采取了限定性做法，特别是强调了仅以利用肖像等的顾客吸引力为目的使用。如何判断“仅以”将是

---

① 田村善之：《商標法概説》，有斐閣，2000，第198页。

② 东京地判平成4年3月30日判时1440号98页［加势大周事件］。

③ 井上由里子：《パブリシティの権利の再構成》，载筑波大学大学院企業法学専攻10周年《現代企業法学の研究》，信山社，2001，第190页。在我国司法实践中也体现了上述思路，见于北京市第三中级人民法院民事判决书（2014）三中民终字第07228号“云菲菲案”。

④ 井上由里子：《パブリシティの権利の再構成》，载筑波大学大学院企業法学専攻10周年《現代企業法学の研究》，信山社，2001，第170页。

构成商品化权与否的关键。这一判断标准同时兼顾了商品化权与对抗利益的平衡。作为侵权抗辩，他人以报道目的、戏仿目的的使用等都不构成对"仅以"利用顾客吸引力为目的的使用，从而排除了这些行为的侵权构成。其中与表达自由相关的案例大多集中在书籍或杂志中使用明星肖像照片的使用类型，该种使用类似于著作权法中"引用"的立法目的，需要区分到底是在报道、批评、研究等目的上的正当范围内引用，还是单纯地使用名人肖像的顾客吸引力。①

如果在商业标识法体系下理解的话，那么其构成要件中要求他人商业标识性的使用。这一要件使得一些包含在以人格权理论下的行为类型，可能将会排除在商业标识法体系的侵权判断之外。举例来说，将名人的姓名或肖像作为书籍内容使用的情况，只有姓名或肖像构成了杂志这种商品来源识别的标识时，才构成商业标识性的使用，否则即使消费者可能误认该杂志的执笔者得到了该主体的授权，也难以评价为对商品化权的侵害。的确，杂志大量刊载名人姓名及肖像，利用名人的顾客吸引力博得了大众的眼球。但是从商业标识法体系看，对著名标识顾客吸引力的不当利用行为，往往与表达自由等公益相对抗，因此在设权上要极其慎重，通过商业标识性的使用要件的调整，可以将一部分行为排除在侵权构成之外。当然这种排除方法到底是采用侵权判定要件的形式，还是采用非侵权抗辩的形式在日本学说上仍存在争议，② 本文限于篇幅，不再赘述。

### （六）商品化权在商标确权行政程序中的地位

由于不存在类似我国商标法第 32 条前段中作为阻却商标注册事由的"在先权利"条款，日本对是否将商品化权承认为"权利"或"权益"的争论在讨论商标确权程序中的异议或无效理由中几乎鲜见。对于商品化权在商标确权行政程序中的地位问题，在《日本商标法》第 4 条第 1 款第 8 项中，仅对注册商标中包含他人的肖像、姓名、名称；名人的雅号、艺名、笔名；以及上述名称中具有著名性的略称的可以阻却其注册，如果在审查过程中未发现而予以注册的，也可以在异议及无效程序中作为异议及

---

① 有关日本著作权法上"引用"的规范判断请参见张鹏《构成著作权法上"研究批判型"引用的界限判断》，《民商法论丛》2014 年第 55 卷。

② 田村善之：《不正竞争法概说》，有斐阁，2003，第 257 页。

无效事由提出。① 其中自然人的姓名、肖像等从人格利益保护角度给予阻却他人注册的地位。由于与自然人的姓名不同，自然人的雅号、艺名、笔名及略称可以随意变更，为了减少对他人自由选择标识进行商业活动的利益，因此要求这类指称只有达到“著名”程度才给予阻却他人注册的地位。② 由于本项规定的目的不在于防止混淆，因此即使通过施加防止混淆的措施，而对他人姓名等的注册并未产生混淆效果，也不影响本项规定的适用。除此以外，对其他可能构成在先权利的排他权类型，在商标确权行政程序中并不存在救济的可能性。

当然如果将上述姓名与肖像等在商标确权程序中的阻却效果归因于人格权保护的话，那么对已经去世的自然人的姓名或肖像等注册商标的行为，日本司法实践中一般依据《日本商标法》第 4 条第 1 款第 7 项中的公序良俗条款予以判断是否阻却注册。③ 在“达利案”④ 中，被告将著名画家达利的姓名“DARI”在肥皂等类别注册。法院指出：“被告的注册使得消费者联想起画家达利，被告的行为并未经过达利遗族的许可，因此该注册行为不当利用了世界级著名已故人士的姓名的略称。这一行为不仅对逝者的名誉有损害之虞，而且扰乱了市场秩序，有违国际间的诚实信用，因此构成对于公序良俗的违反。”同时上述判例法理也贯彻于《商标审查指南》之中，在“外国周知、著名商标等在日本作为未注册商标或外国人姓名等的保护”中规定：“著名已故人士的姓名或肖像等的注册申请，如果配偶尚在世的，应该取得配偶的同意，如果未取得的，以《日本商标法》第 4 条第 1 款第 7 项中的公序良俗条款予以驳回。”⑤

除上述请求权基础外，对其他在先权利，商标法都未提供可供阻却他人注册的事由，产生上述现象更为本质的背景就在于对商品化权属性的理解之上，即商品化权仅仅是行为规范的一种，其排他权范围仅限于特定的

---

① 李扬：《商标法中在先权利的知识产权法解释》，《法律科学》2006 年第 5 期。

② 田村善之：《商標法概説》有斐閣，2001，第 217 页。

③ 田村善之：《俳優のしぐさに関する著作権侵害と歴史上の人物名に関する商標権侵害が争われた事例（下）－東京地判平成 26. 4. 30 平成 24（ワ）964［CR 松方弘樹の名奉行金さん －]，《IPマネジメントレビュー》2015 年第 16 号，第 4 ~ 11 頁。

④ 東京高判平成 14 年 7 月 31 日判時 1802 号 139 頁［ダリ］。

⑤ 特許庁審査業務部商標課商標審査基準室編《商標審查便覧》，见于日本特许厅官方网站：https://www.jpo.go.jp/shiryou/kijun/kijun2/syouhyoubin.htm，最后访问时间：2016 年 2 月 2 日。

行为，而不是概括性的支配一切关于某一名称、形象等的商业性利用行为。特别是在商品化权效力范围问题上，不乏对抗利益之间的平衡关系问题，如表达自由、自由选择商业标识等。因此在注册阶段，对于商标审查部门来说，仅仅面对较为书面的近似性判断材料，对后续市场主体以何种行为方式使用他人名称、形象等往往无从判断。因而除非能够找到较为明确的法定利益，比如民法上对自然人人格的保护，商标法中是不在确权程序中处理此项问题的。即使有可能侵犯他人商品化权的标识得以注册为商标，但是仅仅获得这一行政行为的注册也不意味着商标权在市场中享有任何积极权能，其效力仍旧是消极性的。举例来说，作为虚拟角色名称“功夫熊猫”有可能在日本获得商标注册，但是假设在所注册的服装类别，“功夫熊猫”的商标权人却无权在市场上销售印有“功夫熊猫”文字，并以“功夫熊猫”文字为主要卖点的服装。如果商标权人以“功夫熊猫”作为产品差别化目的使用的话，则落入了“功夫熊猫”商品化权人的排他权范围。而商标权人不以此种价格差别目的使用商标权的话，由于不在商品化权人排他权范围之内，因此又构成了正当的商标权行使行为。如果商标注册人完全是出自前者目的的话，那么其注册商标会因为三年不使用而被撤销，因为其该种使用构成对商品化权的侵权；如果商标注册人是出自后者目的的话，完全没有必要在商标确权程序中就阻却其注册，因为其使用注册商标的行为完全是正当的。正是出于上述考量，在日本商标确权行政程序中并未对商品化权作出划一的判断，而是留待后续市场交易阶段通过侵权判断与抗辩予以解决。

## 五 结语

日本的商品化权概念，通过几十年的发展，在实践中逐渐定型为从人格权理论出发，为自然人人格要素的财产价值提供保护的制度。但是学说上对该权利性质与构成的认识并未局限于人格权理论，而是以顾客吸引力学说或商业标识法体系为中心尝试建立更为综合性的商品化权理论。面对相同的利益关系到底是通过立法或是司法创设一个更加广义的商品化权，还是以人格权理论着手定义商品化权概念，成为摆在日本学界与实务界的未竟课题。与之相对应，对商品化权的主体、客体、存续期间、权利的转移与继承、侵权的判定与抗辩、权利救济等问题也需要放在日本商品化权的理论背景下予以理解，只有这样才能对相关争议具有全面的认识，进而在比较法上具有共通的借鉴意义。

（本文原载于《知识产权》2016年第5期）

# 商业秘密保护中的竞业限制问题

## ——兼论劳动合同法第23、24条的不足

张玉瑞*

## 一　劳动合同法第23、24条的不足

2008年1月1日起实施的《中华人民共和国劳动合同法》（以下简称《劳动合同法》）第23条、第24条，第一次在国家劳动立法领域，规定了竞业限制。

《劳动合同法》第23条规定："用人单位与劳动者可以在劳动合同中约定保守用人单位的商业秘密和与知识产权相关的保密事项。对负有保密义务的劳动者，用人单位可以在劳动合同或者保密协议中与劳动者约定竞业限制条款，并约定在解除或者终止劳动合同后，在竞业限制期限内按月给予劳动者经济补偿。劳动者违反竞业限制约定的，应当按照约定向用人单位支付违约金。"第24条规定："竞业限制的人员限于用人单位的高级管理人员、高级技术人员和其他负有保密义务的人员。竞业限制的范围、地域、期限由用人单位与劳动者约定，竞业限制的约定不得违反法律、法规的规定。在解除或者终止劳动合同后，前款规定的人员到与本单位生产或者经营同类产品、从事同类业务的有竞争关系的其他用人单位，或者自己开业生产或者经营同类产品、从事同类业务的竞业限制期限，不得超过二年。"

---

* 张玉瑞，时任中国社会科学院法学研究所研究员。

从法律定义出发，人们很容易构筑商业秘密保护与竞业限制之间的正常关系，而忽视了在我国实际操作层面上，二者之间的大量存在的非正常关系。由于我国商业秘密保护门槛很低，因而在实践当中，越来越多的单位、雇主，开始使用竞业限制，限制技术、经营经验的合同法扩散、他人的合同法竞争，损害了社会利益。

具体而言，《劳动合同法》存在下述实质性缺陷。

### （一）未区分重要的商业秘密和一般的保密信息

在我国，商业秘密是具有秘密性、管理性、价值性的技术性信息和经营信息，其中对作为保护关键的秘密性，只有法律的基本规定。

《劳动合同法》对竞业限制的前提条件未作区分，其第 23、24 条中用人单位的“商业秘密”中可能存在各种情况，从重大发明到某客户某经理人员的嗜好，均可以构成“商业秘密”。商业秘密尤其是经营秘密，广泛存在于各类企业中，暂时、零碎的商业信息，也可以构成商业秘密。对商业秘密法律保护范围的这一认识，是发达国家倡导的，我国国内也没有人反对。

从理论上讲，任何企业都有商业秘密存在。在实践当中，一些企业为了鸡毛蒜皮性质的商业秘密，滥用竞业限制合同，导致劳动者无处说理。从我国司法、执法中对商业秘密秘密性的把握程度出发，竞业限制必须限于重要商业秘密，雇主不应当因为鸡毛蒜皮性质的商业秘密，来限制职工的就业自由，危及职工的生活水平和生存。对重要的商业秘密，应坚持社会标准，以同行竞争者眼光来判断有关信息是否属重要的商业秘密。

### （二）将与商业秘密有关的竞业限制，扩张为同类产品或同类业务

《劳动合同法》第 24 条第 2 款中限制的范围是“本单位同类产品或同类业务”，这就偏离了竞业限制保护商业秘密的本来方向。美国等发达国家在实践中的要求是，竞业限制的领域只能与劳动者在本单位接触的技术、经营秘密有关，其范围小于而绝不能等于本单位同类产品或同类业务。

## 二　劳动合同法执行中的必然问题

《合同法》第 52 条规定了合同无效的具体情形，而实践中竞业限制约

定被认定为合同无效的，为数不多。现实当中，竞业限制约定蜕化为单方要求、格式合同，甚至规章制度的；将出于保护商业秘密需要的竞业限制，泛滥为禁止一切竞争的；竞业限制的没有地域范围的；甚至只有竞业限制要求，而没有经济补偿的，这些情况并不导致合同从未生效，而是可以根据《合同法》第54条进行变更或撤销，甚至合同被认定为依然有效。以下分别进行介绍。

### （一）竞业限制约定蜕化为单方要求、格式合同，甚至规章制度

《劳动合同法》第23条规定的竞业限制“在劳动合同中约定”，在实践中会被认为是“竞业限制权”，从而使“约定”蜕化为单方要求、格式合同，甚至规章制度。一旦如此，我国恐怕就是世界上绝无劳动者权利规定的国家。下面举一个例子。

汪某原来在某公司承担外销业务员工作。2001年7月托故离开公司，在其竞争对手——某电子厂任销售职务，公司于是将汪某诉至法院。原告诉称：1999年8月2日公司实施了“关于商业秘密保密实施细则”，该细则规定，因劳动合同期满，辞职、辞退或擅自离职等原因脱离公司的，3年内不得在与本公司有同类业务或者其他利益关系的单位任职，员工自己也不能经营同类业务。汪某违反约定，要向本企业支付一定数额的补偿。被告反诉称：在与原告订立的劳动合同中，并未规定要履行3年竞业限制的义务，她也不知原告单位商业秘密的具体内容。同时，她也未到某电子厂工作，故某公司的诉讼请求不能成立。

法院原则上支持原告的竞业禁止请求：法院认为被告与原告订立《劳动合同》之前已全面知悉单位的“商业秘密保密实施细则”，《劳动合同》中也有员工应遵守企业劳动纪律及各项规章制度的约定，因此汪某有义务予以遵守。①

在本案中，竞业限制约定已经蜕化为单方要求、格式合同，甚至规章制度。原告与被告之间实际上并无竞业限制合同，只有单位竞业限制的规章制度。原告是否有经营秘密，亦不得而知。被告作为业务员，会与原告

---

① 西法、卢晶：《杭州判决一起因员工跳槽引发的竞业限制纠纷》，http://news.xinhuanet.com/newscenter/2002-07/12/content_480315.htm，最后访问时间：2003年7月12日。

的客户联系，但如果客户是原告产品公知的购买者，原告就没有商业秘密存在。

### （二）将出于保护商业秘密需要的竞业限制，泛滥为禁止一切竞争

在实践中还存在“两个凡是”式的规章制度：“凡属于我公司生产、经营范围的，凡是我公司的职工，在离职之后均不得插手经营”；“凡是从事销售的，离职之后不得与本公司客户联系”。这种规定是在借保护商业秘密者之名，行违法限制竞争之实。在实践中，如果司法、执法机关认识模糊，或者是立场站在了雇主一边，这样的规章制度，也会在保护商业秘密的名义下，得到贯彻执行。

### （三）时间规定，未能解决差异性问题

《劳动合同法》第 24 条中竞业限制“不得超过 2 年”的规定，一方面满足了社会对竞业限制最长期限的要求，同时没有解决不同技术、经营领域当中，竞业限制合理期限的差异性问题。

### （四）经济补偿条款，得不到严格执行

《劳动合同法》第 23 条要求：“在解除或者终止劳动合同后，在竞业限制期限内按月给予劳动者经济补偿。”司法、执法机关中比较普遍地认为，竞业限制有效的必要条件，是企业对劳动者的经济补偿，但是《劳动合同法》没有规定经济补偿到底是不是“竞业限制约定”的生效、失效条件。在实践当中，出于种种原因，导致企业对劳动者，在劳动合同终止或解除时，没有支付经济补偿，竞业限制也被认定有效。

金蝶公司与廖建华竞业限制纠纷案就是一个说明。廖建华自 2003 年 1 月 1 日起至 2004 年 12 月 31 日担任金蝶公司成都分公司总经理，2004 年 1 月 1 日为金蝶西南区总经理。2004 年 9 月 29 日，金蝶公司与廖建华签订了《保密及竞业限制协议》。2005 年 4 月 4 日，廖建华调至金蝶公司总部，担任客户服务部总经理，《劳动合同》期限从 2005 年 1 月 1 日起至 2006 年 1 月 31 日止。廖建华 2005 年 9 月 30 日离职，2005 年 11 月就职于与金蝶公司有竞争关系的用友公司。

2006 年初，金蝶公司、廖建华各自向深圳市劳动争议仲裁委员会，就

竞业限制约定是否有效力、是否违反约定，提出仲裁。2006 年 3 月 6 日深圳市劳动争议仲裁委员会合并审理。

金蝶一方认为：(1) 本案廖建华作为高级管理人员，掌握的是金蝶的经营秘密而非技术秘密，因此不适用《深圳经济特区企业技术秘密保护条例》关于竞业限制补偿金标准，目前没有法律法规规定对掌握经营秘密的员工竞业限制需支付经济补偿金；(2) 金蝶与廖建华在《保密及竞业限制协议》约定了每月发放的薪资和福利待遇中，均已包括用以给廖建华在竞业限制期内的补偿金额；(3) 金蝶在支付给廖建华的工资中已经包含了竞业限制补偿金，且已经予以发放。

廖建华一方认为：(1) 金蝶公司认为掌握技术秘密的人竞业限制需补偿，而掌握经营秘密的人竞业限制就无须补偿，结论是错误的，且本案《保密及竞业限制协议》第十一条明确约定了“本协议提及的甲方之商业秘密包括技术秘密和经营秘密”，所以应当适用《深圳经济特区企业技术秘密保护条例》规定；(2) 金蝶公司将劳动合同工资收入的一部分划为竞业限制补偿金，规避合同解除或终止后支付竞业限制补偿金之义务，所以竞业限制补偿金包含在工资中的约定，无法律效力；(3) 金蝶虽约定竞业限制补偿金包含在工资中，但通过分析其制作的工资单，完全可以看出“竞业限制补偿金包含在工资中”是一个幌子，廖建华的工资单明确记载其工资组成为“基本工资” + “业绩工资”，根本没有竞业限制补偿金。

深圳市劳动争议仲裁委员会于 2006 年 4 月 20 日作出裁决书，认为廖建华先后担任金蝶公司西南区总经理兼成都分公司总经理以及客户服务部总经理，从事的工作岗位是高级管理人员，掌握了金蝶公司的战略规划、经营决策等经营秘密，廖建华应自觉履行保密及竞业限制义务。廖建华离职后到与金蝶公司存在商业竞争关系的用友软件公司工作，必然会侵犯金蝶公司的商业秘密，违反了协议、合同的规定，应按照协议规定承担违约责任。本案《保密及竞业限制协议》和调薪通知，已经明确了月薪中包括竞业补偿费，且被诉人月薪未低于约定，亦高于 2005 年 1 月 1 日之前的月工资，故金蝶已经支付了“竞业限制补偿金”。裁决书裁定：前金蝶客户服务部总经理廖建华不得在 2005 年 9 月 30 日离职后一年内在用友软件股份有限公司及其他与金蝶具有竞争关系的用人单位工作；廖建华须支付金蝶公司违约金人民币39960元。①

2006年12月，法院维持了劳动仲裁的裁决，判决廖建华继续履行保密及竞业限制义务，离职后一年内不得在与金蝶存在商业竞争关系的用人单位工作，并应支付违约金。以上引用案例，并不在于探讨谁是谁非，只说明经济补偿这样的重要条款，也可能有理由不执行。

## 三　有关竞业限制的基本政策取向

上述劳动关系中竞业限制的现状，与我国竞业限制政策面临的历史环境和任务，是不相称的。我国劳动关系中竞业限制的基本政策如下所述。

在国家发展战略层面上，注意社会主义资本市场、技术市场和人才市场之间的平衡；在保护资本、技术投入，促进企业发展的同时，兼顾人才市场和一般技术、经营知识合同法扩散，保护劳动者的合同法权益；同时有前瞻性，考虑到未来中国的发展。这种特殊的环境和性质，决定了我国对商业秘密必须采取完善法律法规、平衡保护的战略。

在社会层面上，竞业限制政策应当考虑我国高级人才、高级技工有限，企业人才缺口大的现实，尤其要注意防止竞业限制无限扩大，增加社会整体就业压力，导致人口贫困化的危险。

## 四　有关竞业限制的措施建议

### （一）加强对竞业限制合同的司法审查

劳动（雇佣）关系与商事关系不同，雇主与雇员在经济上并非平等，只要不违反法律，雇主有解雇雇员的权利。即使是出于正当的保护商业秘密的需要而进行竞业限制，也是雇主与劳动者的不等价交换；雇主一方的利益是知识产权，但对劳动者的限制却超出了知识产权范围，要求限制劳动者的劳动能力、生存能力。

① 李迎春：《廖建华与金蝶竞业限制纠纷案代理始末》，http://www.ldzc.com/law/jyjz/23455238.htm，最后访问时间：2006年5月10日。

在这一普遍前提下签订的竞业限制合同，可能侵犯劳动者重要权利。从这一角度认识，劳动（雇佣）关系中竞业限制合同即使能够成立，也是对自由竞争的一种极端例外——这是发达国家的实践标准。我们应当慎重对待竞业限制合同，契约自由并非唯一原则，必须同时有事后的司法审查。

### （二）加强司法解释、部门规章制定

目前竞业限制的很多问题，靠立法没有办法解决。在日本，竞业限制没有专门的法律规定，这并没有妨碍在实践中，产生竞业限制合同、约定，以及相应的诉讼。

应当加强司法解释、部门规章的制定，因为这些规范出台相对容易，快捷。在对实践深入理解、中外充分交流、有关的司法解释和部门规章良好总结了规律后，有关规范可以顺利地上升为法律。

（本文原载于《电子知识产权》2010 年第 1 期）

# 传统知识相关问题研究

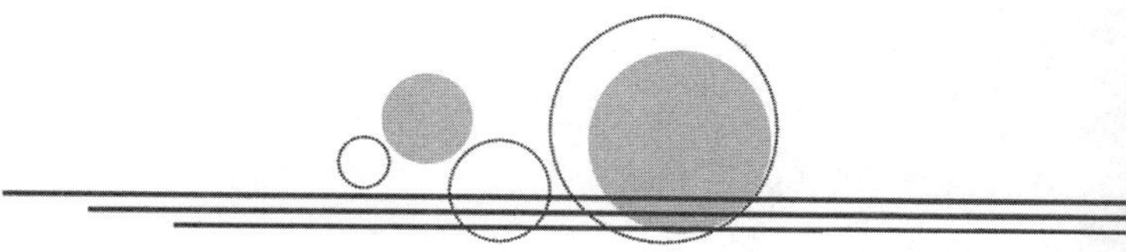

# “非物质文化遗产”的界定及保护

李顺德*

经过几年的讨论，对非物质文化遗产进行保护已经取得了全国上下一致的共识，在总的方针确立之后，如何以法律的手段，特别是以知识产权法的手段对保护对象进行调控，以何种方式保护、如何具有针对性和可操作性地保护却成为摆在法学工作者面前亟待解决的课题。在对非物质文化遗产进行法学研究的过程中，其他学科门类研究形成的多种在先定义和研究对象的自身属性，使得研究对象名称和定义混乱。在法学研究者的面前，比如世界遗产、文化遗产、文物、传统文化表达、民间文艺表达、民俗文化等互相交叉衔接的概念是和法学的严谨治学精神相矛盾的。因此，厘清研究对象的内涵，确立严谨的概念界定，研究对象的外延，并从法学研究的角度进行探讨、比较，就成为确定法律保护的前提。

## 一　“非物质文化遗产”与“传统知识”的分析

出于观察视角的不同，在进行研究的过程中对研究对象确定的概念往往不同，尽管人们研究的对象可能是同一事物或者是同一事物范围的放大或缩小。本文首先将“非物质文化遗产”设定为法学研究的本体，而将相关的概念“传统知识”设定为对照物，比较传统知识与非物质文化遗产在法学概念指向上的同一和交叉。

首先，是“非物质文化遗产”和“传统知识”的概念比较。

* 李顺德，中国社会科学院知识产权中心副主任、研究员、博士生导师。

非物质文化遗产（Intangible Cultural Heritage）的定义来自联合国教育、科学及文化组织2003年10月17日第三十二届会议正式通过的《保护非物质文化遗产公约》第2条的规定："在本公约中，'非物质文化遗产'指被各群体、团体、有时为个人视为其文化遗产的各种实践、表演、表现形式、知识和技能及其有关的工具、实物、工艺品和文化场所。各个群体和团体随着其所处环境、与自然界的相互关系和历史条件的变化不断使这种代代相传的非物质文化遗产得到创新，同时使他们自己具有一种认同感和历史感，从而促进了文化多样性和人类的创造力。在本公约中，只考虑符合现有的国际人权文件，各群体、团体和个人之间相互尊重的需要和顺应可持续发展的非物质文化遗产。"

而传统知识（Traditional Knowledge，TK），其知识产权上的概念来自世界知识产权组织（WIPO）秘书处的表述：① "传统知识……是指基于传统的文学艺术或科学作品，表演，发明，科学发现，设计，标志、名称和符号，未公开信息，以及其他一切来源于工业、科学、文学或艺术领域智力活动，基于传统的革新和创造成果。"按照WIPO的文本，传统知识定义中的"基于传统"是指代代相传、被视为隶属于特定人群或地域，并不断随环境变化而发展的知识体系、创造、革新和文化表达。

从以上单纯的两个定义的对照中可以看出，前者是建立在主体对于保护对象认知基础之上的。这种先决条件的认知主体范围可能包括以保护对象享有者的主体身份，以保护对象表演者的主体身份，或者生活于保护对象中的主体身份。而后者是基于保护对象的客观存在形式进行的概括，所采用的列举的方式比前者"非物质文化遗产"的内容更确定和详细，同时它的缺点也是明显的，即这种列举的方式必定是片面的、不完备的。

其次，是"非物质文化遗产"和"传统知识"的范围分析。

我们仅从定义就可以推断，那些并非从工业、科学、文学或艺术领域智力活动中得来的对象，诸如人类遗迹、一般语言和其他类似的广义"遗产"元素应当排除在传统知识的范围之外。那么这些广义的"遗产"元素是否也被排除在非物质文化遗产之外呢？按照"非物质文化遗产"的上述

① WIPO Report on Fact-Finding Missions on Intellectual Property and Traditional Knowledge（1998－1999），http://www.wipo.int/tk/en/tk/ffm/report/final/index.html.

定义，它应当包括五个方面：口头传说和表述，包括作为非物质文化遗产媒介的语言，表演艺术，社会风俗、礼仪、节庆，有关自然界和宇宙的知识和实践和传统的手工艺技能。这显然又包含了广义“遗产元素”。

2005 年 3 月 26 日发布的《国务院办公厅关于加强我国非物质文化遗产保护工作的意见》所附的《国家级非物质文化遗产代表作申报评定暂行办法》第 2 条对非物质文化遗产作了如下定义：“非物质文化遗产指各族人民世代相承的、与群众生活密切相关的各种传统文化表现形式（如民俗活动、表演艺术、传统知识和技能，以及与之相关的器具、实物、手工制品等）和文化空间。”其中第 3 条第 2 款规定：“非物质文化遗产的范围包括：（一）口头传统，包括作为文化载体的语言；（二）传统表演艺术；（三）民俗活动、礼仪、节庆；（四）有关自然界和宇宙的民间传统知识和实践；（五）传统手工艺技能；（六）与上述表现形式相关的文化空间。”

与《保护非物质文化遗产公约》第 2 条相比，我国“非物质文化遗产”的范围增加了“文化空间”。对于“文化空间”，《国家级非物质文化遗产代表作申报评定暂行办法》第 2 条第 1 款作了如下解释：“文化空间，即定期举行传统文化活动或集中展现传统文化表现形式的场所，兼具空间性和时间性。”因此，“传统知识”和“非物质文化遗产”的范围出现了交叉和重复，“非物质文化遗产”包含广义的“遗产”元素在我国的行政文件中得到肯定。

再次，是“传统知识”和“非物质文化遗产”的分类研究。

传统知识有广义和狭义的分类方式。广义的类别包括：农业知识，科学知识，技术知识，生态学知识，医药知识（包括相关的医药和治疗方法），与生物多样性相关的知识，以音乐、舞蹈、歌曲、手工艺、设计、传说和艺术品为形式的传统文化表达（民间文艺表达），语言要素（诸如名称、地理标志和符号），以及活动的文化财富。按照 WIPO 的意见，广义的传统知识包括遗传资源、狭义的传统知识、传统文化表达。这里我们可以发现，人们对同一事物有时使用“遗传资源”，有时使用“传统文化表达”，概念差异说明，WIPO 本身的文件也没有对多种定义和概念之间的归属进行系统的选用和认定，这给法律保护的条款式制定带来了难度。下面是 WIPO 本身的文件广义的传统知识里面所包含的三个方面的定义：

(1) 遗传资源 (Genetic Resources)。《生物多样性公约 (1992)》第2条将“遗传资源”定义为：具有现实或潜在价值的遗传材料。而遗传材料 (Genetic Material) 在同一公约同一条目中定义为：来自植物、动物、微生物或其他来源的任何含有遗传功能单位的材料。

(2) 传统知识：包括农业知识、科学知识、技术知识、医药知识(包括相关的医药和治疗方法等)。

(3) 传统文化表达 (民间文学艺术表达) (Traditional Cultural Expressions, or Expressions of Folklore)，“民间文学艺术” (Folklore) 是指“在本国境内由被认定为该国国民的作者或种族集体创造，经世代流传而构成传统文化遗产基本成分之一的一切文学、艺术和科学作品”。[①]

在狭义分类的三个组成部分中，第三个部分传统文化表达总是引起混乱，因为在定义上它又产生出两个等同的概念：艺术遗产或民俗文化。同时，在范围上，传统文化表达又反复出现了“非物质文化遗产”范围中设定的类似内容。“传统文化表达”的范围主要指：语言表达（口头），诸如民间传说、民间诗歌和民间谜语；音乐表达（音乐），诸如民歌和民间器乐；（人类肢体的）行为表达，诸如民间舞蹈、戏剧、游戏和宗教仪式的艺术形式；以及有形表达（与物质对象一体化的表达），诸如图、绘画、雕刻、雕塑、陶器、瓦器、镶嵌、木工制品、金属器皿、珠宝、篮筐编织、刺绣纺织、地毯、服装等民间艺术品，乐器、建筑艺术形式。[②]

通过上述的分析我们不难得出，事实上，多种的概念主要来源于“广义的传统知识”（也就是本文所讨论的“传统知识”）狭义分类的第三个部分，而这些概念都属于“传统知识”的下位概念。相对于“传统知识”的三大分类，“非物质文化遗产”的分类则包括文化遗产遗址、历史名城、文化前景、传统医学等20多项。通过上面的比较和分析可以得出这样的结论，“非物质文化遗产”的分类更加清晰和条理，其内容覆盖了许多“传

① 联合国教科文组织（UNESCO）与WIPO于1976年共同制定的《发展中国家突尼斯示范法》第18条。

② 联合国教科文组织与世界知识产权组织的1982年《保护民间文学艺术表达，防止不正当利用及其他侵害行为的国内法示范法条》第2条规定，“民间文艺表达”理解为反映了一国社区的传统艺术期望的产品，该产品是由被该社区或个人发展或保存的传统艺术遗产的典型因素所构成的。

统文化表达”的内容。

## 二 传统知识和“非物质文化遗产”的法律特征及保护历史

由于传统知识和“非物质文化遗产”在定义、范围和分类上存在交叉，他们的法律特征应当存在共通性。关于传统知识文化界已有多种不同的意见，从法律的视野来看，笔者认为传统知识的基本特性包括传承性、社区相关性、相对公开性和公有性。

传统知识的传承性是指，传统知识是人类世代创造、积累、流传、继承的精神财富和物质财富的结晶。传统知识的社区相关性是指，特定的传统知识总是与特定的地域、社区特定的人群密切相关的。传统知识的相对公开性和公有性是指，由于特定的传统知识是与特定的地域、社区特定的人群密切相关的，因而相对于这些特定的人群而言这些特定的传统知识大多是公开的、公知的，因而是属于这些特定的人群公有的，而相对于其他人群而言特定的传统知识未必是公开的、公知的，因而无权占有。

由于长期的多种概念存在，人们仅仅能够明确这样一点，无论是“传统知识”还是“非物质文化遗产”，它们都属于人类的共同遗产，因此，在此课题的发展初期，二者等同于“遗产”的保护。在“遗产”保护是否应适用主权原则的问题上，无论是针对“传统知识”的国际公约，还是针对“非物质文化遗产”的国际公约，都经历了类似的发展过程。

早期的与遗产相关的国际公约当中，对于人类共同遗产的着眼点在于“人类共享”这些遗产。随着主权思想的发展，各国均意识到对自己的人类共同遗产应该享有主权。在1962年12月14日，联合国大会通过的《自然资源的永久主权决议》，提出各国对于其国内的自然资源拥有永久主权的观念。在1972年10月21日通过的《保护世界文化和自然遗产公约》中，已经明确肯定要“充分尊重文化和自然遗产的所在国的主权”，之所以要强调是“人类共同遗产”或“世界遗产”，是为了使“整个国际社会有责任合作予以保护”，而并非“无偿利用”。在2003年10月17日通过的《保护非物质文化遗产公约》中，不仅承认和肯定《保护世界文化和自然遗产公约》所确认的“充分尊重文化和自然遗产的所在国的主权”的原则，而且进一步明确“尊重有关群体、团体和个人的非物质文化遗产”。

在直接涉及传统知识的国际公约中，也经历了类似的发展过程。在1983年通过的《关于植物遗传资源的国际约定》（IUPGR）中，强调植物遗传资源是一种“人类遗产”，对其使用不应有任何限制。1992年6月通过的《生物多样性公约》（CBD），在自然资源的开发利用方面明确了国家享有主权、事先知情同意、利益分享原则。2001年11月3日通过的《粮食和农业植物遗传资源国际条约》，在植物遗传资源领域引入CBD所确认的上述原则。2002年4月通过的《关于获取遗传资源并公正和公平分享通过其利用所产生惠益的波恩准则》，对《生物多样性公约》确认的事先知情同意、利益分享原则作了具体规定。

## 三 “传统知识”与“非物质文化遗产”法律保护的难点及建议

传统知识的类别包括：农业知识、科学知识、技术知识、生态学知识、医药知识（包括作为法学研究的课题）。“传统知识”和“非物质文化遗产”的概念和范围尚未发展成熟。它们的概念过于宏观，范围总是在发展和变化当中。对这种发展中的研究对象运用精练的语言和固定的条文进行法律保护本身就是法学家们面对的首要难点，这也是我国新旧《著作权法》只能用泛泛的“由国务院另行规定”一句的原因。因此，妥协的办法就是先遵循着“传统知识”和“非物质文化遗产”两个系列的公约方式确定宏观的知识产权保护规则，因为保护他们也是对知识产权保护制度的一种补充和平衡。但是，在简单地以知识产权法保护“传统知识”和“非物质文化遗产”的过程中，二者独特的性质和知识产权法保护之间的不协调是法学家们面对的又一个难题，在无法找到答案的情况下，国际公约只好为可能产生的新的法律保护方法留出余地。

1982年7月2日，联合国教科文组织与世界知识产权组织联合通过的《保护民间文学艺术表达，防止不正当利用及其他侵害行为的国内法示范法条》第12条指出：“本法并不限制或妨碍根据版权法对民间文学艺术表达实施的保护，也不限制或妨碍邻接权法、工业产权法、任何其他法或本国参加的任何国际条约对民间文学艺术表达的保护，本法也不以任何方式妨碍为保障和保存民间文学艺术表达而制定的其他保护形式。”

《生物多样性公约》第16条第2款指出：包括生物技术在内的“技术的取得和向发展中国家转让，应按公平和最有利条件提供或给予便利，包括共同商定时，按减让和优惠条件提供或给予便利，……此种技术属于专利和其他知识产权的范围时，这种取得和转让所根据的条件应承认且符合知识产权的充分有效保护。”第16条第5款指出：“缔约国认识到专利和其他知识产权可能影响到本公约的实施，因而应在这方面遵照国家立法和国际法进行合作，以确保此种权利有助于而不违反本公约的目标。”

《关于获取遗传资源并公正和公平分享通过其利用所产生惠益的波恩准则》第43条把“对知识产权的使用作出的规定，包括规定：进行联合研究、有义务实施对所获得的发明享有的任何权利、或提供共同同意的使用许可”和“根据贡献的程度共同拥有知识产权的可能性”作为利用遗传资源“合同式协定中的指导性参数”和“关于共同商定条件的基本规定”加以明确。

除了上述的难点之外，也有不少法学家针对“传统知识”的第三个部分“传统文化表达”和知识产权法保护之间的矛盾和可操作性作了探讨，本文这里仅对二者知识产权法保护上的出路提几点建议。首先，可否将对“非物质文化遗产”的保护和对“传统知识”的保护有机地结合起来。如前所述，由于在先研究的影响，目前基本上是两个系列的国际公约进行宏观协调，这无形中造成了研究上的混乱。“传统知识”与文化遗产特别是与“非物质文化遗产”有着极为密切的关系，传统知识中的传统文化表达（民间文学艺术表达）基本上可以被非物质文化遗产所覆盖。在二者产生重合的地方，应当是可以适用共同的法律特征运用相同的调控手段的。其次，明确“非物质文化遗产”和文化遗产的关系。“非物质文化遗产”属于文化遗产的一个组成部分，其保护当然应当与对文化遗产的保护互相协调。但是，“非物质文化遗产”的外延远远大于物质文化遗产的外延，相对于物质文化遗产显得更为复杂、多变。而且，尽管物质文化遗产可以以其物质载体或物质表现形式加以体现，但是非物质文化遗产绝不等同于其物质载体或物质表现形式，在这一方面有些类似于知识产权保护的客体与其客体的物质载体或物质表现形式的关系，非物质文化遗产本身相当于知识产权保护的客体，而物质文化遗产本身强调的是物权保护的物体，属于物权保护的客体。最后，对“非物质文化遗产”的保护，应该充分利用现有的知识产权保护制度，寻求单行立法的思路。其中发生重合的“传统文化”中的传统文化表达（民间文学艺术表达）涉及版权和邻接权以及商业秘密问题，遗传资源和狭义的传统知识往往与专利、商业秘密、植物新品种、地理标志发生交叉关系。因此，对“非物质文化遗产”的保护，应该充分利用现有的知识产权保护制度。

总之，非物质文化遗产由其自身的特性所决定，在现有的法律制度框架内，很难被其他法律制度全面保护，因此有必要设置“非物质文化遗产”的专门法进行保护。在设置“非物质文化遗产”的专门法时，比较成熟的知识产权法律制度可以被借鉴和吸收，因为非物质文化遗产本身具有知识产权客体的类似特点。在设置“非物质文化遗产”的专门法的时候，可以直接兼容“传统知识”中的传统文化表达（民间文学艺术表达）的立法，而对于“传统知识”的另两个构成部分：遗传资源和狭义的传统知识（例如传统医药）等，由于其特殊性，可以考虑另外单独立法或制定法规保护。

（本文原载于《江西社会科学》2006 年第 5 期）

# 民间文学艺术作品的保护机制探讨

管育鹰[*]

## 引　言

我国是历史悠久、民族众多、文化多样性极为丰富的大国。与世界上任何发展中国家一样，我国不但面临文化遗产急剧消逝引起的普遍忧虑，也面临着在信息时代大量民间文学艺术作品[①]被有技术和资金的域外人任意开发利用甚至被歪曲的问题。对于这一关系民族文化传承和发展的重大问题，国内早期的知识产权法学者即已认识到，认为应把民间文学的保护提到应有的位置。同时，与国际层面世界知识产权组织（WIPO）负责协调知识产权相关事务、联合国教科文组织（UNESCO）负责协调非物质文化遗产保护相关事务的分工与合作状况相类似，我国的版权和文化主管部门也一直致力于民间文学艺术作品、非物质文化遗产保护相关的立法尝试。21 世纪以来，此议题吸引了更多的国内学者，尤其是知识产权领域的研究者；随后，国内产生了一批专题研究成果，讨论对传统知识进行知识产权保护、剖析如何运用知识产权制度保护民间文艺、研究遗传资源获取与获益分享制度、探讨民间文学艺术的知识产权保护和法律保护问题等。从立法实践看，由于 2003 年的《保护非物质文化遗产公约》从文化多样性、文化遗产、人权等角度出发倡导国家承担文化遗产的“保卫”（Safe-

---

* 管育鹰，中国社会科学院法学研究所知识产权室主任，研究员，博士生导师。

① 为与我国现行《著作权法》保持一致，本文采用“民间文学艺术作品”一词，该术语与国家版权局 2014 年 6 月 6 日提交国务院法制办的《著作权法》修订草案送审稿第十条中的“民间文学艺术表达”同义。

guarding）任务，这一宗旨在世界范围也较少争议；因此我国在加入公约后经过一段时间讨论，决定搁置没有定论的复杂的民事保护问题，于 2011 年通过了《非物质文化遗产法》。根据该法，非物质文化遗产的内涵要远宽于民间文学艺术作品；同时，该法明确的是政府应当采取各种措施，包括确认、立档、研究、保存、保护、宣传、弘扬、传承和振兴等方式“抢救”我国的非物质文化遗产；但是，该法不涉及非物质文化遗产的商业化利用及其利益分配这一民事关系及其相应的法律规则。目前，无论是世界级“人类非物质文化遗产代表作名录”，还是国家、地区级的非物质文化遗产项目申报、扶助等工作都已成为我国文化领域的常规工作；但另一方面，包括民间文学艺术作品在内的非物质文化遗产被他人商业化使用带来的相关问题却仍旧处于没有明确法律规定的状态。

在我国 30 多年的知识产权法制建设进程中，恐怕没有哪个议题像民间文学艺术作品的法律保护问题这样复杂。自 1990 年《著作权法》颁布实施以来，其第六条所说的由国务院另行规定的“民间文学艺术作品的著作权保护办法”至今未能出台。造成这一局面的因素众多，主要原因是民间文学艺术作品的主体往往分散在全国偏远地区、普遍缺乏权利和法律意识、没有形成能够推进民事立法实现自我保护的诉求力量。对决策者而言，他们要面对社会转型期千头万绪的制度建设与完善的繁重任务，未及真切地认识和感受到民间文学艺术作品民事保护立法的紧迫性和必要性。在理论方面，知识产权界更多关注和讨论的是高新科技发展带来的新问题，民间文学艺术作品的保护这一难题的探讨并不深入。一方面，尽管大家认识到商业化的触角已经伸到了民间文学艺术领域、保护民间文学艺术作品相关权利人的合法权益具有重要性，但国内学界一直没能提出具体可行的保护机制、更毋论已形成以立法来明确某种保护制度和规则的共识；另一方面，虽然在一些区域性组织的框架协议（如非洲的班吉协议和斯瓦科普蒙德议定书）中已经初步建立了针对民间文学艺术作品或传统文化表达的保护制度，[①] WIPO 主持草拟了与传统文化表达相关的示范法，世界贸

① 《斯瓦科普蒙德议定书》于 2010 年 8 月 9 日制定、2015 年 5 月 11 日生效，旨在使成员国的持有人和当地社区可以通过国内主管机关进行备案，也可以在非洲知识产权组织（ARIPO）注册跨国界传统知识和民间文学艺术表达，并有权许可使用以从其持有的传统知识和民间文学艺术表达的商业开发中获得回报。

易组织（WTO）也要求理事会审议 TRIPs 与传统知识和民间文学保护之间的关系，但由于国情差异，以及这些协议或示范法一直在讨论或刚刚通过，其前景和执行效果还有待进一步考察。

本文尝试就我国民间文学艺术作品保护机制的建立与运行提出自己的建议，以期进一步推动相关研究和立法。需要指出的是，本文对民间文学艺术作品保护机制的分析和评述仅为个人的观点和方案设计；要了解立法进展，可以比对研究国家版权局于 2014 年 9 月 2 日公布的《民间文学艺术作品著作权保护条例》征求意见稿（以下简称“草案”）。

## 一 民间文学艺术作品之概念与理解

“民间文学艺术作品”指由特定的地区或族群共同创作，通过口头或动作传授、模仿等方式长期传承的反映其社会生活特征与文化特性的民间文学艺术具体表现形式。[①]

### （一）与现代作品的客观表现形式相同

首先，“民间文学艺术作品”是个集合概念，包括所有无法追溯原始版本及其创造时间和具体创作个体等信息、因而无法根据现行《著作权法》获得保护的民间文学艺术作品的总和；其次，组成这一集合体的应当是民间文学艺术领域的具体创作成果，而不等同于非物质文化遗产的全部，特别是不包括那些非物质文化遗产中不构成作品的内容，如传统节庆习俗、技法或技艺、风格、艺术形式，等等。换言之，民间文学艺术作品是可以复制和传播的体现传统文化的具体表达形式，而非物质文化遗产的内涵和外延要宽得多，甚至指向文化本身。

理解这一点，有助于明确在《著作权法》框架下制定草案的目的：《非物质文化遗产法》仅规定了政府的职责、提供的是对文化遗产的行政保护，无法顾及民间文学艺术作品主体的民事权益，尤其无法保障其在自己作品被商业化使用时应当获得的利益。但是，不能指望在《著作权法》框

① 本定义参考了 WIPO 的《保护传统文化表达：政策目标与核心原则》草案，与国家版权局草案略有差异。

架下的草案能够为民间文学艺术作品提供综合性的民事权益保护，草案仅能规制民间文学艺术作品的复制、改编、传播（典型的著作权法意义上的使用方式）等商业化使用行为，而难以为民间文学艺术作品的权利人提供全方位的知识产权保护，比如授予专利权、商标权及制止仿冒等不正当竞争。

以我国真正意义上的涉及民间文学艺术作品利用的“乌苏里船歌”案[①]为例，由于作曲者在创作中吸收了《想情郎》、《狩猎的哥哥回来了》等最具代表性的赫哲族传统民间歌曲的曲调，因此，法院判决被告以后在使用《乌苏里船歌》时须标注该歌曲“根据赫哲族民歌改编”；而在另一起与民间文艺相关的“安顺地戏”案中，由于原告主张针对“安顺地戏”而非《千里走单骑》、《战潼关》等安顺地戏剧目的署名权，因此被法院驳回。[②] 事实上，“安顺地戏”案中被告的行为的确没有构成对《千里走单骑》、《战潼关》等安顺地戏的具体剧目作品之改编，而仅是在拍摄电影时引用了其中的一些表演片段；但是，被告在首次使用安顺地戏剧目表演片段时即将这一古老的剧种以画外音和字幕形式注解为“这是中国云南省的面具戏”，之后更是将“云南面具戏”作为贯穿整部电影作品的主线。根据著作权法上的合理使用规则，“适当引用”也应当以恰当方式标明来源出处，因此，笔者认为被告的电影在引用安顺地戏剧目片段时称其为“云南面具戏”，而且此行为引起了相关主体的不满，属于违反合理使用规则、侵害相关主体对安顺地戏《千里走单骑》剧目署名权的行为。遗憾的是，由于法官认为“安顺地戏”是剧种没有署名权，一、二审法院均不支持原告。那么，如果原告主张“安顺地戏《千里走单骑》”剧目的署名权法院是否支持？答案不得而知。事实上，和“赫哲族民歌”一样，“安顺地戏”几个字是标明来源的核心内容，但司法者认为“安顺地戏”本身仅是非物质文化遗产，不是民间文学艺术作品，因而连精神权利都不予支持，在一定程度上反映了目前我国以著作权法保护民间文学艺术的困境。

简言之，要为“民间文学艺术作品”设立类似著作权的保护，须明确该“作品”在客观表现形式上与受著作权法保护的当代“作品”并无差别；比如应当是可构成歌曲的完整曲调，或者有具体情节内容的故事等，

① 见“饶河县四排赫哲族乡政府诉郭颂等侵犯民间文学艺术作品著作权纠纷案”，北京市高级人民法院〔2003〕高民终字第246号民事判决书。

② 北京市第一中级人民法院〔2011〕一中民终字第13010号民事判决书。

而不仅仅是笼统的民间文艺类别或流派、简单的主题等。

### （二）与现代作品的主体、保护期不同

民间文学艺术作品之概念与普通的现代作品相比具有特殊性。

1. 民间文学艺术作品的主体有三种特殊情形

其一，多数情形下，某一具体的民间文学艺术作品，其流传的地区、族群等来源是可以确定的，这种情况下，其创作和受益主体可以被推定为相应的地区、族群（即群体内所有成员都参与了创作，每人都应当受益），比如前文提到的乌苏里船歌，就属于可以明确来源的民间文学艺术作品，其他类似的还有很多，基本上各民族各地区都会有一批有代表性的民间文学艺术作品。这些作品有很大一部分是来源可以确定的，可以通过文化部系统的各级“非物质文化遗产”名录查询，也可以通过中国网查询①；当然，这些名录仅有对相关作品的文字描述、没有具体表达（即作品内容），可能有一些会有来源地、具体表达内容的争议，不过，这些争议可以通过本文后面设计的程序解决。目前，我国绝大多数拥有此类民间文学艺术作品的族群或地区地处偏僻、无权利意识，也没有特定的民事权利代表机构，因此如果法律要赋予其权利，授权、权利行使和利益分配方式的设定必定会遭遇难题，需要比较周全的制度安排；采用无须事先授权的法定许可，并将主体或权属判定与客体商业化使用的费用收取和分配分开考虑是比较可行的办法，具体论述本文在后面展开。

其二，在某些情况下，民间文学艺术作品可能同时由几个地区、族群共同传承，其创作源头经专业人士论证也不能确定，这时可以考虑设定该作品由这些地区或族群共有。② 在此情形下，法定许可使用费的收转、共

---

① 比如，从中国网的“国家级非物质文化遗产名录”栏目中，可以查询到贵州侗族大歌的代表性曲目有《耶老歌》、《嘎高胜》等，网址：http://www.china.com.cn/chinese/minge/435499.htm；在“中国民歌”栏目中，可以查到《阿里玛》是撒拉族民歌，网址：http://www.china.com.cn/culture/zhuanti/whycml/node_7021179.htm，最后访问时间：2016年1月。

② 这里有两种情况，一种是可以明确为同一民族传承的，比如“格萨尔王传”史诗传说同时流传于西藏、青海、四川、甘肃等藏族聚居地，则该作品属于全体藏族共有，刘三姐的故事也同样可以认定为壮族共有；另一种是可以明确为几个地区或族群共同传承的，比如植根于汉族民间曲艺文化的东北二人转传统剧目，由辽宁、吉林、黑龙江三省和内蒙古东部三市一盟的全体人民共有。

有主体的权利代表机构确定及惠益分享等问题可以按照第一种同样的思路解决；没有能代表全体主体行使民事权利的代表机构的，则由相关地区地方政府文化主管部门代为行使。

其三，有些民间文学艺术作品由于流传太广，已经成了中国传统文化的代表符号的，应当推定为全国人民共有。比如孟姜女哭长城、白蛇传、梁山伯与祝英台、牛郎织女等民间传说，即使有各方考证其来源地，但由于其在中华传统文化中的深远影响，为了避免将民间文学艺术作品归属和商业化利益分配问题更加复杂化，应当将其推定为国家所有。考虑到这种情况下国内的任何使用人同时也是该作品的传承人，支付、收转和分配使用费就没有实践意义了，换言之，任何人均可对其进行商业化利用，但这并不免除使用人尊重此类作品精神权利的义务，比如不得歪曲贬损、引人误解，有义务标明故事采集地以及相关人员名称，等等。对于国外的商业化利用人使用我国全国性民间文学艺术作品的，如果我国的相关民事保护立法通过实施，则需要向我国主管部门指定的专门机构履行相关义务，或者按照国际的对等和互惠原则处理。

2. 民间文学艺术作品的保护期不同于一般作品

民间文艺具有集体性、口头性、变异性、传承性。由于民间文学艺术作品的产生发展过程难以考证，其创作一般被推定为代代相传、呈持续的动态性和变异性。这样，某一民间文学艺术作品如果还在传承，则其一直还在处于动态的集体创作过程中，现行著作权制度为作品设定的保护期就不应当适用。具体地说，在设定民间文学艺术作品保护期需要考虑以下几个方面。

其一，民间文学艺术作品的作者是某一群体（族群、社区）。群体是若干聚集在某一地域范围内、生活上相互关联的个人集合体，是绵绵不绝延续下来的族群，而民间文学艺术作品正是这一集体在相同或类似的生产、生活活动中产生和发展的；因此其创作者不具体指向某个或某几个人，相应地其保护期不能适用著作权法通行的“作者终生再加上作者去世后的一段时期”的划分方式。只要创作或传承该民间文学艺术作品的族群一直存续下去，就不应该认为“作者去世”。

其二，由于民间文学艺术作品具有口头性、传承性和变异性，某一具体的民间文学艺术作品的内容或表现形式总是处于不断的创作过程中，没有著作权法上“作品完成”或“发表”之概念，因此也难以适用“作品完成后或发表之日起再加上某一段时期”这一普通作品的保护期判断方式。另一方面，即使总处于创作中，其间形成的任何版本也应当受到保护，这类似于著作权法对作品的初稿、二稿，或任何持续创作过程中产生的一稿都同样提供保护，不能认为把作者尚未“最终完成”的作品据为已有而不构成侵权。

其三，西方发达国家早在300多年前就建立了强调私权保护的知识产权制度，为防止长此以往公共资源被瓜分殆尽，专门设定了保护期等限制，将受过保护的内容置入“公有领域”以保证创新的可持续。换句话说，过了保护期进入公有领域和其他的知识产权限制制度一样，是权利人获得专有性知识产权的对价。相反，在传统族群，尤其是那些不发达国家穷困地区的传统居民则几乎没有任何知识产权观念，也从未从现行的知识产权制度中对自己的创作成果获得过任何保护，没有意识到自己的创造成果按照现代知识产权法的规则被视为早已经公开，或者处于人人可接触、利用、再创作的所谓“公有领域”中。不过，当西方文明侵入后外来人以“发现”或“创作”的名义将这些客体私有化并获得现代知识产权制度保护的利益时，这一不公平的现象使得私权观念已逐渐觉醒的传统族群难免产生不满：从未获得过法律赋予知识产权人的专有性权利，为什么要付出同样的对价呢？更何况多数情况下民间文学艺术作品是口头流传甚至是在特定人群中内部传承，没有正式发表过。

其四，从已有的域外立法例看，为实现立法目的，基本上都不对民间文学艺术的保护设置期限。比如，非洲知识产权组织的《斯瓦科普蒙德议定书》第13条规定：“传统知识只要符合第四条规定的标准，将一直获得保护；如果传统知识属于个人，则保护期为其公开商业化使用之日起的25年。”该议定书第4条所保护的传统知识应当符合的标准是：（1）在传统族群产生、保存并代代相传；（2）明显属于某一传统社区；（3）属于由传统社区基于文化认同或责任集体保管、守护的文化符号，这种归属关系可以通过习惯法、法律规定或习俗礼仪体现。我国台湾地区的“原住民族传统智慧创作保护条例”第15条规定：“智慧创作专用权，应永久保护之。智慧创作专用权人消失者，其专用权之保护，视同存续；其专用权归属于全部原住民族享有。”

总的来说，民间文学艺术作品与一般的作品在创作过程和方式上都有明显的区别，前者明显具有动态性、变异性；因此可以推定只要某一民间文学艺术作品仍在某一传统族群或社区中传承，它就仍处于该族群社区全体成员参与创作的过程中，其间某个版本的记录时间不能作为推断该作品进入“公有领域”的依据。理论上讲，不设定权利保护期并不违背基本的知识产权法原理；事实上，知识产权保护理论并不排斥以持续知识或经营创造活动为前提的永久保护，比如商标、字号如果经营得当、持续使用，就完全可以创百年品牌一直存在并受到保护，商业秘密、地理标志的保护尤为典型。还有一个需要关注的方面，即建立民间文学艺术作品民事权利，尤其是经济权利保护制度的目的，本身就包括通过市场经济的投入产出机制鼓励其长期传承下去，保护期的设立也应当符合这一宗旨。因此除了城市化、迁徙等因素导致民间文学艺术作品的主体消失、不再具备集体创作和传承的条件而真正成了“遗产”的情形，原则上都应当设定以主体存在为前提的永久性的权利保护期。鉴于如何判断某一民间文学艺术作品是否仍在其所属的地区或族群内传承存在实际困难，可以推定某主体的存在事实为其民间文学艺术作品仍在其内部传承的依据；如果有证据表明某一民间文学艺术作品的主体已经消失，则其民间文学艺术作品属于全民所有、其商业化利用也不必再支付使用费，当然，任何使用这类民间文学艺术作品的人，仍需尊重其创作主体的精神权利。

简言之，有相关主体能够主张权利和分配收益的，推定其民间文学艺术作品仍在保护期；已经有证据表明长期没有传承，或者主体已经不可考的民间文学艺术作品归入全民共有的民间文学艺术作品，无须支付使用费，但其精神权利的保护期不受限制，精神权利的行使由国家主管部门指定的机构管理。

### （三）民间文学艺术作品的定义与类型

笔者认为，草案所要保护的“民间文学艺术作品”，是指由特定的地区或族群共同创作，通过口头或动作传授、模仿等方式长期传承的反映其社会生活特征与文化特性的民间文学艺术具体表现形式，包括但不限于以下类型：

(1) 口头言语、文字符号类表现形式，如民间故事、史诗、传说、谚语等；

(2) 音乐、曲调的表现形式，如民歌、器乐的曲调等；

(3) 动作、表演类表现形式，如民间舞蹈、戏剧等；

(4) 平面或立体的美术、建筑类有形的表现形式，如民间绘画、传统工艺品、建筑等。

在理解民间文学艺术作品这一概念的外延时，我们发现除了群体性、口头性、传承性和变异性等民间文艺的特殊性外，其外在的具体形式包容了几乎所有与著作权法所保护的客体相同的作品类别，如民间文学的内容包括神话、传说、故事、寓言、笑话、歌谣、民间叙事诗、史诗、民间说唱、谚语、俗语、歇后语、谜语等，民间艺术则包括了民间音乐、民间舞蹈、民间美术、地方戏曲、民间曲艺、民间手工艺品等。

就民间文学艺术作品的保护问题而言，我国知识产权法学家郑成思教授很早就关注和论述了这一问题；后来更直接将其提高到国家经济利益的高度，他指出："多数发达国家的法律及学术专著，强调对高科技作品（如计算机软件）的版权保护及其他知识产权保护，忽视或有意节略对民间文学的保护，其基本出发点还是保护本国经济利益。我们则应把民间文学的保护提到应有的位置，在本书中，特别把它作为一个重点来论述。"①在这一理论的引导和影响下，我国立法机关最早的尝试是以著作权法保护模式保护民间文学艺术作品，这反映在 1990 年制定的《著作权法》第 6 条中，即"民间文学艺术作品的著作权保护办法由国务院另行规定"。考察国际讨论方向和国内实际需求，应该说，当时中国立法者的意图是对民间文学艺术作品采取著作权保护模式；《著作权法》第 6 条所称"民间文学艺术作品"，实际上与国际讨论中的"民间文学艺术表现形式"或"传统文化表达"是同一个概念。

然而，由于民间文学艺术作品客体的复杂性，著作权制度中的许多规则，如主体和客体的确定性、保护期的限制等，难以适应其保护的特殊要求，再加上在国际层面著作权保护模式逐渐被特殊权利保护模式的讨论和

① 郑成思：《版权法》（修订本），中国人民大学出版社，1997，第 124 页。

尝试所取代，我国的研究者和立法者在民间文学艺术作品的定义与范围、权利的内容及其行使方式、相关主体的认定与利益分享，甚至著作权法律保护模式是否适当等重要议题上莫衷一是，因此1990年《著作权法》第6条所说的保护办法一直难以出台。直到《著作权法》第三次修改的启动，国家版权局接受知识产权学界多数专家的意见，将《著作权法》第6条的“民间文学艺术作品”术语改为“民间文学艺术表达”，并删掉了“著作权”的限定，[①] 该草案送审稿已经于2014年6月6日由国务院法制办公布征求意见；同时，2014年以来国家版权局又一次启动了民间文学艺术表达保护的立法工作；当然，限于《著作权法》本身尚未修改，草案的名称仍然只能依据现行法第6条草拟，即仍称为《民间文学艺术作品著作权保护条例》（以下简称《条例》）（草案）。

现实中，上述原因导致的“另行制定”迟迟未出台，人们并不是都完全了解、也分不清立法意图中的“民间文学艺术作品”概念不同于《著作权法》上的其他作品，尤其是当代作者根据民间文学艺术作品演绎创作的“民间文学艺术改编作品”。即使是法律专业人士，也面对着法律适用中如何准确阐明“民间文学艺术作品”定义的困境。比如，在白秀娥剪纸案[②]中，北京市第一中级人民法院认为，民间文学艺术作品应为民间世代相传的、长期演变、没有特定作者，通过民间流传而逐渐形成的带有地域色彩、反映某一社会群体文学艺术特性的作品，本案剪纸是原告运用民间剪纸技法创作完成的，不属于民间文学艺术作品。

北京市高级人民法院的终审判决表述有所不同：该剪纸作品虽然采用了我国民间传统艺术中“剪纸”的表现形式，但其并非对既有同类题材作品的简单照搬或模仿，而是体现了作者的审美观念，表现了独特意象空间，是借鉴民间文学艺术表现形式创作出来的新的作品，是对民间文学艺术的继承和发展，应受著作权法保护。可见，二审法院判决刻意避开了一审法院对“民间文学艺术作品”的解释。笔者认为，为更好地理解“民间

① 国务院法制办网站《中华人民共和国著作权法》（修订草案送审稿）第10条：民间文学艺术表达的保护办法由国务院另行规定，网址：http://www.chinalaw.gov.cn/article/cazjgg/201406/20140600396188.shtml，最后访问时间：2015年6月。

② 参见北京市第一中级人民法院〔2001〕一中知初字第185号民事判决书，北京市高级人民法院〔2002〕高民终字第252号民事判决书。

文学艺术表达/作品”的定义，可以在草案中明确“民间文学艺术改编作品”的概念，即“基于对民间文学艺术作品进行翻译、汇编、改编等再创作产生的作品”，以有助于草案通过后各方的理解一致。

如果按照以上对“民间文学艺术作品”的定义理解，检索我国已发生的要求保护“民间文学艺术作品”著作权的案例，其中仅“乌苏里船歌”是真正的民间文艺作品主体与改编者的纠纷（“安顺地戏”案中原告主张的不是对民间文学艺术作品而是对非物质文化遗产的署名权），其他都是民间文学艺术改编作品主体之间或改编者与第三方的著作权纠纷。这类纠纷出现的主要原因是都脱胎于同一个民间文学艺术作品母体，这些民间文学艺术改编作品之间的相似性高、容易产生改编主体之间的著作权纠纷。这种情况下，如果有证据表明原被告的民间文学艺术改编作品都是独立创作且相似之处都源于母体的，我国法院通常会判决改编者之间互不侵权，[①] 比如《十送红军》被认定为与《送同志哥上北京》一样来源于江西民歌《长歌》、《高高的白杨》与《我的花园多美丽》两首新疆民歌改编作品的著作权被认为是平行有效的；但是，如果有证据表明在后改编者的作品更接近在先改编者的作品而非民间文学艺术作品母体本身的，则在后改编者构成侵权，[②] 比如歌曲《月亮之上》被判定为与《敖包相会》相似度多于与内蒙古民歌《韩秀英》相似度。

## 二　民间文学艺术作品的保护机制

笔者认为，要实质性推进我国民间文学艺术表达法律保护制度的建立，应当考虑一套合理的、可行的方案；在设立我国民间文学艺术作品保护机制时需要考虑以下方面的问题。

### （一）民间文学艺术作品的权利内容

根据前面的论述，目前在《著作权法》框架下，本文仅探讨目前在

① 参见北京市海淀区人民法院〔2003〕海民初字第 19213 号，新疆维吾尔自治区高级人民法院〔2005〕新民三终字第 2 号民事判决书。

② 参见北京市第一中级人民法院〔2008〕一中民终字第 5194 号民事判决书。

《著作权法》框架下如何为我国民间文学艺术作品设立一种类似著作权、但又与其他作品保护机制略有不同的特殊权利保护制度；[①] 囿于我国的现有立法框架，本文仍将按照现行《著作权法》这一特殊保护方式称为“民间文学艺术作品的著作权保护办法”。

民间文学艺术作品的著作权属于共同创作并世代传承体现其传统观念和文化价值的民间文学艺术作品的民族、族群或者地区全体人民。

民间文学艺术作品的权利主体享有精神权利和经济权利。

（1）精神权利。包括：署名权，即表明主体身份的权利；发表权，即将民间文学艺术作品向主体群体的范围之外公开的权利；禁止歪曲篡改权，即禁止对民间文学艺术作品作出有违主体传统观念和文化价值之使用的权利。

精神权利的主要内容是指明来源。可以肯定的是，保护民间文学艺术作品主体的精神权利是建立民间文学艺术作品民事法律保护制度的最基本要求；无论是对民间文学艺术作品本身的利用，还是现代再创作者从民间文学艺术作品中演绎出新作品，都应当本着诚实信用的基本原则指明其来源，并且尊重民间文学艺术作品的完整性和真实性。从前文介绍的我国现有两例相关纠纷看，精神权利的主张是相关主体的首要诉求。从国际上已经建立民间文学艺术作品版权保护制度的国家或地区的经验看，精神权利也是最基本的权利内容，比如，莱索托、摩洛哥、尼日利亚、坦桑尼亚、斯里兰卡等国家立法明确把指明民间文学艺术表达的来源规定为一种义务，阿尔及利亚等国的立法还增加规定了禁止歪曲的义务，约旦等阿拉伯国家对民间文学艺术的保护仅关涉精神权利的内容。

（2）经济权利，即民间文学艺术作品主体就主体群体之外的人以复制、发行、表演、改编或者向公众传播等方式商业化使用其作品获得报酬的权利。

可以看到，前三项类似著作权中的署名、发表、禁止歪曲贬损的精神权利，而第四项是经济权利，即以著作权领域常见的方式使用民间文学艺

① WIPO 成立的“知识产权与遗传资源、传统知识和民间文学艺术政府间委员会”（IGC）自 2001 年以来致力于协调各成员国建立起与已有的知识产权制度不完全相同的“特殊权利保护体系”以对相关客体提供保护，特殊权利体系的概念至今仍被 WIPO-IGC 使用（参见 WIPO 官方文件：WIPO/GRTKF/IC/1/10）。

术作品的权利。笔者认为，与世界上最早规定原住民对其传统知识享有“特殊权利”，并赋予原住民从防御性和主动性两个方面行使该权利的巴拿马法律相比，[①] 我国现行《著作权法》框架下拟设定的经济权利内容应该要窄一些，这是因为权利客体仅涉及能确定为作品的部分。在此意义上，我国民间文学艺术作品的权利内容及其保护机制可以称为“类著作权”保护。事实上，在选择版权模式保护民间文学艺术作品的国家，法律赋予权利人的经济权利内容也与著作权大同小异，或者直接对民间文学艺术作品适用著作权法保护。比如突尼斯 1994 年的《著作权法》第 7 条禁止“任何以营利为目的而复制民间文学艺术的行为”；斯里兰卡 2003 年第 36 号《知识产权法》第 24 条规定“民间文学艺术表达应当受到保护以禁止：为了商业目的或者超出民间文学艺术表达的传统或习惯范围复制，通过表演、广播、有线或其他方式向公众传播，改编、翻译及其使用”；加纳 2005 年的《著作权法》第 4 条规定“本法保护民间文学艺术表达不被复制、通过表演向公众传播、通过有线或其他任何方式发行、改编、翻译或其他任何使用”[②]。

对我国民间文学艺术作品的“类著作权”之内容，笔者认为有几个方面需要进一步明确。

1. *关于表明身份的内容和方式问题*

署名权的实现表现为使用民间文学艺术作品须指明其来源或出处，常见的方式是“族群、地区名称 + 表达形式 + 具体作品名称”，如“新疆民

---

① 参见 Panama，Law No. 20 of June 26，2000 on Special System for the Collective Intellectual Property Rights of Indigenous Peoples for the Protection and Defense of their Cultural Identity and their Traditional Knowledge，参见 WIPO 网站：http：//www. wipo. int/wipolex/en/details. jsp？ id = 3400，最后访问时间：2016 年 1 月。其中第 2 条译文为：原住民的习俗、传统、信仰、灵性、宗教、宇宙观、民俗表达、艺术表现形式、传统知识及其他传统的表现形式，是其文化遗产的组成部分，其他人未经原住民的明确授权不得通过知识产权制度，如版权、外观设计、商业标志、地理标志或其他标记等将上述内容作为自己专有权的客体。不过，根据现有立法已获得的以上权利不受影响并应得到尊重。第六条译文为：本法赋予传统族群对其可依本法登记注册的可受保护的物品享有集体权利，以保证这些物品来源正宗和真实。

② 参见 Tunisia，Law No. 94 - 36 of February 24，1994 on Literary and Artistic Property；Sri Lanka：Intellectual Property Act（Act No. 36 of 2003）；Ghana：Copyright Act，2005（Act 690），这些立法的英文版在 WIPO 网站可查询：http：//www. wipo. int/wipolex/en/，最后访问时间：2016 年 1 月。

歌扎巴依的春天”、“彝族舞蹈阿细跳月”、“安顺地戏战潼关”，等等。一般来说，在实现署名权时，文字类民间文学艺术作品可以文字进行标注；音乐、表演艺术类的可以通过旁白、解说以及印制在海报和节目单等方式表示；手工艺品、建筑等有形表达上可用附加标示牌等方式指明，也可通过相关主体在国家主管部门正式注册的商业标识来证明。

另外，在一些民间文学艺术作品的发掘和使用中，记录（采风人）的作用很重要，虽然其地位不同于权利人，但也应当有表明自己身份的权利，而且有口述人、表演者的还应同时表明其身份。采风人对记录的民间文学艺术作品进行改编的，其作为民间文学艺术改编作品的著作权人可依法获得保护；关于民间文学艺术改编作品的使用问题，本文后面再论述。

2. 关于民间文学艺术作品的使用方式和范围

笔者建议，民间文学艺术作品的权利仅针对习惯法之外的“商业性使用”。为避免不确定性，可以在立法上对经济权利采取笼统的规定，即“以复制、发行、表演、改编或者向公众传播等方式使用”，同时在“例外与限制”中明确规定主体的群体成员之“未超出传统习惯和范围的使用”不属于法律适用对象。“未超出传统习惯和范围的使用”之情形，比如在民间文学艺术作品发源地或流传地的传统族群中，长期以来存在一批专门经营民间文学艺术作品的传承人，他们往往将表演民间歌舞器乐或剧目，以及制售民间手工艺品等有形产品作为收入的主要或补充来源。这些使用方式长期为整个族群所容忍甚至鼓励，他们的行为由族群内部的乡规民约来规范，应当属于民间文学艺术作品保护立法规定的例外情形。当然，如果随着传播和生产技术的改进、对民间文学艺术作品的使用方式发生了变化，如由经营者（尤其是与族群之外的开发投资者合作）雇用本族群成员、组织脱离日常生活场所进行民间文学艺术作品商业演出或者有形产品的机械化量产，则应当认为其已经超出了传统习惯和范围。

3. 关于保护期和权利变动问题

虽然目前《著作权法》未修改，《条例》草案只能称民间文学艺术作品的这种权利为“著作权”，但与其他作品不同，民间文学艺术作品的“著作权”是不受时间限制的；同时，这种著作权不得转让、设定质权或者作为强制执行的标的。理论上说，只要民间文学艺术作品的主体还存在，某一具体的民间文学艺术作品应当被推定为仍继续在该主体内传承而没有进入免费的公有领域；同时，与地理标志相似，作为专属于特定主体拥有的集体权利，其权属不得自由流转。这些规定与典型的著作权保护制度有着明显的区别，但也是为民间文学艺术作品设定类似著作权保护制度的宗旨所在，应由《条例》加以明确以明示各方。

4. 合理使用的例外情形

与著作权保护制度类似，民间文学艺术作品的保护机制仅适用于商业性使用，因此《条例》应当明确规定合理使用的例外情形。笔者认为，为了平衡民间文学艺术作品主体与社会公众之间的利益、维护公共利益，在下列情形下可以无偿使用民间文学艺术作品及其改编作品，但应当标明出处，并尊重民间文艺作品主体的传统习惯、不得歪曲和贬损：

> （1）民间文学艺术作品主体的内部成员不违反传统习惯法的使用，包括通过对民间文学艺术作品表演、制作提供民间文学艺术作品有形载体等方式使用并获得报酬的情形；
>
> （2）民间文学艺术作品的非商业性使用，包括：
>
> a. 以教学科研为目的在正常范围内使用；
>
> b. 以个人学习、研究或者欣赏为目的的使用；
>
> c. 以介绍、评论为目的在个人创作的作品中适当引用；
>
> d. 为报道时事新闻，在报纸、期刊、广播电台、电视台、信息网络等媒体中不可避免地再现或者引用；
>
> e. 图书馆、档案馆、博物馆、美术馆等为陈列或保存版本需要进行的复制；
>
> f. 国家机关为执行公务在合理范围内使用；
>
> g. 对设置或者陈列在公共场所的民间文学艺术作品及其改编作品进行临摹、绘画、摄影、录像；
>
> h. 专为残障人士提供服务的使用。
>
> （3）其他合理使用民间文学艺术作品及其改编作品的情形。

需要指出的是，即使是商业性使用，如果不是针对民间文学艺术作品本身，而仅是利用了相关片段或元素，或者不可避免的使用的（比如“安顺地戏”案中电影作品对民间文学艺术作品的使用方式），可以适用合理使用的规定，但仍需尊重主体的精神权利。

### （二）民间文学艺术作品的保护机制

1. 以使用登记和付费为前提的法定许可模式

在《条例》草案制定过程的讨论中，有观点认为应该采取将复杂问题简单化的思路，仍按传统著作权模式，要求使用者事先获得许可并支付报酬；同时，在实施机制上采取变通办法，比如可以向已经登记的著作权人，也可以向专门成立的机构取得许可并支付合理报酬。这一思路最终被国家版权局公布的《条例》草案征求意见稿采用。①

笔者认为，这一双轨式的事先许可授权和收费的保护模式，其实施效果相当于将大部分的民间文学艺术作品主体的事先许可使用权赋予了特设的专门管理机构。简单地说，鉴于国家民间文学艺术作品分布状况的复杂性和主体权利意识、登记和确权程序的困难，民间文学艺术作品的使用人选择向专门管理机构获得授权和付费的简单途径是必然的。这一双轨式立法思路的实质是由国家设立的专门管理机构代替民间文学艺术作品权利人集中、主动地行使权利。笔者设想的保护方案与此有所不同。

首先，为我国的民间文学艺术作品设定民事权利要考虑到民间文学艺术传承和发展的需要，为此，除了明确此权利仅针对超出传统范围的商业性使用外，还应当明确建立一种有别于传统、典型的著作权之事先许可的授权模式，不应要求使用者事先需要获得许可，而仅应规范作品的使用方式和使用人与民间文学艺术作品权利人之间的利益分享。换言之，对民间文学艺术作品的商业性使用，采取严格的附条件的法定许可模式更符合民间文学艺术传承的长远需要。设立这一附条件的许可模式的主要原因是，我国民间文学艺术作品种类繁多，且权利主体多处于偏远闭塞地区，族群没有受到西方文化和法律思维的影响，也没有非政府组织活动的渗透、帮助，缺乏相应的权利意识和依法事先进行登记的能力。这一具体国情与非洲、东南亚、大洋洲等地区传统族群所处的境地不同（这些地区的族群成员因原先的殖民地历史，甚至能够掌握英国、法国、葡萄牙或西班牙等宗主国的语言），因此在民间文学艺术作品使用的授权模式上不可能完全照

① 参见国家版权局《民间文学艺术作品著作权保护条例》（征求意见稿）第8条。

搬这些地方的事先登记和授权许可使用模式。

其次，我国民间文艺界长期以来形成的既有观念和做法是鼓励当代创作者和使用人深入这些条件艰苦的不发达地区，采集、开发民间文学艺术作品，或者据此创作新的作品，要求使用人事先经过权利人许可和付费才能使用的方案基本上是行不通的。从域外经验看，国际上事先知情同意规则已经成为有执行力之法律的情形，主要是针对遗传资源的获取或者通过立法将民间文学艺术全部划归国家所有，而这与国家基于领土主权对有形物的所有权以及相关国家族群的单一性紧密相关。我国民间文学艺术作品的归属由于长期的民族迁徙、融合变得难以简便快捷地确定，能统一代表所有成员的代表机构更难形成。因此，我国的民间文学艺术作品保护制度不可能与那些民族、族群构成相对简单、主体容易确定的国家或地区（比如我国台湾地区的事先登记和许可的模式①）相同。在我国，赋予民间文学艺术作品主体事先许可专有权，可能会使绝大多数民间文学艺术作品的潜在使用人望而却步，反而不利于偏远地区民间文学艺术作品的抢救和利用，不符合民间文学艺术作品保护制度设立的初衷。

至于《条例》草案所设立的事先许可授权模式的另一途径，即由国家设立的专门管理机构代替民间文学艺术作品权利人集中、主动地行使权利，则存在一些理论上的障碍。正如前文指出，绝大多数情况下理性的使用人不会耗费精力去寻求谁是真正的民间文学艺术作品主体并与之协商，而是直接找专门管理机构获得许可授权，这样不仅能规避可能存在的交易主体错误的法律风险，还能直接按最低标准交纳使用费。另外，我国的民族文化传统历来强调对少数民族文化的保护，也不宜像埃及、沙特等阿拉伯国家一样将所有的民间文学艺术一律视为国有财产。由于我国并没有现行法律规定著作权主管部门可以指定某个专门管理机构作为民间文学艺术作品主体的法定代理人，如果《条例》以明确条款将民间文学艺术作品事先许可使用的专有权赋予专门管理机构，则可能免不了像《著作权法》第三次修改过程中关于著作权集体管理延伸制度等争议一样，产生创作者

① 即使在主体相对容易认定的台湾地区，这种事先登记许可授权模式也难以推行，比如其2007年通过的《原住民族智慧创作保护条例》所设立的事先登记许可制度，直到2015年1月才出台配套的《原住民族智慧创作保护实施办法》，这种事先登记许可使用模式到底施行效果如何，还有待于观察。

（权利人）“被代表”[①] 的指责和学界在理论上的质疑。因此，从社会效果上看，采取法定许可模式可以在一定程度上减少学界和公众的质疑，因为使用民间文学艺术作品无须权利人或专门管理机构事先许可；专门管理机构仅负责登记、使用费收转，以及必要时代行诉权，并不事先、主动地参与民间文学艺术作品的具体使用方式、费用等相关事项的谈判，其角色比较容易被社会各界所接受。另外，有观点担心法定许可这种事后收费制度在我国一直面临着实施困难，因而采用此模式将使民间文学艺术作品保护制度落空，对此，笔者认为可以采用强制性的使用者登记和交费制度以及专门管理机构代行诉权制度予以保障，具体在本文后面的登记制度部分论述。

简言之，民间文学艺术作品的保护机制应当是一种无须事先许可即可以进行商业性使用，但应确保权利人能够分享商业化使用利益的法定许可模式。此方案与《条例》草案双轨式保护机制的主要区别在于：民间文学艺术作品的使用者不需要事先获得许可，但需要在规定期间登记并支付报酬，否则将依法承担法律责任。

2. 民间文学艺术改编作品的使用问题

很多情况下，商业使用人使用的是有具体现代作者的民间文学艺术改编作品而不是民间文学艺术作品本身，比如制作发行根据民歌改编的歌曲专辑或根据民间故事传说或传统剧目内容拍摄影视作品。笔者认为，既然对民间文学艺术作品本身采取法定许可保护模式，则要求民间文学艺术改编作品的使用人须获得民间文学艺术作品权利人的事先许可也就不必要了；也即，使用人仅需依据《著作权法》获得改编作品著作权人的许可。但是，鉴于民间文学艺术作品与改编作品之间“源与流”上的关系，使用人仍应当依法进行使用登记，并参照市场上原作与改编作品的使用费比例交纳民间文学艺术作品的使用费。

原作与改编作品的使用费及其比例一般采取业内最低标准。例如，针对因商业秘密等因素导致市场定价无法获得明确数据的问题，自20世纪改革开放以来，国家版权局对书籍等文字作品的基本稿酬即有指导性定价建

① 在《著作权法》修改过程中，对于与集体管理组织相关的一些修订，音乐著作权人担心自己的权利得不到保障，首先提出了“被代表”的疑问，国家版权局相关负责人也对此作出了回应。

议，1999 年颁布了《出版文字作品报酬规定》，2014 年 11 月 1 日废止，同日起施行《使用文字作品支付报酬办法》。根据此办法，原创与改编文字作品的建议稿酬分别为千字 80—300 元和千字 20—100 元（折算比例大约是 4∶1—3∶1）。另外，国家版权局颁布的另一个针对教科书法定许可使用付酬的指导性文件《教科书法定许可使用作品支付报酬办法》于 2013 年 12 月 1 日起施行，其中第五条指出："使用改编作品编写出版教科书，按照本办法第四条的规定确定报酬后，由改编作品的作者和原作品的作者协商分配，协商不成的，应当等额分配。"

就民间文学艺术作品及其改编作品的使用来说，因民间文学艺术作品主体的特殊性，事先协商缺乏可行性，民间文学艺术作品主管机构可以依法制定不同类别民间文学艺术表达使用费的最低标准；为激励优秀民间文学艺术改编作品的创作者，笔者认为使用民间文学艺术改编作品的，其所支付的民间文学艺术作品使用费减收 1/2 到 1/3。还需要注意的是，民间文学艺术改编作品按照现行《著作权法》的规定保护期满后，其使用人虽然不必支付该改编作品的使用费，但仍须进行使用登记并按规定比例支付民间文学艺术作品的使用费。

3. 记录人、口述人、表演者的权益问题

虽然民间文学艺术作品保护机制主要基于"惠益分享"原则，解决商业性使用人对权利主体的利益回馈问题，但此机制建立和运行也涉及其他人的权利义务，需要加以关注。

民间文学艺术作品在很大程度上容易与民间文学艺术改编作品混淆，二者的关系本文前面部分已经论述在此不再复述。需要指出的是，记录人虽然不是民间文学艺术作品的主体，也不同于民间文学艺术改编作品的作者，但其忠实的记录活动不仅需要比较艰苦的劳动和投入、有时还需要具备特别的技能，鉴于其在民间文学艺术作品的传承和利用中具有特殊作用，法律对其利益保护应有所体现。关于记录人的权益，主要是署名权和劳务报酬权。众所周知，我国民间文艺领域长期以来有"采风"一说。与有完整构思方案的创作形式所产生的成果不同，民间文学艺术作品的原生形态多为口头相传的版本，难免零碎、混杂、粗陋，而且通常散存于居住在贫穷偏僻，对汉语普通话、乐谱、机械复制等现代化交流方式均不很熟悉甚至无法接触的族群之中，因此通过记录将这些作品固定下来形成较完整版本的过程是需要相当多投入的，尤其对那些濒临失传的民间文学艺术作品，记录人能将其发掘整理出来可以说功不可没。记录人对其发现、整理、记录的民间文学艺术作品虽然不享有著作权，但享有标明自己身份及获得相应报酬的权利。如果没有明确的法律规定为这些人的利益提供保护，则可能会造成无人愿意花时间精力去采风，从而加速闭塞之地的民间文学艺术作品更多地消逝得无影无踪的后果。在这方面，《条例》应当明确记录人的署名权和获得报酬的权利，即使用人使用记录者搜集、记录的民间文学艺术作品的，应当指明记录人的身份，并就其劳务支付相应的报酬（但这不等同于民间文学艺术作品的使用费），使用者不履行这一义务应当承担相应法律责任。当然，有的采风者进行的不仅仅是记录而是再创作，如前文提到的“乌苏里船歌”，则其形成的是民间文学艺术作品的改编作品，可以根据《著作权法》获得保护；只是著作权人行使权利应当尊重民间文学艺术作品主体的精神权利，使用人对改编作品进行商业化利用的，应当依据《条例》的规定履行相关义务。

另外，即使《条例》不作规定，民间文学艺术作品的表演者也可以根据现行《著作权法》第 38 条获得保护。根据该条，表演者对其表演享有的权利包括表明表演者身份、保护表演形象不受歪曲、许可他人从现场直播和公开传送其现场表演并获得报酬、许可他人录音录像并获得报酬、许可他人复制发行录有其表演的录音录像制品并获得报酬、许可他人通过信息网络向公众传播其表演并获得报酬的权利。口述人的地位与表演者类似，都是来自相应主体的成员，但一般说来口述人更加资深，有的甚至是根据族群习惯法确定的唯一或极少数传承人。在根据族群习惯法不得外传的情形下，相关的民间文学艺术作品处于未公开状态、仅限于内部传承使用的范围，使用人如果将表演或口述内容公开发表和获利的，表演者和口述人将依法承担共同侵权责任。不过，在绝大多数情况下，民间文学艺术作品流传地的族群成员往往淳朴热情、对其作品亦乐于分享，因此使用人的行为一般不会构成侵权，但其对民间文学艺术作品的商业化使用则应当按照《条例》进行使用登记和支付报酬。值得注意的是，文化领域追求原生态艺术风格的趋势日益明显，使用人通常更倾向于使用“正宗”的表演，即由民间文学艺术作品主体族群的内部成员按其传承方式进行原汁原味的表演。在此过程中，使用人基于支付劳务报酬的义务和回馈当地人的意识，也会向表演者支付一定报酬，并对表演者的署名权有一定的体现，比如，在“安顺地戏”案中，地戏作品的表演者是获得报酬和以片尾致谢方式署名的。不过，对表演者支付的这些对价，并不能取代《条例》设定的使用登记和付费义务，明确这一点，有助于解决实践中关于民间文学艺术作品使用中的一些疑惑，尤其是使用者、民间文学艺术作品主体与成员个体之间的权利义务关系问题。比如，同一民间文学艺术作品往往同时在相邻的不同村寨、地区流传，使用者可以根据各种因素选择适合自己需要的某一村寨的表演者进行表演录制并支付报酬（通常这些村寨会设置门票准入制度，但是否准许录制表演和另行付酬仍要看有无其他约定），但如果使用者使用民间文学艺术作品的方式不属于合理使用的情形，仍须依照《条例》规定到民间文学艺术作品专门管理机构进行登记交费，由该机构根据本文前述的程序和不同的权属登记结果将使用费转付能代表该作品流传地全部主体的代表机构、NGO 或当地政府文化主管机构。至于族群外的机构专门组织族群成员进行脱离原生态环境的商业演出，更是典型的超传统范围的民间文学艺术作品商业使用方式，使用人需要依法进行登记和支付报酬。

### （三）民间文学艺术作品的登记制度

国家版权局颁布的《条例》草案第 6 条规定：“国务院著作权行政管理部门设立专门管理机构负责民间文学艺术作品的著作权登记工作。经专门管理机构登记的著作权文书是登记事项的初步证明。民间文学艺术作品未进行著作权登记的，不影响特定的民族、族群或者社群享有著作权。民间文学艺术作品著作权登记办法由国务院著作权行政管理部门另行规定。”此条款涉及的具体登记办法与整个民间文学艺术作品的保护机制紧密相关，需要详细讨论，特别是由谁登记、如何登记、登记内容和性质、登记方式等问题。当然，首先要明确的是，登记需要配置执行机构，可以由国务院著作权行政管理部门依法设立或指定的专门管理机构负责。

这里，笔者认为，可以采取将登记与确权、登记与使用费收转分配两个重要问题分开的思路，即由民间文学艺术作品专门管理机构建立两套登记系统：权属登记和使用登记。

1. 建立民间文学艺术作品的权属登记和确权机制

首先，应当明确，对民间文学艺术作品的保护不以主体的事先登记为前提，登记仅是权利归属的初步证明；其次，目前绝大多数的民间文学艺术作品并无公认的、有效的主体或其代表机构，即使有权利主体或其代表人进行事先登记，也难以保证之后不会产生主体资格的争议，从而导致使用人向事先登记人获得许可的使用行为产生一系列不确定的后果；最后，对权利人来说，事先登记会涉及一定的成本支出，尤其是那些偏远地区的群体更缺乏事先登记的意识，只有知晓自己民间文学艺术作品已经被使用，且使用费已经交付专门管理机构代管的权利人，才有积极性主张自己的主体身份以便获得相应报酬。

考虑到这些因素，笔者认为要求民间文学艺术作品主体事先进行权属登记既不现实也无必要，而且，由于我国民间文学艺术作品分布和流传的复杂性，不难想象以登记为前提的保护是不科学、无法执行的。转换思维，不要将权属登记（包括之后的使用费收转分配）这一高度复杂的问题设置为使用民间文学艺术作品的第一道障碍，将其与使用人在一定期限内依法进行的使用登记分开更为可行。同时，这样也可以明示使用人，使其责任义务简单化，避免私下与某一自称的主体或代表达成协议，而后又有其他主体来主张利益分配时造成纠纷。简言之，建立权属登记与使用登记分离的机制，可以将可能发生的主体、客体等争议交给后面的程序去解决，不影响依据使用登记的规定对民间文学艺术作品进行利用和支付使用费。

当然，考虑到目前我国有些民间文学艺术作品的主体已经有了较强的法律意识，《条例》也应当规定相关主体的代表机构可以就其具体的民间文学艺术作品事先进行登记，具体的登记、公告和权属争议程序由《条例》之外的细则或办法另行制定。这样，一方面相关登记文书可以作为权属的初步证明，另一方面欲使用某一民间文学艺术作品的人也可以参照权属登记的基本信息进行使用登记并交纳使用费。不过，这一涉及主体、客体的事先登记需要满足一定条件才可发生效力（即登记的主体代表机构有权收取和支配民间文学艺术作品专门管理机构收转的使用费），这些条件包括：其一，登记的主体代表机构必须能代表相应主体，比如有相应主体的集体签字授权书，或按照主体内部习惯法获得认可的其他证据；其二，设立一定的公告期间，任何人均可对登记的主体代表机构的资质或代表性向主管机构提出异议，期满没有异议或异议不成立的即推定登记的主体代表机构能代表相应的民间文学艺术作品的主体；其三，事先登记是否产生异议以及异议程序进展不影响相关民间文学艺术作品的使用，使用人可以直接依法使用民间文学艺术作品并到登记机关进行使用登记、交纳使用费，使用费由民间文学艺术作品专门管理机构按照没有事先权属登记的情形处理。

2. 建立民间文艺作品使用登记和付费机制

笔者建议借鉴民法上的提存制度，建立民间文学艺术作品的使用登记和公告制度，明确使用人在规定期限进行使用登记和支付使用费的义务。

我国的民间文学艺术长期传承，不同地区或族群的民间文学艺术作品形成了各自的特色，一般来说使用人都知道自己使用了民间文学艺术作品，也大致知晓使用的是哪个地方哪个族群的作品，即使对自己正使用或欲使用的是否民间文学艺术作品、是谁的作品没有把握，也可以查询参考相关文化部门已经建立的各级非物质文化遗产名录数据库了解情况。另外，我国全国性和地方性的民间文艺家协会汇集了大量相关领域的专家，要鉴定某一具体民间文学艺术作品的来源并没有想象的那么困难。事实上，在文化产业深化发展的今天，我国的民间文学艺术这一丰厚的资源蕴藏着大量的可发掘内容，如鲁迅所言，有地方色彩的文学艺术反而容易为世界其他文化所欣赏，正所谓越是地方的、就越是世界的①，很多使用人正是以某一民间文学艺术作品的特定来源地所具有的久远、神秘、新奇等元素作为商业化利用的卖点。《条例》应当规定民间文学艺术作品的使用者必须在一定期限内到指定机构进行登记并支付相应的使用费，且不能以其已经向民间文学艺术作品的表演者、传承人支付了采风或表演等劳务费用为抗辩理由（正如向歌手付费不等于向作曲家付费），为保证使用人履行此义务，《条例》后面应配合制定相应的条款予以追责。

另外，对于民间文学艺术改编作品的商业性使用，使用人除了依照《著作权法》与改编作品著作权人事先协商外，也应当到民间文学艺术作品专门管理机构参照以上方式进行使用登记，并比照民间文学艺术作品本身的使用减交一定比例费用；民间文学艺术改编作品著作权保护期已满的并

---

① 鲁迅的原文为："现在的文学也一样，有地方色彩的，倒容易成为世界的，即为别国所注意。"

不解除使用人依法登记并交纳一定比例民间文学艺术作品使用费的义务。

3. 进一步明确和细化民间文学艺术作品登记制度的主要内容

笔者认为，颁布《条例》是为了鼓励我国民间文学艺术作品的传承和发展，防止对民间文学艺术作品的不正当使用及其他侵害行为，调节民间文学艺术作品主体与民间文学艺术改编者、民间文学艺术作品使用者之间的权利义务关系。为实现这一宗旨，《条例》应当指示建立有操作性的具体登记制度以对民间文学艺术作品的商业性使用进行规范。

具体来说，民间文学艺术作品登记包括两个相互独立的系统：权属登记和使用登记。

其一，权属登记。民间文学艺术作品的主体是群体，而由群体的全部成员进行登记不具有可行性，而且，由于历史、地理、人文等原因，有些民间文学艺术作品本身的归属可能十分复杂，不可能凭借在专门管理机构的登记而简单地确定权属。将民间文学艺术作品的权属登记与使用登记和付费机制分离开，不会影响民间文学艺术作品的使用。围绕权属问题产生的主体和客体等争议及其解决方案，仅会影响专门管理机构收取的使用费之最终转付和分配去向。因此，民间文学艺术作品的权属登记，可以设计为一个由主体代表机构代为申请的机制，并辅以公告、争议程序，对主体代表机构资格、民间文学艺术作品的内容及归属等可能产生的争议进行协商解决。同时，考虑到民间文学艺术作品的主体多地处偏远、权利意识普遍欠缺等因素，登记的公告、争议解决方式，以及其间的设定等都应当相对宽松。比如，可以规定公告期为专门管理机构收到符合要求的登记申请之日起一年，公告的方式包括在民间文学艺术作品主管机构以及中国民间文艺家协会的官方网站上进行公告，在此期间任何人均可向负责登记的专门管理机构提出异议。民间文学艺术作品专门管理机构下设登记纠纷调解委员会，将民间文艺界的主要专家纳入专家库，收到争议申请后，委员会应当及时组织专家组召开争议申请人和登记申请人双方参加的听证，根据双方证据作出对民间文学艺术作品权属的裁决，必要时还可另行委托专家鉴定。对现有证据无法确定某一民间文学艺术作品归属的，纠纷调解委员会可裁决其为相关主体共同所有，任何一方不服该裁决的可以在规定的期限内向人民法院起诉要求确权。另外，由于民间文艺文学艺术作品的特殊性，为了避免《条例》通过后法院的压力突增，可以规定民间文学艺术作品专门管理机构设立的纠纷调解委员会的听证和裁决程序为诉前的必要前置程序，以便对可能诉争到法院的案件之原告、被告的适格性，以及被使用的民间文学艺术作品本身的内容等问题事先进行判定，无程序瑕疵的委员会裁决可以作为法院判决的优势证据。民间文学艺术作品专门管理机构应当根据生效的裁决或判决进行公告登记。

其二，民间文学艺术作品的商业使用人应当主动在使用之前，或者接到主管专门管理机构的通知后一年内到民间文学艺术作品专门管理机构就使用情况进行登记并交纳使用费。使用人可以在使用之前自己了解，也可以根据文化部门名录事先查询（或通过其他方式知晓）其使用的民间文学艺术作品基本信息并据此进行登记。民间文学艺术作品专门管理机构应当设立民间文学艺术作品使用情况登记和公告机制，公告已经登记的被使用的民间文学艺术作品之主体、客体、使用费收取等细节；专门管理机构还应设立民间文学艺术作品使用通知登记制度，对收到通知后没有主动进行登记的使用人采取书面公告通知，限定其在一年内进行登记和交费。在规定时期内若没有收到对所使用的民间文学艺术作品、作品的主体及其代表机构等方面的争议，民间文学艺术作品专门管理机构在扣除一定的管理费后，将民间文学艺术作品的使用费转付所登记的相应的主体代表机构，由其按照族群内部规约或习惯法分配或使用。如果对民间文学艺术作品的主体或其代表机构有争议并在规定期限内提出的，民间文学艺术作品专门管理机构将留存该使用费，待相关民间文学艺术作品、主体及代表机构的争议纠纷最终解决后转付。

当然，民间文文学艺术作品权属登记和使用登记制度的细则，如登记内容和相关期限、纠纷调解委员会的组成和职责、登记的撤销或变更、争议解决程序、通知和公告等事项涉及诸多细节，需要更全面的研究论证，可以稍后通过《条例》之外的细则办法另行制定和完善。在《条例》中仅需制定“民间文学艺术作品的著作权登记办法由国务院著作权行政管理部门另行规定”的过渡性条款作为缓冲。

### （四）民间文学艺术作品保护的受益人

制定《条例》的目的，是为民间文学艺术作品的保护设立法律依据，该制度的实质是通过设立专门管理机构收取民间文学艺术作品在传统范围外的商业性使用费，并将相关费用转付民间文艺作品的权利人代表，由其用于鼓励、促进民间文学艺术的传承和发展。

为实现这一制度目的，《条例》所指的民间文学艺术作品的权利人，当然也就是其作品商业化利用的受益人，即创作和传承该作品的民族、族群或地区全体成员。为了避免民间文学艺术作品主体、客体的复杂性和不确定性给民间文学艺术作品的利用带来阻碍，笔者在前文论述了我国民间文学艺术作品保护机制的设立方式，即将民间文学艺术作品权属登记与使用登记相分离，由使用人直接向民间文学艺术作品专门管理机构进行强制性使用登记和交费的法定许可模式。其中，使用登记其实并不复杂困难，使用人只要遵守按期登记和交费的义务即可以放心进行商业化利用而不必担心侵权风险。只要没有程序瑕疵，民间文学艺术专门管理机构可以代为收取和留存使用费，并将其转付最终确定的权利人代表或相应的公益机构。

民间文学艺术作品保护机制最终落脚点，在于专门管理机构代为收取的民间文学艺术作品法定许可使用费如何转付给其主体。解决这一难题点，还是要借助于权属登记与使用登记两个登记体系，并发挥各级政府文化主管部门和致力于民间文艺传承和发展的非政府组织的作用。具体来说，为保障民间文学艺术作品主体的获得报酬权，使之能够获得其作品的商业化利用收益（惠益分享权），可采取以下措施。

1. 使用情况登记及其公示

笔者认为，由于登记事关相关各方的核心权利义务，民间文学艺术作品的使用情况应当登记和公示。事实上，明确使用登记的相关规定，目的就在于增加程序上的透明度、减少社会上可能出现的疑虑，同时也便于相关主体认领自己作品的商业使用报酬。如前所述，使用登记所记载的民间文学艺术作品主体、客体之信息在一开始仅是一种推定，争议发生时还应按争议解决后所确定的最终权属向相关主体转付报酬。

具体来说，使用人使用了民间文学艺术作品的，应当在被使用的内容投放市场后的一年内到民间文学艺术专门管理机构登记，民间文学艺术专门管理机构也可以主动或应第三人请求通知使用人进行登记。使用人在收到通知后一年内未进行使用登记和支付使用费，并拒绝协商履行义务的，民间文学艺术专门管理机构可以请求法院判决其承担相应的法律责任。民间文学艺术专门管理机构应当将使用人对民间文学艺术作品的使用信息登记备案，包括具体作品的名称、推定主体、使用人基本情况、使用数量和范围、使用报酬额及支付办法、使用方式及期限，等等，内容尽量详细。民间文学艺术专门管理机构还应当实时更新并向社会公示已登记的民间文学艺术作品的使用信息。考虑到一定的滞后性，公示应当在使用登记完成之日起一个月内发布。

2. 基于权属登记的使用费收转

事先没有登记的民间文学艺术作品权利人，在民间文学艺术作品专门管理机构将使用登记情况公示后的两年内，应当向该机构进行权属登记，以便该机构将其收取的使用费分配给相应的主体（民族、族群或者地区全体人民）或其代表机构。这里，为转付使用费而进行的权属登记及相关的争议解决办法，可以比照本文前面所述的权属登记和确权程序处理。

如前文所述，民间文学艺术作品的权利人可就其作品进行事先的权属登记，经登记备案和公示无争议的民间文学艺术作品权属登记文书即可作为民间文学艺术作品专门管理机构转付相关作品使用费的依据。当然，民间文学艺术作品事先未进行登记的，也不影响特定的民族、族群或者地区人民享有其作品的使用收益。换言之，使用和权属登记公告期满且没有争议的，相关费用由民间文学艺术作品专门管理机构转付给被使用之民间文学艺术作品的受益人；如果主体发生争议，则按照程序最后确认的受益人（争议各方可以和解）转付相关费用；如果民间文学艺术作品专门管理机构代为收取的使用费自收取后五年内因权利人或其代表机构无法确认而不能分配的，自第六年起转入相应地区的依法设立的相关非政府组织（NGO）（如×××民间文学艺术保护基金会；事实上基金会若能获得相关族群认可，完全可以作为其代表机构进行事先登记提前认领其民间文艺作品使用费），没有相关 NGO 的，转入当地地方文化主管部门（通常设有非物质文化遗产管理机构），用以鼓励当地民间文学艺术的传承、弘扬和发展。为体现信息公开，民间文学艺术作品专门管理机构应当将前述具体情况进行公示。

3. 民间文艺作品权属和使用登记数据库的建立与查询

民间文学艺术作品专门管理机构应当建立数据库，向社会公示民间文学艺术作品权属登记、使用登记以及使用费收转等相关情况并随时更新。

综上，笔者认为，《条例》应当结合民间文学艺术作品权属登记制度来解决受益人的确定和使用费转付机制；同时，依《条例》设立的民间文学艺术专门管理机构应当建立数据库，随时向社会公示民间文学艺术作品的权属状况、使用情况（包括变动情况）和使用费的收取和分配等相关情况。所有因主体或受益人无法确定而无法定向转付的民间文学艺术作品使用费，应当交由专门的基金会或地方文化主管部门用于鼓励和支持国家民间文艺的传承。

## 三 结语

现代知识产权法律制度是由科技和文化相对发达的国家和地区创建和推行的，随着高新科技的飞速发展，国际知识产权保护范围日益扩大、保护力度日益加强。可以说，在我国知识产权制度建立和发展的前30年，国内知识产权法律规则的制定和修改，主要是围绕着应对融入世界经贸体系的需要进行的。即使在国家知识产权战略实施之后，我国的知识产权法律制度完善的重点，也仍在于应对全球化和高新技术带来的挑战以及规范市场经济秩序的需要。相对来说，尽管各界很早就意识到遗传资源、传统知识、民间文学艺术是我国的长项，但与之相关的知识产权法律制度建设则未及时推进，比如地理标志保护制度至今没有统一的立法和实施规则，而早在1990年即明确列入《著作权法》的民间文学艺术作品的保护立法进程可谓十分缓慢。导致这一现状的原因多样，但主要有三个：一是我国民间文学艺术历史悠久、内容庞杂，主体、客体都有诸多的不确定性，一时难以设计一个无争议的完美制度；二是国际知识产权制度主要规则制定的话语权在美国等并不关注这个问题的新兴发达国家，相关国际制度设计的谈判一拖再拖，没有形成有效的示范性实体法律规则，其他传统资源丰富的国家或地区则民间文学艺术主体相对简单、从而使中国无相对成熟的方案可以借鉴；三是国内现有理论储备不足，对保护必要性及主客体的特殊性等问题论述较多，对具有操作性的制度设计的论证非常欠缺，使得每次国家版权局召开的民间文艺作品立法讨论会无法深入。

民间文学艺术作品是中华文化的有机组成部分。面对民间文学艺术作品逐渐流失的现状，我国目前的研究不应该一直停留在是否应立法保护的问题上，而是要进一步论证落实怎么立法和怎么有效保护民间文学艺术作品的问题。至于立法保护的客体是叫“作品”还是“表达”、“著作权”三个字的限定要不要去掉等，其实都是技术性的问题，可以根据《著作权法》第三次修订的最终结果进行调整。目前应明确的立法思路是：通过《条例》的制定，建立起一套可操作的民间文学艺术作品保护机制，一方面可以通过利益反馈激励主体继续传承和利用以挽救中国逐渐流失的民间文学艺术，另一方面也可以为我国今后在国际论坛上参与国际规则制定争取更多话语权。简言之，制定和通过《条例》的实质，是为我国民间文学艺术中那些具有作品表现形式的内容提供类似著作权的特殊权利保护。笔者认为，建立以严格的使用登记并以公告程序相配套的法定许可模式，并辅以允许权利人选择事先或事后的权属登记的确权程序，可以达到通过让权利人或受益人分享到其民间文学艺术作品商业性使用获益的方式来鼓励其保持民间文艺传承的目的。

最后，要落实民间文学艺术作品的民事法律保护，罚则必不可少。具体的民事、行政、刑事责任规则可以参照《著作权法》制定，这里不再详述。还有一点需要再次强调：鉴于现实中民间文学艺术作品权利人主动主张权利极其困难，依《条例》设立的专门管理机构在民间文学艺术作品保护中具有特别重要的作用，应赋予其通知使用人按期进行登记，以及以自己的名义对违法者依法提起诉讼的权利。

当然，要在现有的《著作权法》的框架下制定一种实质上属于特殊权利保护的制度并不容易，相关概念、措辞以及具体方案都尚待进一步斟酌，尤其在民间文学艺术作品的认定、登记公告程序方面还需进一步研究，并获得文化主管部门的配合。

（本文原载于《法律科学》2016 年第 4 期，被人大复印报刊资料《民商法学》2016 年第 10 期全文转载）

图书在版编目(CIP)数据

守正创新的知识产权研究之路 / 管育鹰主编. -- 北京：社会科学文献出版社，2018.10
(法学所60年学术精品选萃)
ISBN 978-7-5201-3769-0

Ⅰ. ①守… Ⅱ. ①管… Ⅲ. ①知识产权-中国-文集 Ⅳ. ①D923.404-53

中国版本图书馆CIP数据核字(2018)第238471号

法学所60年学术精品选萃
守正创新的知识产权研究之路

主　　编 / 管育鹰

出 版 人 / 谢寿光
项目统筹 / 芮素平
责任编辑 / 郭瑞萍　杨鑫磊

出　　版 / 社会科学文献出版社·社会政法分社(010)59367156
地址：北京市北三环中路甲29号院华龙大厦　邮编：100029
网址：www.ssap.com.cn
发　　行 / 市场营销中心(010)59367081　59367018
印　　装 / 三河市尚艺印装有限公司

规　　格 / 开　本：787mm×1092mm　1/16
印　张：26.75　字　数：431千字
版　　次 / 2018年10月第1版　2018年10月第1次印刷
书　　号 / ISBN 978-7-5201-3769-0
定　　价 / 109.00元

本书如有印装质量问题，请与读者服务中心(010-59367028)联系